Faust ..

Karl Julius Schröer, Johann Wolfgang von Goethe

Faust

von

Goethe.

Erster Teil.

Faust

von

Goethe.

Mit Einleitung und fortlaufender Er

herausgegeben von

K. J. Schröer.

Erster Teil.
Fünfte Auflage.

Leipzig,
C. R. Reisland.
1907.

Vorwort zur vorliegenden vierten Auflage.

———

Bei der Besorgung dieser neuen Auflage meines Faust=
kommentars ist es begreiflicherweise mein eifriges Bestreben ge=
wesen, derselben alles das zu gute kommen zu lassen, was die
rustig fortschreitende Goetheforschung an dauerbaren Ergebnissen
seit dem Erscheinen der letzten Auflage gezeitigt hat. Die
leitenden Grundanschauungen über die Bedeutung und Entstehung der Dichtung, wie sie im Kommentar selbst, sowie in
den Einleitungen niedergelegt sind, sind freilich im Ganzen
dieselben geblieben, und diese Sachlage wird die verständige
Kritik, ebenso wie das Publikum, wohl nur billigen können.
Wenn es meinem Buche wirklich beschieden war, einem ein-
gehenderen Verständnisse der großen Dichtung und der dichterischen Individualität Goethes zu dienen, so konnte dies nicht
in Einzelheiten seinen Grund haben, sondern eben nur in den
dargelegten Grundanschauungen, die nicht erst von heute sind
und deren Probehaltigkeit ich gerne dem Wandel der Zeiten
oder richtiger dem Dauernden im Wechsel anheimstelle.
Einzelheiten in der Erklärung, sei es der Nachweis einer
interessanten Parallele oder der vermutlichen Quelle für diesen
oder jenen Gedanken, oder die Erhellung einer bisher dunkel
gebliebenen Anspielung oder Beziehung u. dgl. m., werden
von unserer fortschreitenden Forschung auch in Zukunft zu er-
hoffen sein; sie machen aber nicht das Wesen einer kommentierten
Ausgabe aus. Ihnen gegenüber muß notwendigerweise jeder
Kommentar gleich bei seinem Erscheinen in dieser oder jener
Kleinigkeit gewissermaßen veraltet erscheinen, jedoch die Trag=
weite dieser selbstverständlichen Thatsache darf man nicht über=
schätzen. Seit dem ersten Erscheinen meines Buches, d. h. den
letzten 17 Jahren, hat doch wahrlich die Goetheforschung nicht

gerastet, und es sind ihr namentlich durch die Erschließung des Weimarer Goethearchivs Materialien zugeflossen, wie wir sie wohl für geraume Zeit nicht noch einmal erwarten dürften. Auf zahlreiche Einzelheiten auch in meinem Faustkommentare ist durch sie neues Licht gefallen: Der Grundstock desselben aber ist durch dieselben nicht sonderlich verändert worden, und ich darf darin wol ohne Selbstgefälligkeit eine Feuerprobe erkennen, die er bestanden. Von Wesentlichem habe ich nichts zurückzunehmen.

Erfreulicherweise besitzen wir nun ja längst in dem mit großer Umsicht geleiteten Goethe=Jahrbuch, sowie in den mit unsäglichem Fleiße ausgearbeiteten Jahresberichten für deutsche Litteratur, Organe, die die Ergebnisse der neuesten Forschung im Großen wie im Kleinsten aufs gewissenhafteste alljährlich registriren; der Specialist wird ihrer nicht entraten können.

Mein Verhältnis zur zeitgenössischen Goetheforschung ist geschichtlich in den Vorworten zu den früheren Auflagen dargelegt, die ich hier teilweise mit zum Abdrucke bringe. Ein ausführliches Inhaltsverzeichnis wird den Fachmann und den Nichtfachmann leicht in Kürze orientieren darüber, was für ihn in der Einleitung, den Vorworten, Exkursen ꝛc. etwa von Interesse ist.

Für die große und jährlich größer werdende Goethe= gemeinde in Deutschland und über den Meeren, wo immer der größte deutsche Dichter eine stille Heimstätte gefunden, möge die Goethesche Faustdichtung immer mehr jene Bedeutung ge= winnen, die sich mir aus jahrzehntelanger Beschäftigung als typische Darlebung einer Idee herausgestaltet hat: Faust tritt auf als Gelehrter, als Forscher, endlich als Zweifler; danach als Liebender, von Leidenschaft erfüllt, von keiner Sitte ge= mäßigt; endlich von der antiken Sage und Mythe erhoben und gebildet und zum Schlusse von der antiken Kultur zurückgekehrt zur Natur, der vollendete Mensch. Nur des Deutschen Denkungs= art war es bestimmt, das Faustproblem zu lösen.

Baden bei Wien, 28. August 1897.

K. J. Schröer.

Goethe im Ganzen und in Beziehung zu Fauſt.

Vorwort zur dritten Ausgabe.

Das Studium der deutſchen Sprache und Litteratur hat in unſeren Tagen, wie uns vorkommt, den begeiſterten und begeiſternden Auf=
ſchwung von einſt einigermaßen eingebüßt — Ein Schlagwort wurde ausgegeben, man müſſe ſich die naturwiſſenſchaftlichen Studien vor Augen halten und nach ihrem Beiſpiel realiſtiſch auch die idea=
liſtiſchen Gebiete menſchlichen Forſchens behandeln. — Der Denk=
fehler, der in dieſer Schlußfolgerung liegt, indem Realismus und Idealismus ſich ja gegenſeitig nicht ausſchließen ſollen, ſcheint neuer=
dings als ſolcher mehr und mehr erkannt zu werden, und neue Schwungkraft ſcheint von jenem Geiſte auszugehen, der in ſeinem ganzen Leben und Streben darauf gerichtet war: das Ideale dem Realen abzugewinnen. — In den letzten Jahrzehnten ſeines Lebens dachte die liebe Jugend ſchon über ihn hinaus zu ſein! Mehr als ein halb Jahrhundert iſt ſeitdem vorübergegangen, und nun erſt fängt man an zu erkennen, daß man damals noch weit davon ent=
fernt war, ihn zu verſtehn.

Eine glückliche Wendung ſcheint ſich in der Gegenwart zu voll=
ziehn. Ganz abgeriſſen iſt der Faden nie, wir meinen die An=
hänglichkeit Einzelner an Goethe; es waren aber nur Einzelne. Nun aber ſcheint ein neuer Geiſt von Weimar auszuſtromen und vieles Erfreuliche trifft günſtig zuſammen.

Wir ſehn da einen Landesherrn, der ſtolz iſt auf Goethe, den Miniſter ſeiner Ahnen, den er noch perſönlich kannte. Wir erfuhren jüngſt bei der Muſik= und Theaterausſtellung Wiens, aus der Be=
theiligung Weimars, wie eine ſolche Gunſt von fruchtbarer Wirkung iſt. — Bei dem Blick auf Weimar ſehen wir denn auch eine edle Fürſtin den Nachlaß Goethes pflegen und mit einer Aufopferung,

die ihr unfer Volf allezeit danken wird, vor jedem Zufall ficher=
ftellen und zwar durch angemeffene Veröffentlichungen, wozu die
beften Kräfte gewonnen find. — Eine folche Gunft, die mit der Er=
fchließung des Goethefchen Nachlaffes glücklich zufammentraf, hat
jetzt fchon vielfach befruchtend auf die germaniftifchen Studien ge=
wirkt. — Daß dies nicht nur mit äußerlicher Antheilnahme gefchieht,
dafür traten in jüngfter Zeit Erfcheinungen auf, die wir uns ge=
drängt fühlen freudigft zu begrüßen.

Zu diefer Betrachtung, die fpäter niedergefchrieben ift als das
Folgende, wurde der Herausgeber bewogen durch eine eben erfcheinende
Schrift: „Die klaffifche Aefthetik der Deutfchen von Otto Harnack.
Leipzig 1892." — Es fei geftattet, nur wenige Sätze aus derfelben
herauszuheben, die mit unfern Anfchauungen, die nicht von heute find,
überrafchend und uns höchft erfreulich zufammen zu ftimmen fcheinen.
„Eine zufammenfaffende Darftellung der Kunftbeftrebungen Goethes
und Schillers auf der Höhe ihres gemeinfamen Wirkens — exiftirt
noch nicht", heißt es dafelbft in der Vorrede. „Die kritifche Kunft=
betrachtung unfrer Tage ift allmählich bis zur Leugnung jeder
gefetzgebenden Aefthetik vorgefchritten und wird auf den
Rückzug bald bedacht fein müffen. Denn Machtfprüche, noch
fo entfchiedener Art, können den Trieb des menfchlichen Denkens,
auch das Kunftgebiet feiner logifchen Betrachtung zu unterwerfen,
nicht ertöten." — „Wenn jener Rückzug zu Goethe und Schiller uns
mittelbar zu Kant zurückführen wird, fo wird es einen fehr wefent=
lichen Fortfchritt bedeuten." — „Es fcheint, als ob die eifrigen
Kämpfer, welche heute mit revolutionärem Ungeftüm gegen den
klaffifchen Idealismus vorgehn, — nicht die Zeit gehabt haben, fich
darüber zu orientiren, daß gerade unfere Klaffiker an manchen Stellen
ihren Beftrebungen recht weit entgegen kommen. Freilich gefchieht dies
Entgegenkommen ftets in jenen philofophifchen Formen, die manchem
fchon an fich eine Abfchreckung bedeuten." — Endlich S 159: „Sein
Leben lang Künftler und Naturforfcher zugleich, vermochte
er die entfcheidenden Verbindungs= und Unterfcheidungspunkte
konkret zu erfaffen, während Kant, Schiller, Humboldt nur eine
ideale Empfindung des Notwendigen, Erftrebenswerten hatten, aber
fie nicht zu klar bewußtem Erkennen umwandeln konnten. Italien
hatte Goethe diefe Klarheit gegeben. Was er früher, während
der ftillen Arbeitsjahre in Weimar nur geahnt, von verfchiedenen
Seiten her zufammenhanglos (?) angeftrebt hatte, das wurde in
Italien, befonders während des zweiten römifchen Aufenthalts,
deffen Bedeutung Humboldt fo vorzüglich gewürdigt hat, Einheit

und sicherer Besitz. Das Suchen nach der Urpflanze und das
anatomische Studium des menschlichen Körpers dienen ebenso dem
Endresultat, wie die Erlernung der Perspective und die eifrigen
Modellirversuche." — Aehnliches könnten wir besonders darlegen aus
des Freiherrn von Biedermann „Gesprächen Goethes", zumal auch
aus den Erläuterungen, Anhang dazu von D. Lyon, 9. Bd. S. 1—6.

Wir haben wiederholt das Glück gehabt, Zustimmung zu finden mit
unsern sprachlichen und litterarischen Fußnoten und Bemühungen zur
Feststellung goethescher Texte, die wir nicht gescheut, ja mit Freude
an der Arbeit gepflegt haben, aber Eines hielten wir immer für die
Hauptsache: die Forderung des Verständnisses des Dichters durch
Klarlegung der Ideen, von denen er erfüllt ist.

Wenn man bei Beurtheilung einer Persönlichkeit in der Regel
doch von deren besonders in die Augen fallenden Eigenschaften ausgeht, so durfte uns dies gerade bei Goethe schwer werden: seine
Natur schließt alle Einseitigkeit aus; er scheint zu allem begabt! — Unter den Künsten vielleicht am wenigsten zu Musik, obwohl er verschiedentlichen musikalischen Unterricht in jungen Jahren
erhalten hatte, auch dieser Kunst gewogen war, sie forderte, wo er
nur konnte und sich unsägliche Mühe gab, in ihre Geheimnisse ein-
zudringen Man lese darüber im Briefwechsel Goethes mit Zelter
(Brief Goethes vom 6. September 1826 u. ö.) — Unter den Wissenschaften war er wol zu Mathematik am wenigsten begabt. Aber er
weiß es sehr wol, und trägt dieser Erkenntniß gründlich Rechnung.
Diese seine Gründlichkeit und Sachlichkeit hatte ihn schützen sollen
vor dem Vorwurf des Dilettantismus: man hat so einen Vorwurf
unüberlegt gewagt und selber einen ähnlichen Vorwurf damit reichlich
verdient

Auch in Bezug auf die Mathematik hat Goethe ernstlich nach
Klarheit gestrebt. Er sagt selbst darüber: „Ich hörte mich anklagen,
als sei ich ein Widersacher, ein Feind der Mathematik überhaupt,
die doch Niemand höher schätzen kann, als ich, da sie gerade das
leistet, was mir zu bewirken völlig versagt worden" (s. den Aufsatz
„Ueber Mathematik und deren Mißbrauch" Ausg. I. H. 50 167).
Auch in: Versuch als Vermittler von Object und Subject. Ausg.
I. H. 50, 8 f.

So sucht Goethe auch diese Lücken seiner Allseitigkeit
mindestens stark zu markiren, wenn er sie schon nicht ergänzen konnte.
Er suchte soviel möglich auf Ergänzung seiner eigenen Anlagen zu
dringen, so daß man wol sagen kann: das Charakteristische seines
Wesens ist das ihm angeborne Streben nach Allseitigkeit. Sein Geist

war von Kindheit an aufgethan, die ganze Welt in sich aufzunehmen, und jede Belehrung, wo irgend möglich, nicht aus zweiter Hand, sondern aus erster, in der Wirklichkeit zu suchen. Wie er damit einen totalen Wendepunkt in der Geschichte des Geistes bildet, ist schon ausgesprochen in Danzels: Goethes Spinozismus 1850, S. 17. Dort wird hervorgehoben, daß dem Dichter Goethe in Deutschland zuerst die Idee aufgegangen sei, die der Inbegriff alles Tiefsten ist. Sie hatte sich eine Generation vorher „in einem bedeutenden Individuum zu vermenschlichen", ehe sie wissenschaftliche Ausbildung suchte. Goethe ist der Vorgänger der neuern Philosophie. Er gesteht, daß er sich nie anders als vom Ganzen zum Einzelnen hin zu entwickeln gewußt habe (Riemer 2, 112), denn das, wovon er ausging, war ein Streben, „sich der ganzen Totalität des Daseins in frischer Lebendigkeit und unmittelbarer Gegenwart zu bemächtigen" (Danzel a. a. O. S. 511). Nur so vermochte er zu der der Menschheit abhanden gekommenen Ursprünglichkeit wieder zurück zu gelangen. Mit Lust an dem, was sein soll, sucht er es überall als das Notwendige im Zufälligen zu finden, das Einzelne nach dem Allgemeinen zu beurtheilen. Schiller schreibt an ihn den 23. Aug. 1794: „Sie nehmen die ganze Natur zusammen, um über das Einzelne Licht zu bekommen. In der Allheit ihrer Erscheinungsarten suchen Sie den Erklärungsgrund für das Individuum auf. Eine große und wahrhaft heldenmäßige Idee, die zur Genüge zeigt, wie sehr Ihr Geist das reiche Ganze — in einer schönen Einheit zusammenhält."

Goethes Geist war darnach eingerichtet, er konnte nicht anders, er war dazu geboren, die gesammten Erscheinungen der Natur und Kultur in sich aufzunehmen. Die Welt getreulich abzuspiegeln war sein Beruf. Da er nun aber nicht nur empfänglich war, sondern auch schöpferisch angelegt, schuf er die Wirklichkeit nach, wie er sie zu schauen gewohnt war: den Blick auf das Wesentliche gerichtet, das zu erkennen er in der Wissenschaft bestrebt ist, so wie es ihm in der Kunst zum Ideal wird. — Der dem Realen abgewonnene Idealismus gelangt durch Goethe zur bewußten Herrschaft in der Kunst.

So ist denn Goethe, der wissenschaftlich Forschende, kein Anderer als: Goethe, der schöpferisch Gestaltende. Sein Forschen und sein Schaffen lassen sich eins am andern prüfen.

Wenn denn nun die tönende hohle Rede gehört wird: Goethe sei ein großer Dichter gewesen, er hätte sich aber auf die Dichtkunst beschränken sollen, so sehen wir daraus nur, daß man keine Ahnung hat weder von Goethes Bedeutung, noch von seiner Sendung. Wer davon eine Ahnung hat, der muß etwas fühlen von dem neuen Frühling, den seine poetischen, wie seine wissenschaftlichen Schriften ausathmen, von seinem weltverjüngenden Stil, der nie altert, wie jeder weiß, der deutsch kann   Wenn die Deutschen auch jüngst von dem Danen Brandes eines andern belehrt wurden, so ist das ja doch kein Fall, den Jemand ernst nehmen wird.

Wie Goethes Persönlichkeit auch als sittliche Große wirkt, das ist schon als Goethes Gutheit und als Goethes Frommsein genugsam besprochen (s. unsere Einleitung zu Faust II erste Ausg. S. XCII, zweite Ausg.*) S. CIII) S auch S XII. f.

Nur wenn wir Goethe im Ganzen erkennen, vermögen wir den Wert seiner immer neuen, weil ursprünglichen Weltabspiegelung in seinen Werken zu ermessen, an der die Wissenschaft ihr Urteil und die Kunst ihren Geschmack zu prüfen haben. — Das Geistesleben Goethes, das sein Schauen beseelt, ist von ihm selbst, wenn auch unbewußt, dichterisch verwendet in seinem Faust, der Dichtung, von der Schelling 1802 sagt. „An jenen Widerstreit, der aus unbefriedigter Begier nach Erkenntnis der Dinge entspringt, hat der Dichter seine Erfindungen in (Faust) dem eigentümlichen Gedicht der Deutschen geknüpft und einen ewig frischen Quell der Begeisterung geöffnet, der allein zureichend war, die Wissenschaft zu dieser Zeit zu verjüngen und den Hauch eines neuen Lebens über sie zu verbreiten. — Wer in das Heiligthum der Natur eindringen will, nähre sich mit diesen Tönen einer höheren Welt, und sauge in früher Jugend die Kraft in sich, die wie in dichten Lichtstrahlen von diesem Gedicht ausströmt und das Innerste der Welt bewegt." — — Bei diesen Worten des Philosophen fallen uns sogleich Worte Fausts ein, die er beim Anblick des Zeichens des Makrokosmos (des Weltalls) bedeutsam spricht (Vers 447 bis 467)**).

Wie Alles sich zum Ganzen webt,
Eins in dem andern wirkt und lebt'
Wie Himmelskräfte auf und nieder steigen
Und sich die goldnen Eimer reichen!
Mit segenduftenden Schwingen
Vom Himmel durch die Erde dringen,
Harmonisch all das All durchklingen!

Welch Schauspiel' aber ach! ein Schauspiel nur!
Wo faß ich dich unendliche Natur?

---

*) ebenda 3 Aufl.

**) Ich weiß, die Stelle ist dem geneigten Leser bekannt und ich konnte Seiten= zahl und Verszahl anführen zur Erleichterung des Nachschlagens; dennoch halte ich eine wörtliche Wiederholung hier für zweckmäßiger; es vermag sie jeder rasch zu überspringen, der sie nicht lesen mag

> Euch Brüste, wo? Ihr Quellen alles Lebens,
> An denen Himmel und Erde hängt,
> Dahin die welke Brust sich drängt —
> Ihr quellt, ihr tränkt, und schmacht ich so vergebens?

Er schlägt unwillig das Buch um und erblickt das Zeichen des Erdgeistes:

> Wie anders wirkt dieß Zeichen auf mich ein!
> Du, Geist der Erde, bist mir näher;
> Schon fühl ich meine Kräfte höher,
> Schon glüh ich wie von neuem Wein.
> Ich fühle Muth, mich in die Welt zu wagen,
> Der Erde Weh, der Erde Glück zu tragen,
> Mit Stürmen mich herum zu schlagen,
> Und in des Schiffbruchs knirschen nicht zu zagen.

Das Verhältniß des Menschen und seines Geisteslebens zum Weltall sowie zur Erdenwelt, wird damit vorläufig im Allgemeinen angedeutet. — Erfüllt von Wissensdrang, vertieft sich der Held der Dichtung, Faust, in das symbolische Zeichen des Weltalls. Aber es ist nur ein Symbol, „ein Schauspiel nur". Das Weltall unmittelbar zu überschauen ist dem Menschen versagt, ebenso wie das Anschauen Gottes. Er wendet sich daher dem Zeichen des Erdgeistes zu.

Dieser Erdgeist ist: Gott, wie sich ihn der Mensch mit seinen fünf Sinnen allenfalls vorstellen kann.

Wir erinnern uns hier des Ausdrucks Goethes: sich Gott nähern*). Die Frommen im Lande dachten sich Gott zu nähern durch Christus (s. Dichtung und Wahrheit 1. Teil 1. Buch). Auch sein Freund Langer in Leipzig (daselbst 2. Teil 8. Buch) gehörte zu den Leuten, denen die Vorstellung eines Weltgottes zu groß schien; eine Vermittlung war ihm notwendig, deren Analogon er überall in irdischen und himmlischen Dingen zu finden glaubte. Goethe selbst, als Knabe, dachte sich Gott unmittelbar zu nähern, indem er Naturproducte zu einem Altar auftürmte, die ihm, als Werke Gottes, den Unvorstellbaren bedeuten sollten. Dies ist der Erdgeist in Faust, wo er sich selbst schildert Vers 501—509.

Danach erscheint die sichtbare Welt als das Kleid Gottes.

Aber auch dieser Erdgeist will Faust nicht zugestehen, daß er ihm gleiche; er sagt (Vers 512 f.) auf Fausts Worte (511) „wie nah fühl ich mich dir!" „Du gleichst dem Geist, den du begreifst. Nicht mir!" Und damit sieht sich Faust denn, wie er dann auch (628 f.) ausspricht: „grausam zurückgestoßen in's ungewisse Menschenlos", das

---

*) „Nahet euch zu Gott, so nahet er sich zu euch", Epistel Jacobi 4, 8. Diese Bibelstelle ist auch citirt in dem vorletzten Absatz der „Vorred" des ältesten Faustbuches.

dem Titanen durchaus nicht genugen kann. Dies führt zu ver-
zweifelten Gedanken. Er erblickt eine Phiole mit todtlichem Gift und
langt darnach, indem er der Himmelfahrt des Propheten Elias gedenkt, und, wie dieſer, im feurigen Wagen gegen Himmel zu fahren
hofft

Eine wunderbare Scene folgt hierauf! — Wir ſehn, wie er, die
Giftſchale zum Munde führend, von Glockenklang und Chorgeſang
des nahen Domes plötzlich ergriffen und gefeſſelt wird, und endlich,
von Kindheiterinnerungen überwältigt, mit rückkehrendem Frommſein
ausruft (783 f.):

> „O tönet fort ihr ſüßen Himmelslieder!
> Die Thräne quillt, die Erde hat mich wieder!"

Der Sohn dieſer Erde, wenn auch über das gewöhnliche Maß
von Erdenkindern hinausragend, wird doch feſtgehalten vom Irdiſchen.
Was ihm hier zum erſtenmal vor die Seele tritt, wird ihm ſpäter
noch klarer, ſo daß er geradezu es ausſpricht (1663 f.) „Aus dieſer
Erde quillen meine Freuden, Und dieſe Sonne ſcheinet meinen
Leiden; kann ich mich erſt von ihnen ſcheiden, Dann mag was will
und kann geſchehn "

Schon in der Fauſtſage, in dem Fauſtbuche des 16. Jahrhunderts,
ſtellt ſich der böſe Geiſt, der hier Mephoſtophiles heißt, Fauſt gegenüber, wie der Verſucher dem Hiob, ja ſelbſt dem Heilande (Matth
4, 3) ſich gegenüberſtellt. Nach Goethes Ausgeſtaltung der Sage
offenbart ſich in der Geſtalt des Mephiſtopheles die Macht des Gemeinen, das den Menſchen herabzieht, an jedem edlen Streben hindert,
der volle Gegenſatz des Idealismus. So hat Goethe das Weſen des
böſen Geiſtes erfaßt und vertieft, indem er dieſe Gegenüberſtellung
herrlich benutzt als Grundmotiv der ganzen Dichtung.

Nach dem Vorbilde der Wette zwiſchen Gott und dem Satan
im Buche Hiob, läßt er in einem „Prolog im Himmel" den Mephiſtopheles vor dem Herrn erſcheinen Wie im Buche Hiob der Herr
zu Satan ſpricht: „Haſt du nicht acht gehabt auf meinen Knecht
Hiob?" ſo ſpricht er hier (Vers 299): „Kennſt du den Fauſt?" Und
Mephiſtopheles bietet dem Herrn die Wette: „er wolle Fauſt von
Gottes Wegen abbringen, wenn der Herr es erlaube" „ihn meine"
— des Mephiſtopheles — „Straße ſacht zu führen!" — Dieſem Er-
bieten ſetzt der Herr größte Majeſtät und Gelaſſenheit entgegen:
„Nun gut, er ſei dir überlaſſen!" Setzt aber ſchließlich hinzu: „Ein
guter Menſch in ſeinem dunkeln Drange Iſt ſich des rechten Weges
wohl bewußt" — Wir ahnen ſchon hier, daß der Böſe nicht ſiegen
wird.

Fauſt iſt von dieſer Welt, wie wir ſahn, unbefriedigt, aber auch
da Mephiſtopheles an ihn herantritt, und ihm ſeine Dienſte an=
bietet, glaubt er nicht, daß ihn dieſer je befriedigen könne, und ſagt
(Vers 1699 f.): „Werd ich zum Augenblicke ſagen: Verweile doch, du
biſt ſo ſchön! Dann magſt du mich in Feſſeln ſchlagen, Dann will
ich gern zu Grunde gehn!"

Daß nun Fauſt ein hohes Ziel anſtrebt, wie das Mephiſtopheles
nie zu begreifen im Stande iſt, darin beruht die Ueberlegenheit Fauſts.

Dasjenige, das Fauſt hoch emporhebt über alles Gemeine, iſt der=
ſelbe Idealismus, der Goethe als Forſcher, als ſchaffenden Geiſt, als
Künſtler beſeelt, derſelbe ideale Aufſchwung, der das deutſche Volk
in der Zeit unſerer Klaſſiker, durch ſie ſo hoch emporgehoben hat.

Wir werden aber über die Bedeutung des Kampfes des Guten
mit dem Böſen — die in Fauſt und Mephiſtopheles ſich gegenüber=
ſtehn — nicht klar, wenn wir nicht vorher uns verſtändigen über das,
was wir gut und was wir böſe nennen.

Hamlet ſagt (2. Act 2. Sc.): an ſich ſei nichts weder gut noch
böſe; das Denken mache es erſt dazu, und Spinoza bemerkt, daß man
die Handlungen der Menſchen weder belachen, noch beweinen, noch
verfluchen, ſondern verſtehn ſolle und in ſeiner Shakeſpearerede
ſagt Goethe (14. Oct. 1771): das, was wir böſe nennen, ſei nur die
andere Seite vom Guten, und Goldſmith im Landprediger von
Wakefield ſagt (Kapitel 27): Es wäre zu wünſchen, daß die geſetz=
gebende Macht ſich mehr mit der Beſſerung als mit der Beſtrafung
beſchäftigte — Solchen Anſchauungen war Goethe nun durchaus ge=
neigt. Ein Zug der Liebe, die auf Sachlichkeit beruht, daher frei
von Selbſtſucht iſt, durchdringt ſein ganzes Weſen, und ſo ſieht er
denn auch das Gute in der ſelbſtloſen Liebe, ſo wie das Böſe in
jeder Art von liebloſer Selbſtſucht.

Bekanntlich ſind die Gläubigen und die Ungläubigen über
Frömmigkeit und Sittlichkeit verſchiedener Meinung. Goethe ſteht
ſchon frühzeitig auf einer höheren Stufe, als die Mehrzahl. Um
ſeiner Anſchauung näher zu kommen, thun wir wohl, wenn wir der
Frage näher treten: was ihm die Liebe iſt?*)

Vor allem iſt feſtzuhalten, daß Goethe nichts ferner lag als eine
frivole Auffaſſung von Sittlichkeit, Frömmigkeit oder Liebe. Seine
Liebe erinnert an die Frauenverehrung der alten Germanen. Schon
in jungen Jahren tadelt er einen jungen Dichter, der leichtfertig

---

*) Sieh des Verfaſſers kleine Schrift: Goethe und die Liebe Heilbronn,
Henninger 1884, S. 3 f.

und achtungslos vom weiblichen Geschlechte schwatzt „und das alles
so ohne Gefühl von weiblichem Wert". In Werther läßt er diesen
von der Geliebten sagen: „Sie ist mir heilig. Alle Begier schweigt
in ihrer Gegenwart". Dieses Frommwerden (vergl S XI f) durch
den Gedanken an die Geliebte ist dramatisch dargestellt in dem Auftritt Fausts in Gretchens Zimmer Vers 2685—2730. Denken wir
ferner der andächtigen von mir schon wiederholt berufenen Worte
Goethes vom 7. October 1776 an die Stein. „Sie kommen mir eine
Zeit her vor wie Madonna, die gen Himmel fährt, vergebens, daß ein
Rückbleibender seine Arme nach ihr ausstreckt, vergebens, daß sein
scheidender, thränenvoller Blick den ihrigen noch einmal niederwünscht,
sie ist nur in den Glanz versunken, der sie umgibt, nur voll Sehnsucht nach der Krone, die ihr überm Haupt schwebt." — In Gedanken an ein teures Wesen sieht er die Natur auch schöner und vermag sie besser auszusprechen, indem er zeichnet (Brief an die Stein
Nr. 510. Wir denken hier auch der Briefstelle: „Wenn die Seele
ins Licht der Liebe getreten ist, so erscheinen alle Gegenstände mit
dem Glanze der Kolibrihälschen." (An die Stein bei Scholl 2, 93)
Das Gedicht Amor als Landschaftsmaler spricht denselben Gedanken aus.

Am tiefsten wurde Goethe aufgeregt, wenn seine hohe Frauenverehrung angegriffen wurde. So, als man fand, er rede enthu-
siastisch von der Kaiserin Maria Ludovica. So sehr er die hohe Frau
verehrte und so wenig eine solche Bemerkung eigentlich ein frivoles
Aussehen hat, so verletzte sie ihn doch, und er bemerkt, in einer Form,
wie sie nur ihm zu Gebote stand: Wenn er auch ein anerkannter
Nachtwandler wäre, so wolle er doch nicht aufgeweckt sein, und halte
sich fern von den Menschen, „welche das Wahre nur zu sehen glauben,
wenn sie das Gemeine sehn". (An Gräfin O'Donell 24. Nov. 1812.)

Er, den kein Name nennt, der Ungenannte, Gott, enträtselt sich
ihm, in der selbstvergessenen Hingebung an ein Höheres, das er im
Ewig-Weiblichen sieht. Er nennt bekanntlich in der Elegie in Trilogie der Leidenschaft, eine solche Erhebung ein Frommsein. Man
vergleiche die Darstellung der Liebe bei den romanischen Völkern mit
der der Germanen — Goethe hält für seine höchsten Güter Idee
und Liebe, s. den westöstlichen Divan (Weimarausgabe S 83)
Objectivität, reine, selbstlose, liebevolle Sachlichkeit gelangt durch
Goethe zur Herrschaft als dem Realen abgewonnener Idealismus
— Das wirft alle sogenannten „naturalistischen" Tendenzen nieder,
und die Humanität, die in diesem Idealismus liegt, macht alle
Phrasen über Weltverbesserung unnütz. Zusammengreifendes Wohl=

wollen der Gebildeten soll und muß einmal zur Herrschaft kommen; so hoffen wir mindestens.

Hier mag nun hingewiesen werden auf einen Ausspruch, den der Herausgeber gewagt in der zweiten Ausgabe 2. Teil S. XXXV f.*) (erste Ausg. S. XXVIII). Daselbst wurde hervorgehoben, daß der Dichter des Faust nicht etwa von geschichtsphilosophischen Ideen ausgegangen sei, daß aber die Zeit, in der er gelebt, von einer ahnungsvollen Bewegung gehoben war. Sie war nicht politischer, sondern rein litterarischer, poetischer und philosophischer Natur. Diese Bewegung war doch die Action, mit der Deutschland im 18. Jahrhundert seine weltgeschichtliche Bedeutung gewann.

Wir haben diesen Gewinn natürlich nach Gebühren hoch zu halten und staunen nicht, wenn die große Bewegung auch die Kunst ergriff, wenn Schiller von ihr fortgerissen überwaltigt wurde, und nur schwer sich los zu ringen vermochte von den philosophischen Gedankenmaffen, die auftauchten und in ihm den Dichter zu erfticken drohten.

Mit Goethe sollte sich das Seltsamste ereignen, daß seine Künstlernatur, die nur in Bildern dachte, von einem dichterischen Stoff ergriffen wurde, der von einer solchen Zeit auf die Oberfläche geworfen war, einem Stoff, auf dem die Motive der Gedankenschlacht der Zeit mit aller Schwere lasteten. Es war etwas offenbar an dem Stoffe, das als ein Problem der Zeit empfunden wurde. Ein Stoff, dessen Hauptgestalt kein Held mit dem Schwert, sondern ein Held des Geistes, ein Held des Idealismus, und als solcher unbesiegbar ist. Das ist ja am Ende Deutschland, das Deutschland zu Goethes Zeit. Aus grauer Vorzeit Dämmerung war eine Gestalt der Sage aufgetaucht, wie ein abgeschiedener Geist, der erhört sein wollte. Schon gegen das Ende des 16. Jahrhunderts ist die Sage vom Dr. Faust entstanden. Der Herausgeber des Gegenwartigen hat schon in der ersten Ausgabe I, S. XIX f. (2. Ausg. S. XXXI f.**) nachzuweisen versucht, daß diese Sage aus dem Protestantismus hervorgegangen sei***). Die freie Forschung, der durch Luther Bahn gebrochen war, hatte doch für fromme Seelen eine bedenkliche Seite. Aber Luther stutzte sich auf Gottes Wort, auf die heilige Schrift, er übersetzte sie, und als ihn der Böse an dieser Arbeit hindern wollte, wiffen wir ja, wie er ihn zurückwies. Was diese Sage aber bedeutet, sollte noch deutlicher ausgesprochen werden durch den Gegensatz eines Gelehrten,

---

*) ebenda 3 Aufl.

**) ebenda 3 Aufl.

***) Von den alten Legenden des Theophilus 2c sehn wir ab, f darüber 1. Aufl S. XX, 2 Aufl. S. XXIX. Dann an der entsprechenden Stelle dieser Ausgabe unten

der nicht von der heiligen Schrift ausging, der im Gegenteil die heilige Schrift „ein weil hinter die tür und unter die bank gelegt", wie das älteste Faustbuch sagt, und mit dem Bösen ein Bündniß schloß.

Die Lehre, die sich ergibt, ist ganz dem Zeitgeist zu Ende des 16. Jahrhunderts angemessen: es ist ja recht zu prüfen (1. Pauli an die Thessalonicher 5, 21); nur muß die Bibel die Richtschnur geben. Ein Maß Glaubens wird immer noch gefordert. — Als nun das 18 Jahrhundert die im 16 begonnene Bewegung im Geistes= leben wieder aufnahm und die Reformation vollenden zu wollen schien, da taucht die Gestalt des Dr. Faust wieder auf und gewinnt neue Bedeutung. Mußte der Faust des 16. Jahrhunderts, sobald er den Schild des Glaubens aufgegeben hatte, unterliegen, der Faust des 18. Jahrhunderts sollte einen hohern Aufschwung nehmen. — Goethe führt ihn uns vor, zerworfen mit sich selbst bis zum Selbstmord, vom Selbstmord zurückgehalten durch fromme Erinnerungen an Kinderfrommigkeit. Im Begriff, die heilige Schrift zu übersetzen, die ihm nicht genügen will, naht ihm der Böse, um ihn nach dem Prolog im Himmel „seine Straße sacht zu führen".

Es stellt sich hier dem Dichter die Aufgabe: die Ueberlegenheit Fausts dem Bösen gegenüber darzustellen, auch wenn er sich nicht des Schildes der heiligen Schrift bedient. Daß er nicht unterliegt, sondern endlich siegt, liegt darin, daß Mephistopheles, der über die Schranken des Verstandes nicht hinaus reicht, den höher angelegten vernunft= begabten Faust nicht begreifen kann. Er sucht ihn zu zerstreun, indem er ihn in Auerbachs Keller in rohe Gesellschaft bringt. Eine solche Gesellschaft kann aber doch Faust in keiner Weise befriedigen. — Ein stärkeres Mittel wendet Mephistopheles an, indem er ihm bei der Hexe einen Liebestrank brauen läßt, den Faust trinken soll, um, sinnlich erregt, ein Mädchen zu verderben und so viel als möglich unglücklich zu machen. Es scheint alles zu gelingen. Faust wird bezaubert durch das holde Gretchen. Da er aber in Gretchens Abwesenheit ihr Zimmer betritt, wird er von so frommer Stimmung ergriffen, wie damals, als der Orgelklang und Chorgesang ihn vom Selbstmord abhielt. — Hatte Mephi= stopheles den Plan, daß Faust Gretchen frivol verderbe und verlasse, so konnte er dergleichen nur denken, indem er Faust nicht verstand und keine Ahnung hatte von dem Frommsein der Liebe, das Faust bei dem An= blick der heiligen Unschuld Gretchens ergriff. Er riß ihn fort von ihr, und schleppte ihn zu den wilden Auftritten der Walpurgisnacht. Der Geist Fausts weilt aber auch hier bei Gretchen. Er errät ihr Schicksal und verlangt stürmisch zu ihr gebracht zu werden. Die Kerkerszene, der erschütternde Schluß der Gretchentragödie, d. i. des

1. Teils Faust, zeigt uns, daß sie sich losgesagt hat von allem
Irdischen und daß Faust sie daher für diese Welt nicht retten kann.
Sie hat sich dem Gericht Gottes übergeben.

Faust wird durch Mephistopheles von Gretchens Seite fort=
gerissen; seine Sendung ist noch nicht erfüllt.

Tief erschüttert von Gretchens Geschick, sehen wir ihn, wol nach
einer Irrfahrt von vielen Jahren, unruhig, schlafsuchend im zweiten
Teil auf blumigen Rasen gebettet, wieder. Symbolisch werden dar=
gestellt himmlische Gestalten als allheilende Naturkräfte, die ihn ver=
gessen machen alles Leid, das er erfahren und ihn dem Leben wieder
geben. Er erhebt sich, um zum höchsten Dasein immerfort zu streben.
Wir werden hier an den Prolog im Himmel erinnert und gedenken
wieder des Spruches Goethes: Die Vernunft ist auf das Werdende,
der Verstand auf das Gewordene angewiesen. Im Prolog heißt es
nun: „Das Werdende, das ewig wirkt und lebt, Umfaß euch (Erz=
engel) mit der Liebe holden Schranken, Und was in schwankender
Erscheinung schwebt, Befestiget mit dauernden Gedanken".

Das Dauernde im Wechsel, das Ewige, Ideale erblickt Faust
bei Sonnenaufgang im Regenbogen des Wasserfalls und, erfüllt von
Idee und Liebe, sehen wir ihn entschlossen, sich dem Leben zuzu=
wenden. — Als einen merkwürdigen Beweis dafür, wie Goethe in
Bildern dachte und von Bildern ausging, um einen Gedanken deutlich
zu machen, muß man es ansehn, daß zwei Bilder, die Goethe bei
Hans Sachs fand, die Grundlage bildeten zum ersten Act des 2.
Teils Faust, womit sogleich auch die Entstehung der Dichtung in die
Zeit verlegt wird etwa um 1773—1775, wo sich Goethe mit Hans
Sachs beschäftigte.

So wurde aus dem Waldbruder mit dem Satyrus des
Hans Sachs die Gestalt des Satyros Goethes und so aus
der Historia Kaiser Maximiliani mit dem Alchimisten (des
Hans Sachs) das freche Eindringen des Mephistopheles bei dem
Kaiser und auch der Geschichte Kaiser Maximiliani mit dem Nigro=
manten (ebenfalls bei Hans Sachs) die Beschwörung der schönen
Helena zum Modell genommen. Die Bilder belebten sich bei Goethe
aus Hans Sachsens Dichtungen, dessen Einfluß doch auch die Hans
Sachsischen Reimpaare im Faust zuzuschreiben sind. Die Gedanken,
die auszusprechen waren, sind übrigens eigentlich eine Satire auf rat=
und gedankenlosen Absolutismus.

Man soll den Eindruck gewinnen, daß es in dieser Welt für
Faust nichts zu schaffen gibt. Er tritt auf vor dem Kaiser und be=
schwört ihm, auf seinen Wunsch, den Geist der schönen Helena. Die

ſchöne Helena reißt Fauſt aber ſelbſt fort. Das Griechenideal er=
füllt ihn, er will es feſthalten und fällt in Ohnmacht. Wir erraten,
daß er von Griechenland träumen wird. Der ganze erſte Act, an
den dann der vierte ſich anſchließt, ſtellt dar die Troſtloſigkeit ab=
ſolutiſtiſcher Zuſtände, die an Ähnliches im 18 Jahrhundert er=
innern. Damals hat die Wiſſenſchaft und Kunſt, haben die ſo=
genannten Humaniora, die Studien der Griechen beſonders, das
deutſche Volk erhoben Wie ſoll dieſe Erſcheinung an Fauſt zur Dar=
ſtellung kommen, den wir doch als Repräſentanten Deutſchlands be=
zeichneten? Es kann nur ſymboliſch geſchehn

So ziehen denn in prächtigen Bildern die Geſtalten der griechiſchen
Mythe vor uns vorüber; wir ſehn wie ſie auch vor Fauſt vorüber=
ziehn Zur Folie dient Mephiſtopheles, der ihn begleitet Homunculus,
der Stubengeiſt des Humanismus, begleitet Fauſt gleichfalls, ergießt
ſich aber, von Begeiſterung für die Mythenwelt ergriffen, aufflammend
ins Meer! Er iſt nur ein Gedankending und will werden, d. i
Realität gewinnen. — Die Bilder entwickeln einen großartigen Be=
griff von dem Umſchwung im Geſchmack, der ſich zu Goethes Zeit
vollzog, aus dem Barockſtil zur griechiſchen Antike. — Der dritte
Aufzug, den der Dichter vor Vollendung des Ganzen ein Zwiſchen=
ſpiel, eine claſſiſch=romantiſche Phantasmagorie nannte, führt uns ein
Traumbild vor Augen· Die Vermählung Fauſts mit Helena, des deutſchen
Geiſtes mit dem Griechenideal; deutſcher mit altgriechiſcher Kultur.

Welche Umgeſtaltung der Sage durch Goethe vorgenommen wurde,
iſt demnach leicht zu überſehn.

Bald nach dem Erſcheinen des älteſten Fauſtbuches (1586) ent=
ſtand in England Marlowes dramatiſche Bearbeitung (Marlowe ſtarb
ſchon 1593, und ſie war der Anlaß der vielen dramatiſchen Be=
arbeitungen des 17. und 18. Jahrhunderts, die durch herumziehende
engliſche und deutſche Komödianten und durch Marionettentheater
(Puppenſpiele) populär geworden ſind.

Leſſing machte 1759 auf den Stoff aufmerkſam, und durch ihn
wurde wol auch Goethe angeregt, wenn auch Goethe den Stoff
ſchon von ſeiner Knabenzeit her durch Puppenſpiele und Volks=
bücher kannte, und in Straßburg wahrſcheinlich eine Aufführung
eines Fauſt ſah, von der wir nur wiſſen, daß ſie ſtattfand. Leſſing
und Goethe waren wol anfänglich ſich kaum klar über die ganze Be=
deutung des Stoffes. — Bekanntlich iſt Leſſings Fauſt bis auf einige
kleine Notizen und Bruchſtücke verloren, und er erlebte nicht die
Vollendung von Goethes Fauſt. Um ſo bedeutſamer iſt, daß
beide Dichter, ohne gegenſeitig von ihren Plänen Näheres zu

wissen, doch, wie nur wir Nachgebornen übersehen können, einen Sieg Fausts darzustellen gedachten.

Nur Goethe hat seine Aufgabe durchgeführt und gelöst.

Das große Problem erscheint bei ihm, wie wir sahn S. XI f., als eine Wette Gottes mit dem Satan, des Guten mit dem Bösen, der Liebe mit der Selbstsucht, der Vernunft mit dem Verstand. Wir gedachten unten zu V. 346 des Spruches Goethes: die Vernunft sei auf das Werdende gerichtet, der Verstand auf das Gewordene, wie auch der Herr im Prolog im Himmel spricht: Das Werdende, das ewig wirkt und lebt, Umfaß euch mit der Liebe holden Schranken, Und was in schwankender Erscheinung schwebt, Befestiget mit dauernden Gedanken. — Das Dauernde im Wechsel, das Ideale ist das Gött= liche, an das auch diejenigen glauben, die sich keinem besonderen Glaubensbekenntniß angehörig fühlen. Es ist der Glaube an das Ideale, der ein Frommsein bewirkt, das zugleich höchste Sittlichkeit ist. Ein solcher Glaube setzt nur voraus einen gewissen, für Höheres empfänglichen Geistesaufschwung.

Wir kennen Goethes Spruch:

    Wer Wissenschaft und Kunst besitzt,
    Hat auch Religion;
    Wer jene beiden nicht besitzt,
    Der habe Religion

Wir sehn denn, daß Goethe nur im Ganzen erkannt werden kann. Seine Ursprünglichkeit, sein Verhalten jeder Erscheinung gegenüber sind ein Vorbild, ein erquickendes Beispiel dem Forscher und dem Künstler. Dies sein Wesen tritt besonders deutlich hervor in seinem Faust. Es liegt ausgesprochen vor in der Dichtung selbst. Sein auf das Reale gerichteter Sinn, der aber, bei liebevoller Betrachtung dem Realen das Ideale abgewinnt, eröffnet ihm die Erkenntniß des Dauernden im Wechsel. Vergebens daß Mephistopheles ihn zum Gemeinen herabzuziehn bemüht ist, Fausts Blick ist fest auf das Dauernde gerichtet.

Zwar „irrt der Mensch so lang er lebt", aber „Ein guter Mensch in seinem dunklen Drange ist sich des rechten Weges wohl bewußt". — Mit den Jahren der Reife drängt es Faust zur That, Menschen= wohl zu gründen und zu schaffen, nach Maßgabe der gemachten Er= fahrungen. Er hat im 2. und 3. Aufzuge die Ursprünglichkeit des Denkens und Empfindens der Griechen in sich aufgenommen, deren Wesen dem seinen so verwandt war. Er sah mit klarem Blick die Verkommenheit der öffentlichen Zustände in Zeiten des Absolutismus in Deutschland. — Er rettet dem Kaiser noch einmal das Reich, die

Krone und das Leben, verlangt aber von ihm nichts weiter, als ein unbebautes Uferland am Meere, das er zu bevölkern und urbar zu machen streben will. — Der 5 Aufzug führt ihn uns vor in voller Thätigkeit, immer strebend: „Solch ein Gewimmel mocht ich sehn, Auf freiem Grund mit freiem Volke stehn Zum Augenblicke dürft ich sagen: Verweile doch, du bist so schön" (vergl. unten zu Vers 1699 f.). — In diesem Gedanken, im Anblick der der Vollendung nahenden Schöpfung, genießt Faust den höchsten Augenblick und stirbt In Wirklichkeit erreichen sollte er diesen Augenblick nie, er sollte ihn nur im Voraus ahnen vor seinem Tode, so daß Mephistopheles seiner Seele sich nicht bemächtigen konnte. — Wie dies herrlich dargestellt ist, das brauchen wir nicht zu erzählen, es liegt klar vor Augen. Seine Himmelfahrt, die den Schluß bildet, ist eine Apotheose, ein Gemälde, das uns darstellt, wie Faust zur Unsterblichkeit eingeht. Ein Gemälde, das an Rafaels Darstellungsgabe mahnt Die Engel, die Fausts Unsterbliches tragen, singen: „Gerettet ist das edle Glied Der Geisterwelt vom Bösen, Wer immer strebend sich bemüht, den können wir erlösen Und hat an ihm die Liebe gar, Von oben Teil genommen, Begegnet ihm die seelige Schaar, Mit herzlichem Willkommen". — Ohne Liebe ist dem Menschen das Höchste zu erreichen nicht möglich. Sie ist eine Gabe des Himmels Gnade von oben Dazu gehört denn auch der Glaube an ein Ewiges. Nur der das Ewige in sich trägt, glaubt daran

Ein chorus mysticus schließt endlich den 2 Teil der Dichtung er klingt uns kaum mehr mystisch, nur erhebend — „Alles Vergängliche ist nur ein Gleichniß: Das Unzulängliche Hier wirds Ereigniß; Das Unbeschreibliche Hier ist es gethan. Das Ewig-Weibliche Zieht uns hinan "

Ueber das Prinzip unserer Ausgabe: Alles zu erklären, keiner Schwierigkeit auszuweichen, hat sich Herr von Loeper eben so freundlich als gründlich ausgesprochen (neben mehreren von demselben Verfasser in derselben Gesinnung erschienenen Berichten im Archiv für neuere Sprachen und Litteraturen, herausgegeben von L. Herrig, 42. Jahrgang, 81. Band, 1888, S. 461—462), so daß dieser Hinweis uns alles weiteren Dafür und Dawider enthebt

Meinen besonderen Dank habe ich auszusprechen gegen Herrn Dr Rud Steiner in Weimar für die Bereitwilligkeit, vor dem Druck des Vorliegenden eine Korrektur zu lesen, was nur in Folge einer bedauerlichen Erkrankung nicht durchaus zur Ausführung kam. Es war mir immer eine angenehme Beruhigung, wenn der junge

Freund einen Bogen gelefen hatte, ob er nun dort und da ein Verfehn bemerkt hatte oder nicht. War mir ja doch auch der briefliche Gedankenaustausch mit ihm immer Erquickung und Freude, was ich hier gerne ausspreche und bezeuge.

Aus dem Vorwort zur zweiten Ausgabe.

Wenn unsre Zeit in ihren Geistesströmungen, bei manchem Vortheil im Einzelnen, doch auch manche unerfreuliche Erscheinung bietet, so möchten wir uns des immer noch zunehmenden Interesses an Fauft, das wir in den gebildeten Kreisen wahrnehmen, als eines tröstlichen, bedeutsamen Zeichens freuen. — Wir möchten daran die Hoffnung knüpfen, daß der Geist einer großen Vergangenheit, den diese Dichtung atmet, ja, den sie in seinem innersten Wesen ausspricht, doch nicht ganz erstorben ist.

In Hinblick auf Deutschland dürfen wir die Zeit, von der ich spreche, die des Idealismus nennen. Ihrem hohen Aufschwunge folgte Abspannung: Naturalismus, Pessimismus, Nihilismus. —

Die Hebelkraft, die die leitenden Völker der Menschheit emportreibt und ihnen immer neue, höhere Ziele steckt, indem Andere in ewiger Kindheit ein Pflanzenleben führen oder auf einer gewissen Entwicklungsstufe erstarren, wenn sie nicht von jenen leitenden Völkern ins Schlepptau genommen werden: sie liegt jederzeit in einer Regung des Geistes nach einem höhern Ziel geistiger Art, unabhängig von unserm sinnlichen Bedürfniß.

Es ließe sich nachweisen, daß ein solcher Idealismus schon in Urzeiten sich aussprach in den arischen Mythologien und in dem Bau der arischen Sprachen.

Eine geschichtliche Zeit des Idealismus, fruchtbar an Ideen und Idealen für Jahrtausende, war aber die Zeit Platons, mit der nur die Goethes und Schillers zu vergleichen ist.

Kein Wollen, keine Anstrengung reicht aus, den Aufschwung einer solchen Zeit, der sich unter ihrer Herrschaft Vielen mittheilt, wieder zu erreichen, wenn er vorüber ist, weil zur Ideenerkenntniß das Object allein nicht genügt; sein idealer Gehalt muß im Subject vorhanden, das Subject muß schöpferisch angeregt sein. Als jener Aufschwung vorüber war, wollte ein nüchterner Realismus auch sogleich an seine Stelle treten, indem er uns den Vernunftbegriff nehmen und die Existenz eines vernünftigen Seelenvermögens und damit Ideen und Ideale abstreiten wollte.

Für den Verstand existirt eine jede über die Erfahrung hinaus-reichende Erkenntniß allerdings nicht.

Das jüngere Geschlecht hat keine Ideen und keine Ideale mehr. Wir sehn uns vergebens nach Zielen der Begeisterung für unsere Jugend um. Gestehn wir es nur: Der Katholik des nachwachsenden Geschlechts, der großen Mehrzahl nach, ist nicht mehr Katholik, aber auch der Protestant nicht mehr Protestant, und wer diese Erscheinung belanglos findet, der erwäge noch überdies, daß dasselbe Geschlecht auch von den Ideen jener Glaubensformen keine Ahnung mehr hat und von Pietät dafür natürlich denn auch nichts empfinden kann.

In wie hohem Sinne hat unsere klassische Periode den Gegensatz zwischen Katholicismus und Protestantismus überwunden, indem unsere protestantischen Dichter die Ideale der katholischen Welt ver-klärt in ihren Dichterhimmel aufgenommen haben. — Es entstand damit ein neuer Glaube, der Glaube an das Ideale, an die Ideale der Menschheit. Daneben dürfen wir auch nicht vergessen der mäch-tigen Impulse in Kunst und Wissenschaft, die vom Protestantismus ausgehn, von dessen ursprünglichem Geiste sie noch erfüllt und ge-tragen, von dem sie noch untrennbar sind. Um den neuen Geist der Dichtung in der protestantischen Welt zu kennzeichnen, erinnere ich nur an Shakespeare neben Calderon. Um die Bedeutung des Protestan-tismus für die Bildung zu erkennen, genügt ein Blick auf die Muster-gültigkeit der Schulen und Hochschulen im protestantischen Deutschland, die Strenge ihrer wissenschaftlichen Methode und Disciplin im Denken, auf denen ja Deutschlands Ueberlegenheit beruht.

Von diesem Zusammenhange weiß, wie es scheint, das nach-kommende Geschlecht nichts mehr' So wenig als von unsern großen Dichtern.

Goethe wagte noch das schon oben S. XX citirte Wort:

Wer Wissenschaft und Kunst besitzt,
Hat auch Religion rc

Welche Wissenschaft, welche Kunst hat denn heute noch die Tiefe, die in diesem Spruch vorausgesetzt wird?

Wo sind die Zeiten, da noch kühne, tiefangelegte Geister so denken konnten? Wo in ähnlichem Sinne z. B. Hölderlin sagen konnte: Religion ist Liebe zum Schönen. Der Weise liebt sie selbst, das Volk liebt ihre Kinder, die Götter. —

Welche Anschauungen Goethes, Schillers, Jean Pauls, Novalis, Fichtes, Schellings, Hegels müßte man darlegen, um den Geistes-reichthum jener Zeit uns näher zu bringen!

Ihr gegenüber rühmt sich der Fortschrittsmensch von heute, konfessionslos zu sein, bricht mit allen großen sittlichen Mächten der Geschichte und erzieht ein Geschlecht, das stolz darauf ist, keine Wunder zu glauben, auch nicht die des Geistes und der Natur, dafür aber einen Gesichtskreis eingetauscht hat, so unfruchtbar und nüchtern, so nämlich beschränkt auf das Handgreifliche, daß man an Hegels Dar= legung der Religionsvorstellungen armer beschränkter Völker in den Polargegenden erinnert wird, die ja auch konfessionslos sind, s. Hegel, Philosophie der Religion 1, 287. Phantasielose, engherzige Wesen werden so herangebildet, die über Goethe lachen müssen, wenn er im Faust zu höchstem Idealismus sich erhebt, mit Sprüchen, die freilich den nüchternen Verstandesmenschen zur Verzweiflung bringen können, weil sie ihm unfaßbar sind. Sprüche wie: „Das Schaudern ist der Menschheit bestes Theil!" — „Den lieb ich, der Unmögliches begehrt!" oder wenn Faust zu Mephistopheles sagt: „In deinem Nichts hoff ich das All zu finden!" — Was soll derjenige mit diesem Spruch, dem die Idealwelt, ganz wie dort dem Mephistopheles, ein Nichts sein muß?

Welcher Bruch mit der Vergangenheit in der Entwicklung Deutschlands in jüngster Zeit, durch fremden Einfluß, hier in Frage kommt, das wurde vom Herausgeber besprochen in dem Vorworte zu den naturwissenschaftlichen Schriften Goethes, herausgegeben von R. Steiner I, S. III (Kürschners Nat.=Litt.).

Das weltverjüngende Auftauchen des Idealismus in Deutschland, im Zeitalter der Frivolität vor hundert Jahren, ist die größte Er= scheinung der neuern Geschichte. Der nur auf das Endliche gerichtete Verstand, der nicht in der Wesen Tiefe dringt; mit ihm die auf Befriedigung der Sinnlichkeit gerichtete Selbstsucht, traten auf einmal zurück hinter dem Auftauchen eines Geistes, der über alles Gemeine erhebt.

Als wichtiger Factor bei der Ausbildung dieses Idealismus erscheint bei Goethe die Liebe*). — Wir müssen bei dieser noch zu wenig im rechten Lichte gesehnen Erscheinung einen Augenblick ver= weilen.

Wenn wir erkennen wollen, was Goethe die Liebe ist, so haben wir uns der Grundverschiedenheit der Anschauungen zu erinnern, die in dieser Hinsicht in unserer Civilisation zu Tage tritt und auch maßgebend ist für die Erscheinungen der Kunst; sie trennt Romanen

*) Ich erlaube mir, hier eine hierher gehörige Stelle meiner kleinen Schrift: „Goethe und die Liebe" 1884, S. 3, zu entnehmen

und Germanen. — Da nun aber franzöſiſches Weſen in unſere deutſche
Welt, die davon einſt ganz beherrſcht war, noch immer hereinſpielt,
ſo trüben dieſe Gegenſätze neben einander, die ſich nicht verſchmelzen
laſſen, vielfach die Anſchauungen. Nicht leicht war der deutſchen
Urſprünglichkeit der Sieg über das fremde Element. Bei den Romanen iſt die Vorſtellung von der Liebe eigentlich noch immer die
der alten Völker. Es fehlt ihr nur der alte Götterglaube, der dort
die Naturtriebe adelte, indem in ihnen jene Völker die wirkende,
gegenwärtige Gottheit verehrten. Was übrig bleibt, wenn
dieſer erhebende Götterglaube fehlt, bedarf keiner Erklärung. Es tritt
auch in der Literatur zu Tage. Ein großer Theil der franzöſiſchen
Literatur bleibt deshalb nicht nur unſerer weiblichen Jugend verſagt,
er wird auch von unſerer Geſchmacksbildung abgelehnt — Wol hat
der germaniſche Geiſt auch auf die romaniſche Welt Einfluß gewonnen, namentlich auf die ritterliche Romantik, ſo rein und geiſtig,
wie in der germaniſchen Heimath, erhielt er ſich dort nicht. — Bei
den Germanen geht die Liebe aus von andächtiger Verehrung weiblichen Weſens. Die halbwilden Germanen des Tacitus verehrten
etwas die Zukunft Vorahnendes im Weibe. Mit frommer Verehrung
ſteht der welterobernde und erſchütternde Rieſe der Vorzeit dem
Weibe gegenüber.

Und gerade ſo wieder — der gewaltige Goethe ſein ganzes
Leben hindurch! — In Rückblick auf ſeine Knabenzeit ſagt er ſelbſt
(Dichtung und Wahrheit 1, 5. Buch bei Hempel S. 159) im Allgemeinen: „Die erſten Liebesneigungen einer unverdorbenen Jugend
nehmen durchaus eine geiſtige Wendung.“

In ſeinem dreiundzwanzigſten Lebensjahre ſchon grollt er über
jenen jungen Dichterling, der von den Mädchen ſo leichtfertig und
achtungslos ſchwatzt, als wären ſie nur für ihn vorhanden, „und das
Alles ſo ohne Gefühl von weiblichem Werth!“ —

Zwei Jahre danach ſchreibt er den Werther, der von der Geliebten ſagt: „Sie iſt mir heilig. Alle Begier ſchweigt in ihrer
Gegenwart.“ — Das erhält aber Alles erſt beſonderes Licht, wenn
er in dem hohen Alter von vierundſiebzig Jahren noch jene berühmten
Worte über die Liebe ſpricht:

> „In unſers Buſens Reine wogt ein Streben,
> Sich einem Höhern, Reinern, Unbekannten
> Aus Dankbarkeit freiwillig hinzugeben,
> Enträthſelnd ſich den ewig Ungenannten;
> Wir heißen's fromm ſein! — Solcher ſeligen Höhe
> Fühl' ich mich theilhaft, wenn ich vor ihr ſtehe“

Ihn, den kein Name nennt, den Ungenannten, Gott: enträthselt er sich, in der selbstvergessenen Hingebung an ein Höheres, das er in der Geliebten sieht. Das Streben nach solcher Erhebung ist ein Frommsein. —

Diese vom Geistesleben des Mannes ausgehende Liebe übergießt nun die Liebe des Weibes mit ganz besonderm Zauber! Man möchte sagen: weil sie nicht weiß, warum sie geliebt wird, rankt sie sich beglückt und dankbar um ihn, der es weiß. Ihre Unbewußtheit ist ihr Zauber. Sie ist beglückt durch seine Ueberlegenheit und blickt gern zu ihm auf. So geht auch von ihrer Seite die Liebe vom Geiste aus. Wie sie dem Manne, so ist er ihr ein Wunder. Göttliches ahnt er in ihr, sie in ihm. Es ist wieder ein Frommsein in der Liebe, wie bei den Griechen, und damit ist sie frei von Frivolität. — Wenn jene entgöttlichte Liebe selbstisch ist, so ist diese Liebe, die auf Hingebung beruht, die einzige Leidenschaft, die frei von Selbstsucht ist:

> „Kein Eigennutz, kein Eigenwille dauert,
> Vor ihrem Kommen sind sie weggeschauert"

Dieser großartige Idealismus der Liebe ist ein in Goethes Wesen besonders hervortretender Zug. Die Liebe verjüngt ihn bis in hohes Alter hinauf und macht ihn immer wieder zum Dichter, indem sie ihm die Macht gibt, die Wirklichkeit in Dichtung zu verwandeln. — — — —

Der Erdenkampf dieses Idealismus, mit den den Menschen niederziehenden Mächten, ist nun der Gegenstand von Goethes Faust. Idealismus und Frivolität, Liebe und Selbstsucht, Vernunft und Verstand, sind die Gegensätze, die uns in Faust und Mephistopheles gegenübertreten, so wie mit diesem Kampf auch die Zeit jenes hohen Aufschwungs unsers Volkes in der That bezeichnet wird.

In diesem Sinne nannten wir Faust den Helden des unbesieglichen Idealismus (1. Ausgabe 2. Bd. S. XXIX, 2. Ausgabe 2. Bd. S. XXXVI). Er ist der ideale Held der Zeit, in der die Dichtung entstand. Sein Wettkampf mit Mephistopheles spricht das Ringen des neuen Geistes als das innerste Wesen der Epoche aus und dadurch steht diese Dichtung so hoch: sie hebt uns auf eine höhere Stufe. — Als Goethe im Juni 1797 die fragmentarische Dichtung wieder hervornahm, schrieb ihm Schiller darüber: „Verstand und Vernunft scheinen mir in diesem Stoff auf Tod und Leben mit einander zu ringen. — Der Teufel behält — vor dem Verstand, und der Faust vor dem Herzen Recht." — Schiller wußte wol, was er sagte (auch Goethe adoptirte in einem Briefe Tags darauf diese Ausdrucksweise). — Nur diejenigen, scheint es, wissen es nicht, die die Begriffe Verstand und Vernunft in dem Sinne nicht gelten lassen wollen, indem sie unsere Klassiker gebrauchten

Unsere Bildung beruht aber auf unsern Klassikern

Die jüngeren Philosophenschulen, die vom Idealismus sich ab= wenden, mögen sich aber anstellen wie sie wollen, die Nation haben sie nicht mehr hinter sich und die Erhebung gewähren sie uns nicht mehr, die die Männer jener großen Zeit uns gaben, die mit ihrem höhern Maße der Erkenntniß die ganze Nation weckten und hoben.

Heute zerbröckelt die Wissenschaft in Einzelforschungen, die keinen Ausblick gewähren. Einzelforschungen sind ja natürlich notwendig. sie dürfen nur, wenn sie Ansprüche auf Wissenschaftlichkeit im höhern Sinne machen, das geistige Band nicht verlieren, das die Einzelheiten mit dem Ganzen verbindet. — Der hierzu nötige große Blick fehlt unserer Zeit auf allen Gebieten. Zeigt sich ja selbst im öffentlichen Leben die Zeit klein genug. Opportunitätsrücksichten herrschen, An= betung des Erfolgs, Einfälle von Fall zu Fall, nirgends fruchtbare, folgenreiche Ideen, wie sie aus der Entwicklungsgeschichte der Mensch= heit hervorgehn und gar nicht so schwer zu erkennen sind, wenn man sie sucht; was freilich nicht Jedermanns Sache ist. Wer der Er= hebung bedarf, mag immer zurückgehn in die klassische Zeit. Faust mit seinem reichen Gehalt führt uns mitten hinein.

Es ist vielfach der Wunsch ausgesprochen worden, Faust möchte zuletzt als politischer oder kirchlicher Reformator aufgetreten sein Man übersah dabei völlig den höhern Sinn, in dem Faust gedacht ist. Er ist zwar etwas Aehnliches wie ein Reformator, aber nicht im Sinne des 16., sondern im Sinne des 18. Jahrhunderts. Nicht mit der Kirche hat es das 18. Jahrhundert mehr zu thun, auch nicht um politische Dogmen handelt es sich in Deutschland zunächst Im Zeitalter der Unnatur, Frivolität und dabei Philistrosität handelt es sich um ein neues Evangelium der wiedererstandenen Natur im Menschen und zu= gleich des wiedererstandenen Idealismus.

Durch beide Elemente, die im Grunde Eins sind, sollten Kunst, Wissenschaft und Leben neu geadelt werden. Aber nicht als Dogma spricht Faust dieses Evangelium aus, er spricht es aus, indem er menschlich irrt und mühvoll ringt und strebt, dem Gemeinen gegen= über aber bei alledem unüberwindlich bleibt und, dadurch siegreich, zum Himmel emporsteigt

Bedeutungsvoll für seine Sendung als Vertreter seiner Zeit,

die die Welt des Glaubens zerschlagen hat und nun leer geworden
ist, singt ihm der Geisterchor zu: Weh, du hast sie zerschlagen die
schöne Welt. Wir tragen die Trümmern ins Nichts hinüber. Baue
sie wieder, in deinem Busen baue sie auf! — Dieses Aufbauen jener
zertrümmerten Welt geschieht durch Wiedererwachen des Glaubens an
das Göttliche, an die Natur im Menschen im idealen Sinne. Es
wird dargestellt im 2. Theil des Faust.

Die Nachricht, daß (1886) eine neue Auflage meiner Ausgabe
notwendig geworden sei, kam mir unerwartet.

Gerne möchte ich glauben, daß diesem erfreulichen Ereigniß eine
idealistische Strömung der Zeit zu Gute kommt. Ich möchte daran
die Hoffnung knüpfen, daß mit dem Ausgange unseres Jahrhunderts
unser Volk sich doch wieder der Ideenwelt nähern wird, die den Be-
ginn desselben so groß machte und von der unsre Tage sich nur allzuweit entfernt haben.

Die Geschichte geht wol ihren Gang, und die Welle, die vor-
überfloß, kehrt niemals wieder; Völker werden alt, und auch ihre
Jugend kehrt nicht zurück. Dennoch kann ich in unserm kräftig ge-
deihenden, hochsinnigen und edlen Volke nichts Greisenhaftes finden.
Wenn es auch einen Schopenhauer hatte, die Verneinung ist allerdings ebenso unfruchtbar als greisenhaft, so hatte es doch auch noch
in diesem Jahrhundert einen Goethe und freut sich heute noch an
seiner unveralteten Dichtung, und zwar mit immer noch steigendem
Antheil.

Möge der für den Augenblick heute zurückgetretene Idealismus
wieder Kraft gewinnen. Namentlich unserer Jugend möchte ich es
wünschen; ich wünsche ihr damit das höchste Glück: Begeisterung für
die höchsten Ideale in der schönsten Zeit des Lebens.

Der vorliegende Commentar ist nicht eine Arbeit,
die man sich vornimmt und in einigen Monaten vollendet; sie ist langsam, in mehreren Jahrzehnten, ich
möchte fast sagen absichtslos entstanden. Der Text ist mit
Bedacht und Sorgfalt behandelt mit Rücksicht auf die Originalausgaben.

Durch das Erscheinen der Weimarausgabe 1887 (unsere 1. Ausgabe war erschienen 1881, die zweite 1886), die dem Text und den
Lesarten so große Sorgfalt zugewendet hat, sahen wir uns bewogen
dem Text derselben in der Hauptsache zu folgen, die Lesarten nun
weg zu lassen — wer sie sucht, wird die WA. zu Rate ziehen — und

nur wenn der unsre doch abgewichen ist, es ist selten genug der Fall, die Gründe anzugeben, die uns dabei geleitet haben.

Im Wesentlichen ging die Ausgabe hervor aus Eintragungen in mein durchschossenes Handexemplar des Faust, das ich bei Vorlesungen über denselben zu gebrauchen pflegte. Bemerkungen, die man von einem zum andern Male leicht vergißt, und weit herum zu suchende Nachweisungen unter dem Text bequem zur Hand zu haben, schien mir bei dieser Dichtung besonders erwünscht.

Bei aller Würdigung der Verdienste früherer Erklärer, ging ich doch von Grundanschauungen aus, die zum Theil von denen meiner Vorgänger abwichen, Anschauungen, die sich mir seit etwa dreißig Jahren immer fester gestalteten. So entstand der Gedanke, daß mein Handcommentar nicht nur durch das Nebeneinander von Text und Erklärung bequem, sondern auch durch eine Einleitung, die die Entstehung der Dichtung ins Auge fassen sollte, und im Ganzen namentlich dadurch, daß keiner Schwierigkeit ausgewichen ist, s. darüber S. XXI, auch Anderen brauchbar erscheinen möchte. Darin bestärkte mich noch bis zuletzt der unlängst dahingegangene Fausterklärer, der allen voranstand, von Loeper, dessen wir auch am Schlusse des neuen Vorwortes dieser Ausgabe dankbar gedachten.

Es fällt mir nicht ein, solchen Glücklichen, denen Alles klar ist ohne Erläuterung, anzumuten, daß sie den Commentar zur Hand nehmen. Doch möchte ich wol wünschen, daß er anderen Freunden der Dichtkunst nicht ganz unbrauchbar erscheine, wie er mir selbst nützlich ist

Daß Goethes Faust eines Commentars bedarf, liegt in der Eigenartigkeit dieser Dichtung. Sie nimmt wol im Bereiche aller Dichtung eine Ausnahmsstellung ein; vergleicht man sie darin ja so gerne mit Dantes göttlicher Komödie. Trotz des fragmentarischen Charakters überragt ihre Bedeutung für uns doch alle andern Dichtungen und ist die Anziehung, die sie ausübt, gewaltig.

Ihre Bedeutung liegt in der weltgeschichtlichen Stellung zu den Fragen über alles Göttliche und Menschliche, die sie lebendig erfaßt; ihre Anziehung übt sie aber in zweifacher Richtung. Durch die Naturfrische der in naiver Schaffenslust entstandenen Partien und durch die hohe Cultur, die die daran geknüpften, später gedichteten Bestandtheile athmen.

Beiderlei Partien bieten dem Verständnisse oft Schwierigkeiten eigner Art. Die ersteren, aus Goethes Jugendzeit, oft durch den Ausdruck, der nur in einem gewissen Zusammenhange klar wird und dunkel bleibt, wenn dieser Zusammenhang nicht ersichtlich ist. Ihm womöglich zu finden und nachzuweisen ist hier die Aufgabe.

Uebersprudelnd in der Fülle der Gedanken und Bilder, hat Goethe in jungen Jahren sich besonders oft einer ihm ganz eigenen Sprache bedient, und da konnte es vorkommen, daß er ein Bild gebrauchte, das ihm geläufig war, das aber der nicht verstehn konnte, der es nicht um Zusammenhang mit den Gedanken kennt, die er damit zu verbinden pflegte.

Gewisse Stellen des ersten Entwurfs hatten sich dem Dichter so eingeprägt, daß er über die Unklarheiten des Ausdrucks hinwegsah und sie meist stehn ließ.

Wir überzeugen uns hievon besonders, wenn wir die zuerst als Fragment erschienenen Theile der Dichtung mit ihrem Wortlaut in den Ausgaben des Ganzen vergleichen. Beinahe bis auf den Buchstaben — mit ganz geringen Ausnahmen — sind sie unverändert geblieben. — Durch Auffinden der Göchhausenschen Abschrift der ältesten Gestalt der Dichtung ist diese Angabe wol nun zu modificiren. Es wird an Ort und Stelle unten auf die Abweichungen hingewiesen, auch auf die Fälle, wo unsere Ausgabe gegen andere Recht behielt, indem ihre Lesarten nun durch jenen inzwischen erschienenen Urfaust gerechtfertigt erscheinen. Immer noch wundern wir uns, daß so viel kleine Seltsamkeiten stehn blieben.

Die Mitschuldigen arbeitete er wiederholt vollständig um! Sie sind ihm nie in Einem Guß aus der Seele geströmt und unvergeßlich im Geiste haften geblieben in erster Gestalt, wie die ältesten Partien des Faust

Viele dunkle Partien der Dichtung bieten dem Verständniß Schwierigkeiten, theils durch die Tiefe des Gedankens, theils durch die verschiedenartigsten Beziehungen.

Uns aber zerfällt die Gesammtheit dessen, was der Erklärung bedarf in Bezug auf die Anordnung, die wir ihm zu geben haben, noch in andrer Weise in zwei Theile. Indem sie nämlich die Dichtung als Ganzes betrifft, oder sich nur auf Einzelnes bezieht.

Das Ganze, Plan und Gedankengang, wird bei einer Dichtung, die allmählich während der ganzen Dichterlaufbahn Goethes entstand und seine innere Entwicklung darlegt, doch am sichersten an der Hand ihrer Entstehungsgeschichte erkannt. Ich stelle daher eine Betrachtung derselben voran und enthalte mich dabei der Erklärungen einzelner Stellen. Diese Erklärungen begleiten den Text.

Wenn uns die Erkenntniß immer deutlicher wird, daß Goethes Leben und Werke, als ein Ganzes betrachtet, erst ihre volle Bedeutung enthüllten, ſo kommt dies Moment bei keiner andern Dichtung ſo ſehr in Betracht als bei Fauſt.

Nicht durch apriorſiche Aufſtellungen von Planen, die wir der Dichtung zu Grunde legen, kommen wir ihr näher, ſondern viel eher, indem wir Goethes innere Entwicklungsgeſchichte und die Eindrucke, die auf ihn wirkten, zu Rathe ziehn und die Geſtaltung der Dich- tung aus dieſer Quelle uns deutlich zu machen ſuchen.

Die erſte Ermuthigung, die mir beim Betreten dieſer Bahn be- gegnete, war eine freudig zuſtimmende Zuſchrift Hermann Hettners. Er ſchrieb beim Erſcheinen meines Aufſatzes: Die Entſtehung von Goethes Fauſt (1879): „Ich bin in allem Weſentlichen durchaus ein- verſtanden, und habe mich über die ſtreng geſchichtliche Darſtellungs- weiſe ſehr gefreut. Gott ſei Dank, daß wir über das ſade philo- ſophiſche Conſtruiren hinüber ſind. — Namentlich auch über den frühen Urſprung der Kerkerſcene bin ich mit Ihnen in vollſter Ueber- einſtimmung.“

Wie die Geſtalt Goethes mit der Zeit, in der er lebte, unſerer Gegenwart fern und ferner rückt, ſo tauchen doch ſeine wahren Züge „aus einer grauen Geiſtestiefe“ der Vergangenheit nur um ſo deut- licher und immer deutlicher hervor. Nicht die Schaar blinder Ver- ehrer, ſondern die Zahl derer, die wiſſen, was er der Welt war und iſt, wird täglich größer. Die Anerkennung wird immer voller, je voll- ſtändiger man ihn in ſeiner ganzen Natur erkennt. Die Zeit iſt vielleicht nahe, wo man von den Schatten, die man ſeinem Weſen angedichtet, nur mehr in ungebildeten Kreiſen wird reden hören, und wo die Scherze anfangen werden, ſchal zu erſcheinen, wenn ſie nicht gar ver- ſtummen, die man ſich z. B. über den zweiten Theil des Fauſt er- laubte, mit völliger Verkennung der gewaltigen Natur Goethes, die gerade hier in aller Große waltet.

Enslins Schrift: „Die erſten Theateraufführungen des Goethe- ſchen Fauſt“ veranlaßte mich, das, was ich von Laroche über die erſte Fauſtaufführung in Weimar und Goethes Verhalten dazu er- fahren konnte, mitzutheilen, ſowie ich auch im Commentar auf Laroches freundliche, mündliche Mittheilungen, als auf eine wichtige Quelle wiederholt zu ſprechen gekommen bin.

Die größeren neuen Zuſätze der 2. Auflage beziehen ſich auf Fauſt als Problem der Zeit (S. XXXVII. XL f.), Theo- phraſtus Paracelſus (XLIII f.), Gretchen (XLV), Aus- gaben des Fauſtbuchs, Schiller über Fauſt (XXXIV. XXX f.), Entſtehung des Fauſtſpiels, Goethes Quelle

(XXXV), Entstehung und Bedeutung des Erdgeistes, Gretchen im Volksbuch, die Gretchendichtung in Beziehung zu des Dichters Lebenserfahrung, das Glück zu fliegen, das Innere ausgedehnt zu einer Welt 2c.*). — Am ursprünglichen Text des Faust wurde wenig geändert, der der Mitschuldigen wurde ganz umgestaltet, älteste Bestandtheile, das Alter der Kerkerscene durch eine neue Entdeckung verbürgt, Gretchen spinnend, Gretchen vor Gericht, als Verbrecherin. Die Zusätze zu der 3. Auflage werden mit einem Doppelkreuz ✠ bezeichnet.

Zur dritten Auflage.　Die Verszählung.

Vergangenen Sommer überraschte mich die Anzeige des Herrn Verlegers, daß eine 3. Auflage des 1. Theils notwendig geworden sei.

Obwol in der Hauptsache bei alle den erfreulichen Funden des Goethe'schen Nachlasses, die neuerlich bekannt geworden sind, an unserem Faust nichts von Belang geändert wird, auch unsere Anschauungen die alten blieben, so gab doch eine sorgfältige Durchsicht des Ganzen, namentlich die Beziehung zu der auch von der WA. gewählten Verszählung noch zu thun.

Ich muß gestehn, daß ich selbst überrascht war, daß die Weimarausgabe eben so viele Verse zählte als die meinige und daß durch die Fülle der neu bekannt gewordenen Paralipomena der Text des ersten und zweiten Theils nur Eine Zeile, d. i. nur Einen Vers gewonnen hat. 4612 Verse hatte bei mir schon 1880 der erste Theil und ebenso nur 4612 Verse auch in der WA. — Und so gehn auch beide Ausgaben gleichen Schritt bis Vers 10, 532 des 2. Theils. Nach diesem Vers fand sich denn jener einzige. Er lautet: „Er ist behend, reißt alles mit sich fort" Und so hat denn nun der ganze Faust um eine Zeile mehr 12112 für 12111. — In Bezug auf die Verszählung, die bei Düntzer, sowie bei Loeper abweicht, sagt Er, Schmidt zur WA. Seite 254: „Die Zählung kann nur an drei Stellen strittig sein, wo wir mit Schröer übereinstimmen." — Wir haben in den früheren Ausgaben drei Zählungen angeführt, die Eine nach Loeper, der die einleitenden Dichtungen und die einzelnen Acte des 2. Theils alle von eins an zählt, die andere nach Düntzer, der durch Textänderungen von jeder anderen Zählung abweicht. Unsere dritte Zählung, die nun genau mit der WA. stimmt, behalten wir diesmal ganz allein und lassen die zwei andern, die uns nur verwirrend und wertlos scheinen, fallen.

---

*) Die Seitenzahlen sind während des Druckes unbestimmbar,

Einleitung.

Die Entstehung von Goethes Faust*).

Lessing hatte die Aufgabe einer Fausttragödie gestellt mit jenem berühmten Literaturbriefe vom 16. Februar 1759 und zwar im Zusammenhange mit seinem schlagenden Angriff gegen Gottsched und die Franzosen, mit seinem treffenden Hinweis auf Shakespeare und auf „unsere alten Stücke", „die wirklich sehr viel Englisches haben".

In diesem Zusammenhange erinnerte Lessing an „Doctor Faust", eines „jener alten Stücke" und setzt hinzu: und wie verliebt war Deutschland und es zum Theil noch in seinen Doctor Faust!" Er theilte aus diesem alten Volksstück eine Scene mit und bemerkt dazu: „was sagen Sie zu dieser Scene? Sie wünschen ein deutsches Stück, das lauter solche Scenen hatte? ich auch! —"

Ein breiter Strom von neuen Anschauungen geht von diesem Briefe aus und im Zusammenhange mit den gesammten Bestrebungen der Literatur, die hier angeregt waren, erschien eine Fausttragödie wie ein Problem der Zeit.

Es geht nicht an, anzunehmen, daß Goethe unabhängig von dieser Strömung auf den Gedanken gekommen sei, einen Faust zu schreiben.

Wenn dieß auch nicht geradezu ausgesprochen wird, so scheint es doch aus den Darstellungen der Entstehung von

---

*) Im Wesentlichen war das Folgende schon enthalten in Westermanns Monatshefte vom August 1879 und in Gottschalls Blättern für literar. Unterhaltung Nr. 15 1880 [Diese Angabe hat zu dem Irrthum veranlaßt, als ob obige Einleitung aus den genannten Aufsätzen hervorgegangen wäre. Sie war früher geschrieben als die letztern und beruhte wesentlich auf einem im Jahre 1863 gehaltenen Vortrag.]

Goethes Fauſt hervorzugehn, wenn in denſelben der Zuſammen=
hang mit Leſſings Anregung unerwähnt bleibt.

Leſſing ſah wahrſcheinlich noch eine Aufführung des
Volksſchauſpiels Fauſt, die von der Schuchſchen Schaubühne
in Berlin den 14. Juni 1753 gegeben wurde *).

Schon damals mag bei ihm der Gedanke ein Fauſt=
drama zu ſchreiben entſtanden ſein. Mendelsſohn ſchreibt
ihm darüber den 19. Merz 1755: „Ich möchte es nicht gerne
bei dem Namen nennen, denn ich zweiſle ob ſie ihm den
Namen F a u ſt laſſen werden. Eine einzige Exclamation —
o F a u ſt u s, F a u ſt u s! könnte das ganze Parterre lachen
machen" **).

Daraus begreifen wir gleich wie Leſſing ſagen konnte:
Deutſchland w a r in ſeinen Fauſt verliebt und iſt es (nur)
z u m T h e i l noch. — Das Anſehn der ſagenhaften Fauſt=
geſtalt war zur Zeit Leſſings längſt geſunken und ſollte erſt
durch ihn wieder gehoben werden. Es war nur mehr als
geheimer Schauer bei d e m Publikum vorhanden, das noch an
jenen „alten Stücken" der Komödiantenbanden Geſchmack fand,
die den Fauſt zum Theil aus dem Stegreif, noch 1766 ***)
zum Beſten gaben.

Wenn das Perſonal nicht ausreichte, ſo ſpielten dieſe
Komödianten auch mit Puppen oder Marionetten. So ſpielte
der Wiener Hanswurſt Stranißky 1714 gelegentlich mit
Marionetten. Und ſo kam denn auch Fauſt gelegentlich auf
das Puppentheater. Schon 1746 fand eine Darſtellung des
Fauſt mit Puppen ſtatt †).

Wie es ſcheint hatte Goethe das Fauſtſpiel zuerſt als
Puppenſpiel geſehn in ſeiner Knabenzeit. Eine Theater=
geſellſchaft, die 1770 in Straßburg ſpielte, hatte auch ein
Fauſtſpiel in ihrem Repertoire, ſ. Erich Schmidt in Schnorrs
Archiv 1879, 379 f. Ob Goethe dieſe Aufführung geſehn,
wiſſen wir nicht.

---

*) Danzel, Leſſings Leben und Werke I, 450 [Er wird das
Fauſtſpiel ſchon als Leipziger Student gekannt haben ſ. Er. Schmidt,
Leſſing 361].

**) Mendelsſohns geſammelte Schriften (1843 bis 1845) V, 11.

***) S. Goedeke, Grundriß I, 1166.

†) Creizenach, Geſchichte des Volksſchauſpiels von Dr. Fauſt
1878, S. 183.

Dieses Faustspiel war nun bei denen, die auf Bildung Anspruch machten, wie sich denken läßt, seit Gottscheds Auftreten in Verruf; es sank auch immer mehr zur Burleske herab. In einem Wiener Stücke J Friedels, Christel und Gretchen, heißt es noch 1785: „Da lob ich mir die Komödienspieler — die vom Faust spielten — das sind doch Schnacken, wo man sich für sein Geld satt lachen kann!"*)

Faust war zum Kinderspott geworden, und erst das Auftreten Lessings führte in dieser Anschauung einen Umschwung herbei. Wenn 1770 in Hamburg, in Anwesenheit Schröders, Faust zur Darstellung kam**), sowie in demselben Jahre in Straßburg, als Goethe daselbst weilte, so dürfte wol hier schon durch eine ernstere Auffassung dieser Umschwung zur Geltung gekommen sein.

Schon 1775 erschien in Prag: J. Faust, ein allegorisches Drama in fünf Aufzügen und in demselben Jahre in München ein Drama mit gleichem Titel, vielleicht ein Nachdruck desselben***). Letzteres ist 1877 in Oldenburg von K. Engel wieder herausgegeben worden, der einen Zusammenhang dieses Stückes mit dem verlorenen Faust Lessings vermuthete. Diese Vermuthung hat sich als unbegründet herausgestellt†). Eine Recension des Stückes aber, bald nach seinem ersten Erscheinen vor 100 Jahren, gibt uns Zeugniß von der Nachwirkung von Lessings Wort††). Es heißt in derselben: „Seitdem Herr Lessing in den Literaturbriefen das deutsche Publikum auf den dramatischen Werth dieses Subjects aufmerksam und durch die daselbst eingerückte herrliche Scene, nach seiner eigenen Bearbeitung desselben, die man noch erwartet, begierig machte, scheinen mehrere Dichter sich denselben Vorsatz in den Sinn kommen zu lassen, wenn sie gleich der Ausführung desselben nicht gewachsen sind. Wenigstens ist dieß Letztere unstreitig der Fall bei dem Verfasser des gegenwärtigen Versuchs ꝛc." — Neben dieser

---

*) Goedeke, Grundriß I, 1166
**) S. Creizenach, S 182
***) Goedeke, Grundriß I, 1070 führt P. Weidmann als Verf an, darüber s. Engel, Zusammenstellung der Faustschriften (1885) S 205, Nr 524.
†) Literar. Centralbl 1877, S 10. — D. Rundschau 1877, S. 509 — Nord und Süd 1878, S. 262; und folg. Anm. ††)
††) S. R M Werner im Anzeiger der Zeitschr. für deutsch Altert). ꝛc XXI, 203

Recension steht gleich eine Anzeige von Müllers **Situation aus Fausts Leben** (1776), dessen erstem Faustversuch. Des zweiten werden wir sogleich zu gedenken haben.

Jenes **allegorische** Prager Faustdrama wurde aber in Ulm 1777 wiederholt mit Beifall gegeben*).

Wir sehn, man nahm Faust wieder ernst. Die von Lessing geforderte Fausttragödie war noch nicht da, sie wurde aber erwartet und das mit lebhaftem Verlangen; heute von Lessing, demnächst von Goethe.

Als Fr. Müller mit seinem: **Fausts Leben dramatisirt** 1778 auftrat, sagte darüber ein Recensent**): „Der Goethesche (Faust), den das Publikum erwarten sollte, würde doch den Müllerschen hinter sich lassen. Herr Müller sage was er will, Goethe ist sein Vorbild."

Nach alledem erscheint Goethes Faust in der Reihe der durch Lessing angeregten Versuche. Die Entdeckung des tiefen, für die Zeit bedeutsamen Gegenstandes konnte durch Goethe nicht mehr gemacht werden, weil sie durch Lessing schon gemacht war und allgemeine Aufmerksamkeit erregt hatte.

Sowol der Gegenstand als die damit verbundenen Namen Lessings und Goethes mußten die Erwartungen, die man diesem Drama entgegentrug, auf das Höchste spannen und so kann man denn — von Goethes Faust vielleicht mehr noch als von dem erwarteten Lessings — sagen, daß diese Dichtung sich als etwas Außerordentliches ankündigte schon durch den Ruhm, der ihr vor ihrer Vollendung vorausging.

Bekannt ist, wie der Weimarer Hof 1781 zu Tiefurt Goethes Geburtstag mit dem Schattenspiele: **Minervas Geburt,** feierte, indem unter Anderm in leuchtender Schrift in den Wolken die Anfangsbuchstaben der Namen Iphigenie und Faust erschienen***).

Weder Goethes berühmter **Götz** noch sein nicht weniger berühmter **Werther** wurden erwähnt. Nur Iphigenie und Faust. Iphigenie war in ursprünglicher Gestalt in Prosa schon 1779 vollendet und aufgeführt, hingegen Faust

---

*) Zeitschr. f. d. Alterth. 2c. Anzeiger XXI, 281.
**) In der Berliner Literatur= und Theaterzeitung 1779 (Bd. 2, S. 237) citirt bei Loeper Faust I, S. VIII.
***) Darüber gab der Herausgeber einen ausführlichen Bericht mit einer Schilderung von der Hand des Herzogs Karl August in Westermanns Monatsheften März 1885. S. 754—764.

im Jahre 1781 nur noch Bruchſtück und dies nur denen bekannt,
denen es der Dichter ſelbſt vorgeleſen. Von dieſen ging nun
wol zunächſt der Ruhm der Dichtung aus. Wir ſahen aus
der Recenſion von Müllers Fauſt von 1779, wie er in die
Oeffentlichkeit drang. — Aus der Auszeichnung aber, die
man dem noch unvollendeten Werke in Tiefurt zu Theil
werden ließ, ſehn wir, wie hoch man dieſe Dichtung ſtellte,
wie man ihr wirklich, wie der Löſung eines Problems der
Zeit, zugleich einer Lebensaufgabe Goethes entgegenſah *).

Der Zuſammenhang von Goethes Fauſt mit der Anregung Leſſings iſt aber auch noch wichtig bei Beſtimmung
der Zeit, in der Goethe ſich mit dem Gedanken an ein Fauſt-
drama zu beſchäftigen anfing. Wann Goethe jenen Literatur-
brief Leſſings kennen lernte, wiſſen wir nicht. Entgangen
iſt er ihm gewiß nicht; ſeine Nachwirkungen erfüllten die
literariſche Welt

Wenn er ihn aber auch ſchon, was höchſt wahrſcheinlich,
vor ſeinem Aufenthalt in Leipzig geleſen, ſo war ihm doch
in den zwei erſten Jahren in Leipzig noch kaum die Stimmung
zu einer Fauſt-Tragödie gekommen.

Seiner Natur war ein Pathos, wie es Schiller eigen
war, ein Hang zu hochtragiſchem Kothurn, nicht eigen. Seine
Lieder und die Luſtſpiele aus jener Zeit: Die Laune des
Verliebten, ein Schäferſpiel in Alexandrinern nach dem
Vorbilde von Gellerts Schäferſpiel: Das Band und Die
Mitſchuldigen verraten ſeine Verwandtſchaft mit den
Anfängen des Fauſt, obwol wir nicht verſchweigen wollen,
daß der junge Dichter allerdings ſchon den 30. October 1765
in einem Briefe an Rieſe für den Blankvers ein-

---

*) Karl Auguſt ſchreibt darüber in dem ſoeben erwähnten
Bericht denkwürdige Worte: (Der Dichter des Stücks Minervens
Geburt) „ließ Minerven im Buche des Schickſals leſen und darin den
Tag der Vorſtellung (den 28 Auguſt), als einen glücklichen Tag finden.
Sie beſann ſich: daß derſelbe Tag vor 31 (lies 32) Jahren dem Publico
— einen Mann ſchenkte, welchen wir jetzt für einen unſerer beſten
und gewiß mit Recht für den weiſeſten Schriftſteller ehren! —
Sie ließ — einen Genium erſcheinen, der den Buchſtaben G in den
Wolcken hielt. Minerva kränzte dieſen Anfang eines werthen Nahmens"
— hing dann „Iphigenien und ein Stück des Nahmens eines Stückes
von einem Sünder: J. (d. i Fauſt)" in die Wolken, „welches das
Publicum immer nur als Stück zu behalten leider befürchtet." —
Schon 1781 befürchtete man demnach, daß Fauſt Fragment bleibt!

tritt und in einem andern Briefe mit Versen an Riese vom 28. April 1768 allerdings faustisch angehaucht erscheint.

Das Schicksal hatte den Glücklichen freilich noch nicht mit seinem Ernst gestreift; bis vor seiner Abreise von Leipzig im Sommer 1768, wo eine schwere Krankheit ihn niederwarf.

Der Blutsturz, den er damals erlebte, hatte einen erschütternden Eindruck auf ihn gemacht, wie wir aus seinem poetischen Schreiben an Friederike Oeser am 9. November 1768 sehn. Er schildert sich da „gleich einem Todten aus dem Grabe" mit dem Zusatz: „wem der Tod nur einmal recht nah' ums Haupt geschwebt, der bebt bei der Erinnerung gewiß, so lang er lebt; ich weiß, wie ich gezittert habe!" Er gefällt sich in dem Gedanken bereits gestorben zu sein und denkt sich als Schmetterling, wie er, nach den letzten Zügen, den Körper verlassen, in dem Gedichte:

> „In des Pavillons Gestalt
> Flattr' ich nach den letzten Zügen
> Zu den vielgeliebten Stellen,
> Zeugen himmlischer Vergnugen,
> Ueber Wiesen an die Quellen,
> Um den Hügel, durch den Wald. — — —" JG. 1, 98.

Solch erschütternde Stürme führen wol Veränderungen in einem jungen Menschen herbei und machen ihn schneller reifen.

Wir wissen nicht ob die Stelle in den „Mitschuldigen" in der Faust erwähnt wird, nach dieser Erfahrung niedergeschrieben ist. Die „Mitschuldigen" sind 1768 entstanden und 1769 umgearbeitet. Die Worte Sollers im 3. Aufzug 6. Auftritt:

> „— — o, wie mir Armen graust,
> Es wird mir siedend heiß; so wars dem Dr. Faust
> Nicht halb zu Muth, nicht halb wars so Richard III."

bezeugen uns aber doch, mindestens für 1769, das Eine: daß Goethe die Gestalt Fausts in vollem tragischen Ernst bereits ins Auge gefaßt.

1768 ward in Leipzig F. Chr. Weißes Richard III. aufgeführt*), den Goethe wol gesehn haben konnte. In diesem Stücke wird es Richard heiß, indem er einen Traum

---

*) R Genée, Gesch. der Shakespeareschen Dramen in Deutschland, S. 213.

seinem Vertrauten Catesby erzählt. Die Geister derjenigen, die er ums Leben gebracht, waren ihm erschienen. — Wirksamer noch erscheinen diese Geister in Shakespeares Richard III. im 5. Act vor dem schlafenden Richard. Eine theilweise Uebersetzung dieses Stücks war schon 1755 in Deutschland bekannt, die denn auch Goethe kennen konnte. In derselben sagt Richard: „Kalte Tropfen der Angst stehn auf meinen zitternden Gliedern." *)

Der Vergleich mit Faust, dem ebenso siedend heiß geworden sei, kann sich nur auf die Schlußscene des Puppenspiels beziehn, in der Faust in der letzten Nacht, in der er um die 12. Stunde vom Teufel geholt werden soll, mit steigender Angst die Glockenschläge, die die vorfliegenden Stunden anzeigen, zählt.

Die Scene des Schülers mit Mephistopheles als Professor ist höchst wahrscheinlich auf Leipziger Eindrücke zurückzuführen. Wol steht Goethe selbst natürlich auch als Fuchs nach seinen Briefen aus Leipzig bedeutend höher als der von ihm geschilderte Schüler, dennoch hat die Scene, wie sie nun im Urfaust zu lesen ist, so viel Unreifes, daß wir ihre Entstehung doch in die Leipziger Zeit zurücksetzen möchten — Sehr werden wir an Faust gemahnt in Goethes Uebersetzungsprobe einer Scene aus Corneilles Menteur, die, wie wir vermuten, 1766 entstanden ist.

Goethe kehrte im Herbst 1768 kränklich von Leipzig nach Frankfurt zurück.

Erinnerungen an Auerbachs Keller und an die alten Faustbilder in demselben nahm er von da noch mit zu seinen Anschauungen, aus denen sich bald seine Dichtung zu gestalten begann.

In Frankfurt führte ihn in jener Zeit der Verkehr mit seiner älteren, frommen Freundin von Klettenberg zu alchimistischen Studien und Versuchen. Zu Vers 1359 habe ich bemerkt, daß das seltsame Wort der Krittel (Tadelsucht) Fräulein von Klettenberg eigen war. — Dabei ist wichtig, daß ihn bei dieser alchimistischen Spielerei besonders die philosophischen und theosophischen Anschauungen des Theophrastus Paracelsus anzogen.

Wenn er sich in jener Zeit (s. Dicht. u. Wahrh. Hempel

*) Genée, S. 77, 471.

II. 119) freute, daß ihm die Natur, wenn auch vielleicht in phantaſtiſcher Weiſe, in der goldenen Kette
des Homer (der aurea catena Homeri der Alchimiſten*)
in einer ſchönen Verknüpfung dargeſtellt ward,
ſo erinnern dieſe Worte ebenſo an die Fauſts, Vers 447 f.:

> Wie Alles ſich zum ganzen webt,
> Eins in dem andern wirkt und lebt!
> Wie Himmelskräfte auf und nieder ſteigen
> Und ſich die goldnen Eimer reichen,

wie an ſeine ſpäter ausgeſprochenen Anſchauungen von der
Metamorphoſe der Pflanzen und Thiere. Dieſe Ideen lagen
in der Zeit. Die Schriften Jean Bapt. Robinets: De la
gradation naturelle des formes u. a., in denen er die Idee
einer ſtufenmäßigen Entwickelung der organiſchen Weſen durchzuführen ſucht, erſchienen 1761 bis 1769. — Wenn Goethe
den Paracelſus ſtudirte, wie er erwähnt, ſo müſſen wir an
deſſen Verachtung der Wiſſenſchaften und Hinweiſung auf
unmittelbare Anſchauung der Natur denken, die ſich hier mit
der Naturtendenz Rouſſeaus verband, und dann hören wir
Worte Fauſts Vers 414 f.:

> Statt der lebendigen Natur,
> Da Gott die Menſchen ſchuf hinein,
> Umgibt in Rauch und Moder nur
> Dich Thiergeripp' und Todtenbein.

Am 13. Februar 1769 ſchreibt er wieder an Friederike
Oeſer: „Ich habe Sie ſo ſelten geſehn — als ein nacht-
forſchender Magus einen Alraun pfeifen hört." — Hier
erſcheint denn auch ſchon der Magus, bei nächtlicher Lampe
forſchend, vor ſeinem Geiſte. Und wenn er weiter in demſelben Briefe ſchreibt: „Meine gegenwärtige Lebensart iſt der
Philoſophie gewidmet. Eingeſperrt, allein, Cirkel, Papier,
Feder, Tinte und zwei Bücher mein ganzes Rüſtzeug. — —
Wer mit Mühe viel Bücher durchblättert hat, verachtet das
leichte einfältige Buch der Natur" (dieſe Aeußerung iſt zugleich eine Beſtätigung der oben bemerkten Thatſache, daß er
um dieſe Zeit den Theophraſtus Paracelſus geleſen und ein
Fingerzeig, der uns andeutet, was ihn an Paracelſus ange-

---

*) S. Hermann Kopps aurea catena Homeri 1880, S. 20.
In der Ausgabe der aurea cat H. Joſ. von Ant. Kirchweger 1728
wird in Ringen, die die Elemente bedeuten, dieſe Kette dargeſtellt.

zogen f. auch zu 1918—1933); „und es ist doch nichts wahr,
als was einfaltig ist —!" So sehen wir Goethe selbst in
der Lage und Stimmung Fausts, wie er im ersten Monolog
erscheint.

Paracelsus war (geb. 1493, † 1541) ein Zeitgenosse des
historischen Faust. Sein Vater war schon Arzt und führte
den Sohn in seine Wissenschaft ein, „ein dunkler Ehrenmann"
f 1. Vers 1034. Er mußte sich in Goethes Geist mit der
Gestalt Fausts vermischen.

Nun erinnern wir uns weiter, wie in den ältesten Scenen
des Faust die Deutlichkeit Frankfurts festgehalten ist, daneben
Gretchen, die doch nur an jenes Frankfurter Gretchen erinnert,
Goethes erste Liebe. — Sie muß sich in Goethes Geiste zu
Faust gefunden haben vor dem leidenschaftlichen Verhältniß
des Dichters zu Friederike in Sesenheim. Wenn wir erwägen,
daß in Straßburg=Sesenheim den Dichter die Liebe zu Friederiken
fesselte und für lange Zeit nicht frei ließ, so möchten wir
schließen, daß in dieser Friederikenzeit in seinem Geiste Gretchen
sich nicht zu Faust gefunden haben konnte, deren Wesen an
das Frankfurter Gretchen erinnert, deren Namen sie trägt,
so wie die Scenerie, in der sie auftritt, vom Gang in die
Kirche angefangen, an Frankfurt, den Zwinger, die Main=
ufer 2c. Die Ausgestaltung der Gretchentragödie fällt dem=
nach vor die Friederikenzeit, wenn auch später Zuge Friederikens
hinzugekommen sind. Wir erinnern nun daran, wie Goethe
in Dichtung und Wahrheit Gretchen in der Kirche belauscht,
sie beim Gang aus der Kirche nicht anzureden wagt Wie
sie ein andermal daheim bei seinem Eintritt am Fenster „saß
und spann". Wie sie einmal mahnt, nicht so laut zu werden,
denn die Mutter wolle sich eben zu Bette legen 2c — Dazu
kommt die Frankfurter Scenerie, der Zwinger die Stadt=
mauer 2c. Die Zuge, die durch das Verhältniß zu Friederiken
hinzu kamen, sind: der zerstorte Friede der verlassenen Geliebten.
Ihre kleine Welt, die er zerstört, der gegenüber er sich als
unstäter, unbehauster Unmensch erscheint, f zu 3348—3355.
Diese Empfindungen hatte er gegenüber Gretchen noch nicht.
Es versteht sich, daß wir hier nur vom Entstehen des Entwurfs
sprechen, nicht vom Niederschreiben der Dichtung. Indem wir
einzelne Motive im Leben des Dichters finden, sehn wir die
Dichtung entstehen. „Gretchen hatte man mir genommen" sagt
er in der Erzählung des Buchs seines Verhältnisses zu

Friederiken, „Annette mich verlaſſen, hier war ich zum erſten Mal ſchuldig — und ſo war die Epoche einer düſtern Reue — unerträglich.“

So erſcheint es denn ganz wahrſcheinlich, daß die An= gabe von Riemer und Eckermann (im Inhaltsverzeichniſſe der Quartausgabe der Werke Goethes von 1837): die An= fänge des Fauſt fielen in das Jahr 1769, richtig iſt.

Die Anfänge nennt Goethe hier — ich nehme an, daß wir es hier mit einer Aeußerung von ihm ſelbſt zu thun haben — die Ausgeſtaltung der Dichtung vor Straßburg.

Goethe ſchreibt am 1. Juni 1831 an Zelter in Bezug auf die Vollendung des 2. Theils des Fauſt: „Es iſt keine Kleinigkeit, das, was man im 20. Jahre concipirt hat, im 82. außer ſich darzuſtellen.“

Zwanzig Jahre war Goethe 1769, ſowie er, als er dies ſchrieb (1831), 82 war.

An Wilhelm v. Humboldt ſchreibt er fünf Tage vor ſeinem Tode (17. Marz 1832): „Es ſind über 60 Jahre, daß die Conception des Fauſt bei mir, jugendlich von vorn= herein klar, die Reihenfolge hingegen weniger ausführlich, vorlag.“

Auch dieſe weniger beſtimmte Angabe ſchiebt mit der runden 60 die Anfänge des Fauſt über das Jahr 1772 hinauf, ohne gerade das Jahr zu bezeichnen.

Vom nächſten Jahre 1770 bis 1771 in Straßburg er= zählt der Dichter aber: daß er Herder das Intereſſe an Götz von Berlichingen und Fauſt, die ſich bei ihm „eingewurzelt hatten und ſich nach und nach zu poetiſchen Geſtalten aus= bilden wollten“, verbarg (nicht wie Kuno Fiſcher, Goethes Fauſt S. 179, angibt: „mit der Straßburger Epoche hat ſich das Intereſſe an Götz und Fauſt eingewurzelt“). Mit Herder war Goethe anfangs September 1770 bekannt gewor= den. — Es iſt nun wol kein Grund vorhanden, anzunehmen, daß Goethe ſich in der Erinnerung hier geirrt hätte. Auch nicht inſofern, daß die Gegenſtände Götz und Fauſt, die er vor Herder verbarg, damals erſt vor ihm aufgetaucht wären, indem er ſie als bei ihm eingewurzelt bezeichnet. Von Götz erinnert ſich Goethes Mutter beſtimmt daran, wie er dazu kam, ſich deſſen Biographie von Nürnberg kommen zu laſſen. Das muß daher unter ihren Augen in Frankfurt der Fall geweſen ſein und dann vor, nicht nach Straßburg. —

Damit iſt nicht geſagt, daß er an das Niederſchreiben
der einen oder der anderen dieſer beiden Dichtungen ſchon in
Straßburg gegangen wäre. — Wir wiſſen, wie ungern er
ſchrieb, wie er am liebſten im Gehn producirte, daher auch
ſpäter das Dictiren ſich angewöhnte. Wie er ſeiner Schweſter
von Götz erzählte, ohne an das Niederſchreiben zu gehn!
Wie er aber dann nach ſeiner Heimkehr nach Frankfurt
plötzlich von Shakeſpeares Beiſpiel hingeriſſen, die Geſchichte
Götzens nach deſſen eigenen Aufzeichnungen zum Drama um=
geſtaltete, das in der letzten Woche von 1771 vollendet wurde.
So ging es denn wol auch mit Fauſt. Wenn er ſich damit
in Gedanken auch ſchon im Jahre 1769 zu beſchäftigen begann,
ans Niederſchreiben ging er erſt 1773. — Er ſchreibt den
1. Merz 1788 von Rom aus über Fauſt: „Natürlich iſt es
ein ander Ding, das Ding jetzt oder vor 15 Jahren aus=
ſchreiben", d. h. zu Ende ſchreiben. Er meinte in Einem,
als das Niederſchreiben vor 15 Jahren (1773) begann.

Ueber den Entwurf des zweiten Theils ſchon im Jahre
1775 werden wir in der Einleitung zu demſelben zu ſprechen
haben.

Der Ausdruck „ausſchreiben" in dieſem Sinne
(nicht für: herausſchreiben z. B. aus einem Buche,
ſondern für: zu Ende ſchreiben) iſt hier nur ſo zu
verſtehn. An die Stein ſchreibt der Dichter 1. Sept. 1785:
„Könnte ich nur indeſſen meinen Wilhelm ausſchreiben!
Das Buch wenigſtens." Dieß und ähnliche Beiſpiele ſ. im
Grimmſchen Wtb. I, 960.

Wie er dieſe Stoffe nun auffaßte, ſagt der Dichter in
Dichtung und Wahrheit. Zuerſt von Götz! „Die Geſtalt
eines rohen, wolmeinenden Selbſthelfers in wilder anarchiſcher
Zeit erregte meinen tiefſten Antheil." — Der Titanismus der
Sturm= und Drangzeit, dem Goethe auch im Prometheus
Ausdruck gab, meldete ſich hiermit an. Und bezeichnend ſagt
er gleich daneben von Fauſt: „Auch ich hatte mich in allem
Wiſſen umhergetrieben und war früh genug auf die Eitelkeit
deſſelben hingewieſen worden. Ich hatte es auch im Leben
auf allerhand Weiſe verſucht und war immer unbefriedigter
und gequälter zurückgekommen." — Dieſe Sätze knüpfen mit
dem Wörtchen „Auch" geradezu an den erſten Auftritt des
Puppenſpiels an, wo Fauſt klagt, er habe alle Wiſſenſchaften

durchstudirt, zuletzt Theologie, und doch könne keine seinen
Wissensdurst löschen*).

Dieser Ideengang ist der erste Keim, aus dem sich alles
Weitere entwickelt. Wie nahe er mit Goethes Anschauungen
von 1769 zusammentrifft, sahn wir schon aus dem Briefe
an Friederike Oeser. Das Nächste war, daß der Dichter,
wol unbewußt, an die Stelle des historischen und des sagen=
haften Faust sich selbst mit seiner eigensten Welt substituirte.
Er war hier nicht bemüht, wie in seinem Götz etwa, eine
Gestalt des 16. Jahrh. vor uns lebendig hinzustellen. Faust
war ihm der Träger seiner eigenen Gedanken und Gefühle.

Darin aber, daß er seine eigene reiche schöpferische Natur
seinem Helden lieh, lag auch schon die Nothwendigkeit zur
Umgestaltung der Sage.

Der Faust, der von Anschauungen des 18. Jahrh. erfüllt
war, durfte vor Allem nicht mehr unterliegen wie der des 16.

Auch in Lessings Faust, d. h. in einem erst nach seinem
Tode veröffentlichten Bericht, von der Ausführung einer Scene,
sagt ein Engel zu den Teufeln: „Ihr sollt nicht siegen!"

Das gibt der Faustsage einen ganz anderen Charakter,
als der war, den sie ursprünglich im 16. Jahrhundert hatte.

Wir müssen ihr einen Augenblick näher treten.

Ein Abenteurer, Geisterbeschwörer und Magier des 16.
Jahrhunderts, von dem es hieß, daß er mit dem Bösen im
Bunde stehe, hatte etwa von 1507 bis 1539 in Deutschland
sein Wesen getrieben und Aufsehen erregt.

Geschichtliches ist nicht viel über ihn mit Bestimmtheit
zu melden, und was bekannt ist, ist bei weitem nicht aus=
reichend um den außerordentlichen Ruhm zu erklären, zu dem
er nach seinem Tode gelangte. Sein Tod erfolgte um 1540.

Was nun eine Sage des Mittelalters von einem ähn=
lichen Bunde eines Theophilus mit dem Teufel**), vielfach

---

*) Ueber diesen Eingang des Volksstückes, der sich an den Faust
Marlowes anschließt, s. Schade im Weimar. Sonntagsblatt 1856,
S. 431. In der Zeitschr. für engl. Philologie Anglia 5. Bd. S. 134
wies der Herausgeber nach, daß auch die Formel der Beschwörung
der vier Elemente wie Goethes Faust Vers 1273—1276 ebenfalls
schon bei Marlowe vorkommt, s. d.

**) Darüber: E. Sommer de Theophili cum diabolo foedere.
Berolini 1844. Im 19. Jahrhundert bearbeitete die Nonne Hroswitha
die Theophillegende poetisch. — Von der übrigen Literatur hiezu
nenne ich nur: Theophilus der Faust des Mittelalters von Ettmüller
1849, und Theophilus von Hoffmann v. F. Hannover 1854. Fr.

variirt, ausgesponnen, was sonst von zauberkundigen Gelehrten erzählt wurde, das wurde jetzt Alles auf Fauſt übertragen.

Im Jahre 1587 erschien endlich in Goethes Vaterstadt*) eine „Historia von D. Johann Fauſten, dem weitbeschreyten d. i. beschrienen-berühmten Zaubere und Schwarzkünſtler, ꝛc.", der bald neue Bearbeitungen und Ueberſetzungen in andere Sprachen folgten, woraus auf große Theilnahme der Zeit an diesem Gegenstande geschlossen werden muß. Die Ausgaben bis 1592 werden von Zarncke beſprochen ſ. unten (X). Schon dieses erſte Fauſtbuch wurde ins Engliſche überſetzt, wahrscheinlich vor 1590 (Zarncke a. a. O. S. X; Engel S. 274) und die dramatische Bearbeitung Chriſtoph Marlowes (geb. 1563), der 1. Juni 1593 ermordet wurde, mußte bald danach entſtanden ſein. Wie dies engliſche Fauſt-drama durch engliſche Schauspieler nach Deutſchland kam, können wir nur vermuthen, indem wir in den in neuerer Zeit gesammelten Texten volksthümlicher Fauſtdramen an Marlowes Dichtung erinnert werden**).

Wir sehen schon aus dieſen äußeren Umständen, daß die geschichtliche Gestalt Fauſts hier nicht das Wichtige ist, ſondern die Sage, die sich um sie herum kryſtalliſirt hat Es muß der Zeit darum zu thun geweſen ſein, etwas damit auszuſprechen. — Was dieſe eigentliche Grundlage der Fauſtſage ist, läßt sich wol erkennen

Bemerkenswerth iſt schon, daß sie in Einem Punkt sich

Peter, Literat. der Fauſtſage. Leipzig. 3. Ausg. 1857. Schade, Weimar. Jahrbuch 5, 243 Erich Schmidt zur Vorgeschichte des Goetheschen Fauſt, Goethejahrbuch 1881. 1882 1883 Karl Engel, Zuſammenſtellung der Fauſtſchriften vom 16. Jahrh. bis Mitte 1884. Oldenburg, Schulzeſche Hofbuchhandlung 1885
    *) Bei Joh. Spies. Neuerdings in Scheibles Kloſter, 2, 933 bis 1072 und besser unter dem Titel: Das älteſte Fauſtbuch ꝛc. von A. Kühne. Zerbſt 1868. Noch besser: das Volksbuch von Dr. Fauſt (Neudrucke deutscher Literaturwerke, von W. Braune, mit einer Ueberſicht der Drucke des 16. Jahrh von Zarncke), Halle a./S. M. Niemeyer. Das Volksbuch von Doctor Fauſt Abdruck der 1 Ausg. (1587) Halle a./S. M Niemeyer. 1878. XXI und 140 Seiten. S. III—XIX gibt Fr Zarncke eine Ueberſicht der Fauſtbücher. Dann folgt vom Herausgeber W Braune S. 1—125 der Text, dann 126 —140 Anhang, von 1588 Anhang II, 52—57. Endlich die Nach-bildung: Das älteſte Fauſtbuch ꝛc. mit einer Einleitung von W. Scherer. G. Groteſche Verlagsbuchhandlung 1885.
    **) S. W Creizenach, Geschichte des Volksschauspiels Fauſt. Halle a./S. 1878.

bereits wesentlich von der Theophilussage unterscheidet. In=
dem Theophilus sich am Ende an die Jungfrau Maria wendet,
wird er durch sie gerettet; Faust ist und bleibt in der Sage
des 16. Jahrh. rettungslos verloren, und sein Ende wird
auf das Schrecklichste geschildert. Der Geist der Zeit will
ein Exempel bestraften Frevels sehn! Er warf überdies
Zauberei und Aberglauben mit dem Katholicismus in Eins
zusammen, um sie zu verdammen. Die Faustsage ist pro=
testantisch. Der Gegensatz, in dem sie Faust zu Luther stellt,
spricht aus, was mit ihr gemeint ist. Auch diese in der
Faustsage liegende Idee hat Goethe divinirt; er hat sie drama=
tisirt. Sehn wir doch, wie Faust in dem 3. Auftritt daran
geht, die Bibel zu übersetzen! —

Hatte sich doch von Luther auch eine Sage gebildet.
Sie stellt ihn dar im Bunde mit Gott und im Kampfe mit
dem Bösen. — Er forscht in Gottes Wort. Der Teufel will
ihn daran verhindern. Er jagt ihn fort und der Teufel flieht.

Konnte dem frommen Sinne die freie Forschung (1.
Thessalonifer 5, 21: Prüfet aber Alles und das Beste be=
haltet, der griechische Text sagt: das Schöne behaltet), die
im Protestantismus liegt, bedenklich erscheinen, indem damit
der Mensch auf seine eigene Urtheilskraft gewiesen wurde,
so beruhigte darüber wieder das Verhältniß Luthers, des
Urhebers der neuen Stromung, zum „Worte Gottes". Er
war der Gelehrte Gottes, der im Bunde mit Gottes Wort
stand und handelte. Diesem Helden gegenüber stellte die Sage
zur Vervollständigung des Gedankens, den Gelehrten, der
ohne Gott, auf die eigne Kraft sich stützt. Er muß zu bösen
Künsten greifen und damit unwiderruflich verloren sein. Keine
Maria kann ihn retten!

Zum Belege für diese Auffassung nur Einiges aus den
ältesten Aufzeichnungen der Faustsage. — Auf dem Titel des
ersten Faustbuches steht das Motto: Jacobi iiii (Epistel Jacobi
Capitel 4, Vers 7), „Seyt Gott unterthänig, widerstehet dem
Teuffel, so fleuhet er von euch." — Die Widmung sagt: daß
man an Fausts Geschichte augenscheinlich spüren könne, wohin
die Sicherheit, Vermessenheit und Fürwitz letzlich (zuletzt)
einen Menschen treibe und (daß genannte Sicherheit" 2c.)
eine gewisse Ursach sei des Abfalls von Gott" 2c. Weiter
heißt es im ersten Capitel: Faust „hat die heilige Schrift
ein weil hinder die Thür und unter die Bank gelegt" —

„wolte sich hernacher keinen Theologum mehr nennen lassen, ward ein Weltmensch, nannte sich ein D. Medicinae."

In dem umfangreicheren Faustbuche G. R. Widmanns (1599)*) wird in der Vorrede ausgeführt: wie „under den Listen und Praktiken" des Teufels besonders die Zauberei gehöre, der auch „viele Pabste" (sie werden aufgezählt) ergeben gewesen seien. Hierauf wird erzählt, wie sich Dr. Luther über Faust ausgesprochen. (Nach Luthers Tischreden Abschnitt I und XXV zusammengestellt, s. Engel S. 224.) „Hatte der Teufel," sagte Luther, „zuvorlängst mir vermacht Schaden zu tun, er hatte es lang getan. Er hat mich wol ofmals schon beim Kopf gehabt — aber mit Gottes Wort habe ich mich seiner erwehrt." — Gleich im ersten Capitel heißt es: Faust hatte Theologie studirt, „als aber damals das alt päbstlich wesen noch im Gang war und man — vil segen=sprechen und ander aberglaubisch tun und Abgötterei trieb, beliebte solches dem Fausto überaus sehr". — Viel ärgere Ausfälle gegen die katholische Kirche die sich hier noch finden, übergehe ich**). Ich wollte nun andeuten, in welchem Geiste die Faustsage dargestellt wurde. Sie ist ein Erzeugniß des Protestantismus, und nicht zufällig ist es, wenn sie sich rasch in der protestantischen Welt, namentlich in Deutschland, Eng=land, Skandinavien und den Niederlanden ausbreitete.

Dieser Faust nun, der von der Theologie ausgegangen,

---

*) Erster Theil der Wahrhafftigen Historien von den grewlichen vnd abschewlichen Sünden und Lastern ꝛc. So Dr. Johannes Faustus — — getrieben ꝛc. 1599 Ebenso der andere Theil ꝛc. und der dritte Theil — erklehret durch Georg Rudolff Widman. Gedruckt zu Hamburg Ex officina Mollen s Engel 223 Abgedruckt ist das Werk in Scheibles Kloster. II Bd. S. 273—804.

**) S. Oskar Schade, Weimar. Jahrb 1856. Das Puppenspiel Dr. Faust, dann z. B. Reichlin Meldeag: Die deutschen Volksbücher von Johann Faust (Stuttgart 1848), I, S 35, s. Anmerkung und S 114, 3; S 250. Neben den oben schon S. XLV genannten Volksbüchern von Faust, gedruckt bei J. Spies, 1587 und erklärt durch G R Widmann 1599, sind noch besonders hervorzuheben als diejenigen, die außer dem Puppenspiel den größten Einfluß hatten auf die Gestaltung der Fabel bei Goethe: Das ärgerliche Leben ꝛc Fausti — durch J. N. Pfitzerum, Nürnberg, 1674 und: Des Erzschwarzkünstlers Dr. J. Faust — Lebenswandel — von einem Christlich Meynenden. Frankfurt und Leipzig. Scheint zuerst 1712 erschienen zu sein S. Engel 226. Görres besprach schon 1807 in: Die teutschen Volksbücher S. 207, 35 diese Literatur.

aber von ihr abgefallen und dadurch verloren war, das war der Faust des 16. Jahrhunderts.

Da gab es noch Zauberei, an die der Titane, der sich der Gottheit gegenüberstellte, sich anklammern konnte.

Die uralte Idee des Titanismus fand diese neue Form, und der Protestantismus beruhigte sich über die Gefahren der freien Forschung an der Hand der Bibel, die im Gegensatz zu der gottlosen Gelehrsamkeit erschien*).

Der Faust des 18. Jahrhunderts mußte aus der Beschränktheit jener Anschauungen herausgehoben werden.

Das erkannten Lessing und Goethe.

Wenn Goethe anfangs diese Anschauung auch noch nicht sogleich klar bewußt vor Augen stand, so war er von Anfang an doch schon in dem Sinne richtig geleitet. Von Anfang an sehn wir Faust mit idealer Hoheit dem beschränkt verständigen Mephistopheles gegenüberstehn; schon in den ältesten Scenen.

In der That ist die unbewußte Divination zu bewundern, die oft in den Erfindungen des Dichters liegt.

Wenn Faust z. B. nach dem Spaziergang, von der krankhaften Ueberspannung, die sich im Monolog aussprach, erholt, mit ruhigem Gemüt und Lust zur Arbeit an die Uebersetzung des neuen Testaments herantritt, sehen wir da nicht Faust und Luther in Einer Person vor uns? Sagt uns diese Erscheinung nicht, daß der Gegensatz zwischen Faust und Luther im 16. Jahrhundert in diesem Faust des 18. aufgehoben ist? Es geht die Erscheinung ganz parallel mit den Gegensätzen von Himmel und Hölle, Gott und Teufel, die ja auch im modernen Bewußtsein keinen Platz mehr finden.

Der neben Faust nach der Ueberlieferung auftretende Mephistopheles kann daher eigentlich nichts Anderes mehr sein als das den Menschen niederziehende Gemeine, das ihn zu verderben droht, wenn er in ihm Befriedigung findet, das aber nichts über ihn vermag, wenn er es verachtet, was ihm natürlich ist: die Selbstsucht, die nur sinnliches Wolsein kennt und selbstvergessener Hingebung an ein Höheres unfähig ist;

---

*) Diese Anschauungen, die der Herausgeber bereits vor Jahren in einem öffentlichen Vortrage ausgesprochen, s. Wiener Abendpost 1874 S 474, fanden in der Zeitschr. f. deutsch. Altert u. Lit. Bd. 25 S. 452 die volle Zustimmung Loepers. Es ist demnach wol nur ein Versehn, wenn man sie im Goethejahrb. 3, 131 Scherer zuschreibt.

das ist das Böse: „Darin aber besteht die Schlechtigkeit, daß man nur sein sinnliches Wohlsein liebe." (Fichte.)

Es ist nicht in Abrede zu stellen, daß der Dichter nicht überall mit gleicher Schärfe diese Stellung des Mephistopheles festhält, aber zu weit zu gehen scheinen mir diejenigen, die daraus, daß Mephistopheles vorübergehend manchmal aus der Rolle zu fallen scheint, verschiedene Pläne des Dichters ableiten, die er zu verschiedenen Zeiten verfolgt habe.

Schon Schiller bemerkt in dem Briefe über Faust vom 26. Juni 1797 „Der Teufel behält durch seinen Realism vor dem Verstand, und der Faust vor dem Herzen Recht Zuweilen aber scheinen sie ihre Rollen zu tauschen und der Teufel nimmt die Vernunft gegen den Faust in Schutz." Goethe selbst bemerkte über diesen Punkt in seiner Antwort vom 27 Juni: Schillers Ansicht stimme mit seinen Plänen „wie es natürlich war" recht gut zusammen, nur daß er sichs bequem mache und die höchsten Forderungen mehr zu beruhren als zu erfüllen denke. — Dem Dichter war damals allerdings die ursprüngliche Conception schon in ziemliche Ferne gerückt, so daß er ihr mit einem gewissen Humor gegenübersteht, dem wir auch weiter noch begegnen werden. Das Feuer und die Leidenschaft der Jugend sind langst nicht mehr dieselben wie 1773 bis 1775, und die hier sich stellenden Forderungen einer philosophischen Behandlung, die ja seiner Natur im Grunde widerstrebt, möchte er nicht gerne zu ernst nehmen, in dem richtigen Gefühl, daß dadurch leicht die Poesie Schaden leiden könne. Trotz aller sich vordrängenden Symbolik und Reflexion wollte er sich als Dichter behaupten, sowie die Faustdichtung auch von Grund aus geworden nicht gemacht, unbewußt entstanden ist.

Ich kann Kuno Fischers Ausführungen hier nicht folgen, der der Ansicht ist, der Mephistopheles der alten ursprünglichen Dichtung Goethes sei nicht in der Hölle zu suchen (S 213), der „Faust der Gretchenliebe" gehöre der alten Dichtung und sei ein anderer als der „Faust der Wette", der in der zweiten Dichtung einen Vertrag mit der Hölle eingehe.

Die Hölle gehört wol überhaupt nur ganz äußerlich zu dem Costüm des Teufels. Wenn aber von Fischer behauptet wird, in Auerbachs Keller sei Mephistopheles nicht der Teufel der Hölle, nur ein harmloser Kobold, der selbst sage: — „merkt euch, wie der Teufel spaße", so ist dagegen doch daran

zu erinnern, daß er in derſelben Scene auch ſagt: „Den
Teufel ſpürt das Völkchen nie und wenn er ſie beim Kragen
hatte!" und indem er das Feuer beſpricht: „Sei ruhig, freund=
lich Element, für diesmal war es nur ein Tropfen Fegefeuer."

Eines ſcheint uns häufig zu wenig in Betracht gezogen:
die urſprüngliche Quelle Goethes, durch die er mit der Fauſt=
ſage bekannt geworden iſt. Dieß war vor allem wol das
Puppenſpiel, das er als Knabe ſah, dann wol auch die Volks=
bücher. Das Puppenſpiel kennen wir freilich nicht in der
Geſtalt, in der es Goethe geſehn. Wir kennen aber Faſſungen
deſſelben, die ſo alterthümlich ſind, daß ſie auf das Vorbild
Goethes ſchließen laſſen. Wir erkennen darinnen, wie Schade
a. a. O. gezeigt hat, daß das Spiel einſt in Alexandrinern
abgefaßt war. Wir kennen ferner Marlowes Fauſt, deſſen
Einfluß auf das Puppenſpiel auch in der Geſtalt, wie wir
es kennen, noch deutlich durchblickt. — Wenn nun Goethes Fauſt
an den Marlowes erinnert, den Goethe nicht kannte, ſo mußte
dieſe Uebereinſtimmung aus dem Spiele herruhren, das er
geſehn. Auch Anklänge an Züge des Volksbuches, die in Goethes
Fauſt zum Vorſchein kommen, z. B. in dem Auftritt in Auerbachs
Keller, mögen dem Puppenſpiel eigen geweſen ſein, das ſich aus
dem Volksbuche gelegentlich bereichert hat. Man darf nicht über=
ſehn, daß Goethe mit ſeinem Freunde Behriſch, den er einen
„dürren Teufel" nannte, Auerbachs Keller wol oft beſuchte, dort
die alten Wandbilder darauf Fauſt und ſeine Genoſſen mit der
Jahrzahl „1525" geſehn, Leſſings Epochemachenden Literatur=
brief von 1759 längſt geleſen, und da kann man denn auch
nicht umhin anzunehmen, daß Fauſt als poetiſcher Stoff in
Goethes Geiſt gewiß ſchon in Leipzig lebendig war.

Den Hauptzügen nach hat demnach Goethe den Stoff
in ſich aufgenommen aus einem Puppenſpiel, das dem Drama
Marlowes noch näher ſtand, als die uns bekannten Faſſungen.
Das Volksbuch Fauſt lernte er wol erſt ſpäter kennen Das
älteſte ſehr ſeltene Spies'ſche von 1587 und das umfangreiche
von Georg Rudolf Widmann von 1599 werden ihm kaum
zur Hand geweſen ſein. In letzterem heißt Wagner auch
Johan Wäiger (bei Spies Wagener, Wagner, bei Marlowe
Wagner). Das wahrſcheinlichſte iſt, daß ihm eine der vielen
abgekürzten, auf Jahrmärkten verbreiteten Volksausgaben der
Bearbeitung J. N. Pfitzers (1674) oder das Chriſtlich
Meynenden (K. Engel ſagt davon S. 228: Es ſcheint zuerſt

1712 aufgetaucht zu sein. Ein neuerer Herausgeber kennt nur eine Ausgabe von 1775, s. M. Koch im Literaturblatt 5. Juni 1892) in die Hand kam. Die Quelle in einem einzelnen Fall sicher zu erkennen, ist immer schwer, da es überall möglich ist, daß man einen Einfluß des Volksbuches auf das Schauspiel vor sich hat, das Goethe gesehn.

Die große Verwandtschaft des ersten Monologs bei Goethe mit dem bei Marlowe, der auch in dem Puppenspiel noch durchblickt, die Erwähnung der Wissenschaften, der Uebergang zur Magie, die Beschwörung des Mephistopheles, die den Faust umschwebenden verschiedenartigen Geister, der Vertrag mit Mephistopheles, der ursprünglich darin bestand, daß Mephistopheles Faust dienen will, wofür dieser nach seinem Tode (ursprünglich nach 24 Jahren) dem Bösen angehören soll; die Gestalt Wagners — alle diese Züge der Ueberein-stimmung müssen als der Keim der Dichtung in Goethes Geiste angesehn werden Daß einer von diesen Zügen, wenn er in Goethes Faust erscheint, zum ursprünglichen „Plane" Goethes nicht gehört habe, ist eine unnatürliche erzwungene An-nahme. Eine solche ist es, wenn man beweisen will, Mephisto-pheles sei ursprünglich nicht als Sendling der Hölle aufgefaßt. War es doch schon im Volksbuch, bei Marlowe und im Puppenspiel und die guten Geister, die bei Marlowe und im Puppenspiel Faust umschweben und um ihn klagen, sind auch bei Goethe vorhanden, nur haben sie die Erklärer bisher nicht erkannt, s. z. 1607 f.

Wenn man die genannten Quellen, das Volksbuch, das Drama Marlowes oder das Puppenspiel mit der Dichtung Goethes zusammenhält, so scheint manchmal ein Zug in der Quelle wirklich wie ein Samenkorn, dessen Kotyledonen sich erst im Geiste Goethes öffnen, theilen und auseinander wachsen, so daß die ursprüngliche Gestalt gar nicht sogleich wieder zu erkennen ist. — So scheint die Erscheinung des Erdgeistes und dann die des Mephistopheles aus der Beschwörungs-scene des Faustbuches hervorgewachsen, vielleicht nur in der Bearbeitung des Christlich Meinenden, wie sie direct oder in der Fassung eines Puppenspiels an Goethe gelangt ist. Faust fragt den Geist, der „in vollem Feuer" erschienen war, so in genannter Bearbeitung, ob er nicht eine andere Gestalt annehmen könne? Der Geist verneinte dieß „weil er ein Fürst und kein Diener der Höllen sey". Doch wollte er

IV*

ihm einen schicken, der ihm in allem seinem Begehren nach
Herzenswunsch willfahren werde. Dieser Fürst der Geister
wird im ersten Faustbuch S. 9 mit Hinweis auf Pauli's
Brief an die Epheser 2, 2: „der Fürst dieser Welt auf Erden
und unter dem Himmel" genannt. Natürlich wird darunter
Lucifer verstanden, so wie auch bei Marlowe „Mephistophilis"
sich sogleich als a servant to great Lucifer vorstellt. In
Goethes Geist verwandelt sich dieser Geist aber in den Geist
der Erde, der am sausenden Webstuhl der Zeit schaffende,
wirkende Geist; Gott in seiner Manifestation als Geist der
Erde*). Er selbst kann von Faust noch nicht erfaßt werden
(vgl. V. 512), er sendet ihm den Mephistopheles, den Geist der
Verneinung, an dem Faust seine Widerstandskraft erst zu
bewähren hat.

Eine Erfindung Marlowes, der gute und der böse Engel
(good angel and evil angel), die in die Puppenspiele über=
gegangen ist, läßt sich in Goethes Dichtung noch gar wohl
erkennen. Sie erscheinen im Gesang der Geister I, 1259
und als Geisterchor I, 1606, wobei wir jedesmal aus
der Gesinnung, die sie ausgesprochen, zu errathen haben, ob
es gute oder böse Geister sind. Noch am Schluß I, 4611 f.
wird die Stimme von oben den ersteren zuzuschreiben sein.

Wir können allerdings nicht einstehn dafür, daß die
Vertragsscene Wort für Wort schon im ersten Entwurf so
lautete, wie wir sie jetzt kennen, da ja im Fragment, das
1790 erschienen, nur das Ende derselben mitgetheilt ist. Den=
noch halte ich es für höchst gewagt, das im Fragment nicht
Mitgetheilte im vornhinein für späteren Ursprungs zu erklären.
Alle künstlichen Annahmen von verschiedenen
Plänen des Dichters erscheinen mir doppelt be=
denklich, wenn sie auf dieser Voraussetzung be=
ruhen. Merkwürdiger Weise beginnt das Bruchstück nach

---

*) Das „Sich Gott nähern" Goethes wird anderwärts
besprochen, hier sei nur eine Stelle, wie sie in Fausts Verschreibung
im Volksbuche vorkommt, hervorgehoben. Dort heißt es: „daß der
irdische Gott, den die Welt den Teufel pflegt zu nennen, so — mächtig
ist, daß ihm nichts unmöglich — so verschreibe ich mich hiermit —
diesem irdischen Gott." Diese Stelle mußte auf G. großen Ein=
druck machen. Dieser Gott erscheint ihm Gott in seiner Manifestation
als Erdgeist, den er schon, wie gesagt, als Knabe mit einem Altar
aus Naturproducten dieser Erde feierte.

der Lücke mit reimlosen Versen, zu denen die Reimpaare sich in der Ergänzung so ungezwungen einstellen, daß nicht zu zweifeln ist, daß sie schon früher da waren als die Frag= mentirung vorgenommen wurde. Indem Faust schon im Frag= ment jenes: „Allein ich will!" ausspricht, worauf Mephistopheles erwidert: „Das läßt sich hören!" so setzt dies doch schon die Vertragsscene als vorhergegangen voraus und ver= bietet, den Bund mit dem Bösen hier wegleugnen zu wollen. Wir gelangen zu einfacheren und naturgemäßeren Ergebnissen, wenn wir andere Kennzeichen für die jüngeren und älteren Theile der Dichtung aufsuchen als das Fehlen oder Nichtfehlen im Fragment. Wir werden auch noch weiter sehn, daß die Vertragsscene zu den ältesten Theilen der Dichtung gehört —

Faust spricht, besonders in den ältesten Scenen, Goethes eigenes Fühlen und Denken aus, das in seiner Jugend für die ganze Sturm= und Drangzeit tonangebend war.

Ganz ähnlich wie der Dichter in jenem Briefe an Friederike Oeser, der noch mehr Anklingendes enthält, spricht sich Faust im ersten Monolog aus.

Heraus aus der Gelehrtenstube, hinaus in die Natur, „wo Gott die Menschen schuf hinein" — drängt es ihn, ganz in der von Rousseau erfüllten Zeitstimmung, mit der Goethe die Anschauungen des Theophrastus Paracelsus in Einklang zu bringen wußte, wie schon bemerkt. Und wie ihm die Beschränktheit des büchergelehrten Pedanten erscheint, zeigt auf das Herrlichste gleich die nächste Scene mit Wagner.

Goethes eigene Anschauungen vernehmen wir auch, wenn Faust sich dem Erdgeiste „näher" dünkt als dem Weltengeiste. Dies ergibt sich besonders deutlich, wenn wir beachten, wie Goethe sonst das „Sich Gott nahern" versteht.

Er erzählt so z. B. in Dichtung und Wahrheit (I, 37; Hempelsche Ausgabe) von den frommen Secten Frankfurts: „Sie hatten die Absicht, sich der Gottheit besonders durch Christum mehr zu nahern" — Von seinem Freunde Langer in Leipzig sagt er (D. u. W. II, 112): „Er gehörte unter diejenigen, denen ein unmittelbares Verhält= niß zu dem Weltgotte nicht in den Sinn will; ihm war daher eine Vermittelung nothwendig, deren Analogon er überall in irdischen und himmlischen Dingen zu finden glaubte." — Und von sich selbst erzählt er aus seiner Knaben= zeit: „Er kam auf den Gedanken, sich dem großen Gotte

der Natur — unmittelbar zu nähern (D. u. W.
I, 37)." „Der Gott, der mit der Natur in unmittelbarer
Verbindung stehe, schien ihm der eigentliche Gott." Vgl. Vers
3217 ff. dazu der Brief an Herder vom 9. August 1776:
„Ich führe mein Leben in Klüften, Höhlen und Wäldern."
— Er errichtete diesem Gotte einen Altar, auf dem Natur=
producte die Welt im Gleichniß darstellen sollten. — Wenn
der Dichter nun Faust sagen läßt: er fühle sich dem Geist
der Erde näher als dem Weltengeiste, so erscheint
das, in Uebereinstimmung mit obigen Sätzen, als ob er sagte:
Gott in seiner Manifestation als Erdengott sei ihm näher
als in der als Weltgott (Vgl. „Alles, was wir gewahr werden
und wovon wir reden können, sind nur Manifestationen der
Idee" Goethe, Sprüche in Prosa, herausgegeben von Loeper
S. 74). Er nähert sich ihm, indem er ihn als Erdengott
auffaßt. Daß er gegen Gretchen z. B. unter dem Allumfasser,
Allerhalter (Vers 3438) den Weltengott anführe und ein
ander Mal doch wieder den Erdgeist als: erhabener Geist
(3217), unendlicher Geist, großer herrlicher Geist anrede,
steht zu einer solchen Auffassung keineswegs im Widerspruch.
Jedenfalls wird man zugeben müssen, daß der Erdgeist, von
seinem ersten Erscheinen an, als guter schöpferischer Geist auf=
tritt, der nicht im Bunde mit Mephistopheles Gott gegenüber,
sondern, wenn nicht Gott selbst, doch auf der Seite Gottes
Mephistopheles gegenüber gestellt erscheint. Wenn Faust sich
beklagt, daß er ihm Mephistopheles zum Gefährten gegeben,
so trennt er mit dieser Klage schon den verehrungsvoll an=
gesprochenen Geist von dem „Schandgesellen", den er ver=
achtet. Er konnte mit derselben Klage sich auch an den Welten=
gott wenden, daß er zugelassen habe, daß der Böse sich ihm
gesellte.

    Nicht Unglaube an Gott oder Glaube an mehr Götter
spricht sich aus in der Annahme eines Erdgeistes, sondern nur
die Natur Goethes, die überall nach unmittelbarer Anschauung
verlangte, die Ideen geradezu empirisch wahrzunehmen strebte,
daß er sich dem Göttlichen, als dem Geist der ihm bekannten
Erde näher fühlte als dem Weltgeiste. Vgl. hierzu Riemer,
Mittheilungen I, 194 f. und die Citate daselbst. Dies hängt
auch zusammen mit den Worten Fausts, mit denen er ein
jenseitiges Leben ablehnt V. 1660:

Das Druben kann mich wenig kümmern;
Schlägst du erst diese Welt zu Trümmern,
Die andre mag darnach entstehn.
Aus dieser Erde quillen meine Freuden,
Und diese Sonne scheinet meinen Leiden;
Kann ich mich erst von ihnen scheiden,
Dann mag was will und kann geschehn

Schon oben haben wir die Ansicht, daß Mephistopheles im Faust in zweifacher Gestalt erscheine, womit ein zu verschiedenen Zeiten verschiedener Plan anzunehmen sei, abgelehnt. Mit dieser Annahme steht eine zweite in Verbindung, die wir hiermit gleichfalls widerlegen wollen. daß nämlich Mephistopheles nach dem ersten Plane Goethes, wie Fischer (S. 206. 210 f.) meint, gleichsam den Standpunkt des Erdgeistes vertrete.

Der Auffassung des bösen Princips liegt eben so wie der von Gott, sowol im Volksbuche wie im Puppenspiel und der Darstellung Goethes die Anschauung zu Grunde, daß es sich bald in Einem persönlichen Wesen (dem Teufel), bald in verschiedenen Geistern manifestire. Mephistopheles tritt bald auf als „Theil von jener Kraft", als Sendling der Hölle, über den ein Satan angenommen wird, bald als „der Teufel" selbst. Wie im Volksbuche Mephistopheles als Einer der bösen Geister erscheint und doch wieder auch als „Teufel" schlechtweg genommen wird. — Aehnlich ist das Verhältniß des Erdgeistes zu Gott.

Der Böse, als Fürst dieser Welt des Volksbuchs, verwandelt sich in Goethes Geist in Gott als den schöpferischen Geist der Erde, von dem sich als untergeordneter Geist das Gemeine loslöst, wie im Volksbuch der spiritus familiaris Mephistopheles vom Erdengott — Die ersten Ansätze der Dichtung sind die Verzweiflung an der Wissenschaft, und im Sinne der Ueberlieferung, die daraus erfolgende Wahl der Magie, die den Bund mit dem Bösen nach sich zieht. Sie bedeutet das Aufgeben idealer Ziele, an denen Faust verzweifelt und an deren Stelle er sich der Betäubung hingeben will, die ihm sinnlicher Genuß bietet.

Was zunächst zu diesen ersten Ansätzen hinzutrat, war das Verhältniß Fausts zu Gretchen, das ebenso, wie die Klagen über das Unbefriedigende der Wissenschaften, aus des Dichters eigenem Inneren, aus seinen eigenen Erfahrungen genommen ist.

Dies Verhältniß drängte alles Andere in den Hintergrund. Daß auch der Faust der Sage ein Verhältniß zu

einem Bürgermädchen hatte, ist von geringem Belang. An
Züge des Volksbuches erinnert die Dichtung Goethes allerdings
Im Pfitzerschen Faustbuch 2. Th. 6. Kap. wird erzählt von
einem Edelmann, dem Fauſt zu einer Begegnung mit einer
Jungfrau, die er liebte, in einem Garten verhalf. Im
2. Th. 21. Kap. wird dann erzählt, wie Fauſt in ſeiner
Nachbarſchaft eine ſchöne aber arme Dirne geſehn, die ihm
gefiel und die er um jeden Preis gewinnen, zuletzt heiraten
wollte. Mephiſtopheles trat dazwiſchen. — Goethe ſchöpfte
dazu aber aus ſeinem eigenen Leben das lebendigſte Bild,
das ihm je gelungen Er hielt an der Fausthandlung nur
inſofern feſt, als auch dies Verhältniß durch Mephiſtopheles'
Dazwiſchenkunft getrübt werden ſollte. Die älteſten Scenen
des Fauſt zeigen, daß dies von Anfang an feſt ſtand. — Wenn
es in der Zueignung des Fauſt heißt: dieſe Geſtalten bringen,
gleich einer alten Sage, die erſte Liebe und Freundſchaft
mit herauf, ſo müſſen wir wol an Goethes erſte Liebe, jenes
Frankfurter Gretchen denken.

Die Innigkeit und Heftigkeit der Leidenſchaft zu dieſem
Mädchen ſteht in Goethes Leben einzig da

Noch 1811 ſtand dem 62jährigen ihr Bild mit ſolcher
Lebendigkeit vor der Seele, daß er ſie ſchilderte, wie man
nun nach dem Leben ſchildern kann. Auch die Nebenumſtände
können nicht erfunden ſein. Sie erklären ſich durchaus nicht
aus techniſchen Gründen der künſtleriſchen Darſtellung, und
es wäre ganz unbegreiflich, wie Goethe darauf gekommen
wäre und warum er dies Alles ſo erzählt hätte, wenn es
nicht die reine Wahrheit war.

Man leſe in Dichtung und Wahrheit (I, 150. 197 f.),
wie unnachahmlich er ſie ſchildert, mit welcher Leidenſchaft
ſich ſein Schmerz äußert, da er von ihr getrennt iſt, wie er
raſt, ſich zu Boden wirft, Nächte lang bis zur Erſchöpfung
ſchluchzt, bis er erkrankt! — Wie ihn ihr Bild! ihr Bild
nicht verlaſſen will (II, 7). — Daß dies Frankfurter Gretchen
aus dem Volke, mit den „ſtillen treuen Augen" und
„dem lieblichen Mund", die ſich von dem Dichter, wie
er erzählt, ſo gerne belehren ließ, deren Bild er nicht los
werden konnte, die er noch im Alter mit ſolcher Innigkeit zu
ſchildern vermochte, ihm gewiß bei ſeiner Rückkehr aus Leipzig
nach Frankfurt wieder vor die Seele trat, und daß zur Geſtalt
der Dichtung, die er damals ſchuf und neben Fauſt ſtellte,

kein anderes Modell zu suchen ist, als diejenige, die ja sogar
denselben Namen trug, werden wir wol annehmen müssen!*)

Die Liebe Fausts und Gretchens wurde denn zum Mittelpunkt des Stücks. Die Lebenserfahrungen mit Käthchen,
Friederiken, Lottchen, Lili kamen bei der Ausführung dann
wol hinzu, um den Dichter zur Darstellung der seelenvollsten
Scenen zu befähigen, die das Drama bilden. Am ähnlichsten
blieb aber Gretchen immer dem Frankfurter Gretchen.

Was Goethe am Weibe liebte, war nicht die Bildung,
die sie sich angeeignet, die Kultur, sondern die Natur, und
sie erscheint ihm am lautersten in den anspruchslosesten Zuständen. Ich erinnere neben Gretchen noch an Egmonts
Clärchen.

Zu dem Clärchen Egmonts, zu Egmonts Liebesverhältniß, bildet Gretchen in ihrem Verhältniß zu Faust den Uebergang. Beide Verhältnisse haben vieles gemein. Sie stellen
das Verhältniß vom Manne zum Weib in seinem Urtypus
dar, wo Geist und Natur, jedes in seinem Wesen rein sich
gegenüberstehn. Beide Verhältnisse stehen aber auch außerhalb
der bürgerlichen Welt. Hier kommen Erfahrungen aus Goethes
Leben in Betracht, und zwar vom Herbst 1775. Goethe, der
rasch aufschießende Riese, der in jener Zeit die außerordent-
lichste Fruchtbarkeit entfaltete, war von so verschiedenartigen
Interessen im tiefsten Innern aufgeregt, daß die Liebe nur
immer einen Theil seines Wesens ergriff. Und doch hatte
Friederike ihn stark in ihren Kreis hineingezogen. Er kam
sich vor wie der Liebende in seinem Melusinenmärchen, das
er in Sesenheim erzählte, wo das Liebchen eine Zwergin ist,
deren Ring ihn zum Zwerge machte, bis ihn auf einmal ein
Sturm des Wachsthums ergreift; er vermag die Fessel des
Ringes nicht zu tragen, er feilt ihn durch und schießt nun
wie ein Riese über seine Geliebte und über ihre ganze Welt
empor! — Und 1774/75 fesselt ihn die bezaubernde Lili. — Da
kömmt nun die Frage des bürgerlichen Lebens. Die Gründung
eines Hausstandes wird erwogen. Entgegenwirkende Elemente
in beiden Familien wären zu bekämpfen: da ergreift der
Dichter die Flucht!

*) Daß das Frankfurter Gretchen, selbst mit dem Namen Mar-
garete, auch in Wilhelm Meister auftaucht, habe ich in einer Anmerkung zu 14. Scene: Gretchens Stube, Gretchen am
Spinnrade zu Vers 3374 besprochen.

Ihn quälten die Erinnererungen an die arme verlaffene Friederike, an die verlaffene Lili. Er fchreibt Stella. — Und nun tritt der Gedanke an jenes bezaubernde Mädchen aus dem Volke, an Gretchen wieder hervor. Die hat nichts von Anfprüchen an ihn in feinem Gedächtniß zurückgelaffen. So ein anfpruchlofes Kind aus dem Volke, fo lieblich, fo liebevoll, es müßte den ftolzeften Geift beglücken, es müßte in das bewegtefte Dafein Sammlung und beglückenden Frieden bringen. Diefe Situation fteht vor Goethes Geift bei Ausgeftaltung des Verhältniffes von Fauft und Gretchen und von Egmont und Clärchen. — Kein Verhältniß wird fo leicht wie diefes frivol genommen. Nur ein Zug von Gemeinheit und wir fehn das Verhältniß des grand seigneur zur Dirne. Damit ift freilich jede Spur von Poefie vernichtet, die gerade über diefe Paare reichlich ausgegoffen ift. Goethe fand im Leben, was er wünfchte, als er diefe Dichtungen fchuf, bald in gewiffem Sinne erfüllt, in dem Verhältniffe zur Stein. Sie macht keine Anfprüche an ihn, ließ ihn frei und war doch feine „Befänftigerin". — Als dies Verhältniß fich löfte, knüpfte fich (13. Juli 1788) ein neues mit Chriftianen, das in feinen Anfängen ganz dem in den Paaren Fauft und Gretchen, Egmont und Clärchen gefchilderten ähnlich ift.

Der Umftand, daß das Frankfurter Gretchen in der Geliebten Faufts fo deutlich hervortritt, fpricht für die erfte Conception des Ganzen im Jahre 1768—1769. Diefe Geftalt mußte fich zu Fauft gefunden haben gerade in der Zeit, als er wieder in Frankfurt und bevor ein leidenfchaft= liches Verhältniß, wie das zu Friederiken, ent= ftanden war.

Für diefe frühe Zeit fprechen auch Leipziger Remini= fcenzen, die im zweiten Monolog und dann im Ofterfpazier= gang durchklingen, fo wie fie auch in anderen Schriften des Dichters noch 1774 und 1775 zu verfolgen find.

Ich will damit im Zufammenhange gleich auch alle Parallelftellen vorführen, die dafür fprechen, daß das große Stück, Vers 606—1769, das im Fragmente fehlt, noch in Frankfurt entftand.

In dem Briefe vom 28. April 1766 fchreibt Goethe unter andern an Riefe die Verfe:

„— — Zwar mein Stolz
Der glaubt' es, daß so tief zu mir herab
Sich Götter niederließen — — —.
Ich fühlte nicht, daß seine Schwingen mir
Gegeben waren, um emporzurudern
— — — — — — — — Doch
Glaubt' ich, ich hab sie schon und konnte fliegen.
— — — — — — — — — — — — — —

Da sah ich erst, daß mein erhabner Flug.
Wie er (es?) mir schien, nichts war als das Bemühn
Des Wurms im Staube, der den Adler sieht
Zur Sonn' sich schwingen und wie der hinauf
Sich sehnt Er sträubt empor und windet sich
Und ängstlich spannt er alle Nerven an
Und bleibt am Staub. —"

Damit vergleiche man nun den ersten Monolog, wo Faust, Vers 652 ff. sagt:

Den Göttern gleich ich nicht! Zu tief ist es gefühlt;
(Vgl. oben mein Stolz der glaubt' es, daß so tief
Zu mir herab sich Götter niederließen.)
Dem Wurme gleich ich, der den Staub durchwühlt,
Den, wie er sich im Staube nährend lebt,
Des Wandrers Tritt vernichtet und begräbt

Dann die zweite Stelle, wo Faust, entschlossen den Gift=becher zu trinken, sich den Zustand nach dem Tode ausmalt, Vers 702 ff:

„Ein Feuerwagen schwebt auf leichten Schwingen
An mich heran! Ich fühle mich bereit
Auf neuer Bahn den Aether zu durchdringen
Zu neuen Sphären reiner Thätigkeit
Dies hohe Leben, diese Götterwonne!
Du erst noch Wurm und die verdienest du?"

Wir finden hier wieder den Wurm im Staube, der den Adler sieht zur Sonn' sich schwingen und, wie der, hinauf sich sehnt.

Unmittelbar der citirten Stelle 702 ff („Ein Feuerwagen schwebt 2c.") voraus gehn die Verse 699—701.

„Ins hohe Meer werd ich hinaus gewiesen,
Die Spiegelfluth erglänzt zu meinen Füßen,
Zu neuen Ufern lockt ein neuer Tag"

Diese Verse klingen wieder an Stellen des Osterspazier=gangs an, in denen wieder die Sehnsucht zu fliegen sich aus=spricht. Dort heißt es Vers 1074 ff.:

„O daß kein Flügel mich vom Boden hebt
Ihr (der untergehenden Sonne) nach und immer nach zu streben
Ich sah' im ew'gen Abendstrahl
Die stille Welt zu meinen Füßen.

———————

Schon thut das Meer sich — — — auf."
(Oben: Die Spiegelfluth erglanzt zu meinen Füßen)
737: Ach! zu des Geistes Flügeln wird so leicht
Kein körperlicher Flügel sich gesellen.
Doch ist es jedem eingeboren,
Daß sein Gefühl hinauf und vorwärts dringt,
Wenn über uns im blauen Raum verloren
Ihr schmetternd Lied die Lerche singt,
Wenn über schroffen Fichtenhöhen
Der Adler ausgebreitet schwebt
Und über Flächen, über Seen
Der Kranich nach der Heimath strebt"

Das klingt nun an in Werthers Leiden, wenn Werther (der junge Goethe 3, 291) sagt: „wie oft hab ich mich mit Fittigen eines Kranichs, der über mich hinflog, zu Ufern des ungemessenen Meeres gesehnt —."

Werther entstand 1774

Auch an Giordano Bruno wurde bei dieser Stelle erinnert. Brunnhofer, Goethejahrb. VII, 242.

Endlich zu Anfang der Briefe aus der Schweiz von 1775, da heißt es: wir fühlten die Anlage zu fliegen in uns (vgl. oben: „doch es ist jedem eingeboren" 2c.), wenn wir auch sie zu entwickeln verzichten mußten*). „Welche Begierde fühl ich, mich in den unendlichen Luftraum zu stürzen" — „wenn der Adler in dunkler blauer Tiefe — schwebt."

Diese Parallelen zeigen uns nun, daß die betreffenden Stellen des Faust, die alle jenem großen ersten Stück, das im Fragment von 1790 fehlt, angehören, zu den ältesten Theilen zu zählen sind.

Sie zeigen uns ferner, wie gewisse Gedankenreihen und Bilder in des Dichters Geist haften. Er dichtete oft, ohne das Gedichtete niederzuschreiben, recitirte es aber wol gelegentlich. So mag Einiges von den Monologen schon 1769 ent-

———————

*) In Weimars Album wird S. 195 erzählt, daß Goethe in viel spätern Zeit noch in Gesellschaft bei der Schopenhauer an Stephan Schütze die Frage richtet, ob er auch das Glück habe, zuweilen im Traume zu fliegen?

standen sein. Das Bild vom Wurm im Staube, der den Adler sieht, der sich den Göttern vergleichen und fliegen möchte, mit dem er sich selbst vergleicht — das Alles war ihm schon, wie wir sahen, von 1766 her geläufig.

So kannte er gewiß die Bibelstelle von der Himmelfahrt Eliä, 2. Buch der Könige 2, 11: da kam ein feuriger Wagen und Elia fuhr im Wetter gen Himmel. Was an die Scene erinnert, da Faust den Todesbecher trinken will, Vers 702: Ein Feuerwagen schwebt ꝛc.

Es klingen diese Stellen auch merkwürdiger Weise an das älteste Faustbuch von 1587 an, wo es gleich zu Anfang von Faust heißt: er „name an sich adlers flügel, wollte alle grund am himmel und erd erforschen." Wenn nun, was wir nicht wissen, ein Anklang an diese Stelle in jenem Puppenspiel vorkam, das Goethe wahrscheinlich vor seinem Leipziger Aufenthalt noch in Frankfurt gesehn, so konnten schon die Verse an Riese davon angeregt sein, obwol sie sonst keine Beziehung zu Faust verrathen.

Solche Parallelen aus anderen Schriften des Dichters verrathen nicht nur, annähernd, die Entstehungszeit, sondern sie dienen auch zur Erklärung von räthselhaften Ausdrücken, wie der zu 1200 f besprochene.

Goethe gestattete sich in Augenblicken der Begeisterung, seine Gedanken und Empfindungen zu stammeln, zu lallen, d. h. im Drang des Augenblicks nur unvollkommen, andeutungsweise auszusprechen, so wie er dieses Stammeln in seiner Schrift von 1773: Zwo wichtige — biblische Fragen geradezu auf das biblische mit andern Zungen reden, bezieht (Apostelgesch. 2, 4 f. D. junge Goethe, S 237 ff): „Vom Geist erfüllt, in der Sprache des Geistes, des Geistes Geheimnisse verkündigen." —

„Der verheißene Geist erfüllt die versammelten Junger mit der Kraft seiner Weisheit. Die göttlichste Empfindung strömt aus der Seel in die Zunge und flammend verkündigt sie die großen Thaten Gottes in einer neuen Sprache und das war die Sprache des Geistes." — —

„Mehr als Pantomime doch unartikulirt muß die Sprache gewesen sein" — — —

Goethe brauchte in erregten Augenblicken freilich Unerreichbares für sein Bedürfniß, die Fülle von Gedanken und

Empfindungen seines Innern auszusprechen, den weiten Spiel=
raum einer ihm ganz eigenen Sprache.

So wie der zeichnende Skizzist nur andeutet, nicht dar=
stellt, so ist Goethes Ausdruck oft nur eine Andeutung, die
errathen werden muß.

So ist der Satz, Vers 683 f.:

> „Was du ererbt von deinen Vätern hast,
> Erwirb es um es zu besitzen!"

eigentlich unverständlich. — Wie es gemeint ist, erhellt aus
bestimmten Vorstellungen, die dem Dichter 1771 und 1774
geläufig waren und die in ihm wiederholt seine 1773—1775
geübte Rechtspraxis anregen mochte. Grimms Wörterbuch
1, 1628 und Loeper zu Faust citiren die Stelle aus Künstlers
Erdewallen (von 1774): Und er besitzt dich nicht, er
hat dich nur. Daraus kann auch noch angeführt werden
das Wort, das der Künstler zu seinem Bilde spricht:

> „Wo mein Pinsel dich berührt bist du mein!"

Aber die Anschauung taucht schon 1773 auf in Prome=
theus (Goethejahrb. I, 297):

> „Bruder: Wie vieles ist denn dein?
> Prometheus: Der Kreis den meine Würcksamkeit erfüllt."

Daraus ergiebt sich nun leicht die Anschauung, daß man
das, was man erbt, erst dann besitzt, wenn es, von unsrer
Wirksamkeit in Anspruch genommen, benutzt, genossen wird.

Eine andre Stelle im Prometheus ist aber noch wichtiger.
Die Verse 1770 f. erinnerten uns immer an den Brief Goethes
an Lavater vom 14. November 1781, wo er sagt: er habe
Kraft in sich, sein „eigenes Selbst zu einem Swedenborgschen
Geisteruniversum erweitert zu fühlen". Die Anschauung
kommt schon in Prometheus, also 1773 vor in den Worten:
„Vermögt ihr mich auszudehnen, zu erweitern zu einer Welt?"
Es durften auch die citirten Verse so weit zurückreichen.

Der Dichter hat zuerst die Anschauung, nur das, was
der Mensch genießt, oder gebraucht, sei sein. Er nimmt Be=
sitz von der Welt, insofern er sie genießt, ihr Weh, ihr Glück
trägt. Er nimmt die Welt in sich auf. Sein Inneres er=
weitert sich und umspannt die ganze Welt, identificirt sich
mit ihr. Da sich die Gedanken in dieser Reihenfolge natür=
lich entwickeln, so ist anzunehmen, daß die Stellen, die auf

den Gehalt der ersten drei Sätze deuten, früher entstanden
sind, als die, die den letzten aussprechen. Die Stellen in
Faust 465 f. 490 also vor Prometheus und vor 558 f.,
1770 f.

Mit diesen Gedanken berühren sich auch die Keime zu
Goethes großen Ideen der Metamorphose der Pflanzen und
Thiere

Wir erinnern auch an seine Gedichte Weltseele (Loepers
neue Ausg. 2, 238) und Eins und Alles (daselbst 246).
In einem Briefe vom 20 Mai 1826 an Zelter sagt der
Dichter, erstes sei in einer Zeit entsprungen, „wo ein reicher
jugendlicher Muth sich noch mit dem Universum identificirte,
es auszufüllen, ja es in seinen Theilen wieder hervorzubringen
glaubte". So schreibt Zelter 16. October 1827 an ihn sehr
bezeichnend· „Du bist im Mutterleibe der Natur so hübsch
zu Hause und ich höre dich so gerne reden von Urkräften,
die, von Geschlechtern der Menschen ungesehn, durch das
Universum wirken." Gewöhnlich schrieb man die letztern
Dichtungen dem Einflusse Schellings zu. In diesem Zusammenhange erkennen wir, daß sie bei Goethe in jungen
Jahren auftauchen, von ihm aus Einfluß nehmen auf die
Philosophie (man vgl. die Aeußerung Schellings in seinen
Vorlesungen 2. Ausg S. 258), und wie dann die Philosophie
wieder auf ihn zurückwirkt

So sind die Verse 1200 f. unverständlich, weil man
nicht weiß, was man sich unter des Lebens Bächen, des
Lebens Quelle denken soll.

Die Ausdrücke erklären sich aus Gs Schrift: Zwo
biblische Fragen (1773), wo es von der Ausgießung des
heiligen Geistes heißt: „Es floß vom Geiste selbst über —
und nur wenn die Wogen verbraust hatten, floß aus diesem
Meere der sanfte Lehrstrom (das προφητεύειν) — —.
Wie aber jede Quelle — von ihrem Ursprung weg
durch allerlei Gänge zieht — so gings auch hier." — „Und
doch mußte denen Jüngern die Erinnerung jenes Augenblicks
Wonne durch ein ganzes Leben nachvibriren. Wer fühlt
nicht in seinem Busen, daß er sich unaufhörlich wieder dahin
sehnen würde?" „Sucht ihr nach diesem Bache "

Der Geist Gottes ist demnach die Quelle des (geistigen)
Lebens, und die davon ausgehende Begeisterung sind die Bäche,
nach denen man sich durch das ganze Leben sehnt. — Vgl.

auch Faust 2ten Theil zu Vers 12044 f. die Rede der mulier Samaritana.

Im Prometheus, der auch aus dem Jahre 1773 ist, führt Minerva zum „Quell des Lebens", und Merkur erzählt Jupiter, sie habe dem Prometheus „den Lebensquell eröffnet". Worunter hier zunächst nur die Leben verleihende Quelle gemeint ist.

Wenn wir die angeführten Parallelen überblicken, so erkennen wir, daß das ganze große Stück von Vers 606—1769, das im Fragment von 1790 fehlte, ganz durchspickt ist mit Anklängen an die vorweimarische und nur an diese Zeit. Wir führten in Obigem an die Versreihen 618 f., 652 f., 682 f., 702 f., 1074 f, 1100 f., 1200 f.

Es dürfte daher wol schwer halten, ferner noch die Anschauung zu vertreten, daß dieses Stück erst nach 1790 entstanden ist.

Wenn in dem Obigen nun der Dichter freilich sehr subjectiv erscheint, indem er, seiner Neigung folgend, die Liebesepisode weiter ausbildet und die Faustfabel in ihrem Wesen daneben ganz aus den Augen verliert, so sehen wir ihn doch auch hierin — vgl. S. XLVIII f. — glücklich von seinem Genius geleitet.

Was soll das Verlangen des Gelehrten nach Rückkehr zur Natur, wenn er nicht die Liebe kennt? nicht durch das, was der Dichter später das Ewigweibliche nennt, humanisirt, ein wahrer, ganzer Mensch wird?

Durch die Ausbildung der Liebesepisode gewann aber der Plan des Ganzen wesentlich an Bestimmtheit.

Faust, der Heilung in der Liebe finden konnte, wird durch Mephistopheles' Dazwischenkunft an der Geliebten zum Verräther. Indem der Böse ihn aber von Gretchen hinweg zu anderen Freuden fortreißen will, kann Faust sich innerlich von ihr nicht losmachen. Dadurch ist er für Mephistopheles unbesiegbar.

Gretchen verklärt sich im Halbwahnsinn im Kerker, vor ihrer Enthauptung, indem selbst in der Zerrüttung des Gemüthes der unfreiwilligen Verbrecherin noch die Reinheit und selbstlose Hingebung ihrer Seele sich offenbart. Damit schließt die Gretchentragödie.

Mit Faust kann es hiermit nicht zu Ende sein. Mephistopheles hat nicht gesiegt. Er hat aber auch die Hoffnung noch nicht aufgegeben. Und so entstand denn die Nothwendigkeit

des zweiten Theils der Fausts Läuterung und Sieg
und Mephistopheles' Niederlage darstellen muß.

Treten wir nun an die Dichtung heran, wie sie — ich
meine den ersten Theil — vollendet vorliegt

Wir mussen im Voraus bemerken, daß wir hier von den
Anforderungen, die wir an ein gewöhnliches Drama zu machen
gewohnt sind, abzusehn haben.

Schon äußerlich fehlen die Eintheilungen in Aufzuge und
Auftritte, sowie oft die nothwendigsten scenarischen Angaben *).

Wir werden noch sehn, wie wenig er an dem Text
änderte, als er 1808 den 1. Theil vollständig erscheinen
ließ, wenn wir die Stellen, die schon 1790 im Fragment
erschienen waren, vergleichen. So wie er ja den 1. März
1788 aus Rom schrieb, daß alte Faustmanuscript sei noch
das erste, ja in den Hauptscenen gleich so ohne Concept geschrieben. Man halte dazu z. B. die Mitschuldigen. Ich
habe in meiner Ausgabe von Goethes Dramen I, 41—112
(Kürschners Nat. Litt. Bandausg. 16) durch Mittheilung der
Lesarten unter dem Text anschaulich gemacht, wie dies ganze
Stück von Anfang bis zu Ende umgearbeitet wurde! Dagegen steht der Text des Faust unverändert fest Ja,
hier fehlt, sogar (in allen Ausgaben) durchaus die Sorgfalt einer letzten Redaction. Da steht der Text (mit ganz
geringen nichtssagenden Ausnahmen) fest und hat nie eine
Umarbeitung erfahren. Dies ist höchst wichtig und muß
hervorgehoben werden gegenüber denjenigen, die annehmen
möchten, Goethe habe hier den Text wiederholt umgemodelt.
Das Entstehn dieses Textes geschah so unbewußt und von
Begeisterung getragen, zugleich so bestimmt in Form und
Inhalt und wurde von Goethe so oft vorgetragen, daß er
nie darüber zu objectiver Betrachtung kam. Dunkelheiten
der Sprache blieben stehn wie sie waren, weggelaßne scenarische Bemerkungen blieben weg. — Etwas ganz anderes war
es, wenn er einer Dichtung, die nicht mit derselben Begeisterung entstanden ist, gegenüberstand, wie die Mitschuldigen.
Da staunt man wol, welche Sorgfalt, wahrhaftig einer bessern
Sache wert, hier aufgewendet ist!

---

*) Daß Riemer, Eckermann, daß die neuern Herausgeber
darüber hinweggesehn, ist oft erstaunlich. Wenn z. B. nach Vers
2686 Mephistopheles „ab" geht und doch nach 2728 wieder da ist,
ohne scenarische Angabe u. dgl. —

Außerdem verrät es sich an vielen Stellen, daß einzelne Theile zu verschiedenen Zeiten entstanden sind und bei der Zusammenfügung nie eine durchgreifende Revision und Redaction vorgenommen wurde, die alle Unebenheiten und Widersprüche behoben hätte.

Kommt bei Erwägung dieser Umstände Goethes Wesen und schriftstellerisches Verfahren im Allgemeinen in Betracht, so ist doch auch noch im Besonderen zu bemerken, daß er selbst seinem Faust gegenüber eine ganz eigenthümliche Stellung einnimmt. Es ist ihm diese Dichtung vor allen andern, vor der Italienischen Reise· ein Himmelsgeschenk des Genius, das er im ersten Entwurf, unabgeschrieben, mit sich herumträgt; nach der italienischen Reise· eine ihm fremd gewordene Erscheinung, die er eben gelten läßt, weil sie da ist.

Wie Goethe bei Bearbeitung seines Faust später verfuhr, ist bekannt. Er schreibt an Schiller, 5 Mai 1798: „Meinen Faust habe ich um ein Gutes weiter gebracht. Das alte noch vorrathige höchst confuse Manuscript ist abgeschrieben und die Theile sind in gesonderten Lagen nach den Nummern eines ausführlichen Schemas hintereinandergelegt. Nun kann ich jeden Augenblick der Stimmung nutzen, um einzelne Theile weiter auszuführen und das Ganze früher oder später zusammenzustellen.“

Das „höchst confuse Manuscript“ wurde demnach einem Abschreiber übergeben, der es ins Reine schrieb, so daß es von Außen gleichmäßig aussah. Dadurch, sagt sich der Dichter, habe er den Faust um ein Gutes weiter gebracht! Daß es vorher oder nachher mit Sorgfalt überarbeitet worden wäre, dürfen wir bezweifeln. Sind die Theile, die schon im Fragment gedruckt waren, und die wir daher vergleichen können, unverändert geblieben *), so werden die 1790 schon

---

*) Die Aenderungen sind durchaus gering und unwesentlichen Inhalts. Außer orthographischen und anderen kleinen Varianten, wo es sich nur um Buchstaben handelt, sind es eigentlich nur 4 Stellen. 1) Zwölf Verse in der Hexenküche (2366 f.). F. Warum denn nur das alte Weib? 2c. 2) Vier Verse (2390 f.) mit der Pointe: Wir kochen breite Bettelsuppen. M. Da habt ihr ein großes Publikum. — 3) Vier Verse (3149 f): Die armen Weiber sind doch übel dran 2c. — Immer Einfälle, die einzeln gekommen und so eingeschaltet sind — 4) Der Vers (3789): Auf deiner Schwelle wessen Blut? — ist die einzige Einschaltung, die auf den Zusammenhang des Ganzen hindeutet.

vorhandenen, aber noch nicht veröffentlichten Theile auch kaum
eine andere Bearbeitung erfahren haben

Des Dichters Vorgehn erinnert an das bei der Neu-
ausgabe seines Werther von 1787, die dem Uebel des durch
Nachdruck verderbten Textes abhelfen sollte Anstatt einen
Originaldruck sorgfältig zu vergleichen und danach die ein-
geschlichenen Fehler herzustellen, ließ er den Werther vor allem
„ins Manuscript schreiben, er kehrt in seiner Mutter Leib
zurück" (Br v 2 Nov. 1782 an Knebel). — Aus den
Entstellungen und Auslassungen, die die neue Ausgabe wieder
hatte, ergibt sich, wie Bernays gezeigt hat*), daß die Abschrift nach der dritten Auflage des Himburgschen Nach
druckes geschehn war' —

Als Goethe den zweiten Theil des Faust abschloß, schrieb
er an Zelter den 4. Januar 1831 „Ich möchte diesen zweiten
Theil von Anfang — wol der Reihe nach weg lesen. Vor
dergleichen pflege ich mich aber zu hüten. Mögen es andre
thun — sie werden etwas aufzurathen finden!"

Den 4. September 1831 berichtet er an Zelter, wie er
den vollendeten Faust einsiegelt, „wie es auch werden mag".
— An Humboldt berichtet er dasselbe den 1 December desselben Jahrs. Unüberlesen blieb der zweite Theil des Faust
versiegelt bis nach seinem Tode

Alles das soll uns nur vergegenwärtigen, wie Goethe,
der gewöhnlich auf- und abgehend producirte, lieber dictirte
als schrieb, durchaus nicht geneigt war, seine Werke am
Schreibtische sitzend umzuarbeiten. Schon Bernays fand a. a. O.
sein Wort: „er sei von jeher in seinen Productionen wenig
zu ändern geneigt gewesen", besonders für seine mittlere und
spätere Lebenszeit zutreffend. Es gilt auch von Faust. Vom
ersten Theil ist noch am meisten umgearbeitet· die Scene
zwischen Mephistopheles und dem Schüler, wie wir aus der
Hs der Gochhausen sehn. Die merkwürdige Ausnahme mit
den Mitschuldigen haben wir oben erwähnt, und Aehnliches
gilt von den Operetten, die er in Italien umarbeitete.

Mir scheint in Bezug auf den ersten Theil deutlich, daß
dieser stückweise entstand, daß die einzelnen Stücke mit geringen Aenderungen geblieben sind, wie sie im ersten Ent-

*) Ueber Kritik und Geschichte des Goetheschen Textes. Berlin
1867.

V*

wurf jedesmal hingeschrieben wurden. Wirklich umgearbeitet wurde nur noch das eingelegte Lied: „Der König in Thule". Eine durchgreifende Redaction des Ganzen ward nie vorgenommen.

Schon an dem 1790 erschienenen Fragment konnte man nun die Wahrnehmung machen, daß es aus Theilen besteht, die Widersprechendes enthalten Als 1808 aber der vollendete erste Theil erschien, fand sich in demselben das ganze Fragment fast unverändert wieder*), die Widersprüche sind nicht behoben, und das Neuhinzugekommene steht zu dem Uebrigen wieder nicht in vollem Einklang.

Das Fragment besteht schon aus vier, der Entstehungszeit nach verschiedenen Massen.

Als ältester Bestandtheil wird wol der erste Monolog Fausts anzusehn sein. Wir bemerkten in diesem Stück Anklänge, die ins Jahr 1766 zurückreichen und solche aus dem Jahre 1769. Das Niederschreiben begann wol erst 1773, und zwar ganz zu Anfang dieses Jahres, wenn nicht sogar im Dezember 1772, s. zu 702. 748. 769. Die Liebesscenen zwischen Faust und Gretchen bilden eine zweite Masse, die etwa zwischen 1773 und 1775 entstand. — Eine später entstandene dritte Scenenreihe scheint die, in der Gretchen allein auftritt. Eine vierte Reihe die Hexenküche und die Scene: In Wald und Höhle, entstanden 1788 in Rom.

Ich nahm früher an, daß Goethes Uebersiedlung nach Weimar als der Zeitpunkt angesehn werden darf, der zwischen der Entstehung der Liebesscenen und der Scenen, da Gretchen allein auftritt, die Grenze bildet, möchte aber nun doch für möglich halten, daß einzelne der Bilder, die nicht im Zusammenhang mit dem Ganzen entstanden sind, sich allenfalls auch schon 1775 in Frankfurt gestaltet haben konnten.

Am schlagendsten, als nicht im Zusammenhange stehend mit der ersten Conception (den ältesten Scenen), erweist sich die Scene am Brunnen, wo Gretchen sagt: „Wie konnt ich sonst so tapfer schmälen Wenn that ein armes Mägdlein fehlen — Und bin nun selbst der Sünde bloß!" Dies drückende Bewußtsein hat sie seit jener ersten und einzigen

---

*) Wir haben in der Anmerkung nebenan S. LXVI die geringen Aenderungen aufgezählt.

Liebesnacht, in der sie der Mutter den Schlaftrunk gegeben, von dem dieselbe, wol durch Mephistopheles' Tücke, getödtet ward. — Nach einem solchen Ereigniß ist doch das müßige Geplauder zwischen Gretchen und Lieschen undenkbar. Man denke noch an die Worte Gretchens: „Doch Alles, was dazu mich trieb, Gott, war so gut und war so lieb!“ — Wir haben hier demnach eines der bezeichneten Bilder vor uns, die vortrefflich ausgeführt, aber nicht mehr im Zusammenhange mit der ersten Conception gedichtet sind.

Gretchens rührende Gestalt lebte im Dichter fort, und sie erschien ihm in einzelnen Bildern. Der titanische Faust und das Ganze der Handlung trat in den Hintergrund.

Und so entstanden denn schon auch die Bilder: Gretchen am Spinnrade, im Zwinger und im Dom, in denen uns nur Gretchen immer wieder vorgeführt, nichts vom Verlauf der Handlung, dem Verbleiben Fausts, ersichtlich wird

Da kommt nun noch ein äußeres Merkmal hinzu, das alle diese Scenen mit einander gemein haben.

In dem „Fragment“ steht die Scene „Gretchen am Spinnrade“ zwischen den zwei Scenen im Garten der Nachbarin, in deren ersterer die Doppelpaare Margarete-Faust und Marthe-Mephistopheles auftreten, in zweiter Margarethe und Faust anfangs allein In der ersteren ist ihr Name über zwanzig Mal, in der letzteren nahezu zwanzig Mal immer „Margarete“ geschrieben (in der scenarischen Anführung, nicht in der Anrede) In der in der Mitte dieser beiden liegenden dritten Scene aber heißt es: „Gretchens Stube. Gretchen am Spinnrade allein.“ — Diese Verschiedenheit der Schreibung des Namens gestattet schon die Annahme, jene zwei Scenen mußten gleichzeitig, die mittlere zu andrer Zeit geschrieben und eingeschoben sein.

Die mittlere Scene wurde eingelegt und das Ganze zusammen abgeschrieben, ohne daß diese Ungleichheit bemerkt und beseitigt worden wäre.

Nun aber findet sich die Schreibung „Gretchen“ in allen Scenen, die ich als einzelne Bilder bezeichne; in den Scenen: am Spinnrad, am Brunnen, im Zwinger*), im Dom und dann noch in der Valentinscene.

---

*) Die Scene „Zwinger“ erinnert durch die Verse: Das Schwert

Sie gehören gewiß zusammen.

Es ist leicht denkbar, daß Goethe anfangs den vollen Namen schrieb und sich darin in den Jahren, als die bedeutendsten Scenen des Faust entstanden (bis 1775) gleich blieb, sowie daß er später, als er nicht mehr im Zuge war und nur noch an „Gretchen" gemütvollen Antheil nahm, unwillkürlich immer „Gretchen" schrieb.

Daß die Scenen, in denen er Gretchen schrieb, später entstanden sind, scheint klar. Ich glaube auch, daß alle Scenen, in denen „Margarete" geschrieben steht, zu einer älteren Scenenreihe gehören.

Von den bereits erwähnten Scenen wird das wol zugegeben werden; wir finden die Schreibung „Margarete" aber auch in der Kerkerscene. Immer (23 Mal) wird Gretchen in dieser Scene als „Margarete" redend eingeführt, kein einziges Mal „Gretchen". — Ist denn aber die Kerkerscene mit den ältesten Theilen der Dichtung nicht wieder wie aus Einem Guß?

Loeper war entgegengesetzter Ansicht, und es muß darauf eingegangen werden. Seine Annahme, daß diese Scene im Mai 1798 entstanden sei, stützt sich auf den Brief an Schiller vom 5. Mai 1798, wo es heißt: „Einige tragische Scenen waren in Prosa geschrieben; sie sind durch ihre Natürlichkeit und Stärke im Verhältniß gegen das andere ganz unerträglich. Ich suche sie deswegen in Reime zu bringen, da dann die Idee durch einen Flor durchscheint und die unmittelbare Wirkung des ungeheuren Stoffs gedämpft wird."

Diese Briefstelle verdient in mehrfachem Betracht Beachtung. In dem Satze: „Einige tragische Scenen waren in Prosa geschrieben," sehe ich unter andern ein Zeugniß dafür, daß Faust schon ursprünglich in Versen geschrieben war, nur einige tragische Scenen in Prosa. Welche Scenen wol? — Wäre der ganze Faust ursprünglich in Prosa geschrieben, so hätte sich Goethe hier anders ausgedrückt. —

---

im Herzen 2c. an einen Brief Goethes vom 11. October 1775 an Sophie Laroche, s. zu 3590: „Daß das Schicksal den Müttern solche Schwerter nach dem Herzen zuckt." Da die Marienbilder unter dem Kreuz so oft mit sichtbaren Schwertern im Herzen dargestellt sind, erscheint der Ausdruck, der überdies auf die Bibelstelle Lucas 2, 35 zurückgeht, nicht besonders auffallend.

Wir waren schon früher der Ansicht, die Kerkerscene gehöre dem Jahre 1773 und zwar besonders wegen des Ausdrucks mein Tage, den Goethe nicht früher, nicht später, aber öfter 1773 anwendet. Er schrieb in der ersten Bearbeitung des Götz 1771 noch mein Lebtag, dafür in der Bearbeitung 1773 mein Tage. Der Ausdruck stammt aus Götzens Lebensbeschreibung, der Goethe für die 2 Bearbeitung von 1773 manches neu entnommen hat, s. meine Ausgabe des Götz. — Dieser Ausdruck findet sich denn in der zweiten Bearbeitung des Götz dreimal und so auch im Faust dreimal, jedesmal in einem Auftritt, in dem die Schreibung Margarete (nicht Gretchen) vorkommt. Wir vermuteten, daß die Kerkerscene schon vollendet war, als das Fragment 1790 erschien. Es wurde bestritten. Diesen Zweifel hat nun das Erscheinen der gefundenen Abschrift des Fls. von Göchhausen ein Ende gemacht. Wir sehn aus dieser Gestalt des Faust, daß die Kerkerscene, wie wir vermuteten, allerdings zu den ältesten Scenen gehöre. Ursprünglich, so sehn wir aber nun, war gerade diese Scene nicht in Versen abgefaßt und wurde dann, höchst wahrscheinlich im Mai 1798, von Prosa meisterhaft in Verse verwandelt.

In einem Briefe an Schiller vom 27 Juni 1797 nennt Goethe seinen Faust eine „barbarische Composition". Den 6. December desselben Jahres schreibt er wieder denselben er werde sich an Faust wenden, „theils um diesen Tragelaphen loszuwerden, theils um sich zu einer höheren, reineren Stimmung vorzubereiten". Einen Tragelaphen, d. h. ein Ungeheuer der Einbildungskraft, halb Bock halb Hirsch, nennt er den Faust! — Den 1. Juli 1797 schrieb er, wenn aus einer Reise nichts werden sollte, so habe er auf diese „Possen" sein einzig Vertrauen gesetzt; er meint damit die Beschäftigung mit Faust. — Fast scheint es, als ob nun Goethe es mit Faust nicht mehr ernst genommen hatte (vgl. oben Seite XXXV). — Er werde sorgen, sagt er (in dem Briefe vom 27. Juni), daß die Theile anmuthig und unterhaltend sind und etwas denken lassen. Das Ganze werde immer Fragment bleiben. — Bei einer solchen Anschauung konnte eine Dichtung, wie die Kerkerscene, nicht entstehn! Sie war schon vorhanden; Goethe besaß aber noch die Meisterschaft, wie wir hier erkennen, sie in Verse um-

zuſetzen, und zwar in Verſe, die ſo zwanglos hinfließen, ſo
eigentlich regellos, als ob ſie mitten im Sturm der Leiden=
ſchaft entſtanden wären. —

Wir dachten, die Kerkerſcene müſſe zugleich mit den
älteſten Scenen — etwa 1773 — entſtanden ſein, und müſſen
nun zugeben, daß ſie in der damaligen Geſtalt noch der Um=
arbeitung in Verſe entbehrte.

Auch in Italien, ſo ſtand in unſerer Einleitung zur
2. Auflage, wo er die Hexenkuche dichtete, kann die Kerker=
ſcene nicht mehr gedichtet ſein. Er war da mit Iphigenie
und Taſſo beſchäftigt. Daneben konnte vielleicht noch der
Monolog in Wald und Höhle entſtanden ſein, nimmer=
mehr aber die hinreißende Kerkerſcene, die einer ganz andern
Welt angehört. Auch früher, in den Jahren 1775 bis 1786
in Weimar wüßte ich das Entſtehn der gewaltigen Scene
nicht unterzubringen. Wir ſind ja über dieſe Zeit ſo genau
unterrichtet; es findet ſich keine Spur. Nur in der Zeit vor
1776, von der wir im Ganzen weniger genau unterrichtet
ſind, laſſen ſich ſolche Spuren nachweiſen. Schon 1771 bei
ſeiner Doctorpromotion in Straßburg nahm Goethe unter die
Sätze, über die er disputiren wollte, die Frage auf: ob ein
Weib zu enthaupten ſei, das ſein neugebornes Kind erwürgt
hat? Und 1775 im Frühjahre begeiſterte er H. L. Wagner zu
ſeinem Trauerſpiele: Die Kindermörderin, in dem Züge
wahrzunehmen ſind, die nur in der Kerkerſcene klar werden.
Sollte Wagner dieſe Züge auch nur aus lebhafter mündlicher
Erzählung Goethes haben, wie aus Dichtung und Wahrheit
hervorzugehn ſcheint, ſo muß Goethe doch, da er auf Wagner
ſolchen Eindruck machte, damals ſo lebhaft mit der Kata=
ſtrophe beſchäftigt geweſen ſein, daß er ſie um die Zeit auch
niedergeſchrieben haben wird. — Die Undeutlichkeiten der
ſceneriſchen Angaben zu Anfang und am Schluß der Kerker=
ſcene ſehn aus, als ob ſie vorliege, wie ſie im erſten Feuer
entſtanden iſt. Wenn er ſie auch, wie eine Angabe lautet,
1797 abgerundet hat (was vielleicht wieder ſoviel heißt, daß
er ſie ſchön abſchreiben ließ und dann die Abſchrift durch=
corrigirte); ſo iſt dies doch offenbar nicht ſehr eingehend
geſchehn, ſonſt wären dieſe Undeutlichkeiten ent=
fernt worden.

Die Form Gretchen und mein Tage weiſen der
Kerkerſcene eine frühere Entſtehung, etwa 1773 an. Eine

Stelle scheint mir aber das Alter derselben geradezu zu verbürgen. Gretchen sagt 4440: Hab ich dich doch **mein Tage nicht gesehn.** Ebenso sagte sie 2791: So was hab ich **mein Tage nicht gesehn** und 2921: Ich möchte drum **mein Tag** nicht lieben. Die Formel **mein Tage** kömmt sonst sehr selten vor. Das Grimmsche Wörterbuch hat dafür 6, 1916 nur Eine Belegstelle aus Jacob Ayrer. Sanders hat noch Beispiele aus Burkart Waldis, und aus dem Simplicissimus L. Frisch führt die Formel an. Goethe war sie nicht eigen. Er schrieb in der 1. Bearbeitung des Götz (1771) dafür noch das üblichere **mein Lebtag,** verwandelte dies jedoch 1773 in **mein Tage,** s. die Ausg. von Goethes Dramen des Herausgebers 3. Bd. 20, 138, 168, 213. So wie er zur zweiten Bearbeitung manches nun aus Götzens Lebensbeschreibung aufgenommen hatte, so entnahm er derselben auch diese Formel. Götz schreibt nämlich (Ausg. von 1731 S. 131): „Ich kann mich auch nicht erinnern, daß ich **mein Tag** je etwas gegen kaiserl. Majestät — gehandelt hab." Im 5. Act der Bearbeitung von 1773 kommt **mein Tage** noch einmal vor. Später gebraucht Goethe meines Wissens die Formel nicht wieder. Ich finde nur einmal in Egmont 1. Scene **eure Tage,** einmal (Taschenausg. I. H. 8. S. 178). **seine Tage** und in Jery und Bätely (a. a. O. II, S. 7) **sein Tag.** — In drei Scenen des Faust, in denen der Name Gretchens **Margarete** geschrieben wird, erscheint die Formel **mein Tage,** die Goethe sonst nur 1773 anwendet, sonst wie es scheint nicht früher und nicht später; die Kerkerscene muß demnach nahe der Zeit oder in der Zeit von 1773 entstanden sein.

Im Zusammenhange mit der ersten Conception, d. h. in den ersten Jahren, in denen Goethe am Faust schrieb, als ihm noch das Ganze vor Augen stand, 1773 bis 1775, muß demnach in der Hauptsache entstanden sein: Der Anfang des ersten Theils bis zur Hexenküche, die Gartenscenen mit Gretchen und die Kerkerscene. Alle diese Scenen stehn in schönem Zusammenhang; nur vor der Kerkerscene lassen sie eine große Lücke. Einen zweifachen Plan aus diesen Scenen herauszulesen, finde ich nicht gerechtfertigt. Ich kann nur zugeben, daß Mephistopheles nicht immer die Grenzen einhält, die der Dichter, im Ganzen scharf genug, dieser Gestalt gezogen; er

fällt manchmal, sowie ja auch im zweiten Theil, aus seiner
Rolle, wenn er z. B. Einsichten verräth, die er eigentlich als
Geist der Verneinung nicht haben kann. Daß aber die an=
gedeuteten Scenen der ersten Zeit angehören, scheint mir be=
sonders wahrscheinlich, wenn ich sie mit den Scenen vergleiche,
die ich einzelne Bilder nannte. Diese Scenen veranlassen mich,
eine Zeit der Entstehung anzunehmen, in der der Dichter für
das Ganze seines Faust, unbewußt, schon zu erkalten begann,
nur mit Wärme noch durch die Gestalt Gretchens festgehalten
wurde. Es scheint mir wahrscheinlich, für diese Zeit die
Jahre anzunehmen zwischen 1775 bis 1779.

So erklärt sich ganz natürlich aus der inneren Ent=
wicklung des Dichters das Entstehn der einzelnen Theile der
Dichtung.

Zur Zeit seines eigenen Titanismus, da Götz, Prome=
theus und Werther entstanden, entstand der Theil, in dem
Faust im Mittelpunkt steht: Faust, Faust mit dem Erd=
geist, mit Wagner, mit Mephistopheles.

Das Nächste waren die Liebesscenen, die Tragödie Faust
und Gretchen sammt der Kerkerscene. Der Liebhaber
Faust ist von dem Titanen dadurch wesentlich unterschieden,
daß die Ueberspannung sich menschlich gelöst hat. Als Goethe
sich durch Lili glücklich fühlte, einige Zeit sogar als Bräuti=
gam, entstand in ihm die glückliche Stimmung, aus der auch
der Liebhaber Egmont hervorging. Klärchen ist
eine Zwillingsschwester Gretchens. Nach den S. LVII
ausgeführten Betrachtungen über die zwei Paare Faust und
Gretchen, Egmont und Klärchen, möchte man die Liebesscenen
als im Herbst 1775 entstanden denken.

Wahrscheinlich sind die Theile der Dichtung, die ich mit
„Faust allein" und mit „Faust und Gretchen" be=
zeichnete, sowie die Anfänge des Egmont in Frankfurt
vollendet. Sie waren der Inhalt des Faustmanuscripts, das
Goethe nach Weimar brachte.

Mit dem Eintritt in Weimar trat der Dichter in einen
neuen Lebenskreis. — Er nahm nicht mehr Theil an dem
Titanen Faust, auch nicht mehr an Faust dem Liebhaber.

> Ach ich bin des Treibens müde!
> Was soll all die Qual und Lust?
> Süßer Friede,
> Komm ach komm in meine Brust!

Diese Worte an die Besänftigerin, Frau von Stein, den 12. Februar 1776 gerichtet, bezeichnen seine Stimmung.

Nur die Gestalt Gretchens erschien ihm noch, ganz allein, in ergreifenden Bildern. Die Lieder Gretchens: „Meine Ruh ist hin" und „Ach neige du schmerzensreiche", die er vielleicht schon von Frankfurt mitbrachte, schaltete er ein als selbständige Scenen mit den Ueberschriften „Gretchens Stube. Gretchen am Spinnrade allein" (eine Erinnerung an das Frankfurter Gretchen, die wiederholt geschildert wird, wie sie saß und spann) und „Zwinger". In der Mauerhöhle ein Andachtsbild der mater dolorosa. Blumenkruge davor. Gretchen steckt frische Blumen in die Kruge. Die spätere Einschaltung der Scene Gretchen am Spinnrade, ursprünglich zwischen die zwei Gartenscenen (wie sie im Fragment steht) ist unzweifelhaft. Sie verrät sich durch die Schreibung Gretchen neben der Schreibung Margarete in beiden Gartenscenen, zwischen denen sie ein geschaltet wurde. Diese Schreibung haben, wie gesagt, mit einander gemein die Scenen: Gretchen am Spinnrade, Gretchen am Brunnen, Gretchen im Zwinger, Gretchen im Dom und die Scene mit Valentin. Diese Scenen, die das Schicksal des verlassenen Gretchens schildern, gehören demnach zusammen und entsprechen einer bestimmten Periode in des Dichters Entwicklung. Es ist die Zeit, in der er am 1. Buch des Wilhelm Meister schrieb. Die Anfänge reichen mindestens in das Jahr 1777 hinauf, da Goethe 16. Februar dieses Jahres ins Tagebuch notirt: Im Garten dictirt an W. Meister. Erinnern wir uns des 11. Kapitels, in dem Wilhelm Mariannen fragt: ob er sich denn nicht Vater glauben dürfe, des 12. in dem Marianne der alten Barbara bang gesteht: wisse noch eins; wahrscheinlich trag ich ein Pfand im Busen; endlich des 13. Kapitels, das den Heroismus einer Liebenden vor Gericht schildert. Dazu des Gedichts: „Vor Gericht":

> „Von wem ich es habe, das sag ich euch nicht,
> Das Kind in meinem Leib. —"

das schon in der handschriftlichen Sammlung von 1777 stand, s. Loeper Gedichte Goethes 2 Ausg 1, 369.

Die Valentinscene reiht sich diesen Bildern an. Sie gibt ebenso ein ergreifendes Bild, steht aber ebenso wie die andern mit dem Ganzen nicht in klarem Zusammenhang.

Die drei Bestandtheile der Dichtung: 1. Fauft allein, 2. Fauft und Margarete und 3. Gretchen allein, scheinen demnach deutlich drei Entwicklungsstadien im Leben des Dichters zu entsprechen, woraus sich die Reihenfolge ihrer Entstehung erklärt.

Ich gebe hier eine Uebersichtstafel sämmtlicher Scenen des erften Theils, auf der diejenigen, die in dem Fragment von 1790 noch nicht enthalten waren und erst 1808 erschienen, durch gesperrte Schrift ausgezeichnet sind.

*) Zueignung.
Vorspiel auf dem Theater.
Prolog im Himmel.

1) Nacht. Fauft (dann Geift, Wagner) bis: Und froh ift, wenn er Regenwürmer findet. — Vers 605.
2) Vor dem Thor.
3) Studirzimmer. Fauft (mit dem Pudel herein- tretend).
4) Studirzimmer. Fauft. Mephistopheles**).
5) Auerbachs Keller in Leipzig. Zeche luftiger Gefellen.
6) Hexenküche.
7) Straße, Fauft. Margarete vorübergehend.
8) Abend. Ein kleines reinliches Zimmer. Margarete. Dann Fauft und Mephistopheles 2c.
9) Spaziergang. Fauft in Gedanken auf- und abgehend. Zu ihm Mephistopheles.
10) Der Nachbarin Haus.
11) Straße. Fauft. Mephistopheles.
12) Garten. Dann ein Gartenhäuschen.
13) Wald und Höhle***).
14) Gretchens Stube. Gretchen am Spinnrade allein.
15) Marthens Garten.
16) Am Brunnen. Gretchen und Lieschen mit Krügen
17) Zwinger †).
18) Nacht. Straße vor Gretchens Thür. Valentin 2c.

---

*) Die drei einleitenden Dichtungen gehen der Tragödie voraus. Darauf folgt der Tragodie erster Theil, 24 Auftritte
**) Dieser Auftritt war von den Worten: Und was der ganzen Menschheit zugetheilt ift Vers 1770 an, schon im Fragment mitgetheilt.
***) Im Fragment steht die Scene nach 16.
†) Im Fragment steht diese Scene nach 13.

19) Dom*).

20) Walpurgisnacht.

21) Walpurgisnachtstraum.

22) Trüber Tag. Feld.

23) Nacht. Offen Feld.

24) Kerker. Faust mit einem Bund Schlüssel rc.

Nach der Bezifferung der Scenen auf dieser Tafel kann man nun die einzelnen Theile des Faust (1 Th.) nach der Zeit ihrer Entstehung, wie ich sie annehme, in Kurze so vor Augen stellen:

1769 bis 1775 entstanden die Scenen 1. 2. 3 4. 5. 7. 8. 9 10. 11. 12. 15. 22. 23. 24.

1775 bis 1786 (vielleicht nur bis 1777 oder 1779): 14. 16 17 18. 19.

1786 bis 1788 (in Italien): 6. 13.

1797: Zueignung. Vorspiel auf dem Theater Prolog im Himmel. 21

1800 bis 1801: 18**). 20.

Es versteht sich, daß diese Annahmen nur im Großen und Ganzen gelten. Bekannt genug ist, daß der Dichter an einzelne dieser Theile zu verschiedenen Zeiten wiederholt heran trat. Aber nun von dem König in Thule haben wir einen ursprünglichen Text und eine spätere Bearbeitung So große Veränderungen wie an dieser Ballade wird der Dichter an dem übrigen Text kaum vorgenommen haben. S. S. LXVI.

Nun ist noch eine Frage erwägenswert, obwol sie zum Theil schon beantwortet ist; wie es kam, daß der Dichter die Vollendung seines Faust so lange hinauszog?

Der Grund liegt in Goethes eigener Entwicklung. Die Liebe Fausts zu Gretchen wurde zur Tragödie, wie die Goethes zu Friederiken. Nun war bei Gretchen das Tragische auf das Aeußerste gesteigert Um so schwieriger war zu begründen, warum Faust sie verließ und den schrecklichsten Schicksalschlagen preis gab. — Hierin lag die Schwierigkeit, durch die die Dichtung ins Stocken geriet.

---

*) Im Fragment nach 17.

**) Auch die Valentinscene (18) scheint schon 1775 enstanden und ist wol 1800 nur weiter ausgeführt, s den Valentinaustritt S. 239 — Jetzt sehn wir aus dem Urfaust S. 77, in welchem Maße eine Weiterausführung stattfand. Die Verse 3620 bis 3613 sind in demselben schon zu lesen.

Soweit es sich um Gretchen handelte, ist die Darstellung schon im ersten Entwurf ausgeführt und vollendet; Fausts Geschichte (sein Verhalten, sein Verbleiben) war unausgeführt geblieben. — Vermochte aber der Dichter die Lücke, die dadurch entstand, in jener Zeit vor seiner Abreise nach Weimar nicht auszufüllen, so traten in der nächsten Zeit in Weimar und dann in Italien andere Umstände hinzu, die die Vollendung unmöglich machten. Sie lagen nicht nur in der Bewegtheit seines äußeren Lebens, sondern vielmehr noch in seiner eigenen Entwicklung. Er entfernte sich innerlich immer mehr von dem Geschmacke seiner Jugend. Damit versteh ich die Zeit, da er sich im alterthümlichen Deutsch des Götz gefiel, dann da er in Reimpaaren in der Manier des Hans Sachs Lustspiele schrieb, einer Manier, die auch in Faust durchblickt. Die Reimpaare fallen hier sogar manchmal in den Rococostil des Alexandriners, der Versart von Goethes Leipziger Lustspielen, zurück, die auch in den Faustpuppenspielen herrschte. Ich meine ferner die Zeit, wo dem jungen Dichter noch Shakespeares Ungebundenheit mit allen Schauern seiner Tragödien als eine neu blendende Erscheinung vor Augen stand

Diese Zeit wich allmählich in seinem Geiste zurück vor neuen Kunstanschauungen, die zum Theil den Griechen abgewonnen waren, zum Theil auch seinem eigenen innern Streben entsprachen.

Als er Iphigenie und Tasso schrieb, war er jedenfalls schon ein Anderer.

Wir erinnern uns, daß er vom Tragischen einmal sagte: Da braucht es weder Gift noch Dolch, weder Spieß noch Schwert! Das Scheiden aus einem geliebten Zustande ist auch eine Variation desselben Themas'

In der That wäre es auch seltsam, wenn wir in der Malerei die sixtinische Madonna, in der Bildhauerei die mediceische oder eine andre Aphrodite als höchste Kunstwerke preisen, daß gerade in der Dichtung das Höchste sich nur im Ungeheuerlichen darstellen sollte'

Goethe vermochte nach den neu gewonnenen Anschauungen sich nicht mehr in die Fauststimmung seiner Jugend zu finden, und wenn er es versuchte, so verfiel er leicht in Ironie.

Der intuitive Geist, der Goethe bei seinen wissenschaftlichen Bestrebungen leitet, liegt so sehr in seiner Natur, daß

er auch in seiner Dichtung schon in unbewußter Schaffenslust seiner Jugend hervortritt. Es ist der Blick des naiven
Griechen, des ursprünglichen Künstlers, der bis in das Wesen
der Dinge dringt und eigentlich ein Erkennen ist. Wir thun
wol am besten, wenn wir ihn erkennen wollen, seine Methode
auf ihn selbst anzuwenden. Dies namentlich, indem wir das
Werden seiner Dichtungen in Zusammenhang mit seiner Entwicklung und seinen Erfahrungen und ebenso seine wissenschaftlichen Forschungen in Zusammenhang mit seinen Anschauungen im Ganzen betrachten In beiden Richtungen
geht er über das Thatsächliche hinaus, und ist das dargestellte
Ideale oder das erfaßte Typische sein Gewinn. Einen Hohe-
punkt geistiger Befriedigung bekunden seine Aeußerungen
über Anschauungen antiker Kunst, die ihm in Italien geworden.
Jene Werke schienen ihm der Natur nachgeschaffen und insofern im höchsten Sinne Stil, den nun zu erkennen Glückselig-
keit sei Dennoch möchte ich nicht wagen, das Durchbrechen
zu klarem Bewußtsein dieser Anschauung, die ihn unbewußt
von Jugend auf leitete, in Abstufungen derartig nachzuweisen,
um danach die Zeit des Entstehens einzelner Partien des Faust
oder andrer Dichtungen zu bestimmen. Eine Erwägung der
Anlässe, die das Leben bietet, und Analogien zu andern Dichtungen scheinen hierin doch immer noch die sichersten Anhaltspunkte Wir haben deren in großer Zahl anzuführen Gelegenheit gefunden.

Es hat etwas Verlockendes, reimlose Rhythmen, die im
Faust vorkommen, mit antikisirender Färbung für sich allein
zu betrachten. Sie erscheinen aber nur zu oft gleichzeitig
neben populären Formen, so daß die Einländerung nicht als
Geschmacksänderung gelten kann In dem Briefe an Riese
30 October 1765 und 28. April 1766 wogen die Verse
chaotisch durcheinander, fünffüßige Jamben, Hexameter und
Alexandriner! — An den Leipziger Oden in reimlosen Rhythmen
an Behrisch haben wir ein weiteres Beispiel verschiedenen Stils
neben den gleichzeitigen gereimten Leipziger Liedern und Lustspielen in Alexandrinern Der Wanderer (Gott segne
dich junge Frau) steht mit seiner, von der Antike angewehten
Stimmung der Zeit nach (1771) nahe dem 1. Entwurf des
Götz! So steht neben Hans Sächsischen Knittelversen Prometheus (1773), neben Proserpina (1778) das Lied an den
Mond (Füllest wieder Busch und Thal), neben Iphigenie

(1779): Jery und Bätely. Alles dies vor Italien! — Man
geht zu weit, wenn man der Ansicht ist, als ob der Geschmack
an der Antike von Goethe erst in Italien entstanden sei. —

*   *   *

Wir haben demnach die Ansicht gewonnen, daß das Beste
des Faust wol immer dasjenige blieb, was Goethe schon als
Bruchstück von Frankfurt nach Weimar mitbrachte, wenn man
dazu die Kerkerscene mitzählt. Das alte vergilbte Manuscript
ist den 1. März 1788 „noch das erste, ja in den Haupt=
scenen gleich so ohne Concept hingeschrieben; — nun ist es
so gelb von der Zeit, so vergriffen — die Lagen waren nie
geheftet — daß es wirklich wie das Fragment eines alten
Codex aussieht, so daß ich — mich jetzt in eine selbst gelebte
Vorzeit wieder versetzen muß.“ Ital. Reise. — Wo war
damals der „Faust in Prosa“? den man voraussetzen zu
müssen glaubte. — Daß ferner die Vollendung des ersten
Theils, wie sie endlich ausgeführt wurde, nur äußerlich so
genannt werden dürfe; eigentlich wurde er nie vollendet.

Doch dürfen wir auch noch einen Punkt nicht unberührt
lassen, der ebenso wie die angeführten auf die Entstehung des
Faust zurückweist; das ist die Ausführung der Gestalt des
Helden.

Sind die Gestalten des Mephistopheles, Gretchens, Mar=
thens, Wagners, des Schülers, Valentins, wie schon bemerkt,
durchgehends mit einziger Kunst lebendig ausgeführt, so daß
sie auch im Lesen sich wie von selbst beleben und in Miene,
Haltung, Stimme, Gebärde deutlich individuell vor den Geist
hinstellen: Faust selbst wird nie in unserer Einbildungskraft
mit solcher Bestimmtheit lebendig.

Zur Gestalt des Mephistopheles standen dem Dichter
seine Freunde Behrisch und Merck vor Augen. Zuerst
Behrisch in Leipzig, den Goethe einen „dürren Teufel“ nennt,
der ihn abhält, Gedichte drucken zu lassen, der endlich in Auer=
bachs Hofe wohnte, war ja Graf Lindenau, der Gönner
Behrischs, vormals Besitzer von Auerbachs Hof und Auerbachs
Keller in demselben Hause, der oft besucht wurde, hatte ja
die bekannten Wandgemälde aus der Faustsage mit der Jahr=
zahl 1525. Wenn wir zu all diesen Thatsachen die Entstehung
der Goetheschen Faustdichtung hinzunehmen, so begreift man

in der That nicht, warum man das Auftauchen diefer Dichtung
in Goethes Geift nicht hier anknüpfen will. — An die Stelle
Behrischs trat fpäter Merck. Von Merck hat uns der Dichter
felbft manches bedeutende Wort aufbewahrt, fo daß er vor
uns als eine der hervorragendften Erfcheinungen aus Goethes
Kreifen dafteht. Er war aber inmitten der Sturm= und
Dranggenialitäten gar oft der einzig Nüchterne in einer Welt
von Beraufchten, und wenn er da zuweilen mit Bewußtfein
und Naturanlage den Teufel fpielte, wie Mephiftopheles I.
2009 f., fo begreifen wir das fehr wohl, fo wie es Goethe
verftand, wenn er davon erzählte (D. u W 3, 57 f. 12.
Buch bei Hempel) und werden den Dichter nicht verkennen
Loeper fchrieb darüber vortrefflich f. die Anmerkung zu der ge=
nannten Stelle. S. 292—295. Daß zu dem Bilde Mephi
ftopheles' Merck das Modell ift, war in feinen Kreifen fo
bekannt, auch ihm felbft (f. G. Zimmermann, J H. Merck,
S. 569), daß darüber kein Zweifel übrig ift. Man lefe die
Stelle in D. u. W. nach, wo (3. Th im vorletzten Abfatz
des 12. Buches) erzählt wird, wie Merck in Wetzlar Lotten
kennen lernt, fie Goethe zu verleiden ftrebt und ihr gegenüber
die prächtige junonifche Geftalt einer Freundin pries, die er
ihm empfehlen wollte! — In folchen Fällen ift Merck das
Modell des Mephiftopheles, womit nicht gefagt ift, daß Merck
im Leben nicht höher ftand, was ja doch aus feinen Urtheilen
erfichtlich ift, die Goethe mittheilt, als der im Ganzen be=
fchränkte Mephiftopheles. Merck war nicht Mephiftopheles,
er konnte ihn aber fpielen und fpielte ihn mit Bewußtfein
und war dann von diefer Seite die Geftalt, die der Dichter
hier brauchen konnte. — So war Gretchens Geftalt, wie ge=
fagt, aus dem Leben genommen, und diefe Geftalten ftanden
auch lebendig vor des Dichters Geifte. Nicht fo Fauft.

Man täufche fich nicht, indem man vielleicht irgend einen
Theaterfauft in romantifchem Koftüm vor Augen hat.

Der Grund liegt darin, daß Fauft auch vor Goethes
Geifte nicht gegenftändlich geworden ift, daß der Dichter weder
den Fauft der Gefchichte noch den Fauft der Sage darzuftellen
bemüht war, daß er vielmehr im Namen Faufts fein eigenes
Innere ausftrömte, ohne je fich felbft darftellen zu wollen.

Der Fauft des 18 Jahrhunderts lebte eben weder in
Sage noch Gefchichte. Er ift nichts als der gärende Geift
der Sturm= und Drangzeit.

Wenn damit ein Tadel gegen die Dichtung ausgesprochen ist, so nimmt deshalb unser Antheil an derselben doch nur zu, indem auch ihre Unvollkommenheiten auf ein Großes zurückführen.

Wir haben hier eben kein gewöhnliches Drama vor uns, sondern eine culturgeschichtliche Erscheinung, an der wir uns des siegreichen Ringens des deutschen Geistes in der letzten Culturepoche bewußt werden.

Es kommt hier der Titanismus der Gestalten jener Zeit, die in Goethes unausgeführten Entwürfen seines ewigen Juden, seines Prometheus, seines Mahomed sich neben einander drängten, zum höchsten Ausdruck.

Den positiven Gehalt der leidenschaftlichen Ausbruche Fausts, die damit gemeint sind, bezeichnet treffend Schelling in seinen Vorlesungen über die Methode des akademischen Studiums schon 1802 (zweite unveränderte Ausgabe 1813, S 258): „An jenen Widerstreit (von Geist und Natur), der aus unbefriedigter Erkenntniß der Dinge entspringt, hat der Dichter seine Erfindungen — geknüpft und einen ewig frischen Quell der Begeisterung geöffnet, der allein zureichend war, die Wissenschaft zu dieser Zeit zu verjüngen und den Hauch eines neuen Lebens über sie zu verbreiten. Wer in das Heiligthum der Natur eindringen will, nähre sich mit diesen Tönen einer höheren Welt und sauge in früher Jugend die Kraft in sich, die wie in dichten Lichtstrahlen von diesem Gedicht ausgeht und das Innerste der Welt bewegt."

Schelling kannte damals nur noch das Fragment von 1790.

Es beziehn sich diese Worte besonders auf den Theil der Dichtung, der Goethes eigenste Anschauungen im Namen seines Faust ausspricht.

Nun erinnere ich aber noch an die Scenen mit Gretchen, die das Herrlichste sind, was je die Dichtung eines Volkes darzustellen vermocht. — Die Scenen im Garten, daneben der großartige Humor, mit dem Mephistopheles mit Martha Schwerdtlein dem Liebespaare Faust und Gretchen gegenübergestellt sind Die Bilder: Gretchen am Spinnrade, am Brunnen, im Zwinger, im Dom, der Tod Valentins. Endlich die erschütternde Kerkerscene! — Wir empfinden bei der Erinnerung an diese reiche Fülle von unübertrefflichen Einzelheiten, daß eine solche Dichtung wol die Beigabe der besprochenen Unvollkommenheiten ertragen kann. Wir sind beglückt bei der Darstellung auf der Bühne, wenn sie nur halbwegs gelingt, wir lesen sie mit höchsten Genuß und werden nicht müde, zu ihr immer wieder zurückzukehren. Sie reizt uns, ihrer Entstehung nachzugehn und führt uns so in des Dichters Inneres, wozu er selbst in seiner Zueignung des Faust einladet. Nun so verstehn wir ihn, wenn er (1797) in derselben sagt s. unter S 5, Vers 1—8:

Ihr naht euch wieder, schwankende Gestalten 2c.

So erst verstehen wir das Vorspiel auf dem Theater, das scheinbar in gar keiner Beziehung zum Faust steht. In dem in diesem Vorspiel der Dichter hingestellt ist, ganz ideal, ohne jede Rücksicht auf praktische Forderungen der Bühne, so ist damit auch die Eigenthümlichkeit dieser Dichtung angekündigt und das Vorspiel, als Vorspiel nur zu dieser Dichtung, in der der Dichter sich einmal rücksichtslos seiner Subjectivität überläßt, gekennzeichnet.

Man denke der herrlichen Stelle V. 150 ss ·

Wer läßt den Sturm zu Leidenschaften wüthen 2c

Eine Anschauung, in der Goethe hier schon mit Schiller zusammentrifft, und zwar bevor sie einander näher getreten sind, hat uns erst jüngst überrascht. Es sind Verse Schillers, datirt vom 28. März 1790, die ursprünglich wol für das Gedicht „Die Künstler" bestimmt waren. Sie sind erst im Jahre 1892 in Facsimile veröffentlicht in Harnacks Aesthetik der Deutschen. Sie sehen aus wie ein Scholion zu den Versen 150—157 im Faust. Schillers Verse lauten: „Die Kunst lehrt die geadelte Natur mit Menschentonen zu uns reden, in todten seelenlosen Oeden verbreitet sich der Seele Spur. Bewegung zum Gedanken zu beleben, der Elemente todtes Spiel zum Gang der Geister zu erheben ist ihres Strebens edles Ziel."

Zu Faust 154 f. sind auch noch die weiteren Verse Schillers a. a. O zu vergleichen: „Nehmt ihm den Blumenkranz vom Haupte — Nehmt ihm das prangende Gewand, — Das Kunst ihm umgethan, was bleibt der Menschen Leben?"

So gibt uns der Prolog im Himmel die willkommenste Bestätigung unserer Anschauung vom Erdgeist, den wir als irdische Manifestation Gottes erkannten.

VI*

Wenn dem Dichter auch einzelne Umstände bei späteren Fortsetzungen der Dichtung oft nicht gegenwärtig waren, wie wir in der Brunnenscene, in der Valentinscene und anderen deutlich sehn, so ist doch nicht wahrscheinlich, daß er 1797 des Erdgeistes vergessen hätte. Er dachte seiner ausdrücklich in der Scene in Wald und Höhle und der drittletzten (22), die freilich früher (1773) gedichtet scheint. Er interpretirt geradezu durch den Prolog ganz richtig den Herrn als denjenigen, der Mephistopheles auf Faust aufmerksam gemacht, ihm diesen Gefährten beigegeben hat, was im Stücke selbst dem Erdgeist zugeschrieben wird. Vers 3217 nennt Faust den Erdgeist Erhabener Geist und 3240 ff. „O daß dem Menschen nichts Vollkommnes wird, Empfind ich nun. Du gabst zu dieser Wonne, die mich den Göttern nah und näher bringt, Mir den Gefährten rc." (Mephistopheles.) Nichts ist klarer als diese Stelle, die im Grunde eine allgemein menschliche Lage ausspricht. Nichts ist vollkommen auf Erden. Dem Idealisten, der in seinem Geiste sich über alles Irdische erheben möchte, hangt sich Mephistopheles an, die Gemeinheit in jeder Gestalt, auch in den Trieben der eignen Brust, in der zwei Seelen wohnen (V. 1112 f.). Wenn der Prolog auch spätern Ursprungs ist: einiges Recht sich selbst zu interpretiren müssen wir dem Dichter doch einräumen.

Von der Kerkerscene sagt Christian Hermann Weiße*) treffend: der Dichter habe sich hier eine Aufgabe gestellt, an die sich selbst Shakespeare nicht gewagt. Nämlich die Aufgabe: im Halbwahnsinn des durch entsetzliche Seelenqual zerrütteten Gemüts der unfreiwilligen Verbrecherin an Mutter und Kind, ihren Adel und ihre sittliche Reinheit zu offenbaren. Dies ist hier vollkommen gelungen.

Es ist ihm gelungen, die Unschuld der Schuldigen so überwältigend zur Anschauung zu bringen, daß die Stimme von oben, die am Schlusse Gretchens Rettung ausspricht, aus der eignen Brust des Lesers oder Hörers hervorzutonen scheint.

Es verwandelt sich das Urteil der richtenden Menschheit in unserm Gefühl in liebevollen Antheil, und wir nehmen an, daß sie, sterbend und willig Strafe leidend, ihre Versöh=

---

*) Kritik und Erläuterung des Goetheschen Faust, 1837, S. 162 f.

nung mit ihrem Gott und mit ihrem eignen Innern als ein Glück gefühlt hat, das empfinden wir bei den Worten: sie ist gerettet.

Wir können den Einwurf, Gretchen hatte nicht nur einmal gefehlt, wie es heißt Faust 2, 1264 ff. (Gönn' auch dieser guten Seele, Die sich einmal nur vergessen, Die nicht ahnte daß sie fehle, Dein Verzeihen angemessen [oder ungemessen?]), sie hätte ja auch ihre Mutter, ihr Kind getödtet, nicht gelten lassen.

Ihr Fehler war nur der eine, daß sie in jener Liebesnacht sich Faust ergeben. Wer den Seelenadel Gretchens fühlt, so wie sie gezeichnet ist, erkennt auch in ihrer Liebe das Vorwalten des geistigen Moments, das, auch nicht in äußerster Hingebung, unedel erscheint Es ist ein wahres selbstloses, in Bewunderung eines Höheren aufgehendes Selbstvergessen, an dem nichts Gemeines haftet Wer dies nicht fühlt, kann Gretchen nur verurtheilen, für den ist Goethe aber auch ein Buch mit sieben Siegeln. Ihm war das schnellfertige Aburtheilen über Menschen ohne in die Motive einzugehn, von Jugend auf schrecklich: „Daß ihr Menschen gleich sprechen müßt: — — das ist gut, das ist bös," s. JG. 3, 283 1, 233. 238. Jene Verbrechen geschahen nicht mehr im Zustande der Zurechnungsfähigkeit. Wie Goethe über ein solches Verbrechen dachte, darüber durfen wir wol nicht im Zweifel sein, und daher auch, wie er die Umstände in seiner Dichtung verstanden wissen wollte.

Und damit, mit diesem überwältigenden Schluß, ist wol das Höchste erreicht, was der tragischen Muse zu erreichen möglich ist.

In Rücksicht auf das Ganze schließt diese Scene aber nur die Liebestragödie ab

Die Wette zwischen Mephistopheles und Faust blieb unentschieden. Sie besteht darin, daß Mephistopheles Faust zu befriedigen hat, wofür dann Faust sich von ihm in Fesseln schlagen lassen will Ein volles Mißverstehn ist es, wenn behauptet wird, Mephistopheles hätte Faust sehr leicht befriedigen können, ja er hatte ihn sogar befriedigt, so daß Faust zum Augenblicke wol sagen konnte: Verweile doch, du bist so schön! — Mephistopheles konnte Faust nie befriedigen, weil er ihm nur frivole Genüsse bot und Faust dafür kein Verständnis haben konnte. Nur wenn Faust fähig gewesen

wäre, Gretchen zu verführen, um sie zu verlassen, d. h. ohne
Ahnung von weiblichem Werth, gemüthlos sie zu verderben,
nur dann hätte Mephistopheles Aussicht gehabt, Faust „seine
Straße sacht zu führen", ihn „von seinem Urquell abzuziehn",
ihn zu befriedigen. Da Mephistopheles ihn nicht fassen konnte
und, indem er Faust von Genuß zu Genuß fortreißen wollte,
nur die Freuden, die dieser in Gretchens Armen fand, ver=
giftete — was besonders in der Scene in Wald und
Höhle deutlich wird —, so kann Mephistopheles nicht
gewinnen.

Dies Verhältniß ist durchaus im Großen
festzuhalten

Mephistopheles weiß keinen andern Genuß zu bieten als
den der Befriedigung selbstischer Begierden; hingebende
Liebe, die selbstloseste Leidenschaft, kann er nicht begreifen.
— Indem sie in Faust entsteht, bereitet sie ihm Leiden, denn
er geräth in Widerspruch mit dem wilden Feuer, das Mephi=
stopheles in ihm schürt; sie setzt ihn aber auch in Widerspruch
mit dem Bösen. Gretchen wird hingerichtet, Faust kann sie
nicht retten. Er ist aber von Mephistopheles nicht überwunden.
Er ist ihm ferner gerückt denn je. Damit entsteht die Noth=
wendigkeit des zweiten Theils, in dem die Wette zum Austrag
kommen muß.

Zwei Theile waren ursprünglich wol kaum beabsichtigt.
Obwohl die Episode mit Helena, die den dritten Aufzug des
zweiten Theiles bildet, schon vor 1776 entworfen war, so
dachte der Dichter doch wahrscheinlich damals noch, das Ver=
hältniß zu Gretchen und das zu Helena in den Rahmen Eines
Dramas zusammenzufassen. Dies wurde erst unmöglich durch
das allmähliche Anwachsen der Gretchentragödie, die alles
Andre zurückdrängte und endlich dann auch das Ganze in
zwei Theile auseinandertrieb.

Dadurch wurden Fausts Fall und Fausts Sieg, jedes
für sich, zu einem besondern Drama.

Die Entstehungsgeschichte des zweiten Theils, auf die
wir hier nicht weiter eingehn, liegt viel weniger im Dunkeln
als die des ersten. Wir verweisen hierüber auf den zweiten
Theil unserer Ausgabe S XXI—CXV.

Exkurse.

1.

Die Verszählung.

Mit der zweiten Bearbeitung der Ausgabe von Goethes Faust durch G. von Loeper (1879) erschienen die Verse zum erstenmal gezählt. Ich hatte für mich die Zählung schon früher vorgenommen Bei mir waren es 4259 Verse, bei Loeper — ich spreche vom ersten Theil — sind es nur 4252*).

Ich würde des Umstandes gar nicht weiter gedenken, wenn ich bei näherer Untersuchung nicht gefunden hätte, daß ich bei meiner Zählung bleiben muß. Die Sache ist nicht unwichtig. Wir wollen doch, wenn die Verse der großen Dichtungen Goethes gezählt werden, um jeden leicht citiren, leicht auffinden zu können, die Zahlen so feststellen, daß sie stehn bleiben können.

Düntzer und von Loeper zählten im ersten Theil ohne die drei einleitenden Dichtungen: ersterer 4256, letzterer 4252, hingegen der Herausgeber 4259 Verse Mit den einleitenden Dichtungen zählte der Herausgeber 4612 Verse, worin ihm die Weimarausgabe gefolgt ist, s. dort 254, wo Er. Schmidt sagt. die Zählung kann nur an drei Stellen strittig sein, wo wir mit Schröer übereintreffen.

Die Verschiedenheit der Zählung entstand dadurch, daß Düntzer wiederholt dort, wo ein Vers reimlos war, diesen mit dem darauf folgenden in Einen zusammengezogen hat —

Betrachten wir die Fälle der Reihe nach Faust sagt 1205 f.:

    Wir sind gewohnt, daß die Menschen verhöhnen

    Was sie nicht verstehn,

    Daß sie vor dem Guten und Schönen

    Das ihnen oft beschwerlich ist, murren,

    Will es der Hund wie sie beknurren?

Der Vers 1206: Was sie nicht verstehn, reimt nicht Düntzer hat ihn deshalb gegen die Ausgaben, mit dem nächsten in einen Vers zusammengezogen. Es entsteht dadurch der Vers:

    Was sie nicht verstehn, daß sie vor dem Guten und Schönen.

Das ist denn doch kein Vers

Der Vers, wir sind gewöhnt, daß die Ménschen ver= höhnen, hat vier Hebungen. Der Düntzersche hat mindestens fünf, wenn nicht sieben. Der auf 1205 reimende Vers hat gleichfalls vier Hebungen däß sie vör dem Guten und Schonen Hier stimmt von Loeper überein indem der Herausgeber und die WA. zu dem ur= sprünglichen Text zurückkehren.

---

*) Schon in Westermanns Monatsheften August 1879 habe ich diese Zahlen= differenz erwähnt

Bekanntlich verwandte Goethe auf die Genauigkeit seiner Texte nicht eben die größte Sorgfalt. In Bezug auf den Punkt aber, auf den es hier ankommt, die Darstellung der Versabtheilung durch den Druck ist doch zu beachten, daß in den Originalausgaben des Faustfragments (1790) so große Genauigkeit wahrzunehmen ist, daß wir dadurch wol gemahnt sind, von der gegebenen Darstellung, die dann auch in die Ausgaben des ganzen ersten Theils ubergegangen ist, nicht abzugehn ohne zwingenden Grund.

Es kommen Ausnahmefälle im Ganzen nur zweimal vor; wir werden sie (zu 3184 und 3356—3359) besprechen.

Ein durch Vortrag und Rhythmus begleitetes Gefühl zeigt sich in der Versabtheilung uberall maßgebend, daß wir annehmen dürfen, daß ihr, so wie sie vorliegt, des Dichters Vortragsweise zu Grunde liegt.

Der nächste Fall ist ganz ähnlich. In Auerbachs Keller singt Frosch.

    A! tara lara da!

worauf Altmayer

    Ah! tara lara da!

        Frosch.
        Die Kehlen sind gestimmt

Der Vers [2089] ist in der Originalausgabe des Fragments, so wie hier, deutlich als Ein Vers dargestellt. Es ist ein richtiger Alexandriner. Nach Düntzer und von Loeper erscheint er mit 2088 in Einen Vers zusammengezogen, ohne daß der Fall in der Textrevision erwähnt würde, als Vers 1734:

    (F) A! tara lara da! (A) A! tara lara da! (F) die Kehlen sind
        gestimmt

Das wäre denn ein Vers von neun Hebungen! Er stimmt auch nicht zu den andern Versen dieser Scene, die vier bis fünf Hebungen haben oder reine Alexandriner sind.

Wir müssen bei der ursprünglichen Eintheilung bleiben. Der Vers ist ein Alexandriner, der auf den vorausgegangenen Alexandriner [2087]:

    So recht, hinaus mit dem, der etwas übel nimmt

reimt. Es fragt sich nur, wie Froschs: A! tara lara da! aufzufassen ist?

Der Vers ist jedenfalls zu singen. Gleichsam die Kehle probirend, präludirt Frosch zum Gesang etwa

        A!   tar = a   la = ra   da!

und Altmayer wiederholt das Präludium.

In Claudine von Villa Bella, ursprüngliche Gestalt (Der junge Goethe 3, S. 600) heißt es: „Basko antwortet mit einer Frazze und füllt den Rhythmus mit dem Nachtigallenschlag. Ebenso wird hier der Rhythmus mit dem Praludium oder wie man es sonst nennen will, gefüllt.

Die Scene, in der Faust und Mephistopheles in Gretchens Zimmer sind, wo letzterer das Schmuckkästchen in den Schrein legt, schließt mit dessen Worten! „Nur fort!" und beide gehn ab Mephistopheles hatte schon früher einmal gesagt: „Nur fort! geschwind!" Namlich, bevor Gretchen wieder kommt. Nach ihrem Abgang tritt Margarete auf mit einer Lampe. Hier hat man sich gewiß eine Pause zu denken, denn sie nimmt wahr, daß die Luft im Zimmer, obwol es draußen nicht warm ist, schwül sei Sie spricht endlich:

[2753] Es ist so schwül, so dumpfig hie,

darauf reimt:

[2755] Es wird mir so, ich weiß nicht, wie —.

Wenn man diese zwei Verse vergleicht, so wird man finden, daß sie so gleich gebaut sind, daß Einer die Form des andern bestätigt Vers 2753 erscheint auch schon im Fragment, wie in den Ausgaben, als ein vollständiger Vers. Bei Düntzer und v. Loeper erscheint er nun mit den letzten Worten des Mephistopheles in der vorigen Scene! als Ein Vers:

(M) Nur fort! (M) Es ist so schwul, so dumpfig hie

Dadurch wird der Vers um eine Hebung länger als der darauf reimende. Es wird überdies verlangt, daß man den Rhythmus über eine Zwischenpause von einer auf die andere Scene, bei eintretendem Personenwechsel, festhalte, was wol fürs Auge im Druck dargestellt werden kann, dem Gedächtniß des Ohrs aber nicht zugemuthet werden darf. Eine unnatürliche Forderung, die Goethe hier gewiß nicht beikam, wenn sie auch in anderen Dramen wirklich manchmal gestellt wird.

Daß Mephistopheles' Worte am Schluß des vorigen Auftritts reimlos sind, berechtigt uns nicht dazu, sie mit dem nächsten Verse der folgenden Scene zusammenzuziehn. Der erste Theil des Faust schließt ebenso reimlos mit· Heinrich, Heinrich'

Die erste der zwei erwähnten Stellen, in denen ich mit Düntzer und Loeper von den Ausgaben abweiche, ist folgende.

[3184] Margarete: Er liebt mich! Faust: Ja, mein Kind, laß dieses
Blumenwort

Die Ausgaben beginnen mit Fausts Rede einen neuen Vers. Der Dichter oder der Corrector (sowie auch Frl. von Gochhausen)

überſahen, daß ſich die Rede zwanglos mit Gretchens Worten zu
einem Alexandriner abſchließt. Da Fauſt raſch in die Rede fällt
und der Rhythmus ſeiner Rede unterbrochen den jambiſchen Gang
der Worte Gretchens fortſetzt, ſo macht ſich der Alexandriner von
ſelbſt. Ein Außeinanderreißen deſſelben in der Darſtellung im Druck
ſtellt nichts Hörbares dar. Goethe war ſich wol ſelbſt deſſen nicht
bewußt, daß er im Fauſt ſo oft in den Alexandriner verfiel, das
Versmaß ſeiner Jugenddramen.

Die zweite Stelle, wo Dünzer und Loeper, wie mir ſcheint, mit
Recht von der Versabtheilung der Ausgaben abweichen, wo alſo
ein Verſehn der letzteren vorhanden iſt, iſt folgende:

[3356—3359]   Und ich, der Gott verhaßte,
                 Hatte nicht genug,
                 Daß ich die Felſen faßte
                 Und ſie zu Trümmern ſchlug

Die erſten zwei Verſe ſind in den Ausgaben in Einen zuſammen-
gezogen, wodurch der Reim Gott verhaßte: faßte überſehen wird.
Ich hatte die beiden Verſe daher mit Dünzer ebenfalls ſchon, wie
nun auch Loeper, als zwei Verſe gezählt, wie ſie dann der Urfauſt
beſtätigte.

Weniger zuſtimmen kann ich zur nächſten Contraction 3550 f.
Wenn Gretchen in der Brunnenſcene auf Lieschens ſchadenfrohes:

                      Es ſtinkt!
        Sie futtert zwei, wenn ſie nun ißt und trinkt

nichts antwortet als: Ach! ſo iſt dies ein tief empfundenes, ſchmerz-
liches, Mitleid und Schuldbewußtſein ausſprechendes Ach. Ich
möchte demſelben drei Gedankenſtriche beifügen zur Bezeichnung
der Pauſe, die hier eintreten muß. — Dies iſt ſchon, wie mich dünkt,
angedeutet in den Ausgaben, und zwar dadurch, daß dies vereinzelte
Ach nicht zum nächſten Vers gezogen wird, der ſteigend beginnt:

          So iſts ihr endlich recht ergangen.

Ich möchte bei dieſer Versabtheilung bleiben. Der Vers wird
nicht verbeſſert, wenn er mit Hinzuziehung des Ach fallend beginnt:

      (Gr) Ach! (L) ſo iſts ihr endlich recht ergángen

So bei Dünzer und v. Loeper, wodurch auch die Pauſe nach Ach
verwiſcht wird. —

Die noch zu beſprechenden Fälle ſind aus der Kerkerſcene. Auch
hier muß ich mich für Beibehaltung der urſprünglichen Versabtheilung
entſcheiden.

Die Verſe 4474 f. werden bei Dünzer in Eins zuſammen-
gezogen:

[4474] Ich bin gerettet' —
[4475] Schon ist die Straße wieder da —

zu dem Vers:

Ich bin gerettet' — Schon ist die Straße wieder da.

Das ist doch auch wieder kein Vers.

Hier kommen zwei Silben in die Senkung nach der zweiten Hebung. Diese zwei Silben in der Senkung trennt aber ein Ausrufungszeichen und ein Gedankenstrich. Dadurch wird es unmöglich, den Vers richtig vorzutragen und zugleich so, daß die durch eine Pause getrennten Silben als die Füllung einer Senkung erscheinen. Wenn eine Senkung mit einer andern Senkung zusammenstößt und von ihr durch eine nothwendige Pause getrennt wird, so ist damit ein neuer Versanfang gezeigt.

Die Darstellung der Ausgaben, in denen mit Schon ist ein neuer Vers beginnt, ist nicht nur die der Anschauung des Dichters entsprechende, sondern auch die einzig mögliche.

Betrachten wir noch folgende Verse 4550 ff:

Faust   Ich bleibe bei dir
Margarete   Geschwind' Geschwind!
Rette dein armes Kind.
Fort! immer den Weg
Am Bach hinauf
Ueber den Steg
In den Wald hinein,
Links wo die Planke steht,
Im Teich
Faß es nur gleich'
Es will sich heben,
Es zappelt noch'
Rette! rette!
Faust   Besinne dich doch'

Dazu bemerke ich: diese Verse könnten allenfalls auch nach den Reimen geordnet werden:

F Ich bleibe bei dir M Geschwind! Geschwind'
Rette dein armes Kind
Fort' immer der Weg
Am Bach hinauf über den Steg
In den Wald hinein links,
Wo die Planke steht im Teich?
Faß es nur gleich!
Es will sich heben, es zappelt noch!
Rette! rette F. Besinne dich doch —

Die Anordnung, wie sie ursprünglich erscheint, gibt aber Fingerzeige zum Vortrag, die vom Dichter herrühren.

Ich möchte nichts ändern und zähle daher die Verse wie sie stehn.

Es sind aber bei der Verszählung des Faust noch andre Punkte zu erwägen. Zuerst: ob Zueignung, Vorspiel auf dem Theater und Prolog im Himmel mit zum ersten Theil hinzuzuzählen sind? und wie die Prosascene zu behandeln ist? Ob ferner mit dem zweiten Theil eine neue Zählung von Eins angefangen zu beginnen habe, oder ob man weiter zählt?

Von der letzten hangen die früheren Fragen ab, daher ich sie voranstelle.

Ich zählte den ersten Theil als ein Ganzes und den zweiten ebenso. Daraus folgte, daß die einleitenden drei Dichtungen, die nicht zu einem Theil, sondern zum Ganzen als Einleitung gedacht sind*), nicht mit gezählt werden können.

Hierin trat ich mit Loeper zusammen in Bezug auf den ersten Theil. Im zweiten Theil zählte ich wieder von Eins angefangen, indem von Loeper hier jeden Act von Eins an zählte.

Daraus ersah ich schon, daß hier nur eine Zählung, die das Ganze als Einheit betrachtete, zu einer einfachen natürlicheren Anordnung führen könnte, und ich setzte dreierlei Zählungen in der ersten und in der zweiten Ausgabe an. Von 1206 angefangen wich Loepers Zählung durch eine Düntzersche Textänderung ab von meiner (s. b.). Die erste schloß an die Loepers an, in der die drei einleitenden Dichtungen jede von Eins an beziffert wurden. Loeper wich, wie gesagt, von mir darin ab, daß er auch jeden Akt des zweiten Theils von Eins an zählte, indem ich den ersten Theil als ein Ganzes und den zweiten ebenfalls als ein Ganzes nahm. —

Da ich daneben jedoch auch die vollständige Zählung des Ganzen anmerkte, so kann ich nun auf diese gemeinsame Zählung aller meiner Ausgaben hinweisen, indem ich in dieser 3. Auflage zum erstenmal die anderen Zählungen weglasse.

Das hohe Ansehn Loepers veranlaßte mich in 2. Ausg. noch die Verszahl beider Theile samt der 3 einleitenden Dichtungen doch vorläufig nur in Klammer in kleinerer Schrift beizusetzen. Seitdem Loeper selbst für die Zählung als eines Ganzen sich aussprach und die Weimarausgabe sie annahm, zweifelte ich nicht mehr und setzte

---

*) Die ursprünglichen Ueberschriften der einzelnen Theile sprechen dies aus: Faust. Eine Tragödie. Zueignung — Vorspiel auf dem Theater — Prolog im Himmel — Der Tragödie erster Theil. — Der Tragödie zweiter Theil. In fünf Akten — Eine kleine Ungenauigkeit entsteht dadurch immer, daß die einleitenden Dichtungen im ersten Band mit dem ersten Theil zusammenstehn. Man müßte einen allgemeinen Titel voranstellen, dann die drei einleitenden Dichtungen folgen lassen und dann den besonderen Titel für den ersten und dann für den zweiten Theil.

diese Zahlung allein neben den Text. — In der Weimarausgabe sagt Erich Schmidt S. 254: „Die Zahlung kann nur an drei Stellen strittig sein, wo wir mit Schröer übereinstimmen: 2709, 3184, 3357."

Herr von Loeper war der erste, der sich bereit erklärte, meine Verszahlung anzunehmen. Doctor Seuffert in seiner Ausgabe des Fragments hat meine Verszählung an den inneren Rändern des Textes beigesetzt, oben in der Ecke die von Loeper. In: A bibliographical list of the English Translations and Annotated Editions of Goethes Faust by William Heinemann, London (1882) wird bemerkt S 3 all quotations etc. are taken of Schroer's edition.

So mag es denn wol geraten sein, auch hier nur jene siegreiche Zahlung bestehn zu lassen.

Eine textkritische Bemerkung mag hier noch Platz finden. Nach Laroches Mittheilung mußte der Erdgeist 1829, bei der ersten Aufführung des Faust, singen. Das mag nun ganz richtig sein. Die Neigung Goethes zu opernmäßigen Wirkungen im Schauspiel zeigt sich ja vielfach in seinen Singspielen Erwin, Claudine 2c. Dennoch kamen mir bei näherer Erwägung Zweifel, ob die ganze Rolle des Erdgeistes für Gesang gedichtet sei, und ich gewann denn auch bald die Ueberzeugung, daß auch in diesem Falle die Andeutungen zu beachten sind, die sich im Druck der ersten Ausgaben entdecken lassen — Die Verse, die zu singen sind, erscheinen in den ersten Ausgaben durch hereingerückte Zeilen im Druck ausgezeichnet. So 737 f. Christ ist erstanden 2c., 749 f Mit Specereien 2c., 785 f. Hat der Begrabene 2c., 852 f. „Bettler singt": Ihr guten Herrn, ihr schönen Frauen 2c. Diese Stelle wird in den mir vorliegenden Ausgaben von 1808 bis 1838 nicht in der Art als Gesang bezeichnet. Dies ist zuerst 1840 der Fall. Diese Ausgabe scheint jedoch mit Bedacht vorzugehn, vielleicht mit Rücksicht auf weimarschen Bühnengebrauch 884 f. Burgen mit hohen 2c., 949 f. Der Schäfer putzte sich zum Tanz 2c. Zuerst 1840 wie 842. — 1259 f Drinnen gesungen ist einer! 2c., 1474 f. Schwindet ihr dunkeln 2c., 1607 f. (Geisterchor) Weh! Weh' 2c. 1607 — [Nach der letzteren Stelle entsteht uns unwillkürlich die Vermuthung, daß Mephistopheles die gleichfalls hereingerückten Verse 1627—1634, die sich von seiner weiteren Rede auch durch den Rhythmus unterscheiden, die Geister nachaffend, gleichfalls singt, indem er ihre Singweise humoristisch variirt. Eine Aufgabe für einen begabten Tondichter!] — Wenn wir nun die Rolle des Erdgeistes in den Originalausgaben durchsehn, so bemerken wir, daß durch Hereinrückung der Verse von den Worten des Erdgeistes nur die Stelle 501—509 von In Lebensfluthen bis Und wirke der

Gottheit lebendiges Kleid! ausgezeichnet ist. Und zwar gerade
so wie 852 f., 949 f. erst in der Ausgabe von 1840. Es wäre
möglich, daß hierin eine Anordnung für die Bühnenaufführung zu
erkennen ist, die vielleicht vom Dichter herrührt und von den Heraus-
gebern benutzt ist. Das übrige ist Dialog und ursprünglich gewiß
als gesprochener Dialog gedacht. Nur die Stelle, wo der
Geist sein Wesen ausspricht, ist ursprünglich für den
Gesang gedichtet. Ich finde, daß sich die Wirkung empfinden läßt.
die der Dichter sich von der Stelle versprechen durfte, wenn sie in
erhabenen Tönen gesungen wird!

Es darf nun nicht unerwähnt bleiben, daß durch Hereinrückung
der Zeilen allerdings nicht immer Gesang angedeutet wird. Im
Studirzimmer 1178—1259 ist mit Hereinrückung der Zeilen jedesmal
nur eine Veränderung der Stimmlage im Vortrag angedeutet, wenn
Faust vom Monolog in die Anrede des Hundes übergeht. In ge-
hobener Stimmung spricht er 1178—1185 und fällt in den gewöhnlichen Sprechton 1186 f. und so dann auch 1203 f., 1238 2c. — Nach
dem Gesang 1259—1270 wird wieder bis 1309 was Faust für sich
spricht durch den Druck unterschieden von dem was Beschwörung ist.
Letzteres, das ein höheres Pathos des Redetons voraussetzt, ist im
Druck immer hereingerückt, gewöhnlich auch rhythmisch unterschieden.

2.

Alexandriner.

Beachtenswert erschien mir der im Faust häufig unter andern
Versarten auftretende Alexandriner, der ihm in Leipzig so geläufig
war, in dem er auch seine beiden Leipziger Lustspiele schrieb, in den
der Dichter, wol ganz unbewußt, zuweilen verfällt, aber oft, wie es
scheint, mit vollem Behagen an dem Rhythmus der Rococozeit. Der
Alexandriner im Faust erinnert an die Nibelungenstrophe in der
Gudrun. Bartsch hat nun im Goethejahrbuch (Goethe und der
Alexandriner I, 119—139) die Erscheinung im Zusammenhange mit
andern Dichtungen Goethes sehr lehrreich besprochen.

Daß Goethe im Faust sich „im Anschluß an das Puppenspiel" des
Hans Sachsischen Verses bedient habe, wie daselbst (von Bartsch
S 131) ausgesprochen ist, darf doch nicht so genommen werden, als ob
Goethe zum Hans Sachsischen Vers durch das Puppenspiel angeregt
wäre. Das Puppenspiel kannte diese Form nicht. Das Puppenspiel
Faust, das Goethe kannte, war wol wahrscheinlich im Alexandriner
abgefaßt, den schon O. Schade im Weimarschen Jahrbuch im Faust-

puppenspiel nachgewiesen hat und der auch bei Creizenach 118—131 ausführlich besprochen ist. Den Hans Sachsischen Vers hat Goethe gewiß nicht aus dem Puppenspiel.

Leider läßt sich die Zeit nicht angeben, da Hans Sachs auf Goethe derart Einfluß zu nehmen begann, daß er ihn nachahmte. Jedenfalls im Zusammenhang mit der Beschäftigung mit altdeutscher Baukunst und dem Leben Götzens wird er sich um 1773 etwa auch Hans Sachs genähert haben, und mit dem Niederschreiben des Faust gleichzeitig beginnen die kleinern und großern Scherzspiele und Episteln Goethes in Hans Sachsischer Manier. Vordem war dem Dichter der Alexandriner geläufiger.

Wie er in der Wahl von Versarten schwankte, sieht man deutlich in dem Briefe an Riese vom 30. October 1765, wo er diesem schreibt, es fehle wenig, so sei der 5. Aufzug seines Trauerspiels Belsazar in fünffüßigen Jamben fertig, die Versart, die die Kritiker für das Trauerspiel für die schicklichste halten. Er geht aber in demselben Brief, der zum Theil in Versen abgefaßt ist, vom Blankvers zum Hexameter und von diesem zum Alexandriner über, so daß man den Dichter deutlich schwanken sieht, die Hans Sachsischen Reimpaare kennt er wohl noch nicht. Sie treten erst 1773 auf.

Das Auftreten des Alexandriners unter anderen Versen in Faust ist demnach ein unwillkürlicher Rückfall in eine Form, die ihm in der Leipziger Zeit geläufig war, da er seine ersten Dramen in Alexandrinern schrieb, eine Form, in der er auch das Puppenspiel Faust gehört hatte.

Für den Goetheschen Text beachtenswert ist Bartsch's Nachweis solcher gekreuzter Versreihen, zuerst im zweiten Gespräch zwischen Faust und Mephistopheles, in denen der fehlende Wechsel männlicher und weiblicher Reime ursprünglich vorhanden gewesen scheint. Diese und die weiteren Bemerkungen Bartsch's habe ich in den Anmerkungen unter den Text eingetragen, ohne eine Herstellung des Textes nach dem Gesetz des Geschlechtswechsels der Reimpaare zu wagen.

In Bezug auf den Vortrag schien es nicht unwichtig, an das Auftreten des Alexandriners gelegentlich zu erinnern.

3.

Faust in Prosa.

Wilhelm Scherer versucht in seiner Schrift über „Goethes Frühzeit" Seite 76—93, von der Prosascene im ersten Theil des Faust ausgehend, nachzuweisen, daß „ein mehr oder weniger ausgeführter

Entwurf in Prosa schon zur Zeit des ersten Götz im Winter 1771 und 1772 zu Papier gebracht wurde und dann als Grundlage der Umarbeitung in Verse, etwa seit 1773, diente".

Auffallend ist jedenfalls die Erscheinung, daß Faust in Versen geschrieben ist, neben den Stücken in Prosa Götz, Clavigo, Egmont Man muß sich aber dabei nur erinnern der in den Jahren 1772, 1773 entstehenden Puppenspiele, Fastnachtspiele, Schönbartspiele in Hans Sachsischer Manier, Künstlers Erdewallen, Jahrmarkt zu Plundersweilern, Pater Brey, Satyros, Hans Wursts Hochzeit, Dr. Bahrdt Hier finden wir die Reime in Hans Sachsens Manier, zuweilen in den Alexandriner gleichsam ausgleitend.

Wer die ältesten Theile des Faust unbefangen betrachtet, wird kaum den Eindruck empfangen, daß sie eine Umarbeitung von Prosa in Verse sein konnten, etwa wie der Jamben der Iphigenie. — Jene ältesten Bestandtheile des Faust tragen alle Kennzeichen der Ursprünglichkeit, des ersten in stürmischer Leidenschaft „hingewühlten" Entwurfs. Sind ja alle Schwierigkeiten, die sie mitunter der Erklärung bieten, nichts weiter als Unregelmäßigkeiten einer ersten dichterischen Ergießung, die wie ein Wildbach hervorgebrochen ist und nie die Sorgfalt späterer Bearbeitung erfahren hat.

Dennoch ist jene Vermutung auf eine wichtige Entdeckung gestützt, der wir Rechnung tragen müssen.

Scherer entdeckte, daß die Prosascene (22): „Trüber Tag. Feld" schon im Jahre 1772 entstanden sein müsse. Daraus entsteht nun die Frage, ob denn der Faust nicht überhaupt um jene Zeit in Prosa entworfen worden sei? Wir denken an den ersten Götz und müssen die Möglichkeit zugeben. Vielleicht ist von diesem ersten Faust in Prosa die Scene 22 ein Rest, wol auch die nächste 23: „Nacht, offen Feld." — Nahe liegt nun die weitere Frage: sollten sich nicht auch noch andere Stellen finden, die als Reste des ersten Faust in Prosa zu erkennen sind? Sind etwa die reimlosen Verse, die ja doch nichts anderes als rhythmische Prosa sind, solche Reste?

Das wäre nun allerdings zu untersuchen. Bei einer solchen Untersuchung müssen wir uns wol vor allem die Frage beantworten: ob die betreffenden Stellen auch an und für sich den Charakter von Resten des ersten Entwurfs ansprechen können? Obwol auch dann, wenn dies erwiesen wäre, immer noch die Frage unbeantwortet bleibt, wie Goethe bei Umarbeitung von Prosa zu Versen einen Theil in Reime umschreiben und einen Rest als rhythmische Prosa behandeln konnte? Daß jene Stellen aber den Charakter von Resten des ersten Entwurfs tragen, müssen wir in Abrede stellen. Wären es

unberührte Trümmer eines ersten Entwurfs, so mußten sie in die
Handlung eingreifen, wie das die Prosascene 22 thatsächlich thut;
mußten wesentliche Bestandtheile der betreffenden Auftritte sein. Das
sind sie aber eben insgesammt nicht. Sie könnten, wie sie sind, insgesammt wegbleiben, ohne fühlbar den Zusammenhang zu stören und
durften demnach eher spätere Einschaltungen sein, als Reste einer
ursprünglichen Fassung. Betrachten wir sie im Einzelnen.

Die erste Stelle ist Vers 463—474:

> Es wollt sich über mir —
> Der Mond verbirgt sein Licht —
> Die Lampe schwindet!
> Es dampft! — Es zucken rothe Strahlen
> Mir um das Haupt! — es weht
> Ein Schauer vom Gewölb herab
> Und faßt mich an!

Scherer nennt die Stelle: „einen nothwendigen Bestandtheil der
Erscheinungsscene".

Ich finde nun diese Zeilen allerdings, wie er, „glänzend natur-
wahr", aber ein „nothwendiger Bestandtheil der Erscheinungsscene,"
sind sie nicht!

Sie geben ein Bild von der äußeren Scenerie und unterbrechen
den Redefluß Fausts, der nur subjektive Empfindungen ausdruckt.
Wenn wir den Zusammenhang erwägen, mit Hinweglassung der angeführten Zeilen, so finden wir, daß 474 ff besser zu 466 f. stimmt,
als die Einschaltung:

466   Mit Stürmen mich herumzuschlagen,
467   Und in des Schiffbruchs Knirschen nicht zu zagen
475.   Ich fühl's, du schwebst um mich, erflehter Geist
         Enthülle dich!
         Ha, wie's in meinem Herzen reißt!
         Zu neuen Gefühlen
         Alle meine Sinnen sich erwühlen!
         Ich fühle ganz mein Herz dir hingegeben!
         Du mußt, du mußt! und kostet es mein Leben!

Die Einschaltung ist nichts als eine scenarische Angabe, Faust in den
Mund gelegt, die von malerischer Wirkung ist.

Jedenfalls sehen die begeisterten Verse von 464 an:

> Ich fühle Muth, mich in die Welt zu wagen, 2c

neben der Einschaltung nicht aus, als ob der letztere ein Rest der
ursprünglichen Textirung und erstere eine Umarbeitung der Prosa in
Verse sei.

Ganz denselben Eindruck einer Einschaltung machen die Verse
514—517:

> Fauſt (zuſammenſtürzend)   Nicht dir!
> Wem denn?
> Ich, Ebenbild der Gottheit!
> Und nicht einmal dir!

Das ſind doch offenbar nicht Worte, die man „zuſammenſtürzend“ ſprechen kann! Denken wir uns, daß Fauſt auf die vernichtenden Worte des Geiſtes zuſammenſtürzt und laſſen die angeführte Stelle weg. Eine Pauſe tritt ein, da klopft es, Fauſt wird dadurch aufgeſchreckt, erhebt ſich und ſpricht:

> O Tod! ich kenn’s; das iſt mein Famulus ꝛc,

wo die Verſe wieder, regelmäßig gereimt, fortfließen. Die angeführten ungereimten Verſe verrathen ſich mir als Einſchaltung durch die Schwierigkeit, die ſie dem Schauſpieler immer bereiten werden, da ſie ſich weder zuſammenſtürzend, noch zuſammengeſtürzt gut ſprechen laſſen. Die Vernichtung, die ſich in dem Zuſammenſturzen ausſpricht, iſt vereinbar mit der klaren Reflexion: Nicht dir! Wem denn? Ich Ebenbild der Gottheit ꝛc. — die nur nach einer Pauſe geſprochen werden kann. Es mag dem Dichter ſpäter der Gedanke gekommen ſein zu motiviren, warum er ſich dem Geiſte ſo nah gefühlt, nämlich als Ebenbild der Gottheit. Die Annahme, daß dieſe reimloſen Zeilen Reſte des urſprünglichen Textes ſeien, läßt ſich nicht halten.

Die nächſten reimloſen Verſe bringt die Gartenſcene mit dem Blumenorakel. Wenn wir die reimloſen Verſe herausnehmen und nur die ſcenariſchen Angaben ſtehen laſſen, ſo ſieht der Text ſo aus 3184:

> Fauſt: Ja, mein Kind! Laß dieſes Blumenwort
> Dir Gotterſpruch ſein! — —
> Margarete drückt ihm die Hände, macht ſich los und läuft weg Er ſteht einen
> Augenblick in Gedanken, dann folgt er ihr
> Marthe (kommend). Die Nacht bricht an Meph Ja, und wir wollen fort.

Durch die Weglaſſung reimen nun ſogar die Worte des Mephiſtopheles auf Fauſts: Blumenwort (was freilich Zufall ſein kann, denn auf fort reimt dann auch 3197: Ort) und wenn man die Bemerkung Marthes wegläßt, ſo entſteht ſogar ein voller Alexandriner:

> Fauſt. Dir Gotterausſpruch ſein Meph Ja, und wir wollen fort.

Das, was ich für eingeſchaltet halte, ſticht ab, nicht nur durch die Reimloſigkeit der Zeilen, ſondern auch durch die reflectirende, gehobene Sprache:

> Er liebt dich!
> Verſtehſt du, was das heißt? Er liebt dich!

(Er faßt ihre beiden Hände)

Margarete Mich überlauft's!
Faust O schaudre nicht! Laß diesen Blick,
Laß diesen Handedruck dir sagen,
Was unaussprechlich ist:
Sich hinzugeben ganz und eine Wonne
Zu fühlen, die ewig sein muß!
Ewig! — Ihr Ende würde Verzweiflung sein.
Nein, kein Ende! Kein Ende!

Ist dies ganze Stück nicht wie aus einer andern Welt? Mitten im poetischen Liebesspiel — vorher das Blumenorakel, nachher das Versteckenspiel — das Rednerische: Laß diesen Blick, laß diesen Handedruck dir sagen! —

Konnte die Stelle nicht ebenso, unbeschadet des Zusammenhanges, wegbleiben wie die vorigen?

Die nächste reimlose Stelle ist Fausts emphatische Aeußerung über Gott. Wenn wir aus seiner Rede 3079 ff. die reimlosen Zeilen hinweglassen, so bleibt Folgendes 3432:

Wer darf ihn nennen?
Und wer bekennen:
Ich glaub' ihn
Wer empfinden
Und sich unterwinden
Zu sagen. ich glaub' ihn nicht? — —
Name ist Schall und Rauch,
Umnebelnd Himmelsgluth
Marg Das ist Alles recht schön und gut:
Ungefähr sagt das der Pfarrer auch.

Zu dem nennen des Eingangs paßt das durch die Weglassung nun näher gerückte Name ist Schall und Rauch so gut, wie auch beide Stellen durch den Fluß der Reime zusammengehören Es scheint nichts zu fehlen. Wenn nun ein reimloses Stück dazwischen liegt, so fällt es schwer, dies für einen Rest des Ursprünglichen zu halten, als ob der Dichter gerade dieses Stück nicht hätte in Reime zu bringen vermocht Natürlich erscheint hingegen die Annahme, die sich uns aufdrängt, wenn wir die reimlose Stelle für sich lesen: es sei eine dem Dichter später gekommene Eingebung, durch die Fausts Vorstellung von Gott noch reicher zur Anschauung gebracht werden sollte und die er dann einschaltete 3438 f: Der Allumfasser, der Allerhalter ꝛc. Es ist nur eine weitere Ausführung des schon Gesagten.

Wir haben also an allen reimlosen Stellen bisher das Gleiche wahrgenommen, daß sie, unbeschadet des Zusammenhangs wegbleiben können und, wenn auch an sich meist vortrefflich, doch nichts Neues zur Handlung hinzubringen.

Dem steht nun entgegen die Annahme Scherers. Er hat auch mir a. a. O. S. 80 f. — so kühn die Behauptung scheint, wahrscheinlich gemacht, daß die Prosascene (Trüber Tag. Feld) zu den ältesten Bestandtheilen des Faust gehört. Es ist wahrscheinlich, daß Goethe diese Scene 1772 niederschrieb. Er faßte die Katastrophe ins Auge und fühlte sich versucht, gerade von dem etwas zu Papier zu bringen, was ihm im Voraus anziehend erscheinen mußte: die Rückkehr Fausts zu Gretchen vor ihrer Enthauptung, die er, Mephistopheles entgegen, der ihn von ihr fortgerissen hatte, erzwingen mußte. Er schrieb, wie es scheint, die Scene in der Zeit einmal nieder, in der er Gotter und den Wetzlarer Freunden von seinem Faust erzählte. Wol bevor er an das Niederschreiben seines Faust ging, das im Jahre 1773 begann, meiner Ueberzeugung nach gleich in der gereimten Form, wie er vorliegt. — Auf einem einzelnen Blatt fand dann der Dichter nach mehr als dreißig Jahren diese Scene wieder und dictirte sie daraus Riemern.

Das Vorhandensein dieser Prosascene und das Alter derselben ist uns aber kein Beweis für das gleiche Alter aller reimlosen Stellen. Die Prosascene unterscheidet sich von den letztern schon dadurch, daß sie, wie gesagt, in die Handlung eingreift, was bei diesen allen eben nicht der Fall ist. Ihre emphatische Form ist nicht ohne Rhythmus und könnte leicht in Verse abgeteilt vorgelegt werden, wie Goethes Proserpina anfangs als Prosa, erst später in Versabtheilung, wenn auch unverändert, erschienen ist, s. des Herausgebers Dramen Goethes 1. Bd. S. 411.

Nun ist aber noch die reimlose Scene im Dom übrig

Diese Scene gehört nun wol in eminenter Weise in die Reihe der Bestandtheile des Ganzen, die nicht im Zusammenhange mit der ersten Conception, sondern später, als einzelne Bilder entstanden sind, in einer Zeit, als die Erinnerung an die Gebilde der ersten begeisterten Schaffenslust schon verblaßt war. Sie entstand, als dem Dichter die titanische Gestalt Fausts in den Hintergrund trat, indem er selbst, etwa mit seinem Eintritt in Weimar, aus der Zeit seines eignen Sturms und Drangs herausgetreten war und in ihm nur mehr die allgemein menschliche Theilnahme an Gretchens rührender Gestalt fortlebte und ihm in einzelnen Bildern erschien.

Diese Bilder werden schon durch die Schreibung Gretchen statt Margarete auffallend, mehr noch durch die Unklarheit ihres Zusammenhanges mit dem Ganzen.

Daß das Lied Gretchens am Spinnrade schon 1775 gedichtet scheint, wie Scherer aus der Aehnlichkeit mit einem Stollbergschen Gedichte aus dieser Zeit vermutet — obwol ich nicht verstehe, wie man, angeregt durch eine so hinreißende Dichtung, etwas so monoton Leierndes, wie Stollbergs Lied ist, hervorbringen kann — schwächt diese Annahme nicht. Wahrscheinlich hatte er das Gedicht ohne scenarische Angabe geschrieben und es erst später eingereiht Die scenarische Angabe nach 3373. „Gretchens Stube Gretchen am Spinnrade allein", ist eine Reminiscenz an das Frankfurter Gretchen, von der der Dichter in Dichtung und Wahrheit (Hempel 1, 157. 162) erzählt· „Gretchen saß am Fenster und spann", „Gretchen, die bis zu diesem Augenblicke fortgesponnen hatte, stand auf" 2c. Fortspinnend kann sie das leidenschaftliche Lied nicht singen — So wie er in Dichtung und Wahrheit immer Gretchen schreibt, so auch hier. Das Lied kann früher entstanden sein, es hat mit dem Spinnrade nichts zu thun. — Die 1774 entstandene Ballade, bei König in Thule, wurde in die Scene eingereiht, in der Gretchen das Kästchen findet — sie erscheint hier noch ganz verwoben mit dem Fortgang der Haupthandlung — hier wird noch Margarete geschrieben. In der Domscene wie in allen später entstandenen schreibt der Dichter, wie gesagt, Gretchen. — Er denkt sich hier Gretchen während eines Todtenamts betend. Daß es ein Todtenamt für Gretchens Mutter sei, ist in der jetzigen Folge der Scenen, in der die Messe der Ermordung Valentins folgt ſ V 3789: Auf deiner Schwelle wessen Blut? nicht mehr anzunehmen, ſ. d. Anm. S. 249 zu Vers 3776 ſſ. Wir wissen, daß durch den Schlaftrunk in jener ersten und einzigen Liebesnacht, der 3511 in der Scene in Marthens Garten erwähnt ist, die Mutter starb. Nach diesem furchtbaren Ereigniß ist ein weiterer ähnlicher Verkehr Gretchens mit Faust undenkbar und die Angabe im zweiten Theil Vers 12,065, daß Gretchen „sich einmal nur vergessen", nicht an= zuzweifeln. Unverständlich ist mir Scherers Bemerkung· „Wie die Annäherung Fausts sich vollzog, wissen wir nicht. Das Blumen= orakel weist auf Scenerie im Freien" Was in Marthens Garten vorging, sehen wir mit Augen. Am Schluß sagt Gretchen aber:

Ich ließ dir gern heut Nacht den Riegel offen,
Doch meine Mutter schläft nicht tief —

Darauf hatte ihr Faust für die Mutter den Schlaftrunk gegeben 2c. — Läßt sich da noch zweifeln daran, daß sie bei Nacht darauf „den Riegel offen ließ" und läßt sich da an Scenerie im Freien denken?

Was wir nicht wissen, ist, wo Faust verblieb, wie er sich verhielt beim Tode der Mutter? — Monate sind seitdem verflossen, Valentin iſt gefallen, Gretchen fühlt bereits das Leben des Kindes, ſo daß ein Todtenamt für die Mutter jetzt kaum anzunehmen iſt, und über Alles, was in der Zwiſchenzeit geſchah, erhält man aus der Scene keine aufklärende Andeutung. Der Dichter iſt nur mit Gretchens Bilde beſchäftigt, mit ihrer Lage.

Sollen wir die Domſcene nun, weil ſie in reimloſen Rhythmen abgefaßt iſt, mit der Proſaſcene in das Jahr 1772 ſetzen? — Das geht ſchon deshalb nicht, weil der Dichter damals noch den ganzen Sturm und Drang der erſten Monologe, noch den ganzen eignen innern Fauſt auf dem Herzen hatte. Erſt als er alle dieſe titaniſchen Ergießungen los war, konnte ihm die Muße und wohl auch die Geiſtesreife werden, Gretchens liebliches Bild auszugeſtalten. Zuerſt in den Liebesſcenen mit Fauſt, zu denen auch die Kerkerſcene gehört. Dann noch in einzelnen Bildern.

Eine andere Reihenfolge in der Entſtehung der Scenen anzunehmen widerſpräche der innern Entwickelung des Dichters. Es geht doch wol nicht an, anzunehmen, daß die Gretchenſcenen zuerſt entſtanden wären und dann erſt die Monologe des Fauſt, die gewiß das Erſte waren, als Goethe daran ging, die Dichtung niederzuſchreiben.

Die Liebesſcenen bilden den Uebergang zu den einzelnen Bildern. Als Goethe ſelbſt ruhiger wurde, was war ihm da Fauſt? Er entſchwand ſeinen Blicken und inniger beſchäftigte ihn nur mehr Gretchens Jammer.

Die Valentinſcene, die Fauſts Entfernung motiviren ſoll, in ihrem unklaren Zuſammenhang mit dem Ganzen, iſt ein Beweis, wie der Gang der Handlung dem Dichter ſchon ferne gerückt war, als er ſie ſchrieb. Sie ſoll 1800 geſchrieben ſein, iſt aber wol älter. Durch den Urfauſt ſind wir belehrt, daß Valentin, der mit ſo viel Wärme gedichtet iſt, ſchon früher auftritt. Der Urfauſt enthält ſchon die Verſe 3620—3645. Goethe war noch mitten in alterthümlichen Rechtsſtudien, als er den Götz ſchrieb. Die Worte in Vers 3402—3404 ſtimmen wörtlich zu einer Polizeiordnung des 15. Jahrhunderts. Daſelbſt heißt es: „es ſollen öffentliche bulerinnen keine guldene oder vergülte ketten tragen — in der kirche in keinem ſtuhle ſtehen“, ſ. Benda in Goethejahrb. Bd. XI S. 171.

Daß nun aber auch die Domſcene in einer Zeit entſtanden ſein muß, als die Handlung dem Dichter fern gerückt war, iſt offenbar. Er ſuchte ſie ſpäter in Zuſammenhang zu bringen mit der eingerückten, ſchon erwähnten Zeile:

Auf deiner Schwelle wessen Blut?

die auf die Valentinscene hindeutet. Aber auch diese Einschaltung
stimmt nicht zum Ganzen. Die Valentinscene findet statt den 23. April

Die herrliche Walpurgisnacht.
Die kommt uns übermorgen wieder,

sagt Mephistopheles, und unmittelbar vom Blocksberg hinweg jagen
Faust und Mephistopheles auf Zauberpferden zu Gretchen, die im
Kerker ihrer Tags darauf bevorstehenden Enthauptung entgegensieht
Dem muß vorausgegangen sein: daß Gretchen ein Kind geboren, daß
sie es im Delirium getödtet, daß sie herumgeirrt und endlich als
Mörderin gefangen und zum Tode verurtheilt wurde. — Das Alles
kann in den zwei Tagen nicht geschehen sein: aber noch weniger hat
in diesem Zeitraum die Domscene Platz. Diese Scene findet noch
vor ihrer Entbindung statt, deutet aber schon auf Ermordung Valentins
hin, durch den (späteren) Zusatz: auf deiner Schwelle wessen Blut?

Wir haben hier jener Dichtungen zu gedenken, die wir für
gleichzeitig entstanden halten mit dem tragischen Ausgang Gretchens,
s. oben S. LXIX, LXXV, wo wir an Wilhelm Meister erinnert
wurden, auch S. 224 zu V. 3410

Lassen wir aber die Möglichkeit gelten: Gretchen wird in der
Domscene ohnmächtig und unmittelbar darauf erfolgt die Geburt des
Kindes mit allen schrecklichen Folgen.

Können wir annehmen, daß diese Scene schon, wie die Prosa=
scene, 1772 entstanden sei? das heißt vor der Bearbeitung der
Dichtung in Versen, wie Scherer annimmt?

Dies müssen wir wol schon in Erwägung ziehen, daß eine so wahr
durchempfundene Liebestragödie, wie die Gretchens ist, vom Dichter
innerlich mit durchlebt sein muß, daß dann aber nicht an=
zunehmen ist, daß der Dichter das von dem Zustande der
Schwangerschaft beängstete Gretchen früher geschildert
habe, als alle die Scenen, in denen sie in aller Anmuth
der Unschuld erscheint. Und diese Erwägung entscheidet. Die
Liebesscenen zwischen Faust und Gretchen müssen in eine Zeit fallen,
wo die Ueberspannung des jungen Titanen nachläßt, also nach den
Monologen, in die Zeit des Liebesverhältnisses mit Lili

Scenen wie die Liebesscenen zwischen Faust und Gretchen sehen
übrigens auch nicht aus wie in Prosa entworfen und dann in Reime
gebracht! Obwol dies, wie wir nun bewundernd sehn, mit der Kerker=
scene doch der Fall ist! — Ein jeder Vers mit allen Unregelmäßigkeiten
ist in diesen Scenen so voll des ursprünglichen Lebens, wie das nur

im Erguß einer dichterischen Stimmung entstehen kann, nicht im
Ueberseßen von Profa in Verse.

Alles nöthigt uns zur Annahme, daß die Domscene später ent=
standen sei als diese Liebesscenen. Die Domscene gehört demnach
auch in die Reihe der reimlosen Stellen, die als spätere Einschaltungen
erscheinen.

Alle diese Stellen, die Domscene mit, bleiben nach wie vor von
der Profascene getrennt. Wenn sie in Profa niedergeschrieben waren,
warum hatte sie der Dichter in Verse umgeschrieben und die Profa=
scene nicht? Offenbar hat er die reimlosen Verse schon ursprünglich
als Verse betrachtet und so niedergeschrieben, indem er sich des Rhyth=
mus der Profascene nie bewußt geworden ist.

Nun aber gehört es zu Goethes Praxis, deren er sich
vollkommen bewußt war, solche reimlose Verse mitten unter ge=
reimten zu gebrauchen. Ich will daher auch nicht allzu eigensinnig
behaupten, daß alle die reimlosen Verse im Fauft Einschaltungen sind.
Die Hauptsache ist, daß sie alle den Charakter von Einschaltungen
haben, indem sie zur Handlung unwesentlich sind. Das ist mir voll=
kommen genug.

Wie Goethe seine Praxis reimloser unter gereimten Versen an=
sah, ersehen wir aus seinen Briefen an den Komponisten Kayser.

Diesem schreibt er den 25. April 1785 (in Bezug auf sein Sing=
spiel Scherz, Lift und Rache): „Ich habe im Recitativ weder den=
Reim gesucht noch gemieden. Deswegen ist es meist ohne
Reim, manchmal aber kommen gereimte Stellen in dem=
selben vor, besonders wo der Dialog bedeutender wird."

Kayser hatte dem Dichter Bemerkungen gemacht über Un=
regelmäßigkeit der Rhythmen mancher Stellen. Dagegen äußert er
nun 23. Januar 1786 (S. 31): — „ich bin als Dichter die ewigen
Jamben, Trochäen und Daktylen mit ihren wenigen Maßen und
Verschränkungen so müde geworden, daß ich mit Willen und
Vorfaß davon abgewichen bin." — „Ich fing also an, den
fließenden Gang der Arie, wo Leidenschaft eintrat, zu
unterbrechen oder vielmehr, ich dachte ihn zu heben, zu ver=
stärken ꝛc." — „den Parallelismus zu vernachlassigen oder viel=
mehr ihn mit Fleiß zu zerstoren —". — Weiter verspricht er,
sich künftig darin mäßigen zu wollen, „ob ich gleich nicht ganz
davon lassen kann." —

Ich denke, diese Stellen werfen ein helleres Licht auf die Ent=
stehung der reimlosen Rhythmen im Fauft, als Scherers Annahme,
sie seien umgeschriebene Profa. Daß Goethe diese Praxis nur im

Singspiel geübt habe, wird man nicht vorwenden, wir finden sie ja auch sonst von ihm angewendet. Ich erinnere an die Rhythmen in der Prosa in Götz, Egmont, Iphigenie in Prosa, an Proserpina oben S C, die fortlaufend als Prosa geschrieben, erst später in Rhythmen abgetheilt wurde.

Sagt er doch gegen die Wunsche des Musikers, er konne von dieser Praxis nicht ganz lassen und sagt auch warum, weil er die ewigen Trochäen, Jamben und Daktylen mude geworden sei. Er sagt auch, was er mit dem Abgehen von den gereimt hinfließenden Versen beabsichtige: er wollte den fließenden Gang der Arie, wo Leidenschaft eintrat, unterbrechen Er wollte eine Art Recitativ, mit dem er gehobene redneische Stellen ausdruckte, und dies stimmt wieder zu meiner Vermuthung, daß er zuweilen, einschaltend, seiner Dichtung mit reimlosen Versen grellere Farbenstriche, „Druckei" aufsetzen wollte.

———————

4.

Erste Faustaufführung geschildert von K. von Holtei und dem ersten Darsteller des Mephistopheles Laroche.

Die Schrift. Die ersten Theateraufführungen des Goetheschen Faust Ein Beitrag zur Geschichte des deutschen Theaters von Adolf Enslin (1880) veranlaßte mich noch zu Bemerkungen über die Aufführungen des Faust

Indem ich auch im Commentar gelegentlich auf die Darstellung eingehe und dem Schauspieler die daraus sich ergebenden Gesichts= punkte unmaßgeblich zur Beachtung empfehlen mochte, will ich hier der ersten Aufführungen noch besonders gedenken, da die ergänzenden Zusatze zu der Schrift Enslins, die sich mir bei der Lecture aufdrangen, hier wol am passendsten ihren Platz finden.

Der ersten Aufführung des Faust in Weimar erwähnt bekanntlich auch Holtei in seinen Vierzig Jahren unter dem Jahre 1829, der der Aufführung beigewohnt. Er kam auf den Gegenstand noch ein= mal zurück im Salon von 1869, wo er besonders der Darstellung des Mephistopheles durch Laroche ruhmend gedenkt.

Gerne hören wir einen Augenzeugen wie Karl von Holtei über diese merkwürdige erste Aufführung des Faust in Weimar berichten.

Er that dies nicht in seinen Vierzig Jahren, weil zur Zeit ihres Erscheinens noch Personen lebten, die er mit seinem Bericht zu verletzen furchten mußte, und holte es nach, als dies nicht mehr der Fall war, in seinen Mittheilungen unter der Ueberschrift **Damals in Weimar**, die im Salon 1869 erschienen sind*).

„Wir betraten das Schauspielhaus, an diesem Abend denn doch wunderbar gestimmt," erzählt er. „Viele der zum Feste anwesenden Fremden, unter denen Ausländer aller Zungen (Bildhauer David aus Paris, der polnische Dichter Mickiewicz u. A.), hegten sanguinische Erwartungen. Ich meines Theils hielt mich im Voraus überzeugt, daß wenig davon in Erfüllung gehen dürfte. Mich schreckte schon zuruck, was ich von der ‚Bearbeitung‘ vernommen, welche, obwol unter des Dichters Aufsicht und Obhut, von Riemer und Eckermann zubereitet, die schwierigste Aufgabe keineswegs loste: aus der gewaltigsten, umfassendsten poetischen Conception ein Theaterstück zu schneiden und dramatisch bühnengerecht zu machen."

„Zwar darauf war's ja für das Jubelfest nicht so genau abgesehen. Sollt' es doch zunächst eine Huldigung sein, an der Theil zu haben, in leiblicher Anwesenheit für Glück und Ehre betrachtet ward — — —. Ich brauche nicht mehr zu unterdrucken, daß die Aufführung, was die Hauptperson angeht, ganz unbefriedigend ausfiel und weit hinter den bescheidensten Ansprüchen zuruckblieb."

„Es gibt Schauspieler, welche da, wo sie heimisch wurden, allgemein beliebt sind, theils weil man sich allgemach an sie und ihre Mängel gewöhnte und sich förmlich hineinlebte, theils auch weil sie sich im burgerlichen Daheim durch gute Fuhrung und vorwurfsfreien Wandel Achtung erworben. — Einer solchen kleinstädtisch spießburgerlichen Reputation erfreute sich denn auch unser Faust**). — — Er sprach verständig und mit wolklingendem Organ, was er wörtlich eingelernt. Dem schärfsten Kritiker hätte es schwer fallen sollen, ihn des kleinsten Verstoßes, des geringsten Gedächtnißfehlers, des leisesten falschen Accentes zu zeihen. Auch sah er stattlich aus, benahm sich zweckmaßig, figurirte geschickt, kurz es ließ sich eigentlich gar nichts gegen ihn einwenden. Nur daß er von Anfang bis zu Ende der rechtschaffene, tadellose Philister blieb, dem's geradezu eine Pferdearbeit schien, einigermaßen glaublich zu machen, er **wäre Goethes Faust**!" —

Er setzte jeden „bedeutungsvollen Ausspruch" auf Pfundnoten; komischerweise auch den:

---

*) Der Salon. Band 3 Seite 62—68: Damals in Weimar. I Ein Mittag bei Goethe Seite 575—583: II Im Erbprinzen III. Frau von Heygendorf. 670—680: IV Johanna Schopenhauer. V Goethes achtzigster Geburtstag.

**) Der Darsteller hieß: Durand.

550 f   Es trägt Verstand und rechter Sinn
         Mit wenig Kunst sich selber vor;

das ist furchterlich! — — —"

„Scenische Anordnung und Ausstattung waren durch=
weg vortrefflich. Einiges besser als ich irgendwo gesehn Der
bekannte Balletmeister Kobler, zugleich ein ausgezeichneter Maschinen=
meister und Tausendkünstler, hatte in dem verhältnißmäßig be=
schränkten Raume Wunder geleistet mit Verwandlungen, Gruppirungen,
Luftflügen, Feuerregen und Metamorphosen. Leider werden eigen=
sinnige Theaterfreunde — zu denen ich gehöre — durch derlei Schau=
gepränge nicht entschädigt für das, was sie die Hauptsache nennen.
Daran würde es — an jenem immer denkwürdigen Festabend ge=
mangelt haben, waren nicht zwei Verfechter poetisch=dramatischer
Wahrheit dagewesen und eingetreten für des Tages und der Kunst
Ehre: Karoline Lorzing als Gretchen, Laroche als Mephi=
stopheles "

„— — Karoline Lorzing brachte Darstellungsgabe, Geschick,
Gemüth, Fleiß und Eifer mit. Frei von Ziererei war sie zierlich; im
Feuer der Leidenschaft blieb sie jungfräulich. Uneingeengt von den
Banden und Bändern aufgedrungenen Schulzwanges durfte sie sich
ihrem Naturell überlassen, welches nicht irre führte Ihr Gretchen
war mädchenhaft rein, innig, warm; in der Verzweiflung weder un=
schön noch fratzenhaft — — "

„Laroche hat mir den Teufel zu Danke gespielt, wie
vor ihm und nach ihm Niemand. Wer Goethes Faust — öffentlich
vorgelesen, wie ich, dem konnte unmöglich die Schwierigkeit entgehen,
diesen ‚Geist, der verneint' und zwar ‚schalkhaft', diesen Theil *) des
Bösen, welcher **) wider Willen Gutes schafft, diese sublimste Schöpfung
gesammter Poesie aller Zeiten sinnlich zu verkörpern Ich hatte mir
niemals recht vorstellen können, wie es zu machen sei, daß der
äußern Erscheinung ihr Recht geschähe und daß dabei die höhere geistige
Zaubermacht geschont, daß sie nicht in den Staub des Materialismus
herabgezogen werde. Sehr berühmte Schauspieler haben das
Experiment versucht, sind, vom Beifall der Menge be=
lohnt, so weit gegangen, Mephistos eigener Erklärung vom
‚längst vertriebenen nordischen Phantom' ***) entgegen

---

*) Im Salon steht ‚Hauch', was ich für einen Druckfehler halte — Vgl.
Vers 982.

**) Im Salon: ‚welches'

***) 2497: Das nordische Phantom ist nun nicht mehr zu schauen.

ein solches geradezu vorzuführen. Sie haben geschnurrt, geplustet, gemauzt, pferdefüßig gehinkt (Wunder noch, daß sie nicht Hörner aufstülpten!), haben Grimassen gemacht, Gesichter geschnitten zum Kinderschrecken, so, daß Faust wahrlich keine Ursache mehr hatte, Gretchen einen ‚ahnungsvollen Engel‘ zu nennen, wegen ihrer unerklärlichen Abneigung gegen seinen Freund.“

„Laroche hingegen wendete von solchen abscheulichen, übelriechenden Hausmittelchen und Mixturen nichts an. Er hielt streng die Weisung inne, die im Gedichte vorliegt und blieb durchweg der humoristisch negierende*), witzig spöttelnde, lustig zweifelnde, listig spähende Geist.“ —

Tags darauf wagte es Holtei in großer Gesellschaft bei Goethe sich über die Einrichtung des gegebenen achtactigen Faust**) tadelnd auszusprechen. Worauf Goethe lächelnd bemerkte: „Nun, ihr junges Volk versteht das freilich besser!“ Holtei setzt zu der Erwähnung dieser Aeußerung Goethes hinzu: „Ach ich höre ihn noch, sehe ihn noch, wie er das mild scheltend sagte!“ — —

Es ist mir aus dieser anziehenden Mittheilung vor Allem klar, daß der große Vorleser Holtei, der bei der Vorlesung mancher Shakespearescher Stücke Außerordentliches leistete, bei Vorlesung des Faust Schwierigkeiten fand, die er zu überwinden nicht im Stande war.

Die Schwierigkeit, die die Gestalt Fausts bietet, liegt darin, daß sie, wie schon bemerkt, vom Dichter selbst nicht lebensvoll gegenständlich ausgearbeitet ist Der Darsteller hat hier eine Individualität erst zu schaffen. Diese Individualität darf nun allerdings nichts Pedantisches haben, wie es in der Darstellung Dürands der Fall war, sie darf aber auch nichts Schauspielerisches haben, was gewöhnlich der Fall ist.

Allerdings sind die Reden Fausts nicht frei von rhetorischem Pathos. Er „declamirt“ und zeigt eine Aufgeregtheit bis zur Ueberspannung. Damit das aber alles denkbar bleibe, wie es bei einem vertrockneten, überstudierten Gelehrten vorkommen kann, darf kein Atom von schauspielerischem Wesen uns beirren. Es muß wahr sein. — Ueberdies muß im Hintergrunde eine groß angelegte Natur zu erkennen sein, die in einer Gedankenwelt eingelebt ist, von der der Darsteller meist keine Ahnung hat; es muß diese Natur überdies Temperament und Genialität genug besitzen, daß man bei den gelegentlichen leidenschaftlichen Ausbrüchen fühlt, sie werde die un-

*) Salon: ‚regierend‘.
**) Der Theaterzettel giebt an: „Tragödie in acht Abtheilungen von Goethe.“

natürlichen Fesseln eines beschränkten Daseins, in dem sie fast verkommen ist, doch noch brechen! —

Selten durfte sich, wenn überhaupt, ein Künstler von der Bildung und natürlichen Anlage finden, der eine solche Individualität zu schaffen vermöchte. —

Ob Goethe selbst im Vortrag die Gestalt so ausgebildet hatte, daß sie lebendig wurde, eine Individualität von eignem Wesen, wissen wir nicht. Mephistopheles stand ihm klar vor der Seele. Er stellte ihn gewiß auch lebendig dar und Laroche gelang es, ihn nachzubilden —

Ueber die Darstellung des Mephistopheles, wie ich sie dem darstellenden Künstler empfehlen möchte, und wie sie auch in der Absicht des Dichters gelegen scheint, habe ich mich in den Anmerkungen zu Vers 1983—7, 2009—10 und 3435 ausgesprochen.

Die Geburtstagsfeier Goethes 1829 und das ganze Treiben in Weimar um jene Zeit kommt unter andern auch zu lebensvoller Anschaulichkeit in dem Büchlein: „Zwei Polen in Weimar 1829 von J. Th. Bratanek. Wien 1870." Auch hier wird der Faustaufführung gedacht.

Ich hatte nun wiederholt aus dem Munde unseres liebenswürdigen großen Darstellers Laroche erzählen gehört von jener ersten Faustvorstellung in Weimar und Goethes Antheil daran, von dem bisher nichts bekannt war, auch in dem Büchlein von Enslin nichts erwähnt wird.

Diese Mittheilungen Laroches schrieb ich nieder mit seiner Zustimmung und theilte ihm die Blätter mit. Er fand sie in voller Uebereinstimmung mit seinen Erinnerungen

Auf eine schriftliche Anfrage: ob er das Büchlein von Enslin kenne, antwortete er mir den 14 Juli 1880 aus Gmunden (man wird gern seine eigenen Worte lesen):

„Das Werk von A. Enslin wurde mir zugeschickt Es ist vieles darin, was mir unbekannt war und was ich — bezweifle. 1832 wurde in Wien eine Todtenfeier Goethes im Burgtheater veranstaltet: Costenobel Mephisto. Nur Scenen aus Tasso, Egmont, Faust. Zur selben Zeit war ich in Brünn zu einem Gastspiel, erhielt eine Einladung des Grafen Czernin durch Deinhardstein bei der Wiederholung dieser Feier als Mephisto mitzuwirken. Das entrirte Gastspiel bewirkte einen Engagements-Antrag des Burgtheaters, dem ich nach gütlicher Auseinandersetzung in Weimar (denn nach Goethes Tod fesselte mich dort nichts mehr) im März 1833 folgte Der Abgang des Rettischen Ehepaares nach Dresden verhinderte die Wiederholungen der Faustscenen und erst bei dessen

Wiederkehr zum Burgtheater wurden nach Deinhardsteins Einrichtung Faustscenen gegeben."

Goethe dachte ernstlich an eine Aufführung seines Faust schon 1810, wo er an Zelter den 18. November schrieb: „Schließlich melde, daß uns ein seltsames Unternehmen bevorsteht, nämlich den Faust aufzuführen, insofern es nur einigermaßen möglich werden will. Möchten sie uns wol mit einiger Musik beistehen, besonders bei dem Ostergesang und dem Einschläferungslied: Schwindet, ihr dunkeln Wolbungen droben."

Zelter zeigte nicht den rechten Mut zu solcher Schöpfung und Goethe bemerkte darauf bald: „Daß Sie ablehnen, die Musik zum Faust zu componiren, kann ich Ihnen nicht verargen. Mein Antrag war etwas leichtsinnig wie das Unternehmen selbst. Das mag denn auch noch ein Jahr lang ruhen." — — S. Weiteres in Goethes Tag= und Jahresheften zu 1812.

Es ruhte länger!

Goethe hatte den Gedanken wol bald aufgegeben.

Inzwischen wurden Scenen des ersten Faust mit den Compositionen des Fürsten Radziwill 1820 im Schlosse Monbijou zu Berlin aufgeführt. Die Tag= und Jahreshefte erwähnen schon zu 1814 des Radziwillschen Unternehmens.

Daß es mit einer Faustaufführung nicht gelingen wolle, schreibt Goethe 1. Mai 1815 an Graf Brühl.

*) Es war im Winter vom 1828 auf 1829 — vermuthlich noch 1828 vor 12. December — als der Kanzler von Müller mit den Freunden Riemer, Eckermann und Laroche einen Besuch bei Goethe machte. Goethes Sohn August hatte sich ihnen gleichfalls angeschlossen.

Sie kamen mit der Mittheilung, daß sie eine Faustaufführung auf der Weimarer Bühne beschlossen hatten.

Es war dies bisher noch von keiner Bühne versucht worden. In Braunschweig beabsichtigte man unter der Direction Klingemanns, der selbst ein volksbeliebtes Spectakelstück Faust auf die Bühne gebracht hatte, auf den Wunsch des Herzogs Karl, eine Darstellung und kam damit auch den 18. Januar 1829 Weimar zuvor.

Bald darauf hieß es, Tieck in Dresden wolle hinter Braunschweig nicht zurückbleiben, sowie denn auch wirklich den 27. August

---

*) Das Folgende ist meine erwähnte Aufzeichnung nach Laroches mündlichen Mittheilungen. Sie ist niedergeschrieben und auch in der ersten Auflage erschienen bei Laroches Leben. Ich lasse diesen Text, in dem von ihm daher als von einem Leben gesprochen wird, unverändert.

1829 daselbst eine Faustaufführung stattfand, der eine andre in Leipzig den 28 August auf dem Fuße folgte.

Sehr möglich, daß das Gerücht von der beabsichtigten Darstellung in Braunschweig auch in Weimar den Gedanken anregte.

Man war nun natürlich sehr gespannt, wie Goethe die Mittheilung dieses Vorhabens aufnehmen werde?

Herr von Müller brachte die Sache ruhig vor, wobei er aber, wie erwähnt, unter andern sich des Ausdrucks bedient zu haben scheint. „man habe beschlossen —". Darüber fuhr Goethe auf wie von einer Bremse gestochen.

„Glaubt man denn, daß ich, wenn ich gewollt hätte, nicht selbst den Faust auf die Bühne bringen konnte? — Ist es billig, über meine Werke zu verfügen, ohne zu fragen, was ich selbst damit vorhabe? — Bin ich denn nicht mehr am Leben? — Beschlossen hat man? Man hat demnach beschlossen ohne mich auch nur zu fragen!"

Voll Majestät in seinem Zorn ging er bei diesen Worten im Zimmer auf und ab. Die Freunde befanden sich in der peinlichsten Lage

Es ging damit aber doch den Weg, wie so manches Andre, das anfangs auf seinen Widerspruch stieß und schließlich doch durchgeführt wurde. Goethe machte sich mit dem Gedanken vertraut und äußerte denn endlich eines Tages gegen seine vermittelnde Schwiegertochter Ottilie: „Wenn man denn den Faust zur Darstellung bringen will, so soll er mindestens nicht so zur Darstellung kommen, wie sie sich ihn etwa denken, sondern so, wie ich ihn haben will!" —

Dies muß vor dem 12. December gewesen sein, den wir schon oben als den vermuthlichen Zeitpunkt annahmen, vor dem die Absicht in Weimar auftauchte, den Faust zur Aufführung zu bringen.

Um diese Zeit muß sich nämlich der Dichter mit dem Gedanken einer Faustdarstellung befreundet haben und schon mit den Einzelheiten der Ausführung im Geiste beschäftigt gewesen sein, denn er schrieb den 12. December an den Maler Wilhelm Zahn wegen einer Vorrichtung, die bei der Fürst Radziwillschen Aufführung *) in Berlin 1820 in Verwendung gekommen war. Daß er deshalb gerade jetzt, den 12. December 1828 schrieb, scheint denn doch in Zusammenhang zu stehn mit der Aufführung, die um die Zeit in Weimar

---

*) Die Fürst Radziwillsche Composition zu Faust war von so hoher Schönheit, namentlich von dem großen Compositeur Löwe in seiner Lebensbeschreibung so hoch gestellt, daß man wünschen muß: die musikalische Welt möchte sich ihrer wieder einmal erinnern

beschlossen wurde. — Wir müssen die betreffende Briefstelle mittheilen, da sie für die Darstellung nach Goethes Anordnung wichtig ist. Sie lautet:

„Da Sie gefälligst kleine Aufträge auszuführen sich erboten haben, so wollte ich Sie um Folgendes ersuchen. Fürst Radziwill, welcher verschiedene Privataufführungen einiger Scenen meines Faust begünstigte, ließ die Erscheinung des Geistes in der ersten Scene auf eine phantasmagorische Weise vorstellen, daß nämlich bei verdunkeltem Theater, auf eine im Hintergrund aufgespannte Leinwand, von hinten her ein erst kleiner, dann sich immer vergrößernder lichter Kopf geworfen wurde, welcher daher sich immer zu nähern und immer weiter hervorzutreten schien. Dieses Kunststück ward offenbar durch eine Art laterna magica hervorgerufen. Könnten Sie baldigst erfahren: wer jenen Apparat verfertigt, ob man einen gleichen erlangen könnte, und was man allenfalls dafür entrichten müßte? Das vorzustellende Bild würde man von hier aus dem Künstler zusenden."

Enslin macht zu diesem Briefe a. a. O. S. 15 die Bemerkung: „Ein derartiger Apparat kömmt auch bei den jetzigen Faust-Aufführungen in Weimar zur Anwendung. Die Wirkung ist gut; weniger zu loben ist aber, daß die Worte des Erdgeistes durch ein Sprachrohr gesprochen werden."

Laroche erinnert sich, daß bei der ersten Faustdarstellung ein Riesenantlitz fast den ganzen Hintergrund erfüllte und daß diese Darstellung des Erdgeistes dann auch auf die der Wiener Hofburg überging *). Die Worte des Erdgeistes wurden aber nach einer Composition Karl Eberweins, wie Laroche erzählt, gesungen.

---

*) Im ersten Faustbuche (1587) geht auf die Beschwörung Fausts „ein feuerstrom eines mannes hoch auf", verändert sich dann und „formirte eine gestalt eines feurigen manns", die sich dann in einen grauen Mönch verwandelt.

In Widmanns Faustbuch (1599 7. Cap.) sieht Faust „einen Schatten bei seinem ofen hergehn, beschwort ihn, da ist er hinder den ofen gangen und (hat) den kopf als ein mensch herfur gestecket" — Bei der weitern Beschwörung ist die Stube voller Feuerflammen, es zeigt sich ein Menschenkopf mit zottigem Leib.

In Pfitzers Faustbuch (1679, 1. Th. 8 Cap.) heißt es, Faust habe den Geist hinter dem Ofen ersehn und habe ihn aufgefordert hervor zu gehn Als dies der Geist abschlug, beschwor er ihn „härter" und darauf ward die Stube in einem Augenblick voller Feuerflammen — — „der geist hatte zwar einen natürlichen menschenkopf, aber sein ganzer Leib war gar zottigt" 2c Ganz ähnlich erzählt der Christl. Meinende (1712): „Das Zimmer steht in vollem Feuer, der Geist hat einen Menschenkopf, der Leib aber ist zottig."

Goethe hat, wie es demnach scheint, hier seine Vorstellung nicht nach dem ersten Faustbuch, dem auch Marlowe folgt, sondern nach den spätern Volksbüchern oder Puppenspielen gebildet.

Nachdem denn Goethe erklärt hatte, daß er gegen eine Faust-aufführung nichts weiter einwenden wolle, daß er aber wünsche, daß sie in seinem Sinn vorgenommen werde, ließ er vorerst eine Ge-sellschaft von Freunden und Mitgliedern der Bühne sich in seinem Hause versammeln, denen er den ganzen ersten Theil vorlas. — Wahrscheinlich doch wol mit den Weglassungen, die bei der Auf-führung nothwendig eintreten mußten; denn daß er Alles bis auf den Walpurgisnachtstraum gelesen haben sollte, wird nicht anzu-nehmen sein.

Laroche rühmt heute noch (1880) den hinreißenden Vortrag des Dichters und den gewaltigen Eindruck, den die Dichtung machte.

Fausts Rolle deklamirte er im Baß eines alten Mannes bis zu der Stelle, wo er den Verjüngungstrank trinkt in der Hexenküche. — Von den Worten Fausts an 2599 f:

> Laß mich nur schnell noch in den Spiegel schauen'
> Das Frauenbild war gar zu schön!

führte der Dichter die Rolle bis aus Ende durch „in klangvollstem Jünglingstenor". — Laroche spricht noch mit Begeisterung von der Schönheit und Gewalt der Stimme Goethes. —

Einer andern Einzelheit erinnert sich er noch. —

In der Schülerscene ließ der Dichter nach den Worten des Schülers: „Fast möcht' ich nun Theologie studiren", eine Pause eintreten. In derselben zog er, Mephistopheles darstellend, das Haupt ganz in die Schultern ein, indem er hämisch, mit lauerndem Blick und breitem Grinsen erwiderte 1983:

> Ich wünschte nicht euch irre zu führen —

Die Rolle des Mephistopheles studirte er dann dem Schauspieler Laroche so sorgfältig ein, daß dieser zu sagen pflegt: „In der Rolle des Mephistopheles, wie ich sie gebe, ist jede Gebärde, jeder Schritt, jede Grimasse, jedes Wort von Goethe; an der ganzen Rolle ist nicht so viel mein Eigenthum als Platz hat unter dem Nagel!" — Diese Worte hörte ich fast gleich-lautend wiederholt aus dem Munde des verehrten Künstlers.

Laroches Darstellung des Mephistopheles war berühmt So kam denn die erste Aufführung des Faust in Weimar zu Stande Sie fand statt den 29. August 1829. Goethe selbst wohnte der Dar-stellung nicht bei. Er ließ sich darüber nur von den Seinigen Bericht erstatten.

Jetzt erst verstehn wir die Worte Goethes an Rochlitz in Leipzig, wo die erste Faustaufführung, wie bemerkt, gleichfalls 1829 stattfand, und zwar hier den 28. August, an des Dichters 80. Geburtstag.

Rochlitz hatte aus Leipzig darüber an Goethe gefchrieben und dieser antwortete ihm den 2. September unter anderm Folgendes: „Es ift wunderlich genug, daß diese feltfame Frucht erft jetzt gleich= fam vom Baume fallt. Auch hier hat man ihn gegeben, ohne meine Anregung, aber nicht wider meinen Willen und nicht ohne meine Billigung der Art und Weife, wie man fich dabei benommen." — —

Nach einer weiteren Mittheilung von Rochlitz fchreibt er den 29. September unter anderm zurück: „Bei meiner vieljährigen Theaterverwaltung habe ich eine folche oft verlangte, ja dringend geforderte Vorftellung niemals begünftigt und fie auch jetzt hier am Orte nur gefchehn laffen." — —

Das Vorhaben von 1810 war demnach offenbar nur ein vor= übergehender Einfall, auf den er fchon ganz vergeffen oder, was wahrfcheinlicher ift, der nie foweit Feftigkeit gewonnen hatte, daß er bis zur „Begünftigung" einer Aufführung gereift wäre.

Bezeichnend ift, daß er auf die Rolle des Mephiftopheles fo großen Wert legt, daß er fie bis ins Einzelne Laroche einftudirte. — Auf meine fchriftliche Frage an Laroche: ob Goethe denn auch mit den Darftellern der andern Rollen fich die Muhe genommen, fie ihnen einzuftudiren, antwortete mir diefer 9. Auguft 1880 aus Gmunden: „Nachdem Goethe endlich feine Einwilligung zur Aufführung des Fauft gegeben, die Scenenfolge und was er melodramatifch wünfchte, angeführt, hat er fich meines Wiffens mit den Darftellern der andern Rollen nicht befaßt, höchftens durch Eckermann einige Winke geben laffen."

Die Erklärung haben wir bereits gegeben: Fauft felbft war dem Dichter nicht fo gegenftändlich wie Mephiftopheles.

Fauſt.

Eine Tragödie.

Zueignung.

———

Ihr naht euch wieder, schwankende Gestalten,
Die früh sich einst dem trüben Blick gezeigt.
Versuch' ich wohl euch dießmal fest zu halten?
Fühl' ich mein Herz noch jenem Wahn geneigt?
5 *) Ihr drängt euch zu! nun gut, so mögt ihr walten,
Wie ihr aus Dunst und Nebel um mich steigt;
Mein Busen fühlt sich jugendlich erschüttert
Vom Zauberhauch, der euren Zug umwittert.

—   —

*) Hiermit beginnt die ununterbrochen fortlaufende Verszählung
mit Hinzuzählung der drei einleitenden Dichtungen

Zueignung. Diese Ueberschrift steht in der Originalausgabe,
wie hier, auf einem besonderen Blatt — Die Zueignung des Faust
erschien zuerst mit der ersten vollständigen Ausgabe des ersten Theils
1808. — Nach einem Briefe des Dichters vom 22. Juni 1797 an
Schiller nahm er damals den Faust wieder vor. „Unser Balladen
studium hat mich wieder auf diesen Dunst und Nebelweg gebracht."
schreibt er. Diese Worte scheinen in dem Verse 6 der ersten Strophe
anzuklingen. — Die Zeit der Jugend, da die bedeutendsten Bestand
theile des ersten Theils des Faust entstanden, erscheint dem Dichter
hier, da er die Zueignung schrieb, so wie auch später noch, als die
Zeit dunkeln Strebens. „Auch muß man bedenken," sagte er 1830,
den 3. Januar, zu Eckermann: „daß der erste Teil (des Faust) aus
einem etwas dunkeln Zustande des Individuums hervorgegangen" —
Namentlich das Mittelalterliche, in dem er sich damals noch
gefiel, war ihm nun, seitdem er in Italien gelebt und der Antike
sich hingegeben, in die Ferne gerückt. Seine Vorliebe für altdeutsche
Baukunst und für altdeutsches Wesen, für Götz und Hans Sachs war
dem Dichter von Iphigenie und Tasso entschwunden. — Trüb scheint
ihm jetzt der Blick, mit dem er in seiner Jugend jene Gestalten gesehn.
sein damaliges Streben ein Wahn. Wahn darf hier nicht als Bezeichnung eines Irrglaubens, sondern muß mehr als die eines noch
ungeklärten Strebens, einer unbestimmten Erwartung genommen
werden. Mittelhochdeutsch nannte man Vorstellungen, mit denen
man sich schmeichelte, angenehme Erwartungen. Lieber wân, wunne-
licher wân (so Walther in den Liedern. Ein niuwer sumer etc.
und Mich hât ein wunneclîcher wân —). — Vers 8. umwittert = den Sinnen ahnungsvoll wahrnehmbar macht; sieh unten
zu 496.

Ihr bringt mit euch die Bilder froher Tage,
10 Und manche liebe Schatten ſteigen auf;
Gleich einer alten halbverklungnen Sage
Kommt erſte Lieb' und Freundſchaft mit herauf;
Der Schmerz wird neu, es wiederholt die Klage
Des Lebens labyrinthiſch irren Lauf,
15 Und nennt die Guten, die, um ſchöne Stunden
Vom Glück getäuſcht, vor mir hinweggeſchwunden.

───────

10. 12. liebe Schatten — erſte Lieb' und Freundſchaft
Vgl V. 65. Man darf hier wohl an Goethes Schweſter Cornelie denken,
die ſchon 1777 ſtarb, an ſeinen Freund Merck († 1791), doch auch an
das Frankfurter Gretchen (erſte Lieb'), von der wir nur ſo viel wiſſen,
als in Dichtung und Wahrheit, freilich mit lebendigſter Färbung, erzählt
iſt. — Die in der Welt zerſtreuet Lebenden, die hier gemeint ſein
können, werden wir vergebens mit Hinweis etwa auf Friederike † 1813,
Jacobi, Klinger, Schloſſer, Keſtner und Frau, Lili ꝛc. erſchöpfend
aufzuzählen ſuchen! Als „was ſich ſonſt an meinem Lied erfreuet"
durfte G. damals ſchon eine ungezählte Menge meinen. — 21 erſcheint
erſt nach Goethes Tode (erſt von 1837 an) überall Lied für Leid
im Text. Unter mein Leid iſt Der Schmerz, die Klage
gemeint, oben Vers 13. Nur ein Theil der Exemplare der Ausgabe
von 1825*) haben Lied, ſieh Loepers Fauſt, 2. Bearbeitung 1879,
S 211. Mehr als die Freude ſcheut man ſich ſein Leid der unbekannten Menge zu klagen. Dazu iſt noch zu erinnern an das auf
Werther ſich beziehende Diſtichon: Ach, wie hab' ich ſo oft die thörichten
Blätter verwünſchet, die mein jugendlich Leid unter die Menſchen
gebracht (Gedichte, Hempel 3, 123). Im Taſſo ſagt Leonore 193 f.
(der Dichter): „Füllt — — — — — Mit ſeiner Klagen Wohllaut
Hain und Luft: Sein reizend Leid, die ſel'ge Schwermuth lockt
Ein jedes Ohr und jedes Herz muß nach —". Weiter unten ſagt
dann ebenfalls Leonore 2038: „Der Lorbeerkranz iſt, wo er dir
erſcheint, Ein Zeichen mehr des Leidens als des Glücks."
Endlich Taſſo 3431: „Und wenn der Menſch in ſeiner Qual ver-
ſtummt, Gab mir ein Gott, zu ſagen was ich leide." Als Motto
(mit der Variante was ich leide) zur Elegie in der Trilogie der
Leidenſchaft. Eine Analogie bietet der mittelhochd. Text eines Liedes
Heinrichs von Morungen, das in Minneſanges Frühling S. 127 beginnt: Ez iſt ſite der nahtegal, swan ſi ir liet volendet, ſô geſwiget
ſie, wofür nun Bartſch, Liederdichter 2. Aufl., S. 35 den Text wieder
herſtellt: Ez iſt ſite der nahtegale, swenn ſie ir leit volendit, ſô
geſwîgit ſie.

*) Sal Hirzel in Neues Verzeichniß einer Goethe-Bibliothek 1862, S 79, gibt
wörtlich an: „Von dieſer Ausgabe gibt es zwei verſchiedene Drucke, von denen der
eine in der Zueignung die Lesart hat: ,Mein Leid ertönt', der andere: ,Mein Lied'."
Vgl nun Weimarausgabe, Bd. 14, S 251.

Sie hören nicht die folgenden Gesänge,
Die Seelen, denen ich die ersten sang;
Zerstoben ist das freundliche Gedränge,
20 Verklungen ach! der erste Widerklang.
Mein Leid ertönt der unbekannten Menge,
Ihr Beifall selbst macht meinem Herzen bang,
Und was sich sonst an meinem Lied erfreuet,
Wenn es noch lebt, irrt in der Welt zerstreuet.

25 Und mich ergreift ein längst entwöhntes Sehnen
Nach jenem stillen ernsten Geisterreich,
Es schwebet nun in unbestimmten Tönen
Mein lispelnd Lied, der Aeolsharfe gleich,
Ein Schauer faßt mich, Thräne folgt den Thränen,
30 Das strenge Herz es fühlt sich mild und weich:
Was ich besitze, seh' ich wie im Weiten,
Und was verschwand wird mir zu Wirklichkeiten.

---

25 f. Den Dichter ergreift ein Sehnen nach dem, was seinen
Geist erfüllte in jener Jugendzeit, da ihn die umgaben, die nun im
Geisterreich sind — Die Klänge der Dichtung, die er seit langer Zeit
im Juni 1797 wieder vernahm, klingen an sein Ohr. — Es überrascht ihn der fremd gewordene Klang und rührt ihn, indem er
schlummernde Erinnerungen weckt. — 30. Es löst sich die starr gewordene Empfindung. Aehnlich schildert der Dichter das Schmelzen
der Empfindung in der Elegie in der Trilogie der Leidenschaft —
31 f. Die Gegenwart tritt zurück, und die Traumgestalten der Jugend
treten hervor. Den 11. Jenner 1821 schreibt Goethe noch in ähnlichem Sinne (s. Strehlkes Goethes Briefe 1, S. 265) „Aus einer
grauen Geistertiefe rückten die Züge eines bedeutenden Mannes näher
und näher."

Ueber die Benutzung der Zueignung für die Bühnendarstellung,
zusammen mit dem Vorspiel auf dem Theater und dem Pro-
log im Himmel, erlaube ich mir zu verweisen auf meine kleine
Schrift. Die Aufführung des ganzen Faust auf dem
Wiener Hofburgtheater. Nach dem ersten Eindruck besprochen.
Heilbronn 1883.

Vorspiel
auf dem Theater.

— · —

Director, Theaterdichter, lustige Person.

Director.

Ihr beiden, die ihr mir so oft,
In Noth und Trübsal, beigestanden,
35 Sagt was ihr wohl in deutschen Landen
Von unsrer Unternehmung hofft?
Ich wünschte sehr der Menge zu behagen,
Besonders weil sie lebt und leben läßt
Die Pfosten sind, die Bretter aufgeschlagen,
40 Und jedermann erwartet sich ein Fest.
Sie sitzen schon mit hohen Augenbraunen
Gelassen da und möchten gern erstaunen.

Vorspiel auf dem Theater. Schon die englischen Komödianten hatten dem Marlowe'schen Faust ein Teufelsvorspiel vorangestellt. Dies Stück war entlehnt dem von Thom Dekker dramatisirten Bruder Rausch (Friar Rush) s Charles Herford, Studies in the Literary Relations of England and Germany in the Sixteenth Century Cambridge 1886 Darüber s. W. Koch in den Blättern für das bayer. Gymnasialschulwesen (1886), XXIV. Jahrg. Die Ueberschrift hat, wie die der Zueignung, in den Original ausgaben ein besonderes Blatt, hier S. 9 Das Vorspiel ist, wie die Zueignung, im Juni 1797 entstanden. — Goethe lernte schon 1791 Kalidasas Sakuntala kennen in J G A. Forsters Ueberseßung (Sakontala oder der entscheidende Ring, Mainz 1791), die mit einem Vorspiel beginnt und zwar einem Dialoge zwischen dem Schauspieldirector und einer Schauspielerin Weitere Beispiele von Vorspielen vgl. auch Klein, Geschichte des Dramas 3, 61 62 137 — Das Vorspiel steht nicht in directer Beziehung zur Fausttragödie und hat mehr das Theater im Allgemeinen im Auge, doch stimmt der Schluß vom Himmel durch die Welt zur Hölle zum Gang des ersten Theils, s. zu 238—242. Die lustige Person stellt den Schauspieler dar, der den Schalksnarren zu spielen pflegt. In Goethes Vorwort zu dem Neusten von Plundersweilern vom 30 April 1816 nennt er den Hanswurst aus dem Jahrmarktsfest v. Pl lustige Person. Vgl. meine Ausg. von Goethes Dramen in Kürschner's Nat.=Litt 1, 282 f. und Scholl, Goethe in Hauptzügen 531 — 41, 9. Augenbraunen Die Angabe Grimms (Wtb 1, 804), daß dies die jeßt vorherrschende Form ist, gilt nicht mehr. Die Neuern ziehen jeßt Augenbraue vor Goethe gebraucht übrigens fünf Formen: Augbraue, Augenbraue, Augbraune, Augenbraune und Augbraun. Gr. a. a. O.

Ich weiß wie man den Geiſt des Volks verſöhnt;
Doch ſo verlegen bin ich nie geweſen;
45 Zwar ſind ſie an das Beſte nicht gewöhnt,
Allein ſie haben ſchrecklich viel geleſen.
Wie machen wir's, daß alles friſch und neu
Und mit Bedeutung auch gefällig ſei?
Denn freilich mag ich gern die Menge ſehen,
50 Wenn ſich der Strom nach unſrer Bude drängt,
Und mit gewaltig wiederholten Wehen
Sich durch die enge Gnadenpforte zwängt,
Bei hellem Tage, ſchon vor Vieren,
Mit Stößen ſich bis an die Caſſe ficht
55 Und, wie in Hungersnoth um Brot an Beckerthüren,

---

43. verſöhnt. Der Dichter denkt hier an die Vielköpfigkeit des
Volks und deſſen mannigfaltige Parteien. Er verſöhnt ſie, indem
er ſie alle für Ein gemeinſames Intereſſe gewinnt, d. h. indem
durch ſeine Dichtung feſſelt. — 51. Wehen. Aus dem Zuſammenhang erſcheint dieſer Ausdruck hier in der ungewohnlichen Bedeutung
für: Anſtrengungen Der Dichter denkt an Aehnliches wie Ge-
burtswehen, es erſcheint die drängende Menge, als ein kreißendes
Ganze. — 53. vor Vieren: vor vier Uhr nachmittags. Die Vorſtellungen begannen in Weimar wohl frühſtens um halb ſechs. Sieh
den weimarſchen Theaterzettel vom 22. Sept. 1804 in der Ausg. des
Götz von Wendt, Karlsruhe 1879, oder um ſechs, ſieh den Theaterzettel vom 29. Auguſt 1829 zur erſten Aufführung des Fauſt in
Weimar bei Enslin. — 55. Alexandriner vgl. 104, 117, 119, 126,
129, 140, 148, 165, 180, 181, 198, 225 u ſ. f. 281. Wie das
Lied von Gudrun häufig in die Nibelungenſtrophe fällt, ſo verfällt der Dichter im Fauſt häufig in den Alexandriner, gewiß
unbewußt Dies war die Versart ſeiner Jugenddramen: Die
Laune des Verliebten und Die Mitſchuldigen. Es war aber
auch das Versmaß des volksmäßigen Fauſtſtückes. Der Rhythmus
des Alexandriners hat etwas Sententioſes, aber auch in manchen
Fällen den Charakter einer trivial gewordenen abgebrauchten Form.
Er ſtellt ſich daher hier oft ein zugleich mit mundartlichen Formen,
wo dieſer Charakter am Platze iſt, zuweilen aber auch als paſſende
Form einer Sentenz. In Hans Wurſts Hochzeit fällt auch Kil.
Bruſtfleck in den Alexandriner, indem er ſententios wird: Kein leicht
unfertig Wort wird von der Welt vertheidigt, Doch thut das
Niedrigſte, und ſie wird nicht beleidigt. — Es iſt deshalb nicht unnütz,
wo ein Alexandriner auftritt, darauf aufmerkſam zu machen, was
dem Vortrag zu Gute kommen muß, wenn damit auch einer etwa
leiernden Vortragsweiſe nicht Vorſchub geleiſtet ſein ſoll. Verſe wie
117: Man eilt zerſtreut zu uns wie zu den Masken-
feſten, — 119: Die Damen geben ſich und ihren Putz
zum Beſten, machen, als Alexandriner geleſen, erſt den charakte-

Um ein Billet sich fast die Halse bricht.
Dieß Wunder wirkt auf so verschiedne Leute
Der Dichter nur; mein Freund, o! thu' es heute!

Dichter.

O sprich mir nicht von jener bunten Menge,
60 Bei deren Anblick uns der Geist entflieht.
Verhülle mir das wogende Gedränge,
Das wider Willen uns zum Strudel zieht.
Nein, führe mich zur stillen Himmelsenge,
Wo nur dem Dichter reine Freude blüht;
65 Wo Lieb' und Freundschaft unsres Herzens Segen
Mit Götterhand erschaffen und erpflegen.

Ach! was in tiefer Brust uns da entsprungen,
Was sich die Lippe schüchtern vorgelallt,
Mißrathen jetzt und jetzt vielleicht gelungen,
70 Verschlingt des wilden Augenblicks Gewalt.
Oft wenn es erst durch Jahre durchgedrungen,
Erscheint es in vollendeter Gestalt.
Was glänzt ist für den Augenblick geboren,
Das Echte bleibt der Nachwelt unverloren.

Lustige Person.

75 Wenn ich nur nichts von Nachwelt hören sollte,
Gesetzt, daß ich von Nachwelt reden wollte,
Wer machte denn der Mitwelt Spaß?

---

ristischen Eindruck des Rococostils, in dem sie geschrieben sind; vgl zu
674 — 59—74. Der Dichter spricht hier noch, wie in der Zueignung,
in Stanzen. — 64. Wo nur = wo nur allein, nur dort, wo —;
nur dort blüht dem Dichter reine Freude Nicht mit Betonung von
Dichter etwa: nur dem Dichter blüht dort reine Freude. —
65—66 Herzens Segen — Reichthum, Fruchtbarkeit des Gefühls.
Erschaffen und erpflegen mit treuer Pflege hervorbringen und
großziehn. Das Herz bedarf der Liebe und Freundschaft Lieb' und
Freundschaft schaffen und nähren unsers Herzens Segen. 66 zu Götterhand vgl. 2707. — 67—70. Was in jener Himmelsenge, dem Paradies von Liebe und Freundschaft, mehr oder weniger vollendet, zum
Ausdruck kommt, kommt auch zuerst nicht einmal recht zur Geltung.
— 71—72. Oft erst nach Jahren erlangt es Vollendung und findet
Würdigung. — 73—74 Für den Augenblick ist das Blendende; das
Echte bewahrt sich für die Dauer.

Den will ſie doch und ſoll ihn haben.
Die Gegenwart von einem braven Knaben
80 Iſt, dächt' ich, immer auch ſchon was.
Wer ſich behaglich mitzutheilen weiß,
Den wird des Volkes Laune nicht erbittern;
Er wünſcht ſich einen großen Kreis,
Um ihn gewiſſer zu erſchüttern.
85 Drum ſeid nur brav und zeigt euch muſterhaft,
Laßt Phantaſie, mit allen ihren Chören,
Vernunft, Verſtand, Empfindung, Leidenſchaft,
Doch, merkt euch wohl! nicht ohne Narrheit hören.

Director.

Beſonders aber laßt genug geſchehn!
90 Man kommt zu ſchaun, man will am liebſten ſehn.
Wird vieles vor den Augen abgeſponnen,
So daß die Menge ſtaunend gaffend kann,
Da habt ihr in der Breite gleich gewonnen,
Ihr ſeid ein vielgeliebter Mann.
95 Die Maſſe könnt ihr nur durch Maſſe zwingen,
Ein jeder ſucht ſich endlich ſelbſt was aus.
Wer vieles bringt, wird manchem etwas bringen;
Und jeder geht zufrieden aus dem Haus.
Gebt ihr ein Stück, ſo gebt es gleich in Stücken!
100 Solch ein Ragout es muß euch glücken;
Leicht iſt es vorgelegt, ſo leicht als ausgedacht.
Was hilft's, wenn ihr ein Ganzes dargebracht,
Das Publicum wird es euch doch zerpflücken.

Dichter.

Ihr fühlet nicht, wie ſchlecht ein ſolches Handwerk ſei!

81—82. D. h. der wird ſich gegen des Volkes Laune nicht ver-
bittern, womit des Dichters Worte Vers 59 ff. zurückgewieſen werden.
— 100 Ragout iſt hier in der Bedeutung eines Gerichts aus
verſchiedenartigen Beſtandtheilen zu verſtehn Vgl. Vers 539, auch
Goethes Gedichte (Loeper, neue Ausg. 3, 104). „So ein Ragout von
Wahrheit und von Lügen ꝛc.“ In Goethes Brief an Salzmann aus
Seſenheim: Ein abenteuerlich Ragout, Reflexionen, Empfindungen
— Grillen, der junge Goethe 1, 251. Brief an die Stein vom Jan.
1778. Weimarausg., 1. Bd., Briefe, S. 260 von 1771. — 102 f
Die oberflächliche Menge bleibt nur am Einzelnen hangen, ſie vermag
nicht ein Kunſtwerk als Ganzes zu würdigen. — 104. Vgl. zu 55.

105 Wie wenig das dem echten Künstler zieme!
Der saubern Herren Pfuscherei
Ist, merk' ich, schon bei euch Maxime.

Director.

Ein solcher Vorwurf läßt mich ungekränkt:
Ein Mann, der recht zu wirken denkt,
110 Muß auf das beste Werkzeug halten.
Bedenkt, ihr habet weiches Holz zu spalten,
Und seht nur hin für wen ihr schreibt!
Wenn diesen Langeweile treibt,
Kommt jener satt vom übertischten Mahle,
115 Und, was das Allerschlimmste bleibt,
Gar mancher kommt vom Lesen der Journale.
Man eilt zerstreut zu uns, wie zu den Maskenfesten,
Und Neugier nur beflügelt jeden Schritt;
Die Damen geben sich und ihren Putz zum besten
120 Und spielen ohne Gage mit.
Was träumet ihr auf euer Dichter-Höhe?
Was macht ein volles Haus euch froh?
Beseht die Gönner in der Nähe!
Halb sind sie kalt, halb sind sie roh.
125 Der, nach dem Schauspiel, hofft ein Kartenspiel,
Der eine wilde Nacht an einer Dirne Busen.
Was plagt ihr armen Thoren viel,
Zu solchem Zweck, die holden Musen?
Ich sag' euch, gebt nur mehr, und immer, immer mehr,
130 So könnt ihr euch vom Ziele nie verirren,
Sucht nur die Menschen zu verwirren,

---

107 Maxime, hier Handwerksregel, Grundsatz. — 110—111. Ihr
habt leichte Arbeit; seht euch nur das Publicum an. — 114. über=
tischtes Mahl, zu dem überflüssig aufgetischt ist, vgl überladen,
überfüllt, überhauft — 116. Vgl Goethes Sprüche in Prosa
bei Loeper Nr. 23 mit der Anmerkung daselbst — 119. Spectatum
veniunt, veniunt spectentur ut ipsae. Ovidius artis amat. 1, 99,
Sie kommen zu schaun und kommen zugleich, um gesehn zu werden
— 129—132 vgl. 95. Durch Masse die Masse bezwingen und 97
vieles, jedem etwas, bringen; endlich durch die Masse betäuben, „ver=
wirren", das ist die Kunst des Faiseurs.

Sie zu befriedigen iſt ſchwer — —
Was fällt euch an?   Entzückung oder Schmerzen?

Der Dichter.

Geh hin und ſuch' dir einen andern Knecht!
135 Der Dichter ſollte wohl das höchſte Recht,
Das Menſchenrecht, das ihm Natur vergönnt,
Um deinetwillen freventlich verſcherzen!
Wodurch bewegt er alle Herzen?
Wodurch beſiegt er jedes Element?
140 Iſt es der Einklang nicht, der aus dem Buſen dringt,
Und in ſein Herz die Welt zurücke ſchlingt?
Wenn die Natur des Fadens ew'ge Länge,
Gleichgültig drehend, auf die Spindel zwingt,
Wenn aller Weſen unharmon'ſche Menge
145 Verdrießlich durch einander klingt;
Wer theilt die fließend immer gleiche Reihe,
Belebend ab, daß ſie ſich rhythmiſch regt?
Wer ruft das Einzelne zur allgemeinen Weihe,
Wo es in herrlichen Accorden ſchlägt?
150 Wer läßt den Sturm zu Leidenſchaften wüthen?
Das Abendroth im ernſten Sinne glühn?

---

132. Der Dichter macht bei dieſen Worten eine abwehrende
Gebärde des Unmuths, wie ſich aus den Gedankenſtrichen, die eine
bedeutungsvolle Pauſe andeuten, und aus den 133 folgenden Worten
des Directors entnehmen läßt — 139—140. Da der Director ein
betäubendes Gaukelſpiel vom Dichter verlangte (Vers 131), was dieſen
empörte, macht er dagegen den Einklang geltend, der aus ſeinem Buſen
dringt und die äußere Welt zu einem Beſitzthum ſeines Innern macht
— 140. 148. Alexandriner. — 142—157. Von hier ab ſteigert ſich
die Begeiſterung des Dichters bis zum höchſten Ausdruck.   Die Kunſt
(hier die des Dichters, die Poeſie), das Erzeugniß des Geiſtes, der
geiſtigen Natur des Menſchen, ſteht uns höher als die unbewußte
Welt.   Sie bringt Rhythmus, den Herzſchlag der Empfindung in die
mannigfaltige Bewegung und vereinet künſtleriſch die einzelnen Töne
zum Accord.   Sie legt Empfindung in die unbewußte Wildheit des
Sturmes und läßt ſein Wüthen als Analogon menſchlicher Leidenſchaft erſcheinen.   Sie läßt das Abendroth in Verbindung mit ernſten
Gefühlen und Gedanken glühn (vgl. etwa Uhlands: Des Dichters
Abendgang)   Sie verwandelt Blumen in Liebesgaben u. ſ f. In
dem Gedichte Herders: Am Meer bei Neapel 1789, das viel an
Goethes Zueignung erinnert, ſcheint auch dieſe Stelle anzuklingen:
Sie läßt den Keim zur Blume zu entfalten, Die Blume liebend
blühn in ſüßer Müh' 2c.; zu 3232—3234, 3235—3239.

Wer schüttet alle schönen Frühlingsblüthen
Auf der Geliebten Pfade hin?
Wer flicht die unbedeutend grünen Blätter
155 Zum Ehrenkranz Verdiensten jeder Art?
Wer sichert den Olymp, vereinet Götter?
Des Menschen Kraft im Dichter offenbart.

Lustige Person

So braucht sie denn die schönen Kräfte
Und treibt die dichtrischen Geschäfte,
160 Wie man ein Liebesabenteuer treibt
Zufällig naht man sich, man fühlt, man bleibt
Und nach und nach wird man verflochten,
Es wachs't das Glück, dann wird es angefochten,
Man ist entzückt, nun kommt der Schmerz heran,
165 Und eh man sich's versicht, ist's eben ein Roman
Laßt uns auch so ein Schauspiel geben!
Greift nur hinein in's volle Menschenleben!
Ein jeder lebt's, nicht vielen ist's bekannt,
Und wo ihr's packt, da ist's interessant
170 In bunten Bildern wenig Klarheit,
Viel Irrthum und ein Fünkchen Wahrheit,

154 f Der Dichter macht unsterblich, reicht den Kranz Vgl zu
235—238. — 156. Olymp, das thessalisch-makedonische Gebirge ist der
Wohnsitz der Götter. Ilias I 494, III 30. Loeper erinnert treffend
an Meisters Lehrjahre 11, 2. „Wer hat Götter gebildet, uns zu ihnen
erhoben, sie zu uns herniedergebracht, als der Dichter?" Der Dichter,
der die Götter auf dem Olymp sich vereinigen läßt, kann auch Sterb-
liche zu Göttern erheben, unsterblich machen, ihnen den Olymp
sichern, sie dort mit den Göttern vereinen, etwa wie Herakles oder
Ganymed nach der Sage in den Olymp erhoben wurden. — 150—157
S. zu diesen Versen oben die Einleitung, die überraschend überein-
stimmenden Verse Schillers von 1790. — 158 f. Die lustige Person
läßt des Dichters Expectoration gelten und meint, er möge nur ohne
Weiters ans Werk gehn, wie man an ein Liebesabenteuer geht, d h.
er soll seiner Neigung den Zügel lassen — 161 f. Schilderung wie
ein Liebesverhältniß sich macht Dergleichen brauche der Dichter nur
zur Anschauung zu bringen, die Wiedergabe der Wirklichkeit sei immer
interessant. — 169. Die Betonung ist hier· intéressant — 170.
„Klarheit ist jetzt (1798) das Lieblingswort Goethes", Biedermann,
Goethes Gespräche, I. Bd S. 191, IX. Bd S. 63 — 168—179.
Nicht jeder ist sich dessen bewußt, wenn er es auch selbst erlebt, darum
zieht es alle an. — Die lustige Person nimmt die Sache leicht,
schildert aber doch im Folgenden treffend, wie der Dichter dem
Menschen sein Inneres zum Bewußtsein bringt. Doch halte sich der

So wird der beſte Trank gebraut,
Der alle Welt erquickt und auferbaut.
Dann ſammelt ſich der Jugend ſchönſte Blüthe
175 Vor eurem Spiel und lauſcht der Offenbarung,
Dann ſauget jedes zärtliche Gemüthe
Aus eurem Werk ſich melanchol'ſche Nahrung,
Dann wird bald dieß, bald jenes aufgeregt,
Ein jeder ſieht was er im Herzen trägt.
180 Noch ſind ſie gleich bereit zu weinen und zu lachen,
Sie ehren noch den Schwung, erfreuen ſich am Schein.
Wer fertig iſt, dem iſt nichts recht zu machen;
Ein Werdender wird immer dankbar ſein.

Dichter.

So gib mir auch die Zeiten wieder,
185 Da ich noch ſelbſt im Werden war,
Da ſich ein Quell gedrängter Lieder
Ununterbrochen neu gebar,
Da Nebel mir die Welt verhüllten,
Die Knoſpe Wunder noch verſprach,
190 Da ich die tauſend Blumen brach,
Die alle Thäler reichlich füllten.
Ich hatte nichts und doch genug,
Den Drang nach Wahrheit und die Luſt am Trug.
Gib ungebändigt jene Triebe,
195 Das tiefe, ſchmerzenvolle Glück,
Des Haſſes Kraft, die Macht der Liebe,
Gib meine Jugend mir zurück!

_____

Dichter an die Jugend. Dieſe Forderung wird begründet durch die treffenden Verſe V. 182 f. — 180—181. Alexandriner wie V. 55. — 184—197.
Ein naives Zugreifen des Dichters, das ſich an die Gefühlswelt der
Jugend richtet, verlangt aber auch ſeinerſeits naive Jugendlichkeit.
Hier, in dem „Vorſpiel auf dem Theater" ſteht aber nicht mehr der
Dichter vor uns, der 1769 bis 1775 die älteſten Theile der Dichtung
erſann und niederſchrieb, ſondern der von 1797, als er das Fragment
wieder hervornahm. Goethe fühlte ſich, bevor er ſich mit Schiller
befreundete, völlig vereinſamt. Das Folgende ſpricht den Schmerz
des Dichters um ſeine Jugend aus, in der er, ſammt ihren Irrungen,
ſich glücklicher fühlte. Wenn er ſo ſchaffen ſolle, wie die luſtige Perſon
verlange, müſſe er ſeine volle Jugend wieder haben. — 200 f.
Obwol das Vorſpiel um ſoviel ſpäter entſtanden iſt, ſo denken wir

Lustige Person.

    Der Jugend, guter Freund, bedarfst du allenfalls,
    Wenn dich in Schlachten Feinde drangen,
200 Wenn mit Gewalt an deinen Hals
    Sich allerliebste Mädchen hangen,
    Wenn fern des schnellen Laufes Kranz
    Vom schwer erreichten Ziele winket,
    Wenn nach dem heft'gen Wirbeltanz
205 Die Nächte schmausend man vertrinket.
    Doch in's bekannte Saitenspiel
    Mit Muth und Anmuth einzugreifen,
    Nach einem selbstgesteckten Ziel
    Mit holdem Irren hinzuschweifen,
210 Das, alte Herrn, ist eure Pflicht,
    Und wir verehren euch darum nicht minder.
    Das Alter macht nicht kindisch, wie man spricht,
    Es findet uns nur noch als wahre Kinder.

Director.

    Der Worte sind genug gewechselt,
215 Laßt mich auch endlich Thaten sehn;
    Indeß ihr Complimente drechselt,
    Kann etwas Nützliches geschehn
    Was hilft es viel von Stimmung reden?
    Dem Zaudernden erscheint sie nie.
220 Gebt ihr euch einmal für Poeten,

---

hier doch an ein bekanntes Erlebniß, erzählt in Dichtung und Wahrheit, 2, 9. Buch, an den Abschied von den Tanzmeisterstochtern in Straßburg: „Emilie ließ mich fahren und Lucinde ergriff mich, schloß sich fest an mein Herz, drückte ihre schwarzen Locken an meine Wangen und blieb eine Zeit lang in dieser Lage." — Die lustige Person will die Nothwendigkeit nicht zugeben, daß der Dichter jung sein müsse, um der Jugend zu gefallen. Der Meister müsse seiner Kunst gebieten können, ein Ziel frei wählen und danach, auf anmuthigen Wegen der Dichtung, die nicht den kürzesten Weg geht, sondern auch Umwege macht, hinstreben (208—209). — 212—213 Im Innersten des Menschen bleibt etwas vom Leben unberührt, ein Rest von Kindlichkeit, etwa die leidenschaftlose Lust an zwecklosem Spiel, die Schaffenslust in ursprünglichster Form. Wenn alle andern Lebensinteressen im Alter zurücktreten, so kommt dieser Rest von Kindlichkeit wieder zum Vorschein. — 220 f. Der Director spricht hier die Forderung der lustigen Person nur noch derber aus. Loeper erinnert

So commandirt die Poeſie.
Euch iſt bekannt, was wir bedürfen,
Wir wollen ſtark Getränke ſchlürfen;
Nun braut mir unverzüglich dran!
225 Was heute nicht geſchieht, iſt morgen nicht gethan,
Und keinen Tag ſoll man verpaſſen,
Das Mögliche ſoll der Entſchluß
Beherzt ſogleich bei'm Schopfe faſſen,
Er will es dann nicht fahren laſſen,
230 Und wirket weiter, weil er muß.

Ihr wißt auf unſern deutſchen Bühnen
Probirt ein jeder was er mag;
Drum ſchonet mir an dieſem Tag
Proſpecte nicht und nicht Maſchinen.
235 Gebraucht das groß' und kleine Himmelslicht,
Die Sterne dürfet ihr verſchwenden;
An Waſſer, Feuer, Felſenwänden,
An Thier und Vögeln fehlt es nicht.

---

an Schillers Brief vom 17. Mai 1799, wo dieſer Goethes Erfahrung
beſpricht, wie viel er „durch Vorſatz über die Stimmung vermöge".
Dazu iſt ſehr leſenswerth Goethes Geſpräch mit Eckermann vom
11. März 1828, wo er von abnehmender Productivität im Alter und
temporärer Verjüngung ſpricht — 225. Alexandriner. — 227. Die
Jagd nach Wirkung, die der Director geſchäftsmäßig betreibt, ergreift
alles Mögliche mit raſchem Entſchluß. — 229 f. Was der Entſchluß,
die raſche in der Wahl nicht heikle Entſchloſſenheit, einmal ergriffen,
das muß er dann auch ausführen; er iſt unaufhaltſam gedrängt zu
wirken, weil jeder Tag ihm die Aufgabe ſtellt, etwas zu bieten. —
231. Hier haben die Ausgaben 1808—1825 einen Abſatz, der ſpäter
nicht markirt wurde, weil eine neue Seite mit dem Vers begann. —
234. Proſpect auf dem Theater: eine dargeſtellte Ausſicht. —
235. Das groß' und kleine Himmelslicht Sonne und Mond.
— Goethe gebraucht das Wort Himmelslicht öfter für Geſtirne;
im Fauſt einmal für den Mond (das liebe H im erſten Monolog,
Vers 400), einmal uneigentlich für die Vernunft des Menſchen den
Schein des Himmelslichts, Prolog im Himmel 284, f. Gr.
Wt. 4, 2 1359 f — 235—238 Groß' und kleine, groß=
und kleine für große und kleine iſt dieſelbe Freiheit, die
Endung des erſten Wortes (Subſtantivs oder Adjectivs) zu unter=
drücken, weil ein damit verbundenes folgendes ſie bringt, die der
Dichter ſich auch nimmt 238: an Thier und Vögeln, ſtatt an
Thieren u. V. u. öfter. S. Gr Gramm. 4, 497. Hildebrand in
Schnorrs Archiv f. Lit.=Geſch. VIII, 114. Keller, Uhland als

So schreitet in dem engen Breterhaus
240 Den ganzen Kreis der Schöpfung aus,
Und wandelt mit bedacht'ger Schnelle
Vom Himmel durch die Welt zur Hölle.

Dramatiker. — Die genannten Bühnenausstattungsgegenstände hatte
damals Goethe vor Augen von der Zauberflöte her, die in Weimar
mit Vulpiusschem Text, zuerst am 16 Jenner 1794, gegeben wurde
— 239—242. — Das Vorspiel hat nur die Absicht, zu zeigen, welcher
Art die Ansprüche sind, die an den Dichter gemacht werden, und wie
wenig es dem wahren Dichter gezieme, ihnen ohne Weiteres nach-
zugeben. Zu einem Uebereinkommen beider Standpunkte kommt es
nicht. Wenn hier jedoch der Dichter ganz ideal erscheint und zugleich,
von allen praktischen Rücksichten absehend, subjectiver Stimmung sich
überläßt, so haben wir hierin wol zugleich auch die Bedeutung
des Vorspiels und seine Beziehung zum Faust zu erkennen. Es steht
inhaltlich in keiner Beziehung, paßt aber als Vorspiel zu keiner
anderen Dichtung, als zu der des Faust, weil es diese ideale Stellung
des Dichters darstellt, der sich seiner Subjectivität hingibt, ohne
Rücksicht auf reale Verhältnisse, wie sich dies der Dichter nur
in Faust gestattet. — Damit ist auch die hervorragende Eigenthümlichkeit des Faust im Vergleich zu andern Dramen gekennzeichnet.
   Doch schlägt der Director in frivoler Allgemeinheit vor, der
Dichter möge auf den Bretern eine Handlung vorführen, die den
ganzen Kreis der Schöpfung durchschreite. Vom Himmel durch
die Welt zur Hölle. — Er denkt nicht entfernt an ein Stück wie
Faust. Da aber der Dichter nichts erwidert, dürfen wir annehmen,
er habe sich entschlossen, im höhern Sinne, als der Director ahnen
kann, die Aufgabe zu lösen, indem er ein Stück vorführen will, in
dem dies allerdings zunächst der Gang der Handlung ist. — Den
6 Mai 1827 bezeichnet Goethe diese Worte im Gespräche gegen
Eckermann ausdrücklich als den Gang der Handlung. Natürlich gilt
das nur für den ersten Theil. Doch s. die Anmerkung zum Prolog
im Himmel Vers 352 f.

Prolog
im Himmel.

———

Der Herr,
die himmlischen Heerschaaren,
nachher Mephistopheles.

Die drei Erzengel treten vor.

Raphael.

Die Sonne tönt nach alter Weise
In Brudersphären Wettgesang,
245 Und ihre vorgeschriebne Reise
Vollendet sie mit Donnergang.
Ihr Anblick gibt den Engeln Stärke,

Prolog im Himmel. Diese Ueberschrift steht in den Originalausgaben auf einem besondern Blatt, wie hier S. 23. — Daß das Leben
Fausts eigentlich den Kampf zweier Welten mit einander, volks-
thümlich ausgedrückt: des Himmels mit der Hölle, darstellt, das soll
der Prolog im Himmel anschaulich machen, indem wir hier sehn, wie
Gott mit dem Bösen gleichsam eine Wette eingeht um die Seele
Fausts. — Es konnte dabei an eine populäre Geschichte angeknüpft
werden; wie im alten Testament Buch Hiob 1, 6—12 der Satan zu
Gott kommt und sich anheischig macht, Hiob von Gott abwendig zu
machen. — Prologe in Gesprächsform kannten schon die Alten. Als
die drei Erzengel bezeichnet die Kirche die Engel: Raphael,
Gabriel, Michael. Bei den Deutschen der Urzeit herrschte der
Glaube, daß man beim Sonnenaufgang einen Klang vernehme
(sonum audiri) Tacitus Germania 45. — In einem Gesang Ossians,
den Goethe übersetzte (IG 1, 292) heißt es: „Wo aufsteigt tönend
die Sonne." Nach der Anschauung der Pythagoräer spricht sich das
physikalische Gesetz, durch das die Himmelskörper kreisen und gehalten
sind, als Harmonie der Sphären in Tönen aus, die wir deshalb
nicht hören, weil wir daran gewohnt sind. — Der Standpunkt ist
hier außer unserer Erde angenommen: In alter Weise erhebt die
Sonne auf ihrem Gange ihren Wettgesang mit anderen Sonnen
(Brudersphären). Nach Anschauung der Alten können auch die
Planeten als Brudersphären gelten — 243—270 Diese ganze Stelle
erinnert an das 19. Kapitel des Pfitzerschen Faustbuches, wo von den
Engeln gesagt wird. „— die Seraphin betrachten Gottes Güte,
wie er doch alles so wohl erschaffen hat ꝛc. — Die Cherubin betrachten die Kraft Gottes, die er in Erhaltung Himmels ꝛc. gesetzet.
— Die Thronengel können nicht genugsam begreifen noch ansehn
die ewige Gottheit." Vgl. Jesaia 6. Capitel 1. 2. 3. 4. Die vier
Verse aus Jesaias sind auch von Luther in einem Psalm schön um-
gedichtet.

Wenn keiner ſie ergründen mag;
Die unbegreiflich hohen Werke
250 Sind herrlich wie am erſten Tag.

Gabriel.

Und ſchnell und unbegreiflich ſchnelle
Dreht ſich umher der Erde Pracht;
Es wechſelt Paradieſes=Helle
Mit tiefer ſchauervoller Nacht;
255 Es ſchäumt das Meer in breiten Flüſſen
Am tiefen Grund der Felſen auf,
Und Fels und Meer wird fortgeriſſen
In ewig ſchnellem Sphärenlauf.

Michael.

Und Sturme brauſen um die Wette,
260 Vom Meer auf's Land, vom Land auf's Meer,
Und bilden wüthend eine Kette
Der tiefſten Wirkung rings umher.
Da flammt ein blitzendes Verheeren
Dem Pfade vor des Donnerſchlags;
265 Doch deine Boten, Herr, verehren
Das ſanfte Wandeln deines Tags.

Zu Drei.

Der Anblick gibt den Engeln Stärke
Da keiner dich ergründen mag,
Und alle deine hohen Werke
270 Sind herrlich wie am erſten Tag.

---

248. Wenn, d. i. wenn auch, obgleich, da ſ. unten Vers 268,
und zu 1347. Wenn die Engel auch die Werke Gottes nicht er=
gründen können, ſo erhebt ſie doch ihr Anblick. — 250. Am erſten
Tag — der Schöpfung. — 255 f. Es ſchäumt das Meer auf an
dem tiefen Grunde der Felſen, indem es ſich breit ergießt. — 257.
fortgeriſſen bei der Umdrehung der Erde. — 263 f. Der Blitz
wird von Ferne ſchneller geſehn als der Donner gehört wird, er
ſcheint daher dem Pfade des Donners vor zu gehen — 265 f.
Deine Boten. Die Engel ſind Boten, die urſprüngliche Bedeutung
des Wortes Engel. Wir Engel verehren, Herr, des von dir geſchaffnen
Tages, der eben anbricht, ſanftes Wandeln, das über den zufälligen
atmoſphäriſchen Erſcheinungen der Erde, den Stürmen und Gewittern,
ſeinen Weg geht. — 268. Da, d. i. wenn auch vgl. 248.

Mephiſtopheles.*)

Da du, o Herr, dich einmal wieder nahſt
Und fragſt, wie alles ſich bei uns befinde,
Und du mich ſonſt gewöhnlich gerne ſahſt,
So ſiehſt du mich auch unter dem Geſinde.
275 Verzeih, ich kann nicht hohe Worte machen,
Und wenn mich auch der ganze Kreis verhöhnt;
Mein Pathos brächte dich gewiß zum Lachen,
Hätt'ſt du dir nicht das Lachen abgewöhnt.
Von Sonn' und Welten weiß ich nichts zu ſagen,

---

*) Der Name Mephiſtopheles iſt noch nicht gedeutet. In
dem Programm des Gymnaſiums zu Graudenz von 1872 brachte
Dr. A. Hagemann eine Abhandlung: Mephiſtophelis nomen unde
ortum esse et quam significationem habere videatur. In derſelben
werden Unterſuchungen angeſtellt über den Urſprung und die Bedeutung des Namens. Er erſcheint zuerſt in dem Fauſtbuche von
1587 in der Form Mephoſtophiles. So auch bei Widmann 1799
Pfitzer 1674. Erſt bei dem Chriſtlich Meinenden (um 1712): Mephiſtopheles. Marlowe gebraucht die Formen Mephiſtophilis und die ab-
gekürzte im Vocativ: o Mephoſto! Shakeſpeare in den luſtigen Weibern
nennt ihn im erſten Auftritt Mephoſtophilus. Alte Drucke von Fauſt
liedern haben Meveſtophilus, Meviſtophilus K. Engel, Fauſtſchriften 290
Die Form Goethes Mephiſtopheles ſtimmt demnach zu dem Volksbuch
des Chriſtlich Meinenden. Dieſe Form gebraucht übrigens auch ſchon
1778 Mahler Müller in Fauſts Leben S. 18—21, obwohl er dann
wieder S. 31 f. Mephiſtophiles ſchreibt, ſo wie immer 1776 in
Situation auf Fauſts Leben. Die erſtere Form Mephiſtopheles gebraucht auch Schiller in Fiesko (1783) 3, 6. In Fauſts Höllenzwang
von 1612 erſcheint der Name in der Form Mephiſtophiel. Ueber dies
Buch, ſowie über den Namen Mephiſtopheles, ſpricht ſich Goethe ſelbſt
in ſeinem Briefe vom 20. November 1829 an Zelter ſehr lehrreich
aus. Er gibt ihm „gleichzeitig-phantaſtiſchen Urſprung mit der Fauſt-
legende —; nur dürfen wir ſie nicht wohl ins Mittelalter ſetzen, der
Urſprung ſcheint in's 16. und die Ausbildung ins 17. Jahrh. zu
gehören." — Den Namen auf ein griechiſches Μὴ φαιστοφιλης (=
Nicht-Fauſtlieb) oder Μὴ φωτοφιλης (= Nicht-Lichtlieb) zurückzuführen,
wird kaum Beifall finden. — Durch A. Beer werde ich aufmerkſam
gemacht auf die einfachſte Erklärung aus dem Hebräiſchen aus
mephiz(Verderber)tophel (Lügner), die ſchon 1866 gegeben, zuletzt im
Jahrb. f. d. Theol., 22. Bd. 1877, S. 474 von Dr. Krenkel beſprochen
iſt. Vgl. auch noch Goethejahrb. (1882) 3, 340

277 Die hohe Empfindung, das begeiſterte Ergriffenſein, das man
als Pathos zu bezeichnen pflegt, ſowie jede Rührung, ſetzt ein ideales
Object voraus, was dem in ſeiner Art bornirten Geiſte, der nur am
Endlichen haftet, immer etwas Unfaßbares iſt. Er mußte lächerlich
erſcheinen, wenn er ſich das Weſen begeiſterter Empfindung geben
wollte. — 279. Sonn' und Welten vgl. zu Thier und Vogeln,
Vorſp. 235 f

280 Ich ſehe nur wie ſich die Menſchen plagen.
     Der kleine Gott der Welt bleibt ſtets von gleichem
                                            Schlag,
     Und iſt ſo wunderlich als wie am erſten Tag.
     Ein wenig beſſer würd' er leben,
     Hätt'ſt du ihm nicht den Schein des Himmelslichts
                                            gegeben;
285 Er nennt's Vernunft und braucht's allein,
     Nur thieriſcher als jedes Thier zu ſein.
     Er ſcheint mir, mit Verlaub von Ew. Gnaden,
     Wie eine der langbeinigen Cicaden,
     Die immer fliegt und fliegend ſpringt
290 Und gleich im Gras ihr altes Liedchen ſingt;
     Und läg' er nur noch immer in dem Graſe!
     In jeden Quark begräbt er ſeine Naſe.

Der Herr.

     Haſt du mir weiter nichts zu ſagen?
     Kommſt du nur immer anzuklagen?
295 Iſt auf der Erde ewig dir nichts recht?

Mephiſtopheles.

     Nein, Herr! ich find' es dort, wie immer, herzlich ſchlecht.
     Die Menſchen dauern mich in ihren Jammertagen,
     Ich mag ſogar die armen ſelbſt nicht plagen.

---

280. Daß hier unter ſich plagen, ſich abmühen zu verſtehn
ſei, nicht: ſich einander plagen, dürfen wir aus dem weiter
Geſagten entnehmen. — 281. Ein Alexandriner, wie auch 282, 284,
296 f., 320. Hier, im Prolog im Himmel, immer nur im Munde
Mephiſtopheles' mit Ausnahme von 340 — Da ſich der Menſch gern
den Herrn der Erde nennt, ſo nennt ihn M. hier ironiſch den kleinen
Gott der Welt. — 284 f. Der Schein des Himmelslichts, den
der Menſch Vernunft nennt, die dem nur verſtandbegabten Mephiſtopheles abgeht, die er daher verſpottet Goethe gebrauchte das Wort
Vernunft im Kantſchen Sinne, als das Vermögen über die Ver-
ſtandeserkenntniß, die an dem Endlichbedingten haftet, zum Unbe-
dingten hinaus zu gehn; das Wahrnehmungsvermögen von Ideen,
die der Verſtand nicht wahrzunehmen vermag. — 285 f. Da Mephiſtopheles die Vernunft nicht zu erkennen vermag, als der Feind
des Idealen, paßt es ihm, zu behaupten, daß die Vernunft es ſei,
durch die der Menſch thieriſcher als jedes Thier werde. S. z. 1851. —
288 Mit Cicade iſt hier die Heuſchrecke gemeint, die gewöhnlich
keinen Hochflug nimmt, ſondern nur hupft. — 298. Es gehört zu den
dichteriſchen Freiheiten, die ſich beſonders Goethe oft erlaubt, die
natürliche Wortfolge zu Gunſten des Rhythmus willkürlich zu ändern.
Ich ſelbſt ſogar mag die armen nicht plagen.

Der Herr.

Kennst du den Faust?

Mephistopheles.

Den Doctor?

Der Herr.

Meinen Knecht!

Mephistopheles.

300 Fürwahr! er dient euch auf besondre Weise.
Nicht irdisch ist des Thoren Trank noch Speise.
Ihn treibt die Gährung in die Ferne,
Er ist sich seiner Tollheit halb bewußt;
Vom Himmel fordert er die schönsten Sterne,
305 Und von der Erde jede höchste Lust,
Und alle Näh und alle Ferne
Befriedigt nicht die tiefbewegte Brust.

Der Herr.

Wenn er mir jetzt auch nur verworren dient,
So werd' ich ihn bald in die Klarheit führen
310 Weiß doch der Gärtner, wenn das Bäumchen grünt,
Daß Blüth' und Frucht die künft'gen Jahre zieren.

Mephistopheles

Was wettet ihr? den sollt ihr noch verlieren,
Wenn ihr mir die Erlaubniß gebt
Ihn meine Straße sacht zu führen!

---

299. Vgl. Hiob 1, 8. Der Herr sprach zum Satan. „Hast du nicht Acht gehabt auf meinen Knecht Hiob?" — 301. Er nährt sich nicht von irdischer Nahrung, er ißt nicht, trinkt nicht, er lebt von überirdischem Sehnen — 302. Es gährt in ihm, Befriedigung, die er nicht in der Nähe findet, in der Ferne zu suchen — 303 Tollheit erscheint dem Mephistopheles das ihm unbegreifliche Sehnen und Trachten Fausts. — 310. Wenn das Bäumchen grünt, dessen künftige Jahre Blüthe und Frucht tragen sollen. Der Dichter denkt an Faust, der wie ein junger Baum noch grünt, gährt und treibt. Grünen bedeutet nicht nur grün von Farbe werden, sondern: jung sein, wachsen. Lessings Nathan 4. Aufz 2. Auftr.: Ich wünsche wenigstens, daß ein so frommer Ritter lange noch der lieben Christenheit, der Sache Gottes zu Ehr und Frommen blühn und grünen möge! Biblisch. Sein Fleisch grüne wie in der Jugend Hiob 33, 25 ꝛc. Vgl. das Sprichwort. Wie der Hund begrünt, begraut er auch, mein Wörterb. der deutschen Mundarten des ungr. Berglandes, S. 56, 57; dazu Wander, Sprichw.-Lexikon 1, 294: Was darin begrünt, begraut darin.

Der Herr.

315 So lang er auf der Erde lebt,
    So lange sei dir's nicht verboten.
    Es irrt der Mensch so lang' er strebt.

Mephistopheles.

    Da dank' ich euch; denn mit den Todten
    Hab' ich mich niemals gern befangen.
320 Am meisten lieb' ich mir die vollen frischen Wangen
    Für einen Leichnam bin ich nicht zu Haus;
    Mir geht es wie der Katze mit der Maus.

Der Herr.

    Nun gut, es sei dir überlassen!
    Zieh' diesen Geist von seinem Urquell ab,
325 Und führ' ihn, kannst du ihn erfassen,
    Auf deinem Wege mit herab,
    Und steh' beschämt, wenn du bekennen mußt:
    Ein guter Mensch in seinem dunklen Drange
    Ist sich des rechten Weges wohl bewußt.

319. befangen, abgegeben, befaßt. Grimms Wörterb., dort werden noch einige Stellen von Jean Paul herbeigezogen. — 322. Sie muß lebendig sein, wenn die Katze damit spielen soll. — Es scheint ein Widerspruch zum weitern Verlauf des Stucks, daß Mephistopheles, nur so lange Faust lebt, Erlaubniß erhalt, ihn zu führen, daß er sich mit den Todten nicht befangen will, da er doch spater mit Faust den Vertrag abschließt, ihm hienieden zu dienen, dafur Faust ihm jenseits zu dienen habe. Der Widerspruch löst sich leicht bei der Erwägung, daß Mephistopheles von Gott nur verlangt, daß ihm gestattet sei, hienieden Faust zu fuhren, da er daran schon die Gewißheit knüpft, ihn dahin zu bringen, daß er ihm nach diesem Leben verfallt. Auf Erden will er sich nur mit Lebendigem befassen; dadurch daß er Lebende verfuhren kann, sind sie ihm werth. — 321 Auffallend stimmt hier Ben Jonson in seiner Comedy the Devil is an Ass Daselbst spricht das Laster 51 die Worte: as the cat is with the mice. true vetus iniquitas. Goethe konnte ähnliche Worte aber auch Shakespeare entnehmen, s. Max Koch Goethejahrb. 5, 321. — 324 Zieh' diesen Geist von seinem Urquell ab, reiß' ihn los von seinem idealen Streben. Urquell ist gedacht als Gott, oder unbedingte Vernunftigkeit, aus der dem Menschen alle hoheren Anschauungen zuströmen, vgl. zu 1200. — 325. Daß Mephistopheles Faust nicht fassen kann, ist die Ursache, daß er, nicht Faust, unterliegt — 326. mit herab, mit dir in deine niedere Sphare herab. — 327 Vgl. „Und finde, still beschämt, daß deine Schilderei" 2c., Wieland, Idris und Zenide 1, 6.

Mephistopheles.

330 Schon gut! nur dauert es nicht lange.
Mir ist für meine Wette gar nicht bange.
Wenn ich zu meinem Zweck gelange,
Erlaubt ihr mir Triumph aus voller Brust
Staub soll er fressen, und mit Lust,
335 Wie meine Muhme, die berühmte Schlange.

Der Herr.

Du darfst auch da nur frei erscheinen;
Ich habe Deinesgleichen nie gehaßt.
Von allen Geistern die verneinen
Ist mir der Schalk am wenigsten zur Last
340 Des Menschen Thätigkeit kann allzuleicht erschlaffen,
Er liebt sich bald die unbedingte Ruh,
Drum geb' ich gern ihm den Gesellen zu,
Der reizt und wirkt und muß als Teufel schaffen.
Doch ihr, die echten Gottersöhne,
345 Erfreut euch der lebendig reichen Schöne!

———

330. Nur dauert es nicht lange, daß der Mensch den
Lockungen Mephistopheles widersteht. — 334 f. Im ersten Buch
Mos 3, 14 verflucht Gott die Schlange „auf deinem Bauch sollst
du gehn, und Erde essen dein Leben lang". — 338. Mephistopheles
nennt die Schlange des Paradieses seine Muhme, wie im Märchen
des Teufels Mutter, Schwester, Großmutter vorkommen, s Grimms
Mythologie (3 Ausgabe, 1854), S 959. — 336. Daß Gott nicht
widerspricht und sich auf das Folgende beschränkt, zeigt höchste Ueberlegenheit und läßt ahnen, daß Mephistopheles erliegen muß —
337 f. Es werden viele böse Geister oder Teufel angenommen,
s. Grimms Mythologie 937 f, unter ihnen soll Mephistopheles die
Rolle des Schalkes spielen, wie der nordische Loki. Ueber letztern
s. Weinhold in Haupts Zeitschr f deutsches Alterth. 7, 12. In
Goethes Sinne ist es aber sowie in der populären Anschauung unseres
Volkes, es mit der Vielheit der Teufel nicht genau zu nehmen, es sind
Manifestationen des Einen negativen Princips, vgl zu 482 — 341
er liebt sich, für er liebt. Durch die Mediumform mit „sich" wird
die Innerlichkeit des Verbalbegriffs mild und poetisch hervorgehoben,
s. Grimms Grammatik 4, 28. — Er gefällt sich nur zu bald in Un-
thätigkeit. — 343 Obwohl des Teufels Aufgabe ist, zu vernichten,
so schafft, das heißt nützt er doch, indem er reizt — 344—349 ihr
Erzengel, ihr echten Gottersöhne Ihr nicht abgefallenen Geister,
erfreut euch der Schönheit des Lebens, das reichlich euch umgibt
(der lebendig reichen Schöne) Von den Erscheinungen des
Lebens sollt ihr liebevoll, wie mit holden Schranken umfaßt sein.

Das Werdende, das ewig wirkt und lebt,
Umfaſſ' euch mit der Liebe holden Schranken,
Und was in ſchwankender Erſcheinung ſchwebt,
Befeſtiget mit dauernden Gedanken.

Der Himmel ſchließt, die Erzengel verteilen ſich.

Mephiſtopheles allein.

350 Von Zeit zu Zeit ſeh' ich den Alten gern,
Und hüte mich mit ihm zu brechen.
Es iſt gar hübſch von einem großen Herrn,
So menſchlich mit dem Teufel ſelbſt zu ſprechen.

346. Das Werdende, dazu vgl. Goethes Spruch: „Die Vernunft iſt auf das Werdende, der Verſtand auf das Gewordene angewieſen." Sprüche 896. — 348. Die Erſcheinungen werden und vergehn, d. h. ſchwanken. Das Dauernde im Wechſel der Dinge ſind die Ideen, die in ihnen nach Verkörperung ringen. Vgl. „Alles Vergangliche iſt nur ein Gleichniß" wie der chorus mysticus am Schluß des zweiten Theiles ſingt. — Es wird hier deutlich geſchieden zwiſchen dem Teufel und den Engeln (344. doch ihr ꝛc): ſie, als Vernunft begabt, vermogen ſich zu Ideen zu erheben, mit dauernden Gedanken feſtzuhalten, was in ſchwankender Erſcheinung ſchwebt. Mephiſtopheles vermag ſich von der ſchwankenden Erſcheinung nicht zur Idee zu erheben: er kann uber die Schranken des Verſtandes nicht hinaus. Dieſer Gegenſatz iſt ja der Inhalt der ganzen Dichtung. Verſtand und Vernunft müſſen in dem Stoff auf Tod und Leben miteinander ringen, ſchreibt Schiller an Goethe 26. Juni 1797, und Goethe ſchreibt ihm zurück den 27. Juni: Verſtand und Vernunft wurden ſich wie zwei Klopffechter grimmig herumſchlagen, ſ. Vorwort und auch Schillers Brief an Goethe vom 23. Juni 1797. — 350. Die cyniſche Frechheit, die in der Gemuthlichkeit Mephiſtos liegt, den Herrn den Alten zu nennen, wirkt hier als Humor im hochſten Sinne. — 352 f. menſchlich im Sinne von human. Humanität, Leutſeligkeit, Duldſamkeit hat er, der Feind von allem das beſteht, eigentlich gar nicht anzuſprechen; daher iſt es gar hübſch u. ſ. w.

Die Hoheit und Ueberlegenheit des Herrn gegenuber der Unterordnung und Beſchranktheit des Mephiſtopheles laſſen in uns den Eindruck zurück, wie ſchon zu 336 bemerkt wurde, daß Fauſt und nicht Mephiſtopheles am Ende ſiegen muſſe. —

Der

Tragödie

erster Theil.

[So zuerst 1808 in beiden Ausgaben 1790. 1791. Fauft. Ein
Fragment. In der Hochquartausgabe von 1836—1837, Bd. 1, Ab=
theilung 2 steht im Inhaltsverzeichniß· Fauft erster Theil 1769—1808]

Nacht.

In einem hochgewölbten engen gothischen Zimmer Faust unruhig
auf seinem Sessel am Pulte.

Faust.

Habe nun, ach! Philosophie,
355 Juristerei und Medicin,
Und leider auch Theologie!
Durchaus studirt, mit heißem Bemühn.
Da steh' ich nun, ich armer Thor!
Und bin so klug als wie zuvor,

Ueber die Szenerie macht Biedermann, Goetheforschg, neue
Folge 85 aufmerksam auf eine Beschreibung eines ganz ähnlichen
Zimmers, gemalt von Thom. Wyck, beschrieben von Kreuchauff in
einer 1768 erschienenen Schrift über historische Gemälde.
Der Strich nach Zeile 3 C¹ C Wir haben diese immer sinn
vollen Striche unter den Szenenangaben nach C¹ C hergestellt.
Die Szenen werden nun in gegenwärtiger Ausgabe in der
Seitenüberschrift und in der Fußnote gezählt: 1. Szene. — Vers
354—377. Schon Marlowes Faust beginnt mit einem Monolog
im Studirzimmer, in welchem Faust sich von der Theologie ab
und Aristoteles zu wendet, um endlich sich für die Magie zu ent-
scheiden, was übrigens schon im ältesten Faustbuche vorgezeichnet ist.
Aehnlichen Eingang haben danach denn auch die Faustpuppenspiele.
Als Goethe den Faust von Anfang bis zu Ende den Schauspielern,
die ihn 1829 darstellen sollten, vorlas, gab er dem Helden die tiefe
Baßstimme eines alten Mannes bis zur Hexenküche Von den ersten
Worten an, nachdem Faust den Verjüngungstrank getrunken (2599 f.),
las er dessen Rolle bis zu Ende des ersten Theils mit frischem kräf-
tigem Jünglingstenor, wodurch die Wirkung des Verjüngungstrankes
fühlbar wurde. Sieh Einleitung. — 346 Das Ausrufungszeichen,
durch das die Theologie! besonders hervorgehoben wird, erscheint
zuerst 1808 in beiden Ausgaben Der Theologie sich hingegeben zu
haben, bedauert Faust mehr noch, als das vergebliche, ergebniß= und
erfolglose Bemühn um Philosophie, Juristerei und Medicin: diese haben

3*

360 Heiße Magiſter, heiße Doctor gar,
   Und ziehe ſchon an die zehen Jahr,
   Herauf, herab und quer und krumm,
   Meine Schüler an der Naſe herum —
   Und ſehe, daß wir nichts wiſſen können!
365 Das will mir ſchier das Herz verbrennen.
   Zwar bin ich geſcheidter als alle die Laffen,
   Doctoren, Magiſter, Schreiber und Pfaffen;
   Mich plagen keine Scrupel noch Zweifel,
   Furchte mich weder vor Holle noch Teufel —

---

ihn nicht befriedigt, das Studium der Theologie hat ihn aber zum
Zweifel geführt, ihn losgeriſſen vom Glauben und dem Glück des
Glaubens, wie dies Vers 765 f. erſichtlich wird. Daß Fauſt „die
heilige Schrift ein Weil hinter die Thür und unter die Bank gelegt",
das erſcheint im älteſten Fauſtbuche ſchon gleich zu Anfang ver=
hangnisvoll — 360. Die durch ein Diplom beglaubigte, von der
Facultät einer Univerſität ertheilte Würde eines Doctors kam im
13. Jahrhundert auf. Das Volksbuch des Chriſtlich Meinenden von
Doctor Fauſt, das Goethe kannte, erzählt: Fauſt habe in Ingolſtadt
den gradum eines magiſtri erhalten, dann nach drei Jahren den Titel
eines doctoris medicinae. — An manchen Univerſitäten war Magiſter
die erſte Stufe zum Doctor, und wurde der Doctor erſt nach einer
zweiten Prüfung verliehn. — 361. ◡́◡◡́◡◡́ Da ziehe, nicht
zieh', geſchrieben ſteht, iſt nicht anzunehmen, daß der Ton auf an
kommt; zehen iſt die gute alte zweiſilbige Form, nicht Zerdehnung
einer langen Silbe, wie in gehen, ſtehen für gên. ſtên. Vgl.
Des Künſtlers Erdenwallen (1774) Vers 48: Vor zehen
Jahren glich es mir. — 366 Urſprünglich iſt Laffe
ein Lecker; hier ein leerer Geck. So nennt er die Gelehrten ſeiner
Zeit. Schreiber, hier wie Federfuchſer, Tintenkleckſer
im verächtlichen Sinn, neben dem eben ſo verächtlichen „Pfaffen".
Carlos ſagt zu Clavigo (2. Act, 2. Scene): Heiß mich einen
Schreiber (wenn ich nicht ꝛc.) Vgl. „Schreiber aus den ſchwäbiſchen
Provinzen" Schillers Räuber, 2. Act, 3. Scene. Im Volksliede ſagt
das Mädchen, ſie hätte ſchande, kein eer im lande, wenn ſie
einen ſchreiber heiratete, Uhlands Volkslieder S. 689. In Huttens
Dialog Prädones (die Räuber), den Goethe geleſen, bevor er den
Götz ſchrieb (ſ. Wilmanns Quellenſtudien zu Goethes Götz, Berlin
1874), werden von Sickingen, auf den Vorwurf Kaufmanns, daß
die Ritter Rauber ſeien, als die wahren Rauber: die Schreiber,
Juriſten, Kaufleute und Prieſter bezeichnet. Daher mag die Zu=
ſammenſtellung Doctoren, Magiſter, Schreiber und Pfaffen dem
Dichter geläufig ſein (Scribae, jurisconsulti, mercatores, sacer-
dotes et ſpirituales, Hutten opera ed. Munch. 4, 168, 170, 186,
198). — 368. Scrupel, latein ſcrupulus, kleinſtes Gewicht,
aber ſchon bei Cicero tropiſch für Seelenbeſchwerde (scrupulum ex
animo evellere), kleinliche Aengſtlichkeit.

370 Dafür ist mir auch alle Freud' entrissen,
    Bilde mir nicht ein was rechts zu wissen,
    Bilde mir nicht ein ich könnte was lehren
    Die Menschen zu bessern und zu bekehren.
    Auch hab' ich weder Gut noch Geld,
375 Noch Ehr' und Herrlichkeit der Welt;
    Es möchte kein Hund so länger leben!
    Drum hab' ich mich der Magie ergeben,
    Ob mir durch Geistes Kraft und Mund
    Nicht manch Geheimniß würde kund:
380 Daß ich nicht mehr, mit sauerm Schweiß,
    Zu sagen brauche was ich nicht weiß,
    Daß ich erkenne was die Welt
    Im Innersten zusammenhält,
    Schau' alle Wirkenskraft und Samen,
385 Und thu' nicht mehr in Worten kramen.

      O sähst du, voller Mondenschein,
      Zum letztenmal auf meine Pein,
      Den ich so manche Mitternacht
      An diesem Pult herangewacht:

370—373 Die selbstgefällige Freude, die ein beschränkter Kopf
an seinem Wissen hat, wie sich dieß unten 573 an Wagner so ergötz-
lich zeigt, kann Faust nicht empfinden. — 373. bekehren, von Irr-
wegen abbringen. Es muß nach diesem Vers eine Pause eintreten,
denn in dem nun Folgenden schlägt Faust einen völlig veränderten
Ton an Die Ideale, die ihm vorschwebten, die Menschen zu
bessern u. dgl., gibt er auf und wendet sich dem zu, was der gewöhnliche Mensch anstrebt Derb realistisch bricht er in Unmuth aus
374: Auch hab' ich rc. — 377. Die Magie oder schwarze Kunst
muß hier natürlich als eine, nach christlichen Begriffen gottlose,
teuflische Kunst verstanden werden Samen ist ein alchimistischer
Ausdruck für Keim, vgl. zu 1042 — 380 Nur die Fragment-
ausgaben haben hier die Form sauerm, die Goethe von Hause
aus eigen war — 382 f Vgl. das Gedicht Goethes an Merck,
wahrscheinlich aus dem Jahr 1774 d. j. G. 3, 157: „Erkenne jedes
Dings Gestalt — Und fühle wie die ganze Welt Der große Himmel
zusammenhält." Woran Jacoby, Goethejahrbuch 1, 199 erinnert.
Der Dichter scheint hier seinen Faust schon zu parodiren. — 385 f
f Goethejahrb. 1, 113, 6, 251. kramen, hantieren wie der Krämer
mit seinem Kram, s. Grimm, Wörterb. 6, 190 f. — 386. Das Herein-
rücken der Zeilen, mit dem die Ausgaben I. H einen neuen Absatz
bezeichnen, wurde durchaus nach C C¹ beibehalten.

390 Dann, über Bücher und Papier,
     Trübſel'ger Freund, erſchienſt du mir!
     Ach! könnt' ich doch auf Berges=Höhn
     In deinem lieben Lichte gehn,
     Um Bergeshöhle mit Geiſtern ſchweben,
395 Auf Wieſen in deinem Dämmer weben,
     Von allem Wiſſensqualm entladen
     In deinem Thau geſund mich baden!

       Weh! ſteck' ich in dem Kerker noch?
     Verfluchtes dumpfes Mauerloch,
400 Wo ſelbſt das liebe Himmelslicht
     Trüb' durch gemalte Scheiben bricht!
     Beſchränkt von dieſem Bücherhauf,
     Den Würme nagen, Staub bedeckt,
     Den, bis an's hohe Gewölb' hinauf,
405 Ein angeraucht Papier umſteckt;
     Mit Gläſern, Büchſen rings umſtellt,

---

390. Seit 1808 Büchern; dann müßte es aber auch Pa=
pieren heißen. Dann, wenn ich oft gewacht über B. und P.,
erſchienſt du mir. — 395. Der Dämmer für Dämmerung, althoch=
deutſch der demar, mittelhochdeutſch der demere. Neuhochdeutſch
ſelten ſ. Grimm, Wörterbuch 2, 710. — 400. Himmelslicht,
der Mond, ſ. Vorſpiel auf dem Theater zu Vers 235 f. — 402
In den Ausgaben bis 1816 mit ſtatt von. Beſchränkt von all dem
Bücherhauff, Urfauſt. Die urſprüngliche Faſſung wurde aus Miß=
verſtändniß emendirt. — 403. Würme, die alte Form der Mehrzahl,
mittelhochdeutſch wurme, wurme auch von Luther gebraucht 2 Moſ.
16, 20; Hiob 21, 26. — Vers 605 ſteht ſchon die Form Regen=
würmer, daraus wir kaum einen Schluß ziehen dürfen auf die Ab=
faſſungszeit. Die Schilderung des Zimmers eines Gelehrten des 16.
Jahrhunderts bis 417 bedarf wol keiner Erörterung. — 402—405
Der Ausdruck iſt nicht klar, wie ſchon Zarncke bemerkt, Centralblatt
4 Oct. 1879. Es kann doch nichts andres gemeint ſein, als ein
Bücherſchrank, aus deſſen Büchern überall angerauchtes Papier hervor=
ſteht; beiliegende Zuſätze, Leſezeichen u. dgl., ſo daß der ganze Hauf
umſteckt ſcheint mit ſolchem Papier. Ein freundlicher Leſer meines
Commentars ſchrieb mir über die Stelle, ſein Gymnaſialprofeſſor
Capeſius in Hermannſtadt habe eine Bibliothek beſeſſen, die ganz in
der Weiſe bis zur Decke hinauf mit angerauchtem Papier umſteckt
war. Dergleichen iſt nun wol auch anderwärts vorgekommen. Die
ſonſt anſprechende Vermutung V. Valentins (zuletzt Euphorion, III., 476),
daß hier an Papierſtreifen an den Bücherregalen, die die in der
darunter befindlichen Reihe ſtehenden Bücher vor dem herabfallenden
Staub ſchützen ſollen, zu denken ſei, findet durch den Wortlaut im
„Urfauſt" keine Stütze. — Vgl. auch V. 678 du alte Rolle, du wirſt
angeraucht.

Mit Instrumenten vollgepfropft,
Urväter Hausrath drein gestopft —
Das ist deine Welt! das heißt eine Welt!

410 Und fragst du noch, warum dein Herz
Sich bang in deinem Busen klemmt?
Warum ein unerklärter Schmerz
Dir alle Lebensregung hemmt?
Statt der lebendigen Natur,
415 Da Gott die Menschen schuf hinein,
Umgibt in Rauch und Moder nur
Dich Thiergeripp' und Todtenbein.

Flieh! Auf! Hinaus in's weite Land!
Und dieß geheimnißvolle Buch,
420 Von Nostradamus eigner Hand,
Ist dir es nicht Geleit genug?
Erkennest dann der Sterne Lauf,
Und wenn Natur dich unterweis't,
Dann geht die Seelenkraft dir auf,
425 Wie spricht ein Geist zum andern Geist.
Umsonst, daß trocknes Sinnen hier
Die heil'gen Zeichen dir erklärt.
Ihr schwebt, ihr Geister, neben mir;
Antwortet mir, wenn ihr mich hört!

Er schlägt das Buch auf und erblickt das Zeichen
des Makrokosmus.

420 Nostradamus, so nannte sich lateinisch Michel de Nôtre=
dame, geboren 14. December 1503 zu St. Remy in der Provence,
gestorben den 2. Juli 1566, ein berühmter Astrolog und Arzt, dessen
Vorhersagungen Aufsehn erregten. Ein bestimmtes Werk desselben,
von dem Faust eine Handschrift haben konnte, ist nicht nachweisbar.
— 418—429 Das Buch des Nostradamus soll ihn geleiten. Im
Freien werden ihm die Zeichen, hofft er, verständlich sein, die das
Buch enthält (Erkennest dann —), und die er im Zimmer mit trocknem
Sinnen vergeblich zu deuten sucht. Doch da auf einmal ist ihm, als
ob ihn die Geister umschwebten, und er fordert sie auf, ihm zu ant=
worten, d. h. ihm ein Zeichen ihrer Anwesenheit zu geben. — 427.
Unter Zeichen in der Anmerkung haben wir uns kabbalistische
Zeichen zu denken, wie sie bei Beschwörungen, wo sie als zauberkräftig
gelten, vorkommen, und aus der rabbinischen Geheimlehre, der Kabbala,
herstammen. In Scheibles Kloster II und V sind verschiedene Aus=
gaben von Fausts Höllenzwang abgedruckt. Makrokosmus,
wörtlich Großwelt, heißt nach mittelalterlicher Lehre das Weltall,
dessen Abbild im Kleinen sei der Mensch, der daher ein Mikrokos=
mus, eine Welt im Kleinen ist. Die Lehre der Kabbala vom

430 Ha! welche Wonne fließt in dieſem Blick
    Auf einmal mir durch alle meine Sinnen!
    Ich fühle junges heil'ges Lebensglück
    Neuglühend mir durch Nerv' und Adern rinnen.
    War es ein Gott, der dieſe Zeichen ſchrieb,
435 Die mir das innre Toben ſtillen,
    Das arme Herz mit Freude füllen,
    Und mit geheimnißvollem Trieb,
    Die Kräfte der Natur rings um mich her enthüllen?
    Bin ich ein Gott? Mir wird ſo licht!
440 Ich ſchau' in dieſen reinen Zügen
    Die wirkende Natur vor meiner Seele liegen.
    Jetzt erſt erkenn' ich was der Weiſe ſpricht:
    „Die Geiſterwelt iſt nicht verſchloſſen;
    Dein Sinn iſt zu, dein Herz iſt todt!
445 Auf, bade, Schüler, unverdroſſen
    Die ird'ſche Bruſt im Morgenroth!"

Er beſchaut das Zeichen.

Mikrokosmus und Makrokosmus wird verſchiedenartig vorgetragen;
ſo z. B von Joh. Baptiſta Mantuanus Hiſpaniolus, General der
Carmeliter, geb. 1448, ſtarb 1516: Omnia quæ in mundo fieri majore
videmus, In nobis simili cernimus esse modo. Cor jecur atque
caput coeli sunt sidera, sensus est animus nobis, cum ratione Deus.
Alles, was in der großen Welt vorgeht, ſehen wir ähnlich in uns
vorhanden. Herz, Leber und Haupt, der Himmel Geſtirne ſind die
Sinne. Wir haben eine Seele wie Gott Vernunft. — Dabei werden
wir denn an die nordiſche Mythe vom Rieſen Ymir erinnert, ſ. zu
1802. Düntzer hat ſchon auf ähnliche Darſtellungen der Kabbala hin=
gewieſen in der 2. Auflage ſeines Fauſtcommentars 1857, S 178 f.
Unter dem Zeichen des Makroskosmus hat man ſich ein Zeichen zu
denken, wie die aſtronomiſchen Zeichen der Himmelskörper. In Rem=
brandts Fauſtbilde, von dem in der Ausgabe des Fragments 1790
eine Copie von Lips als Titelbild beigegeben iſt, erblickt Fauſt ein
ſolches Zeichen am Fenſter. Goethe hatte kaum ein beſtimmtes Zeichen
vor Augen Ueber die ihm bekannte (wol erſt ſpäter bekannt ge=
wordne) Zauberliteratur berichtet er an Zelter 5, 332 höchſt lehrreich
Vgl. zu 1802 — 431. Sinnen der ſchwache Plural erſcheint ſchon
mitunter mittelhochd Bei Wieland, Goethe, Schiller ebenſo mund=
artlich alterthümlich. Im Fauſt auch 1, 1633, 2734 So in Erwin,
in Claudine u. ſ. w. — 433. Nerv' und Adern für Nerven
und Adern wie Vorſpiel 238: an Thier' und Vögeln. Vgl.
auch oben zu 390: Bücher und Papier. — 438. Ein Alexan=
driner. Der Dichter gibt der Ueberlieferung eine tiefere Bedeutung,
wenn es in dem Volksbuche von Fauſt heißt: Fauſt gebrauche unter
andern, an Feſttagen, wenn die Sonne aufginge, das ſogenannte

Wie alles sich zum Ganzen webt,
Eins in dem andern wirkt und lebt!
Wie Himmelskräfte auf und nieder steigen
450 Und sich die goldnen Eimer reichen!
Mit segenduftenden Schwingen
Vom Himmel durch die Erde dringen,
Harmonisch all das All durchklingen!

---

crepusculum matutinum mit andern Zaubereien. S. zu 10060
Ueber die Anwendung dieses Ausdrucks und die Bedeutung des
Morgenroths in mystisch=kabalistischen Schriften hat Loeper, in dessen
Faust 1, 25 lehrreiche Nachweise gegeben. Scherer wies dazu auf
Herders älteste Urkunde des Menschengeschlechts (Aus Goethes Früh=
zeit S 71 ff.) Da heißt es: „Die uralteste, herrlichste Offenbarung
Gottes erscheint dir jeden Morgen als Thatsache", im „Gemälde der
Morgenröthe, Bild des werdenden Tages." — Wenn der Dichter
unbestimmt von einem Weisen spricht, so brauchen wir nicht gerade
Herder oder einen andern bestimmt anzunehmen. Goethe konnte
Aehnliches auch mündlich allerdings von Herder gehört haben. Diese
Worte in Verbindung mit der Versicherung, daß die Geisterwelt nicht
verschlossen sei, können nur bedeuten, daß sich ihm die Geisterwelt
erschließen werde, wenn er die Brust, die Gefühlswelt, die bei ein=
seitiger Verstandesübung erstirbt, wiederbelebt im Morgenroth. Vgl
auch Herders Gedicht· die Schöpfung ein Morgengesang (1773) Am
schönsten ist die schöpferische Morgenröthe verherrlicht in Goethes.
„Ist es möglich, Stern der Sterne", Divan 8, 43 Dort, wohl
in einer spätern Dichtung von 1815, spricht sich die tiefe Anschauung
Goethes von Licht und Farbe aus, s. dazu Loeper in der Hempel'schen
Ausgabe des Divans, S 161 — 449—453. Eine schöne Personi=
sication der Naturkräfte des Lebens, die hörbar harmonisch zusammen=
wirken und beleben, indem sie auf und nieder steigend goldene Eimer
von Hand zu Hand geben, die belebenden Säfte, die wie durch Zauber
alle Organismen durchdringen und dadurch lebendig machen. In des
Aristophanes Wolken heißt es nach der Uebersetzung J. J. Herwigs,
die 1772 erschienen ist· „Ihr (Wolken) mögt an der Mündung des
Nils die Wasser mit goldnen Eimern fassen" Es scheint
sowohl das physikalische Gesetz, das in Lebewesen der Erde waltet,
als auch ein dem ähnliches, das ebenso die Geisterwelt, wie das ganze
All durchdringt, mit dem Bilde angedeutet. Wir begegnen hier den
ersten Keimen der großen naturhistorischen Ideen Goethes von der
Metamorphose der Pflanzen und Thiere. Vgl. Herders
Ideen zur Geschichte der Menschheit, 5. Buch 1· In der Schöpfung
— herrscht eine Reihe aufsteigender Kräfte — Eine andre Reihe ist
die der Lebendigen, d. h. die Thiere, die in Uebergangen bis zum
Menschen eine Reihe bilden. Vgl. die aurea catena Homeri, wo sich
die Natur, wenn auch vielleicht in phantastischer Weise, in einer
schönen Verknüpfung zeigt, oben und im Werther (JG 3, 303): „Unsere
Einbildungskraft — bildet sich eine Reihe Wesen hinauf, wo wir das
unterste sind — jeder andere vollkommner ist."

Welch Schauſpiel! aber ach! ein Schauſpiel nur!
455 Wo faſſ' ich dich, unendliche Natur?
Euch Brüſte, wo? Ihr Quellen alles Lebens,
An denen Himmel und Erde hangt,
Dahin die welke Bruſt ſich drängt —
Ihr quellt, ihr tränkt, und ſchmacht' ich ſo vergebens?

Er ſchlägt unwillig das Buch um und erblickt das Zeichen des
Erdgeiſtes.

460 Wie anders wirkt dies Zeichen auf mich ein!
Du, Geiſt der Erde, biſt mir naher;
Schon fuhl' ich meine Kräfte höher,
Schon glüh' ich wie von neuem Wein,
Ich fühle Muth mich in die Welt zu wagen,
465 Der Erde Weh, der Erde Glück zu tragen,
Mit Stürmen mich herumzuſchlagen,
Und in des Schiffbruchs Knirſchen nicht zu zagen.
Es wölkt ſich über mir —
Der Mond verbirgt ſein Licht —
470 Die Lampe ſchwindet!

---

454. Ein Schauspiel nur, nur eine ſinnbildliche Dar=
ſtellung, nicht die Wirklichkeit in ihrem Weſen unmittelbar, erkennt
er in dem Zeichen. — 455. Vgl. Herders Gedicht: Gott. Wie faſſ'
ich dich, den keine Räume faſſen. — Die Urbedingung des Daſeins,
des Lebens beſteht und erhält die Welt, reichlich quellend und läßt
doch den Menſchengeiſt, der ſie erkennen will, ſchmachten, ſie verbirgt
ſich ihm. Man leſe hierzu Goethes aphoriſtiſchen Aufſatz: Die
Natur — Die welke Bruſt, die abgeſtorbene Gefühlswelt, wie
oben 446 Sie verwelkt bei einſeitiger Anſtrengung des Verſtandes,
bei trocknem Sinnen. — 456. Die Quellen alles Lebens
werden hier nicht näher bezeichnet, vgl. Lebens Quelle zu 1200 f. —
459—462. Das Zeichen des Erdgeiſtes erinnert ihn an eine be=
kanntere Welt, als das des Weltalls, er fühlt ſeine Kräfte höher,
erhöhte Kraft. Der Erdgeiſt iſt Gott in ſeiner Mani=
feſtation als Erdgeiſt ſ. darüber die Einleitung und die An=
merkung zu Vers 1770—1775, vgl. vor allem Dichtung und Wahrheit,
2. T. 8 Buch und 1. T 1. Buch, wo wir ſehen, wie Goethe das
ſich Gott nahern verſteht. — Die Worte 462—467 zeigen eine
Steigerung der Leidenſchaft bis zum Aeußerſten — 464 Schon
hier begegnet die Gedankenreihe, die ſich 1770 f Mephiſtopheles
gegenuber wiederholt Der Gedanke, der Erde Weh und Glück zu
tragen, iſt zu verbinden mit dem im Prometheus (1773) auftretenden
Verlangen: „mich auszudehnen, zu erweitern zu einer Welt" ſ. zu
Vers 491 f und Einleitung — 468 und 469 bilden zuſammen einen
Alexandriner.

Es dampft! — Es zucken rothe Strahlen
Mir um das Haupt — Es weht
Ein Schauer vom Gewölb' herab
Und faßt mich an!
475 Ich fühl's, du schwebst um mich, erflehter Geist
Enthülle dich!
Ha! wie's in meinem Herzen reißt!
Zu neuen Gefühlen
All' meine Sinnen sich erwühlen!
480 Ich fühle ganz mein Herz dir hingegeben!
Du mußt! du mußt! und koste' es mein Leben!

Er faßt das Buch und spricht das Zeichen des Geistes geheimnißvoll aus Es zuckt eine röthliche Flamme, der Geist erscheint in der Flamme.

Geist.

Wer ruft mir?

Faust abgewendet

Schreckliches Gesicht!

Geist.

Du hast mich mächtig angezogen,

475—477 konnte abgetheilt werden:

Ich fühl's, du schwebst um mich,
Erflehter Geist!
Enthülle dich!
Ha! wie's in meinem Herz reißt!

wodurch diese Zeilen Reime erhielten. Im Urfaust findet sich diese Versabtheilung wirklich, die der Herausgeber demnach richtig schon in der ersten Ausgabe errathen hatte. — 477. Es reißt im Herzen er empfindet wie einen Riß, einen Ruck in dem bisher fühllosen Herzen, mit freudigem Schreck das Wachwerden der Empfindung. — 479. Sinnen wie 431. — Erwühlen Wie der Maulwurf durch sein Wühlen vom Grund aus, von innen heraus die Oberfläche des Erdbodens lockernd erschließt, so fühlt Faust von innen heraus die Sinne aufgewühlt sich erschließen Andre Beispiele der Form erwühlen gibt noch Grimms Wörterbuch, die aber für die Anwendung hier nicht von Belang sind. — 481. Du mußt erscheinen und wenn es mir das Leben kostet. Zur Scenarbemerkung: Eine Beschwörungsformel, wie jenes Abrakadabra u. dgl, wird hier als das in Worten ausgesprochene Zeichen des Erdgeistes gedacht. Diese Formel spricht er jetzt aus. — 482. Bei der ersten Faustdarstellung in Weimar ließ Goethe den Erdgeist als ein riesiges, den ganzen Hintergrund füllendes, feuriges aber wie aus Nebel auftauchendes Antlitz erscheinen Im Volksbuch „zeigt sich" zuerst der von Faust beschworene Geist „in einem Menschenkopfe". Die Worte des Erdgeistes wurden damals gesungen nach einer Composition Eberweins, s. darüber die Einleitung.

An meiner Sphäre lang geſogen,
485 Und nun —

Fauſt.

Weh! ich ertrag' dich nicht!

Geiſt.

Du flehſt erathmend mich zu ſchauen,
Meine Stimme zu hören, mein Antlitz zu ſehn;
Mich neigt dein mächtig Seelenflehn,
Da bin ich! — Welch erbärmlich Grauen
490 Faßt Uebermenſchen dich! Wo iſt der Seele Ruf?
Wo iſt die Bruſt, die eine Welt in ſich erſchuf,
Und trug und hegte, die mit Freudebeben
Erſchwoll, ſich uns, den Geiſtern, gleich zu heben?
Wo biſt du, Fauſt, deß Stimme mir erklang,
495 Der ſich an mich mit allen Kräften drang?

---

484. Sphäre — geſogen an der Sphäre des Erdgeiſtes,
der Erde, hat Fauſt geſogen, eifrig Nahrung des Geiſtes, der Erkenntniß geſucht. — 486 Erathmend, aufgeregt athmend. In
erathmen iſt hier er die Bewegung nach einem Ziele bezeichnend,
wie in erreichen. Er athmete bewegt im Streben: zu ſchauen.
In den Beiſpielen zu dem Wort in Grimms Wörterbuch 3, 698 erſcheint es verſchieden gebraucht. In Dem erathmenden Schritt
mühſam Berg hinauf, bezeichnet es das ſchwere Athmen des
Bergſteigenden; in Keine Kühlung war da zu erathmen
(Rückert), athmend zu erreichen; hingegen in Goethes Nicolai auf
Werthers Grabe: geht wohl erathmend (andre Lesart: wohler
athmend) wieder weg = aufathmend. — 490. Uebermenſch,
ein von Goethe trefflich gebildetes Wort zur Bezeichnung eines Titanen
wie Fauſt, der über das gewöhnliche Menſchenmaß geiſtig hinaus-
ragt. Es war das Wort inſofern nicht ganz neu, als das Adjectiv
übermenſchlich, das ſchon früher vorkommt, es vorausſetzt. Der
Seele Ruf, das Gefühl, berufen zu ſein. — 491. Wieder der
Gedanke, an den uns ſchon Vers 464 f erinnerte, daß der titaniſche
Menſch ſich zu einer Welt erweitern möchte, wie es im Prometheus
heißt. Da obiges eine Welt in ſich erſchaffen doch eigentlich
nicht genau daſſelbe iſt, und das ſtärkere ſich zur Welt erweitern bei
Goethe auch noch ſpäter vorkommt, ſo unten Vers 640, ſ. die Einleitung, ſo iſt vielleicht anzunehmen, daß gegenwärtige Stelle vor
Prometheus entſtand. — Die ſchöpferiſche Hand Gretchens erſcheint
Fauſt gottergleich, ſ. zu 2707. — 495. ſich — drang, für drängte;
eine Freiheit gegen den gewöhnlichen Sprachgebrauch, die bei Goethe
häufig iſt, vgl. mich drangs für mich drangte es u. a. m.,
ſich dringen für ſich drangen kommt übrigens ſchon bei Luther
vor, ſ Grimms Wörterb. 2, 1418, ſ. auch das Citat zu unten
582—585

Bist du es, der von meinem Hauch umwittert,
In allen Lebenstiefen zittert,
Ein furchtsam weg gekrümmter Wurm?

Fauft.

Soll ich dir, Flammenbildung, weichen?
500 Ich bin's, bin Fauft, bin Deinesgleichen!

Geift.

In Lebensfluthen, im Thatensturm
Wall' ich auf und ab,
Webe hin und her!
Geburt und Grab,
505 Ein ewiges Meer,
Ein wechselnd Weben,
Ein glühend Leben,
So schaff' ich am sausenden Webstuhl der Zeit
Und wirke der Gottheit lebendiges Kleid

---

496 wittern heißt in der Jägersprache das Wahrnehmen des
Wildes aus dem Geruch, den Winde und Wetter zuführen, man
sagt auch dafür winden. Fauft ist vom Hauch des Erdgeists wie
von elektrischen Strömen umwittert, d. h. er nimmt den Hauch
des Erdgeists wahr. Dabei geht nebenher der Begriff, daß nahendes
Gewitter sich in ähnlicher Weise wahrnehmbar macht, wodurch das
Wort an schauriger Wirkung gewinnt. Vgl. Str 1, Vers 8 der
Zueignung. — 498. weg gekrümmt, der sich krümmend weg, ab
wendet. — 499. Flammenbildung: in der Anmerkung zu 482
erscheint der Geift in der Flamme. — 500. Deinesgleichen,
ein Geift gleich dir. — 501—509. Die Verse schildern das Leben auf
der Oberfläche der Erde. Der Erdgeift wallt in dem fluthenden
Leben, thätig (im Thatensturm) auf und ab. Der Gottheit Kleid,
die Körperwelt, gleichsam im pantheiftischen Sinne Gottes Leib.
Diese Verse wurden bei der erften Aufführung in Weimar 1829 gesungen. Wir laſſen sie daher, wie alle Verse, die für Gesang beſtimmt
sind, gegen die Mitte hereingerückt erscheinen, obwohl dafür nur der
Vorgang der Ausg. Riemer-Eckermanns 1836 f angeführt werden
kann. Höchst wirksam und paſſend erscheint für diese Verse Gesang.
S. hierüber die Einleitung. — 503. Webe, so 1790, 1791, 1808, ist
seit 1816 wegen Weben (506) und Webstuhl (508) in Wehe verwandelt worden, jedoch 1836 in der Ausgabe von Riemer und Eckermann wieder Webe. Die von uns schon in unſrer erften Ausgabe gewählte Lesart Webe ist indes auch durch den „Urfaust"
gerechtfertigt worden. Weben bezeichnet nach dem biblischen

Fauſt.

510 Der du die weite Welt umſchweiſſt,
Geſchäftiger Geiſt, wie nah fühl' ich mich dir!

Geiſt.

Du gleichſt dem Geiſt den du begreifſt,
Nicht mir!   Verſchwindet.

Fauſt zuſammenſturzend.

Nicht dir!
515 Wem denn?
Ich Ebenbild der Gottheit!
Und nicht einmal dir!

Es klopft.

O Tod! ich kenn's — das iſt mein Famulus —
Es wird mein ſchönſtes Glück zu nichte!
520 Daß dieſe Fülle der Geſichte
Der trockne Schleicher ſtören muß!

Wagner im Schlafrocke und der Nachtmütze, eine Lampe in der
Hand. Fauſt wendet ſich unwillig.

Wagner.

Verzeiht! ich hör euch declamiren;

(1. Moſ. 1, 21): das da lebet und webet, das Sichbewegen
eines lebenden Weſens, indem wehen von einem perſönlichen
bewußten Weſen nicht leicht geſagt wird. Vgl. Herder: „Gott". —
„Ein raſtlos Weben in der tiefſten Ruh" — und deſſen· „Die
Menſchenſeele". — „Der Gottheit Schein Unnennbar unerſetzbar
fort zu weben". — 541. Nicht dir! dieß die urſprüngliche Lesart, die ſchon unſere erſte Ausgabe beibehielt, und die durch den
„Urfauſt" beſtätigt wird. Die Weimarausgabe lieſt mit 1816:
Nicht dir? — Die Verſe 514—518 laſſen ſich „zuſammenſtürzend"
nicht ſprechen. Die Reflexion iſt hier nicht am Platze. Vielleicht
eine Einſchaltung, ſ die Einleitung. — 519. Obwohl Fauſt vernichtet dahin geſturzt iſt vor dem Erdgeiſt, ſo erſcheint ihm doch beim
Erwachen aus der Ekſtaſe in der nuchternen alltäglichen Wirklichkeit,
die ihm bei der Nähe des Pedanten Wagner vor Augen tritt, jener
erhohte Zuſtand als ſchönſtes Glück. — 521. Wagner, der geiſt= und
phantaſieloſe Pedant, wird bezeichnend angekundet als trockner
Schleicher, womit das Nuchterne ſeiner Anſchauungen und das
Zudringliche, indem er damit heranſchleichend laſtig wird, ſchon an=
gedeutet iſt. — Der Profeſſorendiener und Gehilfe Wagner
erſcheint ſchon in den Fauſtbuchern wie auch in Marlowes Fauſt als
Famulus. — 522. Der Zuſammenhang verlangt hört'; ſo hat
auch der Urfauſt; dennoch wagen wir die ſo vereinzelt unterſtutzte
Lesart nicht in den Text aufzunehmen.

Ihr laſ't gewiß ein griechiſch Trauerſpiel?
In dieſer Kunſt möcht' ich was profitiren,
525 Denn heut zu Tage wirkt das viel.
Ich hab' es öfters rühmen hören,
Ein Komödiant könnt' einen Pfarrer lehren.

Fauſt.

Ja, wenn der Pfarrer ein Komödiant iſt;
Wie das denn wohl zu Zeiten kommen mag.

Wagner.

530 Ach! wenn man ſo in ſein Muſeum gebannt iſt,
Und ſieht die Welt kaum einen Feiertag,
Kaum durch ein Fernglas, nur von weiten,
Wie ſoll man ſie durch Ueberredung leiten?

Fauſt.

Wenn ihr's nicht fühlt, ihr werdet's nicht erjagen,
535 Wenn es nicht aus der Seele dringt,
Und mit urkräftigem Behagen
Die Herzen aller Hörer zwingt.
Sitzt ihr nur immer! Leimt zuſammen,
Braut ein Ragout von andrer Schmaus,
540 Und blaſ't die kümmerlichen Flammen
Aus eurem Aſchenhäuſchen 'raus!

---

527. d. h. wenn es ihm darum zu thun iſt, den Leuten etwas
vorzumachen, was er ſelber nicht glaubt — dann mag er zu einem
Komödianten gehen und von ihm lernen. — Der geiſtlos urtheilende
Menſch — Wagner — ſucht die Wirkung des Geiſtes in den Einzelheiten ſeiner Erſcheinung, nicht im Weſen — 530. Muſeum
nennt der Gelehrte ſeine Studirſtube. So bei Jean Paul: Zu
Hauſe birgt ihn ein warmes Muſeum (den Pfarrer),
Flegeljahre. — 533. Nicht um den Gehalt iſt es Wagner zu thun,
ſondern um die Mittel der Ueberredung, die er, wie die Rhetorik des
Mittelalters, nicht darin ſucht, daß man von einer Ueberzeugung
mächtig durchdrungen ſei, ſondern in Kunſtgriffen. — 541. A. e. A
aus! 1790, 1791, 'raus! 1808, 1828 h'raus 1829. — 538—545
Schilderung der kümmerlichen Flickarbeit des Pedanten, im Gegenſatz
zum ſchöpferiſchen Geiſt. Der Pedant leimt zuſammen, compilirt,
braut ein Ragout, einen würzigen Leckerbiſſen, von andrer
Schmaus, aus dem Reichthum ſchöpferiſchen Geiſtes. Statt leben-
diger flammender Begeiſterung, iſt euer Inneres ein Aſchenhäuſchen,
das wegen Mangels an Brennſtoff nur kümmerliche Flammen giebt.
— Ihr findet allenfalls den Beifall der Unverſtändigen, wenn ihr

Bewundrung von Kindern und Affen,
Wenn euch darnach der Gaumen ſteht;
Doch werdet ihr nie Herz zu Herzen ſchaffen,
545 Wenn es euch nicht von Herzen geht.

Wagner.

Allein der Vortrag macht des Redners Glück;
Ich fühl' es wohl, noch bin ich weit zurück.

Fauſt.

Such' er den redlichen Gewinn!
Sei er kein ſchellenlauter Thor!
550 Es trägt Verſtand und rechter Sinn
Mit wenig Kunſt ſich ſelber vor;
Und wenn's euch Ernſt iſt was zu ſagen,
Iſt's nöthig Worten nachzujagen?
Ja, eure Reden, die ſo blinkend ſind,
555 In denen ihr der Menſchheit Schnitzel kräuſelt,

danach ſtrebt. Doch werdet ihr nie Mitgefühl, Sympathie erregen, Herz zu Herzen ſchaffen, wenn's euch nicht vom Herzen kommt. — 543. Wenn euch darum zu thun iſt, das könnt ihr erreichen. — 546. Vortrag lernen zu wollen, ohne Rückſicht auf den Gehalt, ſo, daß die Form, das Aeußere zur Hauptſache wird, iſt des Pedanten gewöhnlicher Irrthum, ſo wie er Stilübungen als Uebungen der Form auffaßt und durch ſie zum Stil gelangen möchte; wie er in der Dichtung das Aeußere des Verſes zur Hauptſache macht u. ſ. f. — 546 ff. Allein der Vortrag nützt dem Redner viel.

Fauſt.   Was Vortrag! der iſt gut im Puppenſpiel
Mein Herr Magiſter hab er Krafft!
Sei Er kein Schellenlauter Thor!
Und Freundſchaft liebe Brüderſchafft,
Trägt die ſich nicht von ſelber vor. Urfauſt S. 8.

— 548 f. Dieſe Aeußerungen Fauſts charakteriſiren Wagner als einen beſchränkten Kopf, der, für höhere Aufgaben unbrauchbar, am beſten thut, ſich bei handwerksmäßigem Erwerb mit redlichem Gewinn zufrieden zu ſtellen. Dieß iſt der Rath, den ihm Fauſt gibt. — 549. Die Kleider der Hofnarren hatten Schellen. Ein ſolcher Narr kündigt ſich an durch das Geklingel der Schellen. Sei kein Narr, der mit Schellen klingelt, kein ſchellenlauter Thor! — 555. Der Menſchheit Schnitzel kräuſelt Abfälle aufpützt; ſie werden 582 f. noch näher bezeichnet. Merck ſchreibt 9. Juli 1777 an Wieland: „ſodann folgt hier ein Schniz Ritterweſen." Zu unmittelbarer Anſchauung der Vergangenheit ſind die Hülfsmittel, die wir beſitzen, ungenügend Dürftige Aufzeichnungen in Urkunden, Sammlungen von Seltenheiten, wie im Kehricht gefundene Papierſchnitzel und allerlei Kram einer Rumpelkammer, erſcheinen ſie Fauſt.

Sind unerquicklich wie der Nebelwind,
Der herbstlich durch die dürren Blätter säuselt!

Wagner.

Ach Gott! die Kunst ist lang!
Und kurz ist unser Leben.
560 Mir wird, bei meinem kritischen Bestreben,
Doch oft um Kopf und Busen bang.
Wie schwer sind nicht die Mittel zu erwerben,
Durch die man zu den Quellen steigt!
Und eh man nur den halben Weg erreicht,
565 Muß wohl ein armer Teufel sterben.

Faust.

Das Pergament, ist das der heil'ge Bronnen,
Woraus ein Trunk den Durst auf ewig stillt?
Erquickung hast du nicht gewonnen,
Wenn sie dir nicht aus eigner Seele quillt.

Wagner.

570 Verzeiht! es ist ein groß Ergetzen
Sich in den Geist der Zeiten zu versetzen,

Sie werden aufgeputzt, gekräuselt, zierlich geschnörkelt, zugerichtet. Das Nebensächliche wird zur Hauptsache aufgeschnörkelt — man denke an die Dichter der ersten Hälfte des 18 Jahrhunderts, die zugleich Ceremonienmeister waren. Kraus bedeutet in fränkischer Mundart fein, zierlich; buntkrause Reden, für kunstvoll gezierte Reden, kennt schon Luther, und schon um 14 Jahrhundert gelten krûse worte als Gegensatz zu slecht und rechten Worten, Grimms Wörterbuch 5, 2092. Schon Loeper hat hier treffend auf eine Stelle aus Goethes Klaudine hingewiesen. Dort findet Gonzalo die Nachricht, daß unsere schönen Geister wieder zur Natur zurückkehren, erfreulich und unglaublich: „sonst pflegen sie immer das Gekämmte zu frisiren, das Frisirte zu krauseln und das Gekrauselte am Ende zu verwirren" — 558 f. Das Leben ist kurz und lang die Kunst ist der erste der Aphorismen des Hippokrates — Goethe läßt den Lehrbrief in W. Meister damit beginnen. Schon mittelhochdeutsch du kunst ist lanc daz leben klein, verbreitet in Deutschland, s. Zingerle, mhd Sprichw. 86 — 560 kritisches Bestreben ist hier nicht als bedenkliches Bestreben gemeint, sondern als das Streben des mit Kritik, fachmännischer Prüfung schriftlicher Ueberlieferung beschäftigten Gelehrten. Dieß erhellt aus dem Folgenden. — 562 f. Zu den Pergamenten, den Urkunden zu gelangen, ist schwer; sie sind kostbar, oft unerreichbar; auch sind Kenntnisse erforderlich, um sie zu erforschen. — 566—569. Einer der goldnen Sprüche aus Goethes Faust, der populär geworden ist. Wir werden uns daran erinnern, bei Vers 1200. — 570 f. Auf den Gegensatz von Wagners

Zu ſchauen wie vor uns ein weiſer Mann gedacht,
Und wie wir's dann zuletzt ſo herrlich weit gebracht.

Fauſt.

O ja, bis an die Sterne weit!
575 Mein Freund, die Zeiten der Vergangenheit
Sind uns ein Buch mit ſieben Siegeln;
Was ihr den Geiſt der Zeiten heißt,
Das iſt im Grund der Herren eigner Geiſt,
In dem die Zeiten ſich beſpiegeln.
580 Da iſt's denn wahrlich oft ein Jammer!
Man läuft euch bei dem erſten Blick davon.
Ein Kehrichtfaß und eine Rumpelkammer,
Und höchſtens eine Haupt- und Staatsaction
Mit trefflichen pragmatiſchen Maximen,
585 Wie ſie den Puppen wohl im Munde ziemen!

Wagner.

Allein die Welt! des Menſchen Herz und Geiſt!
Möcht' jeglicher doch was davon erkennen.

Anſchauung zu der Fauſts iſt bereits oben zu 370—373 hingedeutet.
— Ergetzen (1790, 1791, 1808, 1816, 1825, 1828, 1829) darf demnach nicht in Ergötzen verwandelt werden. Dennoch ſchrieb Goethe
urſprünglich wahrſcheinlich ergötzen. Auch dieſe Vermuthung hat
der Urfauſt beſtätigt. — Die Correctur in ergetzen ſcheint erſt in den
Ausgaben von 1790 an durchgeführt zu ſein, da Adelung für Her-
ſtellung der alten Form mit e eintrat. L. Friſch ſchrieb noch er-
gotzen. — Weitere Beiſpiele ſ. die Regiſter von Goethes Dramen
in meiner Ausgabe — 576. mit ſieben Siegeln, d. h. ver-
ſchloſſen wie das Buch Offenb. Joh. 5, 1. — 578 f. Es gibt eine
Art der Geſchichtsauffaſſung, die eigene Anſchauungen und Vorſtellungen in die Geſchichte hineinlegt, die Fauſt jammervoll, zum
Davonlaufen findet — 580 dann 1790, 1791, 1808, 1816, 1825,
denn 1828, 1829. Vgl Goethes Dramen 1, 131 u ö. Der Unter-
ſchied im Gebrauch von dann und denn, der ſich erſt im 18. Jahr-
hunderte feſtigte, ſo daß dann als Zeitadverb, denn als Bindewort
gebraucht wird, war bei Goethe urſprünglich umgekehrt im Gebrauch.
— 582—585. Kehrichtfaß und Rumpelkammer, werthloſe,
geringe Ueberbleibſel von Urkunden und Ruſtkammern, vgl. zu 555.
Dazu eine „Haupt- und Staatsaction", d h. die Darſtellung einer
politiſchen Staatshandlung, wie ſie unter dieſem Namen auf der
Bühne der Veltheimſchen und andrer Schauſpielerbanden prangten
(obwohl dieſe unter Hauptaction urſprünglich nur die Hauptproduction
eines Abends verſtanden und unter Staatsaction auch nur eine Pracht-
production bezeichnen wollten, ſ. Devrient, Geſchichte der deutſchen

Fauſt.

Ja was man ſo erkennen heißt!
Wer darf das Kind beim rechten Namen nennen?
590 Die wenigen, die was davon erkannt,
Die thöricht g'nug ihr volles Herz nicht wahrten,
Dem Pöbel ihr Gefühl, ihr Schauen offenbarten,
Hat man von je gekreuzigt und verbrannt.
Ich bitt' euch, Freund, es iſt tief in der Nacht,
595 Wir müſſen's dießmal unterbrechen.

Wagner.

Ich hätte gern nur immer fortgewacht,
Um ſo gelehrt mit euch mich zu beſprechen.
Doch morgen, als am erſten Oſtertage,
Erlaubt mir ein' und andre Frage.
600 Mit Eifer hab' ich mich der Studien befliſſen;
Zwar weiß ich viel, doch möcht' ich alles wiſſen   Ab.

Fauſt allein.

Wie nur dem Kopf nicht alle Hoffnung ſchwindet,
Der immerfort an ſchalem Zeuge klebt,
Mit gier'ger Hand nach Schätzen gräbt,

Schauſpielkunſt 1, 244. 265), endlich pragmatiſche Maximen wie z. B.
„da haben wir wieder geſeh'n! ꝛc." ob. dgl. Der „Hamlet" vom
Jahre 1710 ſchloß mit den Verſen.
So gehts, wenn ein Regent mit Liſt zur Krone ſich dringet
Und durch Verratherei dieſelbe an ſich bringet ꝛc
u dgl.), wie man ſie im Munde der Puppen der Marionettenbühnen
hört. — 587. Davon möchte doch jeglicher was wiſſen — 590.
davon, d. i. von der Wahrheit. — 591. Hierzu zu vergleichen iſt
die Stelle aus einem Briefe des Dichters vom 22 December 1774
an Sophie von Laroche Heut krieg ich ein Exemplar Werther zurück,
das ich um geliehen hatte — vorn auf das weiße Blatt iſt geſchrieben·
tais toi, Jean Jaques, ils ne te comprendront point! — Das
that auf mich die ſonderbarſte Würckung, weil dieſe Stelle im Emil
mir immer ſehr merckwürdig war. Dazu vgl Loeper, Briefe Goethes
an S v. L., S 94. — Jacobi erinnert auch in Schnorrs Archiv X,
487 an Goethes Der ewige Jud JG. 3, 439· — Es waren, die den
Vater auch gekannt, Wo ſind ſie denn? Eh, man hat ſie ver=
brannt. — 596 J. h. g. bis morgen früh gewacht, Urfauſt, 1790,
1791, von 1808 an wie oben. — 598—601 ſind neu hinzugekommene
Verſe, die zuerſt 1808 vorkommen Im Urf und auch im Fragment
fehlen ſie, und geht Wagner „ab" nach 597 — 605. Indem oben
403 noch die alterthümliche Form Wurme vorkommt, heißt es hier

605 Und froh iſt wenn er Regenwürmer findet!

    Darf eine ſolche Menſchenſtimme hier,
Wo Geiſterfülle mich umgab, ertönen?
Doch ach! für dießmal dank' ich dir,
Dem ärmlichſten von allen Erdenſöhnen.
610 Du riſſeſt mich von der Verzweiflung los,
Die mir die Sinne ſchon zerſtören wollte.
Ach! die Erſcheinung war ſo rieſengroß,
Daß ich mich recht als Zwerg empfinden ſollte

    Ich, Ebenbild der Gottheit, das ſich ſchon
615 Ganz nah gedünkt dem Spiegel ew'ger Wahrheit,
Sein ſelbſt genoß in Himmelsglanz und Klarheit,
Und abgeſtreift den Erdenſohn;
Ich, mehr als Cherub, deſſen freie Kraft
Schon durch die Adern der Natur zu fließen
620 Und ſchaffend, Götterleben zu genießen
Sich ahnungsvoll vermaß, wie muß ich's büßen!
Ein Donnerwort hat mich hinweggerafft.

    Nicht darf ich dir zu gleichen mich vermeſſen!
Hab' ich die Kraft dich anzuziehn beſeſſen,
625 So hatt' ich dich zu halten keine Kraft.

ſchon Regenwürmer. Dennoch wird auch dieſe Stelle noch zu den erſten, älteſten Theilen der Dichtung gehören. — Sie ſteht auch ſo im Urfauſt, dieſe unſere frühere Lesart beſtätigend. — 606 wie 386 ff., 614 u f. beginnt der zweite Monolog, der im Urf. und im Fragmente fehlt. Die Lücke des Fragments reicht bis Vers 1769, ſ. daſelbſt. Damit iſt nicht geſagt, daß dieß Stück 1790 noch nicht vorhanden war. Im Gegentheil trägt es noch ganz den Charakter von Goethes Sturm- und Drangzeit, in der der Werther entſtand, ſ. Einleitung. — 611 Bemerkenswerth iſt hier der ſt. Plur. Sinne, vgl. oben V. 431. — 612 Rieſen-groß 1808. rieſen-groß 1816, 1825, 1828, rieſengroß 1829 — 616. Sich wohl gefiel in überirdiſchem Glanz. — 618 f. Nach des Dionyſius Areopagita Buch von der himmliſchen Hierarchie ſind die Seraphim Gott am nächſten; in weiterer Entfernung umſchweben ihn die Cherubim und in einem noch weitern die Engel. Vgl. die Anmerkung oben zu 449—453. — 620 vor und nach ſchaffend Komma 1808, in den Ausg. I H. blieb nur das zweite ſtehn. — 621 ahndungsvoll 1808, ſchon 1816 ff.: ahnungsvoll. — 623. Das Ausrufungszeichen zuerst 1829.

In jenem sel'gen Augenblicke
Ich fühlte mich so klein, so groß;
Du stießest grausam mich zurücke,
In's ungewisse Menschenloos
630 Wer lehret mich? was soll ich meiden?
Soll ich gehorchen jenem Drang?
Ach! unsre Thaten selbst, so gut als unsre Leiden,
Sie hemmen unsres Lebens Gang.

Dem Herrlichsten, was auch der Geist empfangen,
635 Drängt immer fremd und fremder Stoff sich an,
Wenn wir zum Guten dieser Welt gelangen,
Dann heißt das Beß're Trug und Wahn.
Die uns das Leben gaben, herrliche Gefühle,
Erstarren in dem irdischen Gewühle.

640 Wenn Phantasie sich sonst mit kühnem Flug
Und hoffnungsvoll zum Ewigen erweitert,
So ist ein kleiner Raum ihr nun genug,

---

627. Klein der erhabnen Erscheinung gegenüber; groß in dem Bewußtsein von dieser Empfindung — 633. Auch unsre Thaten präjudiciren oft der Zukunft. — 635. Immer fremd und fremder steht hier für fremder und immer fremderer Stoff. S. zu Vorspiel auf dem Theater 235 und heiter (= heitrer) für heiterer, Grimms Wörterb 4, 2, 923. Jüngst wollte man diese Erklärung anfechten mit Hinweis auf nah und naher u. a., ohne zu erwägen, daß es sich hier um Adjectiva handelt, denen flexions= lose Adverbia nicht als Vorbild dienen können Hier handelt es sich doch um fremden Stoff, nicht um fremdes Drängen! — Vgl. Gr. Gram. 3, 117 und oben zu Vers 235 — Das über= irdische, geistige Streben wird immer mehr mit irdischem Stoff beschwert Daß das Fremde das niederziehende irdische Gemeine ist, erhellt aus dem Folgenden. — 636 f. Das Gute ist feind dem Bessern, wir begnügen uns leicht in irdischem Behagen und verwerfen allen Idealismus als Chimäre. — 638. Die herrlichen Gefühle, die uns belebten (das Leben gaben), erstarren im Irdischen; ein cäsurloser Alexandriner. — 640—643 Die Ernüchterung, die gefolgt ist nach der Geistererscheinung, durch die Faust sich in seine Schranken zurück= gewiesen sieht, findet hier den edelsten Ausdruck Vgl Prometheus (1773). „mich auszudehnen, zu erweitern zu einer Welt." f. z. 463 f. Die Schranken der Wirklichkeit engen uns ein. werden vom Philisterthum, von der engen Anschauung der Mehrheit über= wältigt, wie noch deutlicher wird im Folgenden.

Wenn Glück auf Glück im Zeitenſtrudel ſcheitert.
Die Sorge niſtet gleich im tiefen Herzen,
645 Dort wirket ſie geheime Schmerzen,
Unruhig wiegt ſie ſich und ſtöret Luſt und Ruh;
Sie deckt ſich ſtets mit neuen Masken zu,
Sie mag als Haus und Hof, als Weib und Kind
erſcheinen,
Als Feuer, Waſſer, Dolch und Gift;
650 Du bebſt vor allem, was nicht trifft,
Und was du nie verlierſt das mußt du ſtets beweinen

Den Göttern gleich' ich nicht! Zu tief iſt es gefühlt;
Dem Wurme gleich' ich, der den Staub durchwühlt;
Den, wie er ſich im Staube nährend lebt,
655 Des Wandrers Tritt vernichtet und begräbt.

Iſt es nicht Staub, was dieſe hohe Wand,
Aus hundert Fachern, mir verenget;
Der Trödel, der mit tauſendfachem Tand,
In dieſer Mottenwelt mich dränget?
60 Hier ſoll ich finden, was mir fehlt?
Soll ich vielleicht in tauſend Büchern leſen,
Daß überall die Menſchen ſich gequält,
Daß hie und da ein Glücklicher geweſen? —
Was grinſeſt du mir, hohler Schädel, her?
665 Als daß dein Hirn, wie meines, einſt verwirret,
Den leichten Tag geſucht und in der Dämmrung ſchwer,
Mit Luſt nach Wahrheit, jämmerlich geirret.
Ihr Inſtrumente freilich, ſpottet mein,

---

644. Sieh zu 11,384 — 650 ff. Obwol es dich nie trifft, bebſt
du doch vor Allem, und du mußt ſtets zittern, beweinen, d. i. beſorgt
ſein zu verlieren. — 652 In den Verſen Goethes in dem Brief an
Rieſe vom 28. April 1766 heißt es: Mein Stolz — glaubt'
es, daß ſo tief zu mir herab ſich Götter niederließen!
— da ſah ich erſt, daß mein erhabner Flug — nichts
war als das Bemüh'n des Wurms im Staube. — 656.
Staub? 1808, 1818, 1825; das Fragezeichen fällt weg 1828,
1829. — 659. dränget, beenget — 666. Den leichten Tag,
den hellen, heitern Tag geſucht und in der Dämmerung, Unklarheit
des Geiſtes, geirrt, obwol von der Luſt nach Wahrheit erfüllt. Es
wurde vermutet, daß leichter Tag ein Druckfehler ſein möchte für
lichter Tag (vgl. 672). Goethejahrbuch 1880, S. 385. — 668—671.

Mit Rad und Kämmen, Walz' und Bügel.

670 Ich stand am Thor, ihr solltet Schlüssel sein,
Zwar euer Bart ist kraus, doch hebt ihr nicht die Riegel.
Geheimnißvoll am lichten Tag
Läßt sich Natur des Schleiers nicht berauben,
Und was sie deinem Geist nicht offenbaren mag,
675 Das zwingst du ihr nicht ab mit Hebeln und mit
Schrauben.
Du alt Geräthe das ich nicht gebraucht,
Du stehst nur hier, weil dich mein Vater brauchte.
Du alte Rolle, du wirst angeraucht,
So lang an diesem Pult die trübe Lampe schmauchte.
680 Weit besser hätt' ich doch mein Weniges verpraßt,
Als mit dem Wenigen belastet hier zu schwitzen!
Was du ererbt von deinen Vätern hast,
Erwirb es um es zu besitzen.
Was man nicht nutzt ist eine schwere Last,
685 Nur was der Augenblick erschafft das kann er nutzen.

Doch warum heftet sich mein Blick auf jene Stelle?
Ist jenes Fläschchen dort den Augen ein Magnet?

Physikalische Instrumente mit Rädern und Walzen. Kamm ist hier
ein Maschinentheil, der einem Kamme mit seinen Zinken oder Zähnen
gleicht, s. Grimms Wörterb 5, 103. Bügel ist wohl eine steig-
bügelförmige Handhabe. — Ihr Instrumente solltet mir die Geheimnisse der Natur erschließen (ihr solltet Schlüssel sein): ihr
seht zwar aus wie Schlüssel mit sehr krausem Bart, wie kunstvolle
Schlüssel, die besonders kunstreiche Schlösser erschließen, ihre Riegel
heben; dennoch taugt ihr nicht — Die Natur liegt am hellen Tag
vor uns und ist doch geheimnißvoll, unerforschlich — 674 f. An so
sententiösen Stellen liebt leicht der Alexandriner ein Val zu Vorspiel auf dem Theater 55 u. f. w. — 678. Die Erklärer wollen
die alte Rolle als Zugrolle der Lampe verstehen; doch wird wol
eine an einem bestimmten Platz, dem Rauch der Lampe ausgesetzte
Pergamentrolle gemeint sein, wie sie neben Büchern in alten Biblio-
theken zu sehen waren: die Zugrolle der Lampe wäre doch nicht etwas,
das Faust nicht gebraucht, wie etwa eine von Vaterszeiten ererbte
unbenutzte Pergamentrolle. — 679. Schmauchen, qualmen, ist das
niederländische smoken, dampfen. — 683. Erwirb es, eigne
dirs völlig an, indem du es gebrauchst Vgl. Faust 2, 11,575. Dann
hast du etwas von dem Besitz, dann besitzest du es. Der Geizhals
„besitzt nicht, was er hat". In Künstlers Erdenwallen (von 1774)
sagt der Künstler zur Göttin, die er malt. Wo mein Pinsel dich
berührt, bist du mein, und (der Reiche) besitzt dich nicht,
er hat dich nur. Noch näher der obigen Stelle steht eine andre
aus Goethes Prometheus von 1773. Bruder: Wie vieles ist denn

Warum wird mir auf einmal lieblich helle,
Als wenn im nacht'gen Wald uns Mondenglanz
umweht?

690   Ich grüße dich, du einzige Phiole!
Die ich mit Andacht nun herunterhole,
In dir verehr' ich Menſchenwitz und Kunſt.
Du Inbegriff der holden Schlummerſafte,
Du Auszug aller tödtlich feinen Kräfte.
695 Erweiſe deinem Meiſter deine Gunſt!
Ich ſehe dich, es wird der Schmerz gelindert,
Ich faſſe dich, das Streben wird gemindert,
Des Geiſtes Fluthſtrom ebbet nach und nach.
In's hohe Meer werd' ich hinausgewieſen,
700 Die Spiegelfluth erglänzt zu meinen Füßen,
Zu neuen Ufern lockt ein neuer Tag.

Ein Feuerwagen ſchwebt, auf leichten Schwingen,
An mich heran! Ich fühle mich bereit
Auf neuer Bahn den Aether zu durchdringen,
705 Zu neuen Sphären reiner Thätigkeit.
Dies hohe Leben, dieſe Gotterwonne!
Du, erſt noch Wurm, und die verdieneſt du?

---

dem? Prometheus: Der Kreis, den meine Wirckſamkeit erfullt. —
685. Der Augenblick nutzt mir nur, inſofern er etwas ſchafft. —
Nach dieſen Worten, die er in höchſter Erregtheit ſpricht, blitzt der
Gedanke an Selbſtmord im Hintergrunde ſeiner Seele auf. — 690.
Phiole iſt hier eine Flaſche mit tödtlichem Gift und das ganze
Bild hat Goethe wol einer Schrift entlehnt, die 1768 in Leipzig
erſchienen iſt: Hiſtor. Erklärung der Gemälde Herm. Winklers, wo
es von einem Bild Thom. Wycks heißt: „Die Officin eines Chymiſten
iſt mit vielen Werkzeugen, Buchern und Geräthſchaften angefüllt. Er
ſelbſt ſitzt neben einem hohen Tiſche, auf dem ein großes Buch auf-
geſchlagen liegt, und halt eine Phiole", Biedermann, Goetheforſchungen,
Neue Folge, 1886, S. 86 und oben S. 35. — 696 Bei ihrem Anblick,
bei dem Gedanken, ſich damit aus der Enge des Lebens befreien zu
konnen, läßt ſeine ſchmerzliche Stimmung nach. Indem er ſie an-
faßt, wird er ruhiger. — 698 Die Hochfluth des Geiſtes geht in
Ebbe über. — 699. Vor ſeinem Geiſt ſteht das Bild des Zuſtandes
nach dem Tode, als ob ein Meer vor ihm ſich ausbreitete, ein neuer
Tag anbrache, zu neuen Ufern lockte. Dieſe Anſchauung ſtimmt zu
einer Lieblingsphantaſie Goethes, mit der Sonne über die Meere
fliegen zu können, vgl. zu 1089 ff. — 702. Der Feuerwagen, in

Ja, kehre nur der holden Erdensonne
Entschlossen deinen Rücken zu!
710 Vermesse dich, die Pforten aufzureißen,
Vor denen jeder gern vorüber schleicht.
Hier ist es Zeit durch Thaten zu beweisen,
Daß Mannesehre nicht der Götterhöhe weicht.
Vor jener dunkeln Höhle nicht zu beben,
715 In der sich Phantasie zu eigner Qual verdammt,
Nach jenem Durchgang hinzustreben,
Um dessen engen Mund die ganze Hölle flammt;
Zu diesem Schritt sich heiter zu entschließen
Und, wär' es mit Gefahr, in's Nichts dahin zu fließen.

720   Nun komm herab, krystallne reine Schale!
Hervor aus deinem alten Futterale,
An die ich viele Jahre nicht gedacht!
Du glänztest bei der Väter Freudenfeste,
Erheitertest die ernsten Gäste,
725 Wenn einer dich dem andern zugebracht.
Der vielen Bilder künstlich reiche Pracht,
Des Trinkers Pflicht, sie reimweis zu erklären,
Auf Einen Zug die Höhlung auszuleeren,
Erinnert mich an manche Jugendnacht.
730 Ich werde jetzt dich keinem Nachbar reichen,
Ich werde meinen Witz an deiner Kunst nicht zeigen,

dem Elia gen Himmel fuhr 2. Kön 2, 11 — „siehe, da kam ein
feuriger Wagen mit feurigen Rossen, und schieden die beiden von
einander: und Elia fuhr im Wetter gen Himmel" schwebt dem
Dichter vor, so wie auch in der ersten Bearbeitung des Götz 3 Aufz
1 Sc. Ausg des Herausgebers von Goethes Dramen 3. Bd S 44
Fußnote Man erinnert sich hier an Goethes Spielen mit dem
Selbstmord Dicht und Wahrh. 13 Buch (Hempel S. 128.), das gegen
Ende des Jahres 1772 fällt. — 710. Vermesse, der schwache
Imperativ statt des starken, nicht selten bei Goethe. s. das Register
zu Goethes Dramen 2 unter Imperativ. Die Pforten des Todes.
„Den Vorhang aufzuheben und dahinter zu treten, das ist s all! Und
warum das Zaudern und Zagen? — Weil man nicht weiß, wies
dahinten aussieht? — und man nicht zurückkehrt?" — Werther JG.
3, 346 Natürlich denkt man hier auch an Hamlet. — 715—717.
Die Schrecken des Todes, die die Phantasie des Menschen geschaffen,
die Qualen der Hölle — 718 Diesem Schritt, dem Selbstmord.
— 720—729. Die Sitte, deren hier gedacht wird, erklärt sich aus
Fausts Worten selbst.

Hier iſt ein Saft, der eilig trunken macht.
Mit brauner Fluth erfüllt er deine Höhle.
Den ich bereitet, den ich wähle,
735 Der letzte Trunk ſei nun, mit ganzer Seele,
Als feſtlich hoher Gruß, dem Morgen zugebracht!

Er ſetzt die Schale an den Mund.

Glockenklang und Chorgeſang.

Chor der Engel.

Chriſt iſt erſtanden!
Freude dem Sterblichen,
Den die verderblichen,
740   Schleichenden, erblichen
Mängel umwanden.

Fauſt.

Welch tiefes Summen, welch ein heller Ton,
Zieht mit Gewalt das Glas von meinem Munde?
Verkündiget ihr dumpfen Glocken ſchon
745 Des Oſterfeſtes erſte Feierſtunde?
Ihr Chöre ſingt ihr ſchon den tröſtlichen Geſang,

---

736. Nach dieſem Verſe, der mit voller Entſchloſſenheit die Abſicht ausſpricht, den Todesbecher zu leeren, iſt anzunehmen, was wir
den Darſtellern empfehlen möchten, daß Fauſt den Becher, wie man
beim Zutrinken pflegt, hoch emporhebt. Er ſagt: der letzte Trunk
ſei dem Morgen zugebracht! — Damit wird ungezwungen
eine kleine Pauſe gewonnen, in der der Glockenklang erklingen
kann, ſo daß Fauſt, indem er den Becher an den Mund ſetzt, auf-
horcht und bei dem unmittelbar einfallenden Chorgeſang den
Becher abſetzt. — Es wäre wol auch die Bemerkung für die Darſtellung zu emendiren:
    Glockenklang. Er ſetzt die Schale an den Mund.
        Chor der Engel.
737. Chriſt iſt erſtanden, ſind die Anfangsworte eines alten
Oſterliedes, vgl. zu 797; das Weitere iſt von Goethe. Die Form
Chriſt für Chriſtus kommt ſonſt nur in alterthümlichen Formeln
noch vor, z. B. der heilige Chriſt für das Chriſtkindlein. —
738. Zur Freude für den Menſchen, den die ſich von Geſchlecht zu
Geſchlecht forterbenden Gebrechen menſchlicher Schwäche umſtrickt
hielten. — Die zuverſichtlich troſtkundenden, feierlich ertönenden
Worte der Engel können ihren Eindruck auf Fauſt nicht verfehlen,
ſie mahnen an eine Welt, aus der er geſchieden, in der er ſich glücklich gefühlt, die ihm wie ein verlorenes Paradies erſcheint.

Der einst, um Grabes Nacht, von Engelslippen klang,
Gewißheit einem neuen Bunde?

Chor der Weiber.

Mit Specereien
750   Hatten wir ihn gepflegt,
Wir seine Treuen
Hatten ihn hingelegt;
Tücher und Binden
Reinlich umwanden wir,
755   Ach! und wir finden
Christ nicht mehr hier.

Chor der Engel.

Christ ist erstanden!
Selig der Liebende,
Der die betrübende,
760   Heilsam' und übende
Prüfung bestanden.

Faust.

Was sucht ihr, mächtig und gelind,

---

748. Der Brief an Kestner vom 25. Dec. 1672, voll Weihnachts-
stimmung, erinnert sehr an diese Scene, die freilich auf Ostern
verlegt ist. „Es ist noch Nacht, l. K., ich bin aufgestanden, um bei
Lichte Morgens wieder zu schreiben —. Der Turmer hat sein Lied
schon geblasen, ich wachte darüber auf Gelobet seist du Jesu
Christ! Ich habe diese Zeit des Jahres gar lieb, die Lieder, die
man singt —". Vgl zu 769 und zu 702 Ferner Einleitung Am
Grabe des Heilandes sagte der Engel zu den beiden Marien: er ist
auferstanden Ev Matth. 28, 6, und verkündete damit die Bestätigung, daß die Erlösung des Menschengeschlechts vollbracht sei:
Gewißheit einem neuen Bunde Bund wird bekanntlich in der Bibel
wie Testament gebraucht, alter Bund, neuer Bund. Ursprünglich bedeutet es einen Vertrag: nämlich mit Gott, hier die Gewißheit
der Erfüllung der Gnadenverheißungen des Evangeliums. Vgl
1. Buch Mos. 6, 18. Jeremias 31, 31 — 749 Die Frauen sangen
das Folgende. Nach Ev. Johannis 19, 40 waren es nicht die Frauen,
sondern Nikodemus und Joseph von Arimathia, die den Leichnam
Jesu mit Gewürzen (Specereien) bestreut in Tücher hüllten — 759.
In allen Ausgaben bis 1829 Betrübende. Erst 1836: betrübende. — Der die Prüfung bestanden, die betrübend, mit
Leiden verbunden, aber heilsam und übend war. Heilsam' und
übende gehört zu den zu Vorspiel auf dem Theater 235 ff. besprochenen Fällen. — 761. Die Töne, die Faust hört, sind Himmelstöne,
er aber fühlt sich im Gegensatz dazu unheilig gestimmt, am Staube.

Ihr Himmelstöne, mich am Staube?
Klingt dort umher, wo weiche Menſchen ſind.
765 Die Botſchaft hör' ich wohl, allein mir fehlt der Glaube;
Das Wunder iſt des Glaubens liebſtes Kind.
Zu jenen Sphären wag' ich nicht zu ſtreben,
Woher die holde Nachricht tönt;
Und doch, an dieſen Klang von Jugend auf gewöhnt,
770 Ruft er auch jetzt zurück mich in das Leben
Sonſt ſtürzte ſich der Himmelsliebe Kuß
Auf mich herab, in ernſter Sabathſtille;
Da klang ſo ahnungsvoll des Glockentones Fülle,
Und ein Gebet war brünſtiger Genuß;
775 Ein unbegreiflich holdes Sehnen
Trieb mich, durch Wald und Wieſen hinzugehn,
Und unter tauſend heißen Thränen
Fühlt' ich mir eine Welt entſtehn.
Dieß Lied verkundete der Jugend muntre Spiele,
780 Der Frühlingsfeier freies Glück;
Erinnrung hält mich nun mit kindlichem Gefühle
Vom letzten ernſten Schritt zurück.
O tönet fort ihr ſußen Himmelslieder!
Die Thräne quillt, die Erde hat mich wieder!

Vgl. zu 652 ff., wo wir ſahn, wie Goethe ſchon 1766 Aehnliches über ſich ſelbſt ausſprach. — 765. Er hörte die ſüße, ihm aus der Kindheit bekannte Verkündigung, aber nicht mehr mit dem gläubig hingegebenen Gemüth. — 766. Wunder ſind nur für den Gläubigen vorhanden, ſie ſind ihm aber das Theuerſte, der Gläubige hangt an ihnen mit beſonderer Liebe: Das Wunder iſt des Glaubens liebſtes Kind. — 767. Er wagt es nicht dahin aufzublicken, zu jenen Sphären zu ſtreben, zu den himmliſchen Sphären jener Wunder; er weiß, daß er ſie mit dem Auge des Ungläubigen betrachten würde, daß ſie vor ſeiner Kritik zu nichte würden — 769 Und doch ſtellen jene Töne, durch die Erinnerungen, die ſie wachrufen (771—778), das geſtörte Gleichgewicht ſeines krankhaft erregten Innern wieder her, ſo daß er von den Selbſtmordgedanken abläßt. Die Worte in Goethes Brief an Keſtner, die zu 748 angeführt ſind, zuſammen mit Selbſtmordgedanken in früheren Briefen kurz vor dieſer Zeit, geſtatten die Vermuthung, daß die ganze Situation auf Erlebtes, wenn auch nur poetiſch ſpielend Erlebtes, zu beziehen ſei: der Dichter blutet über Selbſtmord, er hört die Weihnachtslieder, „die man ſingt“, und ruft, da ſie verklingen, unwillkürlich: „O tönet fort — Die Thräne quillt ꝛc.“ Danach wäre die Conception der Scene in den Dezember 1772 zu ſetzen. — 780. Der Frühlingsfeier freies Glück, das Oſterfeſt iſt eine Frühlingsfeier, das freie Glück bezeichnet Fauſt näher Vers 903—940.

Chor der Jünger.

785 Hat der Begrabene
Schon sich nach oben,
Lebend Erhabene,
Herrlich erhoben,
Ist er in Werdelust
790 Schaffender Freude nah;
Ach! an der Erde Brust,
Sind wir zum Leide da.
Ließ er die Seinen
Schmachtend uns hier zurück;
795 Ach! wir beweinen
Meister dein Glück!

Chor der Engel.

Christ ist erstanden
Aus der Verwesung Schooß;
Reißet von Banden
800 Freudig euch los!
Thätig ihn preisenden,
Liebe beweisenden,
Brüderlich speisenden,

785—788 Durch Umstellung der Worte wird der Gedanke klar:
Hat der Begrabne, schon lebend (im Leben) Erhabne, sich nach oben
herrlich erhoben. — 788—792 Der Auferstandene wird als höherer
Entwicklung entgegengehend gedacht, in Werdelust, der Seligkeit nah,
dem schöpferischen Urquell der Freude. Im Gegensatz zu ihm sind
wir auf Erden zum Leide da. — 793 f. Er ließ uns, die Seinen,
sehnend hier. Und nun folgt 795 f. die directe Anrede des Heilandes.
Der Sinn ist der: er ist selig, indem wir um ihn trauern. Ach!
wir beweinen dich, Meister, und sollten dich nicht beweinen,
denn es ist dein Glück. Wir beweinen nichts anders als das, was
ja dein Glück ist, daß du erstanden bist. — 797 Das alte Osterlied
(f. zu 737) hat die Verse. Krist ist erstanden gewarliche von dem
tôt, von allen sînen banden ist er erledigôt. — Es sind damit die
Bande, mit denen er gefesselt war, sowie bildlich die, die ihn an die
Erde knüpfen, gemeint. Reißet auch ihr euch los von den irdischen
Banden, von Erdensorgen, Todesfurcht: erhebt euch, auch ihr sollt
auferstehn — 801. (Ihr) Thätig ihn preisenden d. h. nicht
mit Worten, sondern durch eure Thaten — 802—807. Die Thaten
werden hier von den Engeln genannt. Es sind die Thaten der Liebe,
der Mildthätigkeit (die Armen speisen), nach Ev. Matth. 25, 35. 40
der Verkündigung des Evangeliums (die Worte werden von den

          Predigend reiſenden,
805.   Wonne verheißenden
          Euch iſt der Meiſter nah',
          Euch iſt er da!

Engeln an die Jünger gerichtet): euch, ihr Jünger, iſt der Meiſter
nah, er iſt unten euch, wobei an die Worte Ev. Matth. 18, 20 zu
denken iſt: „Denn wo zwei oder drei verſammelt ſind in meinem
Namen, da bin ich mitten unter ihnen." — Die Bemerkung, daß
hier der Vorhang fällt, vermißt man hier. Hier kann aber immer
ein erſter Actſchluß angenommen werden, ſieh zu Studirzimmer
vor 1178.

Vor dem Thor.

Spaziergänger aller Art ziehen hinaus.

Einige Handwerksbursche.

Warum denn dort hinaus?

Andre.

Wir gehn hinaus auf's Jägerhaus.

---

2. Sc.: Vor dem Thor. Die Scene entstand wahrscheinlich im August 1775. Die Entfremdung von menschlichen Beziehungen, verbunden mit abstracten Studien, haben in Faust eine Stimmung der Verzweiflung hervorgerufen, in der er den Weg zurück zum thätigen Leben nicht erkennen konnte. Die Osterklänge, die seine Gemüthswelt berührten und Jugenderinnerungen belebten, haben ihn wieder zu sich selbst gebracht. Er wendet sich nun mit gesundem Geiste der wirklichen Welt zu. Nicht den „Uebergang zum Taumel sinnlichen Genusses" (Düntzer) stellt das Nachstfolgende dar, sondern Fausts Genesung und Wiederkehr in die Wirklichkeit. Da man aus dem Prolog im Himmel die Absicht des Mephistopheles kennt, ihn seine Straße sacht zu führen, ist man hier allerdings billig gespannt, ob die glückliche Wendung in Fausts Innerm von Bestand ist. — 809. Die hier geschilderte Scenerie vor dem Thor ist die von Frankfurt am Main, wo die Dichtung entstand. Das von dem Handwerksburschen genannte „Jägerhaus" ist ein Ziel für Frankfurter Spaziergänger, das eine Stunde weit bei Rödelheim am Saume eines Tannenwaldes liegt. Dr. Fulda, der ein Frankfurter ist, hält das heutige Forsthaus im Stadtwald am linken Mainufer für wahrscheinlicher. Der „Wasserhof" ist auch eine in Frankfurt bekannte Lokalität. S. Loepers Faustausg., 2. Bearbeitung, S. 39. Er liegt bei Oberrad, Frankfurt gegenüber. — Die „Mühle" bezieht sich vielleicht auf den Mühlberg Frankfurt gegenüber. — Die Gestalten, die hier auftreten, sind Typen, die das bunte Treiben frühlingsfroher Menschen am Ostersonntage bezeichnen. Zuerst eine Gruppe Handwerksbursche, die mit einer zweiten zusammenstößt. Die Ersten, die Zweiten, ein Einzelner, ein Zweiter, Dritter,

Die Erſten.

810 Wir aber wollen nach der Mühle wandern.

Ein Handwerksburſch.

Ich rath' euch nach dem Waſſerhof zu gehn.

Zweiter.

Der Weg dahin iſt gar nicht ſchön.

Die Zweiten.

Was thuſt denn du?

Ein Dritter.

Ich gehe mit den andern.

Vierter.

Nach Burgdorf kommt herauf, gewiß dort findet ihr

815 Die ſchönſten Mädchen und das beſte Bier,

Und Händel von der erſten Sorte.

Fünfter.

Du überluſtiger Geſell,

Juckt dich zum drittenmal das Fell?

Ich mag nicht hin, mir graut es vor dem Orte.

Dienſtmädchen.

820 Nein, nein! ich gehe nach der Stadt zurück.

Andre.

Wir finden ihn gewiß bei jenen Pappeln ſtehen.

Erſte.

Das iſt für mich kein großes Glück;

Er wird an deiner Seite gehen,

Mit dir nur tanzt er auf dem Plan.

825 Was gehn mich deine Freuden an!

Vierter, Fünfter; Dienſtmädchen, Schüler (worunter nach
altem Sprachgebrauche auch ältere Muſenſöhne, Studenten, zu ver=
ſtehn ſind); Burgermädchen; ein Bettler (= Leiermann);
Burger; eine Alte; Soldaten. — 824. Unter dem Namen
Burgdorf iſt keine beſtimmte Localität nachweisbar. — Vor 821.
Andre d. i. die Andre: ein andres Dienſtmädchen. —
824. Plan iſt beſonders in Franken mundartlich üblich als Be=
zeichnung des Tanzplatzes bei Dorfkirchweihen, ſ. Schmeller 1², 457.
Zeitſchr. f. Mundarten 2, 275, 14; auch elſaſſiſch daſelbſt, 5, 116,4:
kilweblôn. Goethe gebraucht den Ausdruck ſo auch in Dichtung
und Wahrheit 9. Buch (Hempel 2, 251): „während meines ganzen
Aufenthaltes in Leipzig kam ich nicht wieder auf den Plan.“ S. 165
wird der Tanzboden des Tanzmeiſters in Straßburg Plan genannt.

Andre.

Heut ist er sicher nicht allein,
Der Krauskopf, sagt er, würde bei ihm sein.

Schüler.

Blitz, wie die wackern Dirnen schreiten!
Herr Bruder komm' wir müssen sie begleiten.
830 Ein starkes Bier, ein beizender Toback,
Und eine Magd im Putz, das ist nun mein Geschmack.

Bürgermädchen.

Da sieh mir nur die schönen Knaben!
Es ist wahrhaftig eine Schmach;
Gesellschaft könnten sie die allerbeste haben,
835 Und laufen diesen Mägden nach!

Zweiter Schüler zum ersten

Nicht so geschwind! dort hinten kommen zwei,
Sie sind gar niedlich angezogen,
's ist meine Nachbarin dabei;
Ich bin dem Mädchen sehr gewogen.
840 Sie gehen ihren stillen Schritt
Und nehmen uns doch auch am Ende mit.

Erster.

Herr Bruder, nein! Ich bin nicht gern genirt.
Geschwind! daß wir das Wildpret nicht verlieren.
Die Hand, die Samstags ihren Besen führt,
845 Wird Sonntags dich am besten caressiren.

———

828 Herr Bruder, alterthümliche Anrede, auch lateinisch
ehdem üblich (domine frater in Ungarn noch meines Erinnerns)
unter akad Bürgern — 830 Toback war im 17 und 18. Jahrh
die übliche Form des Wortes, nach englisch Tobacco: später kam
nach französisch Tabac die Form Taback auf Goethe schrieb noch
in Hermann und Dorothea (also 1797) Toback, indem 10 Jahre
früher in der Ausgabe „der Mitschuldigen" schon Tabak er=
scheint. — 845 Caressiren, liebkosen, caresser, ist seit dem 17 Jahr=
hundert sehr popular geworden, s. dazu Grimms Wörterbuch, 2, 607.
— 846 Die Form Burgemeister ist wol aus der lebenden
Mundart genommen: Stieler, Weise schreiben schriftgerechter: Burge=
meister. Dr. J. Schwabe in Schillers Beerdigung, Leipzig, Brock=
haus 1852, S. 85 schließt, daß ein von Krauter unterzeichneter Act
von Goethe „wenn nicht dictirt, doch wenigstens redigirt worden ist",
weil in demselben die Form Burgemeister vorkommt: „In allen
Billets, die Goethe an Schwabe geschrieben, gibt er diesem die in
Weimar und wohl auch anderswo ganz ungebräuchliche Benennung

Bürger.

Nein, er gefällt mir nicht der neue Burgemeiſter!
Nun, da er's iſt, wird er nur täglich dreiſter.
Und für die Stadt was thut denn er?
Wird es nicht alle Tage ſchlimmer?
850 Gehorchen ſoll man mehr als immer,
Und zahlen mehr als je vorher.

Bettler ſingt

Ihr guten Herrn, ihr ſchönen Frauen,
So wohlgeputzt und backenroth,
Belieb' es euch mich anzuſchauen,
855 Und ſeht und mildert meine Noth!
Laßt hier mich nicht vergebens leiern!
Nur der iſt froh, der geben mag.
Ein Tag den alle Menſchen feiern,
Er ſei für mich ein Erntetag.

Andrer Bürger.

860 Nichts Beſſers weiß ich mir an Sonn= und Feiertagen,

Burgemeiſter ſtatt Burgermeiſter." Vgl. Goz v. Berlichingen in erſter
und zweiter Bearbeitung 2. Aufz. „Burgemeiſter v. Nürnberg". In
der Hſ. der Mitſchuldigen ebenſo: „Burgemeiſter" ſ. Dramen 1, 63.
Es iſt die ältere Form, ſ. Grimms Wörterb., vgl. holländiſch burge-
meeſter ꝛc. — 852. Bettler ſingt, ware beſſer zu bezeichnen geweſen
Leiermann ſingt; denn er ſingt zur Leier, ſ. zu 856 Auch hier iſt
in den Ausgaben bis 1829 der Geſang durch hereingerückte Zeilen nicht
wie z. B. 884—902 angedeutet, ſondern zuerſt 1840 vgl. zu 482—509.
— 853. backenroth iſt ein neugebildetes Wort für rothbackig.
Nicht eigentliche Zuſammenſetzung, ſondern Backen (Dativ Plural, d. i.
an den Backen) roth. — Rothbackig bezeichnet eine bleibende Eigen=
ſchaft; backenroth etwa eine vorübergehende, die hier durch Freude
und Frühlingsluft hervorgebracht ſcheint. — 856. leiern bedeutet die
Leier, ein Saiteninſtrument, das mit einem Rade an der Kurbel ge-
dreht wurde, ſpielen. Das Inſtrument iſt jetzt bereits in Vergeſſen-
heit gerathen, ſo wie die Leiermänner, bettelhafte Muſikanten,
die zur Leier ſangen. Eine ſolche Jammergeſtalt ſtand noch Wilh.
Müller und Franz Schubert vor Augen, die ſie in dem wunderbaren Liede der Leiermann verewigten. Goethe gebraucht das
Wort Leiermann verächtlich in W. Meiſters Lehrj. „Leiermann
wird oft verächtlich gebraucht" ſ Grimms Wörterbuch 6, 685. Es iſt
nicht anzunehmen, daß der Bettler die Vortragsweiſe ſeines Geſangs
ſelbſt ironiſiren und ein Leiern nennen wird; vielmehr daß er
wirklich zu ſeinem Geſange die Leier ſpielt. — 859. Aerndetag
1808, Aerntetag 1816, 1825, Erntetag 1828, 1829.

Als ein Gespräch von Krieg und Kriegsgeschrei,
Wenn hinten, weit, in der Türkei,
Die Völker auf einander schlagen.
Man steht am Fenster, trinkt sein Gläschen aus
865 Und sieht den Fluß hinab die bunten Schiffe gleiten,
Dann kehrt man Abends froh nach Haus,
Und segnet Fried' und Friedenszeiten.

Dritter Bürger.

Herr Nachbar, ja! so laß ich's auch geschehn,
Sie mögen sich die Köpfe spalten,
870 Mag alles durch einander gehn;
Doch nur zu Hause bleib's bei'm Alten.

Alte zu den Bürgermädchen.

Ei! wie geputzt! das schöne junge Blut!
Wer soll sich nicht in euch vergaffen? —
Nur nicht so stolz! Es ist schon gut!
875 Und was ihr wünscht das wüßt' ich wohl zu schaffen.

Bürgermädchen.

Agathe fort! ich nehme mich in Acht
Mit solchen Hexen öffentlich zu gehen,
Sie ließ mich zwar, in Sankt Andreas Nacht,
Den künft'gen Liebsten leiblich sehen —

Die Andre.

880 Mir zeigte sie ihn im Krystall,

---

864 In einem Gasthause am Strome, wie aus dem Folgenden
erhellt. Es ist hier zu denken an den Krieg der Türkei mit Ruß-
land 1768—1774 — 872. Die Alte, die sich als Gelegenheitsmacherin
bedenklichster Art erweist, meint: Tugendstolz und Sprödigkeit gehören
ja mit zur Koketterie: es ist schon gut! — 876 Zwei Bürgermädchen traten auf 832—836 Wir sehen hier, daß eine derselben Agathe heißt. Die andre sagt zu ihr, beängstet durch die
Anrede der Alten: Agathe, komm fort von hier, wie Loeper mit
Recht bemerkt, indem er zugleich auf 2745, 2752 verweist — Daß
die Anrede (Agathe fort) an die Alte gerichtet sein könnte, ist un-
wahrscheinlich. Es wäre zu gebieterisch, auch Agathe (die Gute) kaum
ein passender Name für eine solche Hexe. — 878. In der Andreas-
nacht, 29 November, kann ein Mädchen den künftigen Liebsten sehn,
wenn sie den Tisch deckt, das Fenster öffnet und einen bestimmten
Spruch spricht und dgl., sieh darüber Grimms Mythologie (3 Ausg.),
S. 1071 f. — 880. Im Krystall wußte man die Zukunft oder
sonst Verborgenes zu erschauen, s. Grimms Wörterbuch 5, 2482, 2, c
Auch in Goethes Großkophta kommt das Geistersehn in der
Glaskugel vor. Ausg. des Herausgebers in Kürschners Nat.-Litt
Goethes Dramen, 5. Bd. S. 185

5*

Soldatenhaft, mit mehreren Verwegnen;
Ich ſeh' mich um, ich ſuch' ihn uberall,
Allein mir will er nicht begegnen.

Soldaten.

885
Burgen mit hohen
Mauern und Zinnen,
Mädchen mit ſtolzen
Höhnenden Sinnen
Möcht' ich gewinnen!
Kühn iſt das Mühen,
890
Herrlich der Lohn!

Und die Trompete
Laſſen wir werben,
Wie zu der Freude,
So zum Verderben.
895
Das iſt ein Stürmen!
Das iſt ein Leben!
Mädchen und Burgen
Müſſen ſich geben
Kuhn iſt das Muhen,
900
Herrlich der Lohn!
Und die Soldaten
Ziehen davon.

Fauſt und Wagner.

Fauſt.

Vom Eiſe befreit ſind Strom und Bache
Durch des Frühlings holden belebenden Blick;
905 Im Thale grünet Hoffnungs=Glück;
Der alte Winter, in ſeiner Schwache,
Zog ſich in rauhe Berge zuruck.

884 f. Das Liedchen ſpricht zuſammenfaſſend aus, was das Weſen
aufmarſchirender Soldaten zu ſagen ſcheint. — 903. Fauſt und
Wagner. Vor ihrem Auftreten iſt ein Scenenwechſel anzunehmen.
Obwol die Entſtehung dieſes Auftrittes doch kaum der Zeit nach 1775
zuzuſchreiben iſt, weicht der ungebundene freie Vers doch von denen des
erſten Monologs und denen des Auftrittes vor dem Thor merklich
ab — 905—910. Das Grünen der Pflanzenwelt iſt verheißungsvoll,
es verheißt Blumen und Früchte, erfüllt mit Hoffnung. Der
Winter wird perſönlich gedacht, die Sonne hat ihn gebrochen, nur
in rauhen Klüften hält ſich noch Eis. Von den Bergen her weht der

Von dorther sendet er, fliehend, nur,
Ohnmächtige Schauer körnigen Eises

910 In Streifen über die grünende Flur;
Aber die Sonne duldet kein Weißes,
Ueberall regt sich Bildung und Streben,
Alles will sie mit Farben beleben·
Doch an Blumen fehlt's im Revier,

915 Sie nimmt geputzte Menschen dafür.
Kehre dich um, von diesen Höhen
Nach der Stadt zurück zu sehen.
Aus dem hohlen finstern Thor
Dringt ein buntes Gewimmel hervor.

920 Jeder sonnt sich heute so gern.
Sie feiern die Auferstehung des Herrn,
Denn sie sind selber auferstanden,
Aus niedriger Häuser dumpfen Gemächern,
Aus Handwerks= und Gewerbes= Banden,

925 Aus dem Druck von Giebeln und Dächern,
Aus der Straßen quetschender Enge,
Aus der Kirchen ehrwürdiger Nacht
Sie sind alle an's Licht gebracht.

Wind und sendet Graupen von Eis streifenweise über die Flur, womit
er aber den wachsenden Frühling nicht bezwingt, es sind ohnmächtige
Schauer — 911. Die Sonne duldet kein Weißes. Sie
macht den Schnee schmelzen: bräunt auch wol die Gesichter. —
912—913 Indem der Schnee schmilzt, wächst die Pflanzenwelt empor
(regt sich Bildung und Streben), die Sonne will, indem sie
dies bewirkt, mit Farben (von Gras, Laub und Blumen) beleben —
914 Da im Revier Blumen fehlen, so nimmt die Sonne gleichsam
als Malerin der Landschaft, da sie ihre Erleuchterin ist, in farbige Stoffe
gekleidete Menschen. Revier bezeichnet hier vielleicht das Uferland am
Main, so wie es ursprünglich Uferland bedeutet, riviera — 918.
finstren 1808, 1816, finstern 1825, 1828, 1829. Die Aenderung
rührt kaum von Goethe selbst her s unten 990 und 2. Band,
Register: E nach Liquiden — 925 Das Drückende hochgiebliger Häuser
in alten deutschen Städten, die uns die Aussicht benehmen und immer
nur einen engbeschränkten Anblick des Himmels gestatten, fühlt der
Mensch am lebhaftesten im Frühling Es bezeichnet das Leben im
Norden, im Gegensatz zu dem im Süden. Als Winckelmann kurz vor
seiner Ermordung (1768) nach Deutschland kam, war es ihm, als ob
die hohen Häuser über ihn zusammenstürzen sollten, und es ergriff ihn
Heimweh nach Italien. Im zweiten Theil des Faust sagt Homunculus:
wenn Faust, der von der griechischen Antike träumt, hier im Land
der spitzbogig düstern Bauart erwacht, so bleibt er auf der Stelle todt.
S. daselbst 6925—6931.

Sieh nur, sieh! wie behend ſich die Menge

930 Durch die Gärten und Felder zerſchlagt,

Wie der Fluß, in Breit' und Länge,

So manchen luſtigen Nachen bewegt,

Und bis zum Sinken überladen

Entfernt ſich dieſer letzte Kahn.

935 Selbſt von des Berges fernen Pfaden

Blinken uns farbige Kleider an.

Ich höre ſchon des Dorfes Getümmel,

Hier iſt des Volkes wahrer Himmel,

Zufrieden jauchzet Groß und Klein:

940 Hier bin ich Menſch, hier darf ich's ſein!

Wagner.

Mit euch, Herr Doctor, zu ſpazieren

Iſt ehrenvoll und iſt Gewinn;

Doch würd' ich nicht allein mich her verlieren,

Weil ich ein Feind von allem Rohen bin.

945 Das Fiedeln, Schreien, Kegelſchieben,

Iſt mir ein gar verhaßter Klang;

Sie toben wie vom böſen Geiſt getrieben

Und nennen's Freude, nennen's Geſang.

Bauern unter der Linde.
Tanz und Geſang.
Der Schäfer putzte ſich zum Tanz,

950   Mit bunter Jacke, Band und Kranz,

---

940. Im Freien hört aller Zwang auf, da gibt man ſich ſorglos
der Stimmung hin als Menſch, d. h. ohne Beſchränkung, die eine
beſondere Berufsart und dergleichen ſonſt auferlegt. Dieſes Menſch=
ſein iſt Schlagwort der Zeit, ſ. Erich Schmidt, Richardſon, Rouſſeau
und Goethe 214, O. Brahm, das deutſche Ritterdrama 168 — 941
bis 948. Was dem hoch über Vorurtheil und Gelehrtendünkel ſtehenden
Fauſt erfreulich iſt, erſcheint dem Pedanten, der jede Beziehung zur
Wirklichkeit verloren hat, in ſeiner Anmaßung, roh, vgl. oben zu
370—373 und 570 ff. — 949. Wieder iſt erſt in der poſthumen Aus=
gabe 1840 das für Geſang Beſtimmte durch hereingerückte Zeilen
bezeichnet, ſ. zu 852. Diesmal auch in der W=Ausg. — Es iſt hier
wieder Verwandlung der Scene anzunehmen. Man erblickt anfangs
nun Bauern unter der Linde, die tanzen und ſingen. Erſt gegen
den Schluß des Liedes erſcheinen Fauſt und Wagner. Das Lied
iſt wahrſcheinlich aus dem Anfang der achtziger Jahre, gedruckt zuerſt
in der Fauſtausgabe 1808, doch ſchon erwähnt in Wilh. Meiſter,
2. Buch, 11 Kapitel, wo es mit dem erſten Verſe: „Der Schäfer
putzte ſich zum Tanz" citirt wird.

Schmuck war er angezogen.
Schon um die Linde war es voll;
Und alles tanzte schon wie toll.
Juchhe! Juchhe!
955 Juchheisa! Heisa' He'
So ging der Fiedelbogen.

Er druckte hastig sich heran,
Da stieß er an ein Mädchen an,
Mit seinem Ellenbogen;
960 Die frische Dirne kehrt' sich um
Und sagte: nun das find' ich dumm!
Juchhe! Juchhe!
Juchheisa! Heisa' he!
Seid nicht so ungezogen.

965 Doch hurtig in dem Kreise ging's,
Sie tanzten rechts, sie tanzten links
Und alle Röcke flogen
Sie wurden roth, sie wurden warm
Und ruhten athmend Arm in Arm,
970 Juchhe! Juchhe!
Juchheisa! Heisa! He!
Und Hüft' an Ellenbogen

Und thu' mir doch nicht so vertraut!
Wie mancher hat nicht seine Braut
975 Belogen und betrogen!
Er schmeichelte sie doch bei Seit'
Und von der Linde scholl es weit:
Juchhe! Juchhe'
Juchheisa' Heisa' He!
980 Geschrei und Fiedelbogen.

Alter Bauer.

Herr Doctor, das ist schön von euch,
Daß ihr uns heute nicht verschmäht,
Und unter dieses Volksgedräng',
Als ein so Hochgelahrter, geht.

---

952. Schon war es um die Linde voll, eine Goethe eigene
Wortumstellung — 964 Auch diesen Vers spricht die frische Dirne.
— 981—984. Der alte Bauer erblickt und begrüßt Faust als einen

985 So nehmet auch den ſchönſten Krug,
Den wir mit friſchem Trunk gefüllt,
Ich bring' ihn zu und wünſche laut,
Daß er nicht nur den Durſt euch ſtillt;
Die Zahl der Tropfen, die er hegt,
990 Sei euren Tagen zugelegt.

Fauſt.

Ich nehme den Erquickungs=Trank,
Erwiedr' euch allen Heil und Dank.

　　Das Volk ſammelt ſich im Kreis umher.

Alter Bauer.

Fürwahr es iſt ſehr wohl gethan,
Daß ihr am frohen Tag erſcheint;
995 Habt ihr es vormals doch mit uns
An böſen Tagen gut gemeint!
Gar mancher ſteht lebendig hier,
Den euer Vater noch zuletzt
Der heißen Fieberwuth entriß,
1000 Als er der Seuche Ziel geſetzt.
Auch damals ihr, ein junger Mann,
Ihr gingt in jedes Krankenhaus,
Gar manche Leiche trug man fort,
Ihr aber kamt geſund heraus;
1005 Beſtandet manche harte Proben;
Dem Helfer half der Helfer droben.

Alle.

Geſundheit dem bewahrten Mann,
Daß er noch lange helfen kann:

Fauſt.

Vor jenem droben ſteht gebückt,
1010 Der helfen lehrt und Hülfe ſchickt.

　　　　Er geht mit Wagnern weiter.

Hochgelahrten. Die alterthümliche mitteldeutſche Form gelahrt
für gelehrt gebraucht Goethe, ſo wie hier als Titulatur, auch in
der 1. Bearbeitung des Götz, wo der Abt den Olearius fragt: wo ſeid
ihr her, hochgelahrter Herr? — 987. Ich bring ihn zu, das heißt:
ich bringe den Krug euch zu und trinke auf euer Wohl. — 990.
euren in allen Ausgaben vgl. zu 918. — 1001. Umſtellung der
Worte für: Auch ihr, damals ein junger Mann, ſ. Grimms
Wörterbuch 1, 599. Vgl. oben 952

Wagner.

Welch ein Gefühl mußt du, o großer Mann,
Bei der Verehrung dieser Menge haben!
O glücklich, wer von seinen Gaben
Solch einen Vortheil ziehen kann!
1015 Der Vater zeigt dich seinem Knaben,
Ein jeder fragt und drängt und eilt,
Die Fiedel stockt, der Tänzer weilt.
Du gehst, in Reihen stehen sie,
Die Mützen fliegen in die Höh':
1020 Und wenig fehlt, so beugten sich die Knie,
Als käm' das Venerabile.

Faust.

Nur wenige Schritte noch hinauf zu jenem Stein,
Hier wollen wir von unsrer Wandrung rasten.
Hier saß ich oft gedankenvoll allein
1025 Und quälte mich mit Beten und mit Fasten.
An Hoffnung reich, im Glauben fest,
Mit Thränen, Seufzen, Händeringen
Dacht' ich das Ende jener Pest
Vom Herrn des Himmels zu erzwingen.
1030 Der Menge Beifall tönt mir nun wie Hohn.
O könntest du in meinem Innern lesen,
Wie wenig Vater und Sohn
Solch eines Ruhmes werth gewesen!
Mein Vater war ein dunkler Ehrenmann,
1035 Der über die Natur und ihre heil'gen Kreise,
In Redlichkeit, jedoch auf seine Weise,

1011—1021. Obwol Wagner vorhin sich nicht eben menschen=
freundlich aussprach, so blendet und reizt seine gemeine Bornirtheit
doch sogleich der Erfolg von Fausts Menschenfreundlichkeit —
1021. Venerabile, das Verehrungswürdige, auch das aller=
höchste, oder das hochwürdigste Gut nennt die katholische Kirche
die geweihte Hostie, die bei Umzügen feierlich, in der Monstranz ein=
geschlossen, getragen wird und vor der die Katholiken niederzuknien
pflegen. — 1034 Ein dunkler Ehrenmann, ein in bescheidener
Verborgenheit lebender, unberühmter Ehrenmann, s Grimms Wörter=
buch 2, 1536 — 1035. Die heil'gen Kreise der Natur. Die
verschiedenen Gebiete bewegen sich im Kreislauf von Entstehn und
Vergehn. „Nach ewigen, ehernen, großen Gesetzen müssen
wir alle unseres Daseins Kreise vollenden" heißt es in
Goethes Gedicht: Das Göttliche (Edel sei der Mensch). —
1036 f Er sann in Redlichkeit, d. h. mit aufricht'gem Streben nach

Mit grillenhafter Mühe ſann.

Der, in Geſellſchaft von Adepten,

Sich in die ſchwarze Küche ſchloß,

1040　Und, nach unendlichen Recepten,

Das Widrige zuſammengoß.

Da ward ein rother Leu, ein kühner Freier,

Im lauen Bad der Lilie vermählt

Und beide dann mit offnem Flammenfeuer

1045　Aus einem Brautgemach in's andere gequält.

Erſchien darauf mit bunten Farben

Die junge Königin im Glas,

Hier war die Arzenei, die Patienten ſtarben,

Und niemand fragte: wer genas?

1050　So haben wir mit hölliſchen Latwergen

In dieſen Thälern, dieſen Bergen,

Weit ſchlimmer als die Peſt getobt.

Ich habe ſelbſt den Gift an Tauſende gegeben,

Sie welkten hin, ich muß erleben

Erkenntniß, aber mit grillenhafter Mühe, d. i. nicht methodiſch, ſondern nach willkürlichen Einfällen und Vorausſetzungen, daher auch fruchtlos bemüht. — 1038. Adepten, lateiniſch adeptus, der etwas erreicht hat, ſo hießen die Eingeweihten der Goldmacherkunſt. — 1039. Schwarze Küche hieß das Laboratorium, wo ſchwarze Kunſt getrieben wurde. So überſetzte Luther Weisheit Salomonis 17, 7 Zauberei mit: ſchwarze Kunſt. Ausführliches darüber ſ. bei Frommann zu Herbort von Fritzlar S. 225, auch Grimms Wörterbuch 5, 2677. — 1040. Recepte, Vorſchriften, wie Gold zu machen iſt u. dgl. — 1042 f. Da bediente man ſich einer Bilderſprache der Alchimiſten, indem man ſagte: Da ward ein rother Leu (aus Gold gewonnener, ſogenannter metalliſcher Samen, auch Queckſilberoxyd), im lauen Bade der Lilie (einem aus Silber gewonnenen Produkt oder auch Salzſäure) vermählt. — Aus einem Brautgemach ins andere gequält, durch Hitze von einem Gefäß in das andere getrieben. — Erſchien darauf im Glaſe des Chemikers das, was ſie die junge Königin nannten (d. h. wenn das Sublimat ſich vom Glaſe ablöſte, auf dem Regenbogenfarben ſich zeigten), ſo glaubte man damit den Stein der Weiſen, das Allheilmittel gefunden zu haben. So nach einem Collegienhefte des Profeſſor Mohr in Bonn, Kölner Zeitung 1887, Nr. 242, danach in Loepers Fauſt, zu 1042. — 1049. Die Erſcheinung, daß man eine Heilung, die die Natur bewirkte, einem Heilmittel zuſchrieb und die Fälle nicht beachtete, wo es unwirkſam war, iſt oft bemerkt worden. — 1050. Latwerge, dickgekochter Saft, lat. electuarium. — 1053. Gift iſt hier in der Bedeutung für Doſis, Gabe eines Heilmittels, männlich gebraucht, wie es nur ausnahmsweiſe vorkommt. Adelung führt dafür an die Dichter Canitz, Günther, Duſch. — 1064. Fauſt hört auf das Ge

1055 Daß man die frechen Mörder lobt.

Wagner.

Wie könnt ihr euch darum betrüben!
Thut nicht ein braver Mann genug,
Die Kunst, die man ihm übertrug,
Gewissenhaft und pünktlich auszuüben?

1060 Wenn du, als Jüngling, deinen Vater ehrst,
So wirst du gern von ihm empfangen;
Wenn du, als Mann, die Wissenschaft vermehrst,
So kann dein Sohn zu höhrem Ziel gelangen.

Faust.

O glücklich, wer noch hoffen kann

1065 Aus diesem Meer des Irrthums aufzutauchen!
Was man nicht weiß das eben brauchte man,
Und was man weiß kann man nicht brauchen.
Doch laß uns dieser Stunde schönes Gut
Durch solchen Trübsinn nicht verkümmern!

1070 Betrachte wie in Abendsonne-Gluth
Die grünumgebnen Hütten schimmern
Sie rückt und weicht, der Tag ist überlebt,
Dort eilt sie hin und fordert neues Leben.
O daß kein Flügel mich vom Boden hebt,

1075 Ihr nach und immer nach zu streben!
Ich säh' im ewigen Abendstrahl
Die stille Welt zu meinen Füßen,
Entzündet alle Höhn, beruhigt jedes Thal,
Den Silberbach in goldne Ströme fließen

1080 Nicht hemmte dann den göttergleichen Lauf
Der wilde Berg mit allen seinen Schluchten;
Schon thut das Meer sich mit erwärmten Buchten
Vor den erstaunten Augen auf.
Doch scheint die Göttin endlich wegzusinken;

schwätz Wagners nur halb hin und fährt wie für sich fort — 1072.
Sie rückt und weicht, die Sonne geht unter. er folgt ihr mit
der Einbildungskraft, indem er sich Flügel wünscht. S. unsere Einleitung des 2. Bandes, 3. Ausg, S. CXIV, f. — 1079. Er sieht
die silberglänzenden Bäche unter ihm sich dort, wo die Sonne unter-
geht, in Ströme ergießen, die von der Abendröthe vergoldet sind. —
1084. Indem er sich hineindenkt in die Lage, dem Gang der Sonne
hoch über der Erde schwebend, zu folgen, bis das unendliche Meer
sich vor dem erstaunten Auge zeigt, scheint die Göttin Sonne im Meere
zu verschwinden, wegzusinken. Da erwacht aufs Neue der Trieb

1085 Allein der neue Trieb erwacht,
　　 Ich eile fort ihr ew'ges Licht zu trinken,
　　 Vor mir den Tag und hinter mir die Nacht,
　　 Den Himmel über mir und unter mir die Wellen.
　　 Ein ſchöner Traum, indeſſen ſie entweicht.
1090 Ach! zu des Geiſtes Flügeln wird ſo leicht
　　 Kein körperlicher Flügel ſich geſellen.
　　 Doch iſt es jedem eingeboren,
　　 Daß ſein Gefühl hinauf und vorwärts dringt,
　　 Wenn über uns, im blauen Raum verloren,
1095 Ihr ſchmetternd Lied die Lerche ſingt;
　　 Wenn über ſchroffen Fichtenhöhen
　　 Der Adler ausgebreitet ſchwebt,
　　 Und über Flächen, über Seen,

---

ihr noch weiter nachzueilen. Vgl. zu 699 f.; auch Herders Gedicht
„Gott“, das zu 1200 f. citirt iſt, klingt hier an.
　　 „Tauch' tauſendmal herab ins dunkle Reich
　　 Des Unſichtbaren; vor ihm iſt es Tag,
　　 Er ſelbſt durchſtrahlet es, es hebet dich — — 2c.“
(bei Suphan 29 Bd., S. 609) und weiter noch. — 1089 ff. Aber dies
iſt ja nur ein Traum, in Wirklichkeit geht ſie ja eben unter, während
er ſo träumt. Nicht leicht wird den Flügeln des Geiſtes ein Flügel
des Körpers gleichen können. — 1092 ff. Zu dieſer Stelle iſt nun
zu vergleichen das Tagebuch Werthers vom 18. Auguſt im 1. Theil
von Werthers Leiden, beſonders die Stelle: „wie oft hab' ich mich
mit Fittigen eines Kranichs, der über mich hinflog, zu dem Ufer des
ungemeſſenen Meeres geſehnt 2c.“ In den Briefen aus der
Schweiz, erſte Abtheilung, gleich im vierten Abſatz heißt es:
„wir fühlten die Ahnung körperlicher Anlagen, die wir zu entwickeln
in dieſem Leben verzichten müſſen, z. B. das Fliegen“. Es läßt
ſich dieſe Sehnſucht zu fliegen bei Goethe aber noch weiter zurück
verfolgen. Wir haben ſchon zu 652 ff. ſeiner Verſe von 1766 gedacht,
wo er ſich mit dem Wurm im Staube vergleicht, „der den Adler ſieht
zur Sonn' ſich ſchwingen und wie der hinauf ſich ſehnt! 2c.“ Dieſe
ſich ſo nahe berührenden Anſchauungen von 1766, 1774 (Werther),
den Briefen aus der Schweiz 1775, die wir hier im zweiten Monolog
und im Oſterſpaziergang wiederfinden, weiſen auf nähern Zuſammen=
hang der Dichtung mit dieſen Jugenderinnerungen. Den 3 Auguſt
1775 ſchrieb der Dichter an Auguſte Gräfin Stolberg, als er aus der
Schweiz zurückgekehrt war: „Lang halt ich's hier nicht aus, ich muß
wieder fort — Wohin! — — — Ich mache Ihnen Striche, denn ich
ſaß eine Viertelſtunde in Gedanken und mein Geiſt flog auf dem
ganzen Erdboden herum Unſeliges Schickſal, das mir keinen Mittel=
zuſtand erlauben will. Entweder auf einem Punkt, faſſend, feſt=
klammernd oder ſchweifen gegen alle vier Winde.“ Die Stelle ſpricht
ſtark dafür, die obige Scene, die im Fragment und im Urf. nicht mit=
getheilt iſt, dieſer Zeit zuzuweiſen. — 1098. Die Ausgaben haben S e e n,

Der Kranich nach der Heimath strebt.

Wagner.

1100 Ich hatte selbst oft grillenhafte Stunden,
Doch solchen Trieb hab' ich noch nie empfunden
Man sieht sich leicht an Wald und Feldern satt,
Des Vogels Fittig werd' ich nie beneiden.
Wie anders tragen uns die Geistesfreuden
1105 Von Buch zu Buch, von Blatt zu Blatt!
Da werden Winternächte hold und schön,
Ein selig Leben wärmet alle Glieder,
Und ach! entrollst du gar ein würdig Pergamen,
So steigt der ganze Himmel zu dir nieder.

Faust.

1110 Du bist dir nur des einen Triebs bewußt;
O lerne nie den andern kennen!
Zwei Seelen wohnen, ach! in meiner Brust,
Die eine will sich von der andern trennen;
Die eine hält, in derber Liebeslust,
1115 Sich an die Welt mit klammernden Organen;
Die andre hebt gewaltsam sich vom Dust
Zu den Gefilden hoher Ahnen.

---

der Reim auf Höhen verlangt aber zweisilbige Aussprache —
1108 Pergamen Pergament, charta pergamena, althochdeutsch
pergamin, Graff 3, 349 aber auch schon pergement, per-
mint ꝛc., es kommt in der Form pergamen im 16 Jahrhundert,
aber nach Adelung „im gemeinen Leben noch heute" vor. — 1110.
Der eine Trieb, dessen sich Wagner bewußt ist, ist seine pedantische
Art zu forschen, die oben 602—605 bezeichnet ist. So ergebnislos
dieser Trieb ist, so ist Wagner in seiner Beschränktheit doch glücklich.
Faust hat einen andern Trieb: gewaltig, titanisch strebt er über die
Grenzen, die menschlicher Erkenntniß gesetzt sind, hinaus Dies macht
ihn nicht glücklich und er wünscht daher Wagner, daß er diesen Trieb
nie kennen lerne. — 1112—1117 Mit den zwei Seelen kann nicht
der Trieb Wagners und der Fausts gemeint sein, von denen 1110 f
die Rede ist Faust geht in dem Folgenden zu einer andern Betrachtung über. In ihm wohnen zwei Seelen, er fühlt sich ab-
wechselnd einmal von kräftiger Sinnlichkeit zur Welt hingezogen, das
andere Mal von der Wirklichkeit abgewandt, zu den Gefilden
hoher Ahnen, in die Regionen vergöttlichter Heroen der Vorzeit,
in die Welt der Ideale, die ihm als ein Göttliches erscheinen. Vgl.
in dem Gedichte das Göttliche (Edel sei der Mensch) Jene geahneten Wesen, ferner Vers 3238: Der Vorwelt silberne
Gestalten, 3241 f. Wonne die mich den Göttern nah und
näher bringt, dann 7558· Angesichts der höchsten Ahnen
— Der Dust, d i Dunst, womit hier der Qualm der irdischen

O gibt es Geister in der Luft,
Die zwischen Erd' und Himmel herrschend weben,
1120 So steiget nieder aus dem goldnen Duft
Und führt mich weg, zu neuem buntem Leben!
Ja, wäre nur ein Zaubermantel mein!
Und trüg' er mich in fremde Länder,
Mir sollt' er um die köstlichsten Gewänder,
1125 Nicht feil um einen Königsmantel sein.

Wagner.

Berufe nicht die wohlbekannte Schaar,
Die strömend sich im Dunstkreis überbreitet,
Dem Menschen tausendfältige Gefahr,
Von allen Enden her, bereitet.
1130 Von Norden dringt der scharfe Geisterzahn
Auf dich herbei, mit pfeilgespitzten Zungen;
Von Morgen ziehn, vertrocknend, sie heran,
Und nähren sich von deinen Lungen;
Wenn sie der Mittag aus der Wüste schickt,
1135 Die Gluth auf Gluth um deinen Scheitel häufen,
So bringt der West den Schwarm, der erst erquickt,

Atmosphäre gemeint ist. Die Form Duft kommt niederdeutsch, angel=
sächsisch und englisch, aber auch in der Schweiz vor; vgl. Grimms
Wörterbuch 2, 1761; Biedermann erinnert hier an Wielands „Die
Wahl des Herkules" (1773), wo es heißt: „Zwo Seelen kämpfen in
meiner Brust". — In Xenophons Kyropädie (5. Buch) sagt Araspes, er
habe zwei Seelen, eine gute und eine böse, was auch in Wielands
Araspes und Panthea 1758 (Werke 27, 140) wieder vorkommt. Diese
Stellen kannte Goethe, wenn er bei Obigem aber auch daran dachte, so
vertiefte er den Gedanken doch, wie wir sahn, und blieb nicht stehn bei dem
unbestimmten Gegensatz von Gut und Böse. — 1120. Aus dem gold=
nen Duft, aus dem durchsonnten Luftraum. Noch ist zu bemerken, daß
Goethe das Beiwort golden, zur Bezeichnung alles Reinen, Lautern,
durch und durch Herrlichen gerne gebraucht. — Ursprünglich war es in
seiner lebhaften Einbildungskraft wol der Reflex der Sonnenstrahlen
auf der Oberfläche eines Körpers, der sein Künstlerauge erfreute, so daß
er als vom Sonnenstrahl vergoldet Alles bezeichnete, was ihn erhob. Zu
dieser Stelle aber stimmt besonders der Ausdruck in dem Briefe an die
Stein vom 25. März 1776: „Der Duft zwischen den Felsen, so schauer=
lich die Sonne so golden blinkend als je." — 1122. Der Gedanke an
Fausts Zaubermantel taucht hier auf, von dem das Volksbuch erzählt
und der auch in Faustpuppenspielen vorkommt. Vgl. 2065. — 1126—
1127. Wagner begegnet den gehobenen Worten Fausts mit den Bedenken
des plattesten Aberglaubens und warnt vor den Luftgeistern, die im
Dunstkreis wohnen und nach der Himmelsgegend, der sie angehören, ver=

Um dich und Feld und Aue zu ersaufen.
Sie horen gern, zum Schaden froh gewandt,
Gehorchen gern, weil sie uns gern betrügen,
1140 Sie stellen wie vom Himmel sich gesandt,
Und lispeln englisch, wenn sie lügen.
Doch gehen wir! Ergraut ist schon die Welt,
Die Luft gekühlt, der Nebel fällt!
Am Abend schätzt man erst das Haus. —
1145 Was stehst du so und blickst erstaunt hinaus?
Was kann dich in der Dämmrung so ergreifen?

Faust.

Siehst du den schwarzen Hund durch Saat und
Stoppel streifen?

Wagner.

Ich sah ihn lange schon, nicht wichtig schien er mir.

Faust.

Betracht' ihn recht! Für was hältst du das Thier?

Wagner.

1150 Für einen Pudel, der auf seine Weise
Sich auf der Spur des Herren plagt.

Faust.

Bemerkst du, wie im weiten Schneckenkreise
Er um uns her und immer näher jagt?
Und irr' ich nicht, so zieht ein Feuerstrudel
1155 Auf seinen Pfaden hinterdrein

Wagner.

Ich sehe nichts als einen schwarzen Pudel;
Es mag bei euch wohl Augentäuschung sein.

———

schieden geartet sind, wie er dies näher angibt Im Faustbuche von 1587 beschwört Faust gleich anfangs den Teufel und dieser die Geister. — 1139. betrugen 1808, 1816, 1825, betriegen (eine Correctur zu Gunsten der "historischen Schreibung") 1828, 1829 — 1141. englisch, d. h. wie Engel. — 1142 Ergraut ist schon die Welt, die Sonne ist untergegangen und auch das Abendroth erloschen. — 1147 f. Das Auftreten des Hundes hier erinnert zunächst an das Volksbuch, wo von Fausts zottigem Hunde die Rede ist, der ihn mit seiner Kunst divertirte. Hier freilich birgt sich Mephistopheles in dem Hund. Ihn so einzuführen ist Erfindung des Dichters. Die ahnungsvolle Natur Fausts sieht mehr als der nüchterne Wagner, der die Geister fürchtet,

Fauſt.

Mir ſcheint es, daß er magiſch leiſe Schlingen
Zu künft'gem Band um unſre Füße zieht.

Wagner.

1160 Ich ſeh' ihn ungewiß und furchtſam uns umſpringen,
Weil er, ſtatt ſeines Herrn, zwei Unbekannte ſieht.

Fauſt.

Der Kreis wird eng, ſchon iſt er nah!

Wagner.

Du ſiehſt! ein Hund und kein Geſpenſt iſt da
Er knurrt und zweifelt, legt ſich auf den Bauch.
1165 Er wedelt. Alles Hunde=Brauch.

Fauſt.

Geſelle dich zu uns! Komm hier;

Wagner.

Es iſt ein pudelnärriſch Thier.
Du ſteheſt ſtill, er wartet auf;
Du ſprichſt ihn an, er ſtrebt an dir hinauf;
1170 Verliere was, er wird es bringen,
Nach deinem Stock in's Waſſer ſpringen.

Fauſt.

Du haſt wohl Recht, ich finde nicht die Spur
Von einem Geiſt, und alles iſt Dreſſur.

---

aber wo ſie auftreten, ſie nicht erkennt. — Grimms Wörterbuch 3, 2605
erklärt Feuerſtrudel mit vortex ignis, alſo Feuer in wirbelnder,
ſchneckenformiger Bewegung. Der Dichter führt die Verſe 1147—1157
wörtlich an in den Nachträgen zur Farbenlehre in dem Kapitel
„Phyſiologe Farben 1 Hell und dunkel im Auge bleibend"
und zwar mit den Worten: „In Scherz und Ernſt führen wir eine
Stelle aus Fauſt an." Nach Anführung der betreffenden Stelle fügt
er hinzu: „Vorſtehendes war ſchon lange aus dichteriſcher Ahnung
und mir im halben Bewußtſein geſchrieben, als bei gemäßigtem Licht
vor meinem Fenſter auf der Straße ein ſchwarzer Pudel vorbeilief,
der einen hellen Lichtſchein nach ſich zog: das undeutliche, im Auge
zurückgebliebene Bild ſeiner Geſtalt. Solche Erſcheinungen ſind um
ſo angenehm überraſchender, als ſie gerade, wenn wir unſer Auge
bewußtlos hingeben, am lebhafteſten und ſchönſten ſich anmelden." —
1163—1173 Mit einem Seitenblick auf die Erſcheinung, daß man ſich
im Leben auch oft täuſcht und für Geiſt hält, was angelernt —

Wagner.

Dem Hunde, wenn er gut gezogen,
1175 Wird selbst ein weiser Mann gewogen.
Ja deine Gunst verdient er ganz und gar,
Er der Studenten trefflicher Scolar.

Sie gehen in das Stadt-Thor.

Dressur, Abrichtung — ist. — 1174—1177. Wagner findet nöthig,
seiner pedantischen Natur angemessen, die Herablassung Fausts zu
dem Hunde zu entschuldigen Scolar, scolaris, Lehrling. Wagner
bezeichnet ihn als Hund, der Studenten gehört und von ihnen ab=
gerichtet ist Die Erscheinung des Teufels als Hund ist einer alten,
im Volksglauben noch fortlebenden Anschauung gemäß Vgl Grimms
Mythologie 3. Ausg. 948 und mittelhochdeutsch hellehunt. Auch
hier fehlt die Bemerkung: Vorhang fällt.

Studirzimmer.

Fauft mit dem **Pudel** hereintretend.

Verlaffen hab' ich Feld und Auen,
Die eine tiefe Nacht bedeckt,
1180   Mit ahnungsvollem heil'gem Grauen
In uns die beff're Seele weckt.
Entschlafen sind nun wilde Triebe,
Mit jedem ungestümen Thun;
Es reget sich die Menschenliebe,
1185   Die Liebe Gottes regt sich nun.

3. Sc. Studirzimmer. Sollte heißen: **Gothisches Zimmer**,
wie zu Anfang. — 1178—1185 Nicht „weichgestimmt" sondern ge=
hoben, erfrischt und von der hypochondrischen Ueberspannung durch
den Gang ins Freie hergestellt, erscheint hier Fauft. Bemerkens=
werth ist, daß hier die Verse 1178—1185 und dann 1194—1201, wie
sonst für Gesang bestimmte Verse, durch eingerückte Zeilen unter=
schieden sind. Sie sind durch eine Stimmung, die von idealer Er=
hebung getragen ist, ausgezeichnet von den andern, in denen sich Fauft
der nüchternen Wirklichkeit zuwendet. Gewiß unterschied Goethe,
wenn er die Scene vortrug, deutlich beide Stimmungen. Vgl. auch
zu 1273 f. — Vor 1180 ist im Geiste einzuschalten die unterdrückte
Wiederholung: Eine Nacht, die (durch ihr ahnungsvolles
Grauen [zu ahnungsvollem, vordem ahndungsvollem f. Gr. Wörterb
1, 197] die beff're Seele weckt), vgl. 1112, Zwei Seelen 2c.
— 1182 Die wilden Triebe der Sinnlichkeit sind entschlafen.
— 1184 f Genußsucht macht selbstsüchtig, stört das innere Gleich=
gewicht und erstickt die Liebe zu den Menschen; nun, da die innere
Einheit wieder hergestellt ist, erwacht die Menschenliebe. — Die
Liebe Gottes, die Liebe zu Gott. Hierzu haben wir der Worte
in Dichtung und Wahrheit zu gedenken im 14. Buch, wo von Goethes
Rheinreise 1774 die Rede ist (Hempel'sche Ausgabe 22, 168) „Jenes
wunderliche Wort (Spinozas Ethik a. O S. 429): Wer Gott recht
liebt, muß nicht verlangen, daß Gott ihn wieder liebe,
erfüllte mein ganzes Nachdenken Uneigennützig zu sein in Allem,
am Uneigennützigsten in Liebe und Freundschaft, war meine höchste
Lust, meine Maxime, meine Ausübung, so daß jenes freche spätere

Sei ruhig Pudel! renne nicht hin und wieder!
An der Schwelle, was schnoperst du hier?
Lege dich hinter den Ofen nieder,
Mein bestes Kissen geb' ich dir.
1190 Wie du draußen auf dem bergigen Wege
Durch Rennen und Springen ergetzt uns hast,
So nimm nun auch von mir die Pflege,
Als ein willkommner stiller Gast

Ach wenn in unsrer engen Zelle
1195 Die Lampe freundlich wieder brennt,
Dann wird's in unserm Busen helle,
Im Herzen, das sich selber kennt

Wort (er meint das Wort im Munde Philinens in W. Meister, s. Dicht. und Wahrh. a. a O.): „Wenn ich dich liebe, was geht's dich an?" mir recht aus dem Herzen gesprochen ist." — Menschenliebe lag in Goethes Natur von seiner Mutter her; nur sein Haß gegen Phrasen und Prunken mit Gefühlen ließ seine innige Menschenfreundlichkeit nicht zu sehr auf der Oberfläche erscheinen, obwol sie in seiner Jugend ihm aus den Augen leuchtete. Vgl zu 1770—1775 — Da obige Stelle um die Zeit geschrieben ist, wo sein ganzes Nachdenken von der Liebe zu Gott in jenem Sinne erfüllt war, so kann man hier nicht in Zweifel sein, wie diese Worte zu verstehn sind Die pantheistischen Anschauungen Goethes hangen auf das Innigste mit seiner Menschenliebe zusammen. vgl. Vers 449 ff, 618 f. und 702 f. und die Anmerkungen dazu. — Zu vergleichen ist hier ferner Goethes Gedicht: Weltseele (ursprünglich 1803 Weltschöpfung), Gedichte (Hempel'sche Ausgabe 2, S 224) und dazu Goethe an Zelter 20. Mai 1826: „Es ist seine guten dreißig Jahre alt und schreibt sich aus der Zeit her, wo ein reicher jugendlicher Muth sich noch mit dem Universum identificirte, es auszufüllen, ja es in seinen Theilen wieder hervorzubringen glaubte." Da wir aus Faust sehn, wie alt diese Anschauungen bei Goethe sind, ist der Zweifel darüber, daß das Gedicht 1826 seine guten 30 Jahre alt sei, unbegründet. — Nach 1185 sollte stehn: Der Pudel wird unruhig oder dergleichen, doch sind diese Angaben hier überall weggeblieben Sie fehlten im ersten Entwurf, und dabei blieb es. — 1186. Es ist zu bemerken, daß der Pudel jedesmal knurrt, wenn von heiligen Dingen die Rede ist — 1187. schnopern, niederdeutsch snopern, Erweiterung aus niederdeutsch snopen, schnaufen, es bezeichnet das Beriechen mit der Nase oder dem Rüssel. Der Hund wird an der Thür das Pentagramm gewahr, das er näher untersucht, beriecht, da es ihm, wie wir sehen werden, Sorge macht. schnoperst 1808, seit 1816. schnoberst, aber 4321. schnopert. — 1188. In des Christlich Meynenden Geschichte Fausts 1728 hat sich der von Faust beschworene Geist „nahe beim Ofen postiret"

Vernunft fängt wieder an zu ſprechen,
Und Hoffnung wieder an zu bluhn;
1200   Man ſehnt ſich nach des Lebens Bächen,
Ach! nach des Lebens Quelle hin.

Knurre nicht Pudel! Zu den heiligen Tönen,
Die jetzt meine Seel' umfaſſen,
Will der thieriſche Laut nicht paſſen.
1205 Wir ſind gewohnt, daß die Menſchen verhöhnen
Was ſie nicht verſtehn,
Daß ſie vor dem Guten und Schönen,
Das ihnen oft beſchwerlich iſt, murren;
Will es der Hund, wie ſie, beknurren?

1210 Aber ach! ſchon fühl' ich, bei dem beſten Willen,
Befriedigung nicht mehr aus dem Buſen quillen.

1200 f. Dunkle Stellen wie dieſe, ſichtbar in erſter leidenſchaft=
licher Eingebung hingeſchrieben, haben ſich dem Dichter ſo feſt ein=
geprägt, daß ſie bei viel ſpäterer Ausarbeitung des Ganzen doch un=
berührt geblieben ſind. — Wenn in unſerm Innern wieder Friede
herrſcht und Hoffnung aufbluht, ſo ſehnt man ſich nach des Lebens
Bächen. Die Stelle findet ihre Erklärung in Goethes „Zwo bibl.
Fragen“, namentlich der junge Goethe 2, S 239 f Es iſt die Rede
vom heiligen Geiſte, der ſich über die Jünger Jeſu ergoß. Er ver=
gleicht ihn einem ſanften Lehrſtrom, einer Quelle. Er nennt
dies ferner den reinen Fluß der Lebenslehre und ſagt weiter
ſucht ihr nach dieſem Bache. — Des Lebens Bäche ſind
demnach die Ströme der Begeiſterung, die ſich aus des Lebens
Quelle, dem Urquell des göttlichen Geiſtes ergießen. Im Prome=
theus leitet Minerva zum Quell des Lebens. Vgl. 456. Bei Herder
findet ſich in Gedichten der Gedanke: ewiges Leben fließe aus der
Gotterkenntnis, Gott iſt der Weſen Quell 2c. vgl. 3432. — 1202. Daß
hier der Pudel wieder unruhig wird, deutet an, daß die Gedanken
Fauſts ſich Gott zuwenden, ſ. zu 1186 — 1206 Ein Vers, der, weil
er nicht reimt, von Dunzer zu dem folgenden gezogen wurde. Das
Nähere iſt oben beſprochen in der Einleitung — 1211. quillen
für quellen iſt eine ſcheinbar nach falſcher Analogie in Hinblick auf
die 2. und 3 Perſon (quillſt, quillt) gebildete Form, ſ. darüber
Grimms Grammatik 1², 1020, ſie kann aber auch auf mundartlichen,
urſprünglich niederdeutſchen Einfluß zurückzuführen ſein, vgl. auch
3791 — Daß Fauſt aufs neue Unbehagen fühlt, kann der dämoniſchen
Nähe Mephiſtos zuzuſchreiben ſein — 1210—1212 Durch den Pudel
wurde er geſtört und findet die glückliche Stimmung nicht wieder, die
er 1196 f. ausſpricht, und er fährt nach der Zwiſchenrede 1202—1209
im Monolog fort. Nachdem er dort ſeine Sehnſucht nach des

Aber warum muß der Strom so bald versiegen,
Und wir wieder im Durste liegen?
Davon hab' ich so viel Erfahrung.
1215 Doch dieser Mangel läßt sich ersetzen,
Wir lernen das Ueberirdische schätzen,
Wir sehnen uns nach Offenbarung
Die nirgends würd'ger und schöner brennt,
Als in dem neuen Testament.
1220 Mich drängt's den Grundtext aufzuschlagen,
Mit redlichem Gefühl einmal
Das heilige Original
In mein geliebtes Deutsch zu übertragen.

Er schlägt ein Volum auf und schickt sich an

Geschrieben steht „im Anfang war das Wort!"
1225 Hier stock' ich schon! Wer hilft mir weiter fort?

Lebens Bachen ausgesprochen, bekennt er mit einem Aber ach!
bei dem besten Willen fühle er die Befriedigung nicht mehr im Busen
quillen, und er fährt fort· Aber u. s. f. — 1212—1223. Angemessene
Thätigkeit, Arbeit kann ihn erfrischen, vor den Gefahren in seinem
Innern schützen. — 1213 Nach Und ist zu ergänzen: müssen —
1214 f. Vgl 638 Die uns das Leben gaben, herrliche Gefühle Er
starren in dem irdischen Gewühle. Der Mangel läßt sich ersetzen,
d. h. wenn der Strom der Gefühle versiegt, dann sucht man die Quelle
alles Lebens auf, die Offenbarung. Allerdings im Widerspruch zu
765 Er beginnt mit dem Evangelium Johannis, das er in sein
geliebtes Deutsch übertragen will Im Gegensatz zur Sprache
der Gelehrten, der lateinischen, in der Faust lebte, erscheint ihm sein
Deutsch, als die Sprache der Natürlichkeit, so lebenswerth, wie Goethe
die Sprache des Volks, Hans Sachsens und Götzens von Berlichingen
erschienen ist — 1224. Die Anfangsworte des Evangeliums Jo
hannis 1 Cap. 1 Vers — nach dem Volksbuch Faust verbot Mephisto
pheles dem Faust gerade das Evangelium Johannis — will Faust
aus dem griechischen Text übertragen. Es fesselt die hier so drama
tisch wirksam sich darstellende Gedankenarbeit Aber nicht so sehr
die wissenschaftlichen Abhandlungen über Logos u. dgl möchten hier
zur Erklärung zu empfehlen sein, als vielmehr des Dichters Natur
anschauung, wie sie oben zu Vers 449—453 besprochen ist und auf
den Grundgedanken der Dichtung hinweist Die Worte des Evan
geliums sind: „Im Anfang war das Wort und das Wort war bei Gott
und Gott war das Wort." Nahe liegt es, das griechische Logos, das
mit Wort übersetzt wird, mit den Begriffen: Sinn, Gedanke, Idee zu
erläutern Das was Goethe in der Natur sucht, ist die göttliche Wirkens
kraft (s. Vers 384), die rege Bethätigung der Naturkräfte, die That Nicht
ein feststehender Zustand der Natur, sondern das ewige Wachsen, Wer
den, Vergehn und Uebergehn zu neuem Werden, das Leben überall und

Ich kann das Wort ſo hoch unmöglich ſchätzen,
Ich muß es anders überſetzen,
Wenn ich vom Geiſte recht erleuchtet bin.
Geſchrieben ſteht: im Anfang war der S i n n.
1230 Bedenke wohl die erſte Zeile,
Daß deine Feder ſich nicht übereile!
Iſt es der S i n n, der alles wirkt und ſchafft?
Es ſollte ſtehn: im Anfang war die K r a f t!
Doch, auch indem ich dieſes niederſchreibe,
1235 Schon warnt mich was, daß ich dabei nicht bleibe.
Mir hilft der Geiſt! Auf einmal ſeh' ich Rath
Und ſchreibe getroſt: im Anfang war die T h a t!

Soll ich mit dir das Zimmer theilen,
Pudel, ſo laß das Heulen,
1240 So laß das Bellen!
Solch einen ſtörenden Geſellen
Mag ich nicht in der Nähe leiden.
Einer von uns beiden
Muß die Zelle meiden.
1245 Ungern heb' ich das Gaſtrecht auf,
Die Thür iſt offen, haſt freien Lauf.
Aber was muß ich ſehen!
Kann das natürlich geſchehen?
Iſt es Schatten? iſt's Wirklichkeit?
1250 Wie wird mein Pudel lang und breit!
Er hebt ſich mit Gewalt,

---

die Metamorphoſe von einer Art zur andern, die alle Weſen wie eine
Kette verbindet, ziehen ihn an. — Hier im Fauſt aber iſt beſonders
bedeutſam die Hervorhebung d e r T h a t Wie er in der Natur das
allgemeine Leben verehrt, ſo im Menſchenleben die That: „Das iſt
der Weisheit letzter Schluß: Nur der verdient ſich Freiheit wie das
Leben, der täglich ſie erobern muß", ſ. 2 Theil 11.573 und: „Wer
immer ſtrebend ſich bemüht, den können wir erlöſen" 11.935. — Nicht
das Vollbrachte, ſondern das Vollbringen iſt es, worauf es ihm ankommt, die That, ſo wie Leſſing in ſeiner Duplik gegen Goeze
nicht die Wahrheit von Gott ſich erbitten möchte, nur „den immer
regen Trieb nach Wahrheit". — 1238. Die Rüſtigkeit, mit der Fauſt
arbeitet, kann dem im Pudel ſteckenden Mephiſtopheles nicht gleichgültig
ſein. Auf dieſem Wege kann ihm Fauſt entgehn; ausdauernde Arbeit,
Freude daran, kann ihn retten. Es iſt höchſte Zeit, daß er hervortritt
und ihn davon ablenkt — Er heult und bellt, vgl. zu 1186.

Das ist nicht eines Hundes Gestalt!
Welch ein Gespenst bracht' ich in's Haus!
Schon sieht er wie ein Nilpferd aus
1255 Mit feurigen Augen, schrecklichem Gebiß.
O! du bist mir gewiß!
Für solche halbe Höllenbrut
Ist Salomonis Schlüssel gut.

Geister auf dem Gange.

Drinnen gefangen ist einer!
1260 Bleibet haußen, folg' ihm keiner!
Wie im Eisen der Fuchs,
Zagt ein alter Höllenluchs
Aber gebt Acht!
Schwebet hin, schwebet wieder,
1265 Auf und nieder,
Und er hat sich losgemacht.
Könnt ihr ihm nutzen,
Laßt ihn nicht sitzen!
Denn er that uns allen
1270 Schon viel zu Gefallen

1252 Im Volksbuche des Christl Meinenden macht der beschworne
Geist dem Faust „neue Angst"; er ließ das Zimmer in vollem Feuer
erscheinen und der Geist, von dem zuerst nur ein Menschenkopf (s. z 482)
zu sehen war, erschien nun an seinem Leib „zottig wie ein Bär", wie
das genannte Volksbuch angibt. — 1258. Salomonis Schlüssel:
clavicula Salomonis hieß ein Buch das im Geisterbeschwören unter=
richtete (König Salomo galt als Erfinder dieser Kunst). So ein Buch
nimmt Faust hervor, um mit den darin enthaltenen Zaubersprüchen
den vor ihm stehenden Geist, den er nur für halbe Höllenbrut, für
einen untergeordneten Dämon hält, zu bezwingen, ihn sich zu unter=
werfen, vor allem zu zwingen Rede zu stehn. — Goethe selbst hat sich
über den Namen und die Legende von Mephistopheles (s. die An=
merkung oben S. 27, zum Prolog im Himmel 271 f.), sowie über
Fausts Höllenzwang ausführlich ausgesprochen in seinem Briefe
an Zelter vom 20 November 1829. Das Beschwörungsbuch, über
das er dort berichtet, war vom Jahre 1612. — In Scheibles Kloster
5, 1157 ff sind die einzelnen Blätter eines solchen Buches abgebildet
nach einem Exemplar der Bibliothek zu Weimar Dies ist aber
alter datirt Passau 1527. — 1263—1270. Der Gesang der Geister
erklärt deren Bedeutung deutlich genug: haußen für hie außen,
eine alte Zusammenziehung, mittelhochd hûzen, ist nicht häufig im
Gebrauch, aber doch z. B bei Luther und ebenso bei Th. Körner zu
finden. In Weimar ist dieses haußen jetzt allgemein gebräuch=
lich. — Mit alter Höllenluchs wird Mephistopheles als alter

Fauſt.

Erſt zu begegnen dem Thiere,
Brauch' ich den Spruch der Viere:
　　Salamander ſoll glühen,
　　Undene ſich winden,
1275　　Silphe verſchwinden,
　　Kobold ſich mühen.

　　Wer ſie nicht kennte
　　Die Elemente,
　　Ihre Kraft
1280　　Und Eigenſchaft,
　　Wäre kein Meiſter
　　Ueber die Geiſter.

　　Verſchwind' in Flammen
　　Salamander!
1285　　Rauſchend fließe zuſammen
　　Undene!
　　Leucht' in Meteoren=Schöne,
　　Silphe!
　　Bring' häusliche Hülfe

Höllenbewohner mit den Eigenſchaften eines Luchſes bezeichnet, dem man ſcharfblickendes, lauerndes Weſen zuſchreibt. — 1272 Spruch der Viere, den Beſchwörungsſpruch gegen die Geiſter der Elemente: Feuer, Waſſer, Luft und Erde. Auch in Marlowes Fauſt werden die Elementargeiſter beſchworen. S. die Einleitung und das Regiſter unter Erdgeiſt — 1273 f. Die pathetiſch zu ſprechenden Be=ſchwörungsworte ſind, wie Geſang, hereingerückt; ſo auch 1283 vgl. zu 1178. Die Geiſter werden mit Namen angeſprochen. Sala=mander, der Feuergeiſt, ſoll glühen; Undene, der Geiſt des Waſſers, ſich winden, d. h. wenn dieſer Geiſt in dem Thiere ſteckt, ſoll er ſich zu erkennen geben, indem er ſich windet, krümmt; Silphe, der Luftgeiſt, verſchwinden, in Luft zerfließen; Kobold ſich mühen, d. h. der Erdgeiſt (nicht der Geiſt der Erde 482), durch muhevoll befliſſene Gebärde ſich kund geben. Dieſe Namen kannte Goethe aus den Schriften des Paracelſus. — Salamander, griechiſch σαλαμάνδρα, bezeichnet bei Ariſtoteles eine Molchart; Silphe, griechiſch σίλφη, bei Ariſtoteles eine Motte, wurde ſpäter zum Luftgeiſt. Es wurden ſpät=lateiniſch aber auch Sylphus mit Sylvanus (Waldgeiſt), Silphe mit Sylvana identificirt. Undene und Undina für Waſſerjungfrau aus lateiniſch unda Welle, iſt eine ſpätlateiniſche Bildung, vielleicht nach franzöſiſch ondin Waſſergeiſt. — 1287. In Meteorenſchöne·

1290   Incubus! incubus!
          Tritt hervor und mache den Schluß.
     Keines der Viere
     Steckt in dem Thiere.
     Es liegt ganz ruhig und grinst mich an:
1295   Ich hab' ihm noch nicht weh gethan.
     Du sollst mich hören
     Stärker beschworen.
          Bist du Geselle
          Ein Flüchtling der Hölle?
1300   So sieh dieß Zeichen!
          Dem sie sich beugen
          Die schwarzen Schaaren.

     Schon schwillt es auf mit borstigen Haaren.

          Verworfnes Wesen!
1305   Kannst du ihn lesen?

— — — —

schön wie ein Meteor, eine leuchtende Lufterscheinung. Das nötige
Komma fehlt hier in den Ausgaben — 1289—1292. Kobold wird
hier mit Incubus übersetzt. Bei den Römern unter Nero (bei
Petronius) verstand man unter Incubo einen Schatzgeist, später,
im 2. und 3. Jahrhundert, bei Tertullian, einen die Schlafenden
drückenden Alp. Augustinus nennt ihn Incubus und so wurden
auch später gewisse, im Hause thätige, bei der Arbeit den Menschen
behilfliche Geister genannt, s. Grimms Mythologie, 3. Ausg., 448,
über Kobold daselbst 468, es wird abgeleitet aus gr. κόβαλος
Schalk, später schalkhafter Dämon. Hildebrand in Grimms Wörterbuch
5, 1551 versucht hingegen die Ableitung aus Kobwald (Koben =
versteckter Raum im Hause) — 1291. Tritt hervor, zeige dich,
mach' den Schluß, mach' ein Ende — 1300. Sieh dieß
Zeichen. In Scheibles Kloster 1847, 20. Zelle, ist unter anderm
abgedruckt D. J. Fausts dreifacher Höllenzwang ꝛc. Romae M. D I,
wo sich Abbildungen der „Siegel oder Charakteur" (sic), der Zeichen
„zum Zwang und Gehorsam" der Geister befinden, z. B. auch
„Mephistophilis Siegel oder Charakteur zum Zwang und Gehorsam".
— Diese Zeichen bestehen aus Kreisen, in die in hebräischer und
lateinischer Schrift geheimnißvolle Worte hineingeschrieben sind, mitunter auch Planetenzeichen der Astronomen, wie sie Jedermann aus
den Kalendern kennt. Ein solches Siegel oder Zeichen ist hier gemeint.
Aus Vers 1305—1309 ergibt sich, daß das Zeichen den Namen Jesu
enthält. Man hat da an eine verzierte Darstellung des nach kirch-
lichem Gebrauche in Monogrammform dargestellten Namens zu denken:
IHS. In Scheibles Kloster a. a. O. wahrhafter Jesuitenhöllenzwang,
S 1106 findet sich dies Zeichen unter andern.

Den nie Entſproſſ'nen,
Unausgeſprochnen,
Durch alle Himmel Gegoſſ'nen,
Freventlich Durchſtochnen?

1310 Hinter den Ofen gebannt
Schwillt es wie ein Elephant,
Den ganzen Raum füllt es an,
Es will zum Nebel zerfließen.
Steige nicht zur Decke hinan!
1315 Lege dich zu des Meiſters Füßen!
Du ſiehſt daß ich nicht vergebens drohe.
Ich verſenge dich mit heiliger Lohe!
Erwarte nicht
Das dreimal glühende Licht!
1320 Erwarte nicht
Die ſtärkſte von meinen Künſten!

Mephiſtopheles

tritt, indem der Nebel fällt, gekleidet wie ein fahrender Scholaſticus,
hinter dem Ofen hervor.

Wozu der Lärm? was ſteht dem Herrn zu Dienſten?

1306 f. „Den nie Entſproſſ'nen ſteht hier für den Namen
deſſen, der von Ewigkeit war. Damit wird Chriſtus im Sinne der
Kirche als Gott gedacht. Epiſtel Pauli an die Koloſſer 1, 15:
„Welcher (Jeſus der Sohn Gottes Vers 13) iſt das Ebenbild des
unſichtbaren Gottes, der Erſtgeborne vor allen Creaturen“
Vgl. den Anfang des uralten Segensſpruches (Mullenhoff=Scherer
Denkmäler S. 7), der auch danach zu erklären iſt: Chriſt ward ga-
boren êr wolf ode deob (was) Chriſtus ward geboren, eh ein Wolf
oder Dieb war ꝛc. — Unausgeſprochnen, mit keinem Namen er=
ſchöpfend zu bezeichnenden. Vgl. 3457 f. — 1308 f. Der, obgleich die
Himmel von ihm erfüllt ſind (Koloſſer 1, 16, 20), doch von der Hand
des Kriegsknechtes, Evangel. Joh. 19, 34, 37, durchſtochen wurde. —
1310. Im Volksbuch des Chr M. benimmt der Geiſt ſich ſo: „daß
auch Fauſt genöthiget ward, den Geiſt zu bitten, die Retirade wiederum
hinter den Ofen zu nehmen“. — 1310. Schwillt es: das ver=
worfene Weſen. — 1312 So ſchildert Goethe in Wilhelm Meiſters
Lehrjahren 3. Buch 9. Capitel eine Beſchwörung, wo die Geiſter
„bald den Raum des Zimmers ausfüllen“. — 1317. heilige Lohe,
d. i. das dreimal glühende Licht. Es iſt darunter wieder ein
Siegel, ein Zeichen gemeint, das Fauſt dem Mephiſtopheles vorhält.
Es iſt das Zeichen der heiligen Dreifaltigkeit. Ein Dreieck und in
der Mitte das Auge Gottes. Das Dreieck von Sonnenſtrahlen um=

Fauſt.

Das alſo war des Pudels Kern!
Ein fahrender Scolaſt? Der Caſus macht mich lachen

Mephiſtopheles.

1325 Ich ſalutire den gelehrten Herrn!
Ihr habt mich weidlich ſchwitzen machen.

Fauſt.

Wie nennſt du dich?

Mephiſtopheles.

   Die Frage ſcheint mir klein
Für einen der das Wort ſo ſehr verachtet,
Der, weit entfernt von allem Schein,
1330 Nur in der Weſen Tiefe trachtet.

Fauſt.

Bei euch, ihr Herrn, kann man das Weſen
Gewöhnlich aus dem Namen leſen,
Wo es ſich allzudeutlich weiſ't,
Wenn man euch Fliegengott, Verderber, Lügner heißt.
1335 Nun gut, wer biſt du denn?

---

geben, die nach drei Seiten ausſtromen — Ein fahrender Scholaſticus, d i herumreiſender Schuler: mittelhochdeutſch varn-
der schuolære. — 1322 Loeper erinnert an Gotter, Helden und
Wieland (JG. 2, 399). Was ſoll der Larm? — 1324 Scolaſt
ſteht hier abgekürzt für Scolasticus. — Caſus Fall. Er meint einen
Fall wie der, daß ein Pudel ſich in einen Schuler verwandelt. —
1327 f. Mephiſtopheles ſpricht natürlich mit Ironie, indem er auf
Fauſts Forſchung oben 1224 ſſ. hindeutet — 1334. Fliegengott,
auch Fliegenfürſt und Fliegenmann ſind Namen des Teufels,
ſ. Grimms Worterbuch 3, 1787. So wird der Gott zu Ekron im
2. Buch der Konige 1, 2: Beelzebub oder Baal ſebub überſetzt: Báal
μυία. — Auch bei dem chriſtlichen Teufel ſo ahnliche germaniſche Loki
verwandelt ſich in eine Fliege, weiteres ſ. Grimms Mythologie 950.
— Verderber (ἀπολλύων, Apollyon) wird Offenb Joh. 9, 11 der
Engel des Abgrundes Abaddon überſetzt So wird auch der im
Beowulf vorkommende teufliſche Geiſt Grendel gedeutet, ſ Weinhold, Die Rieſen des german. Mythus, S. 33. — Lugner, Vater
der Luge heißt der chriſtliche Teufel, Evangel. Joh. 8, 44, ebenſo
wie der germaniſch-heidniſche Loki, ſ. Grimms Mythologie 968. —
1335 f. Die Erklärung, daß er die Abſichten Gottes fordern, das
Gute ſchaffen helfe, obwol er ſtets das Böſe wolle, theilt den Kreislauf der Dinge zwiſchen Entſtehn und Vergehn zwei entgegengeſetzten

Mephistopheles.

Ein Theil von jener Kraft,
Die stets das Böse will und stets das Gute schafft.

Faust.

Was ist mit diesem Räthselwort gemeint?

Mephistopheles.

Ich bin der Geist der stets verneint!
Und das mit Recht; denn alles was entsteht
1340 Ist werth daß es zu Grunde geht;
Drum besser wär's, daß nichts entstünde.
So ist denn alles was ihr Sünde,
Zerstörung, kurz das Böse nennt,
Mein eigentliches Element.

Faust.

1345 Du nennst dich einen Theil, und stehst doch ganz
vor mir?

Mephistopheles.

Bescheidne Wahrheit sprech' ich dir.
Wenn sich der Mensch, die kleine Narrenwelt,
Gewöhnlich für ein Ganzes hält;
Ich bin ein Theil des Theils, der anfangs alles war,
1350 Ein Theil der Finsterniß, die sich das Licht gebar,
Das stolze Licht, das nun der Mutter Nacht
Den alten Rang, den Raum ihr streitig macht,
Und doch gelingt's ihm nicht, da es, so viel es strebt,
Verhaftet an den Körpern klebt
1355 Von Körpern strömt's, die Körper macht es schön,
Ein Körper hemmt's auf seinem Gange,
So, hoff' ich, dauert es nicht lange
Und mit den Körpern wird's zu Grunde gehn.

---

machten zu, wobei die letztere, die das Vergehn bewirkt, als Böse
bezeichnet wird, als Sphäre des Teufels. Daß er die Vernichtung
selbst das Böse nennt und die Schöpfung das Gute, bekundet eine
Einsicht weit über seine Grenze hinaus Doch ist es bei ihm auch
nur Phrase, die sich in seinen weitern Reden 1339 f. widerlegt
— 1347. ff. Wenn = indem, vgl. Prolog zu 248.

Fauſt.

Nun kenn' ich deine würd'gen Pflichten!
1360 Du kannſt im Großen nichts vernichten
Und fängſt es nun im Kleinen an.

Mephiſtopheles.

Und freilich iſt nicht viel damit gethan.
Was ſich dem Nichts entgegenſtellt,
Das Etwas, dieſe plumpe Welt,
1365 So viel als ich ſchon unternommen,
Ich wußte nicht ihr beizukommen,
Mit Wellen, Stürmen, Schütteln, Brand,
Geruhig bleibt am Ende Meer und Land!
Und dem verdammten Zeug, der Thier und Menſchen-
brut,
1370 Dem iſt nun gar nichts anzuhaben.
Wie viele hab ich ſchon begraben!
Und immer circulirt ein neues friſches Blut
So geht es fort, man möchte raſend werden!
Der Luft, dem Waſſer wie der Erden
1375 Entwinden tauſend Keime ſich,
Im Trocknen, Feuchten, Warmen, Kalten!
Hätt' ich mir nicht die Flamme vorbehalten,
Ich hätte nichts Apart's für mich.

Fauſt.

So ſetzeſt du der ewig regen,
1380 Der heilſam ſchaffenden Gewalt
Die kalte Teufelfauſt entgegen,

1364 ff. In der unvertilgbaren Lebensfülle der Natur verehrte der
Dichter Gott. Es iſt beachtenswert, daß dieſe Anſchauung hier ſchon auftaucht, wie er ſie noch gegen das Ende ſeines Lebens den 20 Februar
1831 gegen Eckermann ausſpricht — „Ich aber bete den an, der
eine ſolche Productionskraft in die Welt gelegt hat, daß, wenn nur
der millionteſte Theil davon ins Leben tritt, die Welt von Geſchöpfen
wimmelt, ſo daß Krieg, Peſt, Waſſer und Brand ihr nichts anzuhaben
vermögen. Das iſt mein Gott!" — 1368. Geruhig, völlig
ruhig, das Wort iſt ſelten, kommt aber ſchon mittelhochdeutſch vor
Das verſtärkende ge iſt beſprochen Grimms Wrtb. 4¹, Sp. 1623.
Es iſt beſonders fränkiſch und in mitteldeutſchen Mundarten üblich.
Ruhig, ſoviel ich mit Waſſer, Wind, Erdbeben, Vulkanen auch Schaden
bereitet habe. — 1377. Die Flamme, in der Lebendiges nicht beſtehen

Die ſich vergebens tückiſch ballt!
Was Anders ſuche zu beginnen
Des Chaos wunderlicher Sohn!

Mephiſtopheles.

1385 Wir wollen wirklich uns beſinnen,
Die nächſten Male mehr davon!
Dürft ich wohl dießmal mich entfernen?

Fauſt.

Ich ſehe nicht warum du fragſt.
Jetzt habe ich dich kennen lernen,
1390 Beſuche nun mich, wie du magſt.
Hier iſt das Fenſter, hier die Thüre,
Ein Rauchfang iſt dir auch gewiß.

Mephiſtopheles.

Geſteh' ich's nur! Daß ich hinausſpaziere
Verbietet mir ein kleines Hinderniß,
1395 Der Drudenfuß auf eurer Schwelle —

---

kann, die die Hölle erfüllt. — 1377 Nach Vers 1349 ff. war zuerſt allgemeine Finſterniß, was ſowol mit der griechiſchen Mythe Heſiods (vom Chaos, aus dem die Nacht und die Finſterniß, Erebos, hervorgingen, die den Tag erzeugten), wie mit der bibliſchen Schöpfungsgeſchichte übereinſtimmt. Da ſich Mephiſtopheles oben 1349 f. einen Theil der Finſterniß, die das Licht gebar, nennt, kommt es Fauſt zu, in der antiken Anſchauungsweiſe des humaniſtiſch gebildeten Gelehrten ihn einen Sohn des Chaos zu nennen; 1397 nennt er ihn: Sohn der Hölle. — 1385. Es ſpricht Mephiſtopheles' Verdruß aus, den er oben 1373 gezeigt, daß er auf Fauſts Aufforderung was Anders zu beginnen wirklich eingehn zu wollen ſcheint — 1391 f. Der Weg durch Fenſter und Rauchfang iſt den Geiſtern nichts Beſonderes. — 1395. Drudenfuß. Die Trude iſt ein weiblicher Alp, der die Menſchen, nach der Volksvorſtellung, im Schlafe beängſtigend drückt, vgl. Grimms Mythologie, 3. Ausg. 394. Die Etymologie iſt ungewiß. An galliſche Druiden iſt dabei nicht zu denken. In Grimms Wörterbuch 2, 1453 wird an altdeutſch trût, neuhochdeutſch traut gedacht. Im Altnordiſchen hieß eine Wallküre Thrudhr. Mittelhochdeutſch trutenfuoz, als Schutzzeichen, kommt ſchon im 14. Jahrh. vor. Das Zeichen hat die bekannte Fünfzackenform . Fauſt gebraucht für Drudenfuß wieder den gelehrten Ausdruck Pentagramma (auch Pentalpha wird es genannt, weil es fünf A darſtellt), das ſchon bei den Pythagoräern nach Lukian als die Geſundheit bedeutendes, auch wohl ſchützendes Zeichen bekannt war. — Die nordiſche Mythe ſah darin die Fußſtapfe ſchwanenfüßiger Weſen. Sieh Grimms

Fauſt.

Das Pentagramma macht dir Pein?
Ei, ſage mir, du Sohn der Hölle,
Wenn das dich bannt, wie kamſt du denn herein?
Wie ward ein ſolcher Geiſt betrogen?

Mephiſtopheles.

1400 Beſchaut es recht! es iſt nicht gut gezogen;
Der eine Winkel, der nach außen zu,
Iſt, wie du ſiehſt, ein wenig offen.

Fauſt.

Das hat der Zufall gut getroffen!
Und mein Gefangener wärſt denn du?
1405 Das iſt von ohngefähr gelungen!

Mephiſtopheles.

Der Pudel merkte nichts, als er hereingeſprungen,
Die Sache ſieht jetzt anders aus;
Der Teufel kann nicht aus dem Haus,

Fauſt.

Doch warum gehſt du nicht durch's Fenſter?

Mephiſtopheles.

1410 's iſt ein Geſetz der Teufel und Geſpenſter:

Mythol, 3. Ausg., S. 400. — Es wird hier angenommen, daß Geiſter
in ein Gemach nicht dringen können, an deſſen Schwelle der Drudenfuß gezeichnet iſt, wenn die Ecken gut geſchloſſen ſind. Hier war nun
die nach außen gekehrte nicht gut gezogen, ſie war ein wenig
offen und daher konnte Mephiſtopheles herein, durch dieſe, dem
Zauber entzogene Lücke.

außerhalb	ohne Ecke
Schwelle	
innerhalb	geſchloßne Ecke

Er fand kein Hinderniß, als er über die Schwelle ſprang und ſah das
Zeichen gar nicht. erſt Vers 1187 ſ. d. Nun kann er nicht hinaus, denn
das Pentagramm auf der Schwelle iſt vom Zimmer aus, an der nach
dem Innern des Zimmers zugekehrten Spitze — bei ſchräger Stellung des
Zeichens kann eine Spitze nach Außen, eine andere nach Innen weiſen
— geſchloſſen — 1405 ohngefähr (richtige, ältere Form) 1808,
1816. ungefähr 1825, 1828, 1829. Vgl 3460. — 1410 ſ Ob

Wo ſie hereingeſchlüpft, da müſſen ſie hinaus.
Das erſte ſteht uns frei, beim zweiten ſind wir Knechte

Fauſt.

Die Hölle ſelbſt hat ihre Rechte?
Das ſind' ich gut, da ließe ſich ein Pact,
1415 Und ſicher wohl, mit euch ihr Herren ſchließen?

Mephiſtopheles.

Was man verſpricht, das ſollſt du rein genießen,
Du wird davon nichts abgezwackt.
Doch das iſt nicht ſo kurz zu faſſen,
Und wir beſprechen das zunächſt;
1420 Doch jetzo bitt' ich, hoch und höchſt,
Für dieſes Mal mich zu entlaſſen.

Fauſt.

So bleibe doch noch einen Augenblick,
Um mir erſt gute Mahr' zu ſagen.

Mephiſtopheles.

Jetzt laß mich los! ich komme bald zurück;
1425 Dann magſt du nach Belieben fragen.

Fauſt.

Ich habe dir nicht nachgeſtellt,
Biſt du doch ſelbſt in's Garn gegangen.
Den Teufel halte wer ihn hält!
Er wird ihn nicht ſobald zum zweitenmale fangen.

---

bei dieſem Geſetz nun an einen bekannten Aberglauben gedacht wird
oder nicht, es dient hier dazu, in Fauſt den Gedanken an einen Vertrag mit Mephiſtopheles zu erregen. — 1417. abzwacken, „abzwicken" iſt ſinnlicher als das nahverwandte abzwacken — Laub
abzwicken — dagegen: Geld, Verdienſt „abzwacken" ſ. Grimms
Wörterbuch 1, 161. — 1420. bitt ich hoch und höchſt, das ad-
verbiale hoch iſt hier nichts weiter als: ſehr, das durch den Zuſatz
und höchſt noch verſtärkt wird. Er bittet dringend, auf das
dringendſte. Vgl dazu Grimms Wörterbuch 4, 2, 1601, wo auch
Beiſpiele angeführt ſind, wo es heißt zum höchſten bitten, zum
höchſten danken u dgl. — 1422. Gute Mähr' zu ſagen.
Dies iſt ein formelhafter Ausdruck (ſo wie ſchon mittelhochdeutſch
guotiu maere für Nachrichten, in Luthers Weihnachtslied
gute neue Mar vorkommt), der hier ſoviel ſagen will, als: unter-

Mephiſtopheles.

1430 Wenn dir's beliebt, ſo bin ich auch bereit
Dir zur Geſellſchaft hier zu bleiben;
Doch mit Bedingniß, dir die Zeit,
Durch meine Künſte, würdig zu vertreiben.

Fauſt.

Ich ſeh' es gern, das ſteht dir frei;
1435 Nur daß die Kunſt gefällig ſei!

Mephiſtopheles.

Du wirſt, mein Freund, für deine Sinnen,
In dieſer Stunde mehr gewinnen,
Als in des Jahres Einerlei.
Was dir die zarten Geiſter ſingen,
1440 Die ſchönen Bilder, die ſie bringen,
Sind nicht ein leeres Zauberſpiel.
Auch dein Geruch wird ſich ergetzen,
Dann wirſt du deinen Gaumen letzen,
Und dann entzückt ſich dein Gefühl
1445 Bereitung braucht es nicht voran,
Beiſammen ſind wir, fanget an!

Geiſter.

Schwindet, ihr dunkeln
Wölbungen droben!

---

halte mich erſt, erzähl mir was, bevor du gehſt! — 1445. voran
ſteht hier für vorher. — 1447. Vor dieſem Vers fehlt wieder jede Bemerkung. Anzunehmen iſt: Es ertönt Muſik von einigen Takten,
während Fauſt in Schlummer ſinkt. Darauf ertönt Geſang der Geiſter
— Was ſie ſingen, ſoll vor dem Geiſte Fauſts vorüberziehn. — Es
ſoll wol auf der Bühne in Begleitung des Geſanges in den Hauptzügen anſchaulich dargeſtellt werden. Daß auch im Fauſtbuch von
1587 Mephiſtopheles im dritten Geſpräch ein Gaukelſpiel zum Beſten
gibt, ein „geplair als wann die münch ſingen", bemerkt ſchon Loeper
— Der Geſang ſpricht hier die Phantaſieen aus, die durch ihn in dem
entſchlummernden Geiſte Fauſts erſtehn. — 1447—1456. Wie Nebel-
bilder geht es an ſeinem Geiſt vorüber. Die Zimmerwölbung öffnet ſich,
der Sternenhimmel iſt mit Wolken bedeckt. Sie ſchwinden und Sterne
erſcheinen. — 1457 f. Vorüberſchweben, geiſtig ſchön, Söhne des Himmels, ſich neigend, nähernd und entfernend — ſie ſchweben vorüber. —
Sie wecken in uns Neigung, wir folgen ihnen mit unſerer Sehnſucht
Im Vorüberziehn decken ihre Gewänder und Bänder die Ausſicht auf
das Irdiſche, die Länder, die Lauben, in denen Liebende weilen. — Die

                    Reizender ſchaue
1450   Freundlich der blaue
                    Aether herein!
                    Wären die dunkeln
                    Wolken zerronnen!
                    Sternelein funkeln.
1455   Mildere Sonnen
                    Scheinen darein.
                    Himmliſcher Söhne
                    Geiſtige Schöne,
                    Schwankende Beugung
1460   Schwebet vorüber.
                    Sehnende Neigung
                    Folget hinüber;
                    Und der Gewänder
                    Flatternde Bänder
1465   Decken die Länder,
                    Decken die Laube,
                    Wo ſich für's Leben,
                    Tief in Gedanken,
                    Liebende geben
1470   Laube bei Laube!
                    Sproſſende Ranken!
                    Laſtende Traube
                    Stürzt in's Behalter
                    Drängender Kelter,
1475   Stürzen in Bächen
                    Schäumende Weine,
                    Rieſeln durch reine,
                    Edle Geſteine.

Abſicht des Mephiſtopheles mit ſeinem Gaukelſpiel iſt, das Verlangen
nach Erdenfreuden aller Art zu wecken und dadurch Fauſt von dem
Wege abzubringen, den er eingeſchlagen, ſ. zu 1238, als er mit der
Bibelüberſetzung eine Arbeit begann, die ihn befriedigen konnte. —
Die himmliſchen Geſtalten ſchweben vorbei, und nun ſieht Fauſt die
Laube, wo ſich fürs Leben Liebende geben. Ja er ſieht
mehrere ähnliche Lauben. Daran ſchließen ſich Rebengelander —
ſproſſende Ranken. Die Traubenlaſt wird ins Behälter der Wein-
preſſe geſtürzt. Schäumende Weine ſtürzen in Bächen.
Die Bäche rieſeln durch reine edle Geſteine, ſie ergießen
ſich über Rubinen und Smaragden — wir haben ja eine Zauber-

Lassen die Höhen
1480 Hinter sich liegen,
Breiten zu Seeen
Sich um's Genügen
Grünender Hügel
Und das Geflügel
1485 Schlürfet sich Wonne,
Flieget der Sonne,
Flieget den hellen
Inseln entgegen,
Die sich auf Wellen
1490 Gauklend bewegen;
Wo wir in Chören
Jauchzende hören,
Ueber den Auen
Tanzende schauen,
1495 Die sich im Freien
Alle zerstreuen.
Einige klimmen
Ueber die Höhen,
Andere schwimmen
1500 Ueber die Seeen,
Andere schweben;
Alle zum Leben,
Alle zur Ferne
Liebender Sterne,
1505 Seliger Huld.

---

phantasie vor uns. — Sie vermeiden die Höhen und bilden Seeen um die Hügel herum, um's Genügen grünender Hügel, d. i. um die Fülle (das Genügen), um die Menge grünender Hügel. So drückt auch mittelhochdeutsch diu genuege die Menge, Fülle aus, z. B. des richen guotes genuege. — Geflügel, Vögel trinken in den Seeen, fliegen auf zur Sonne und zu den Inseln, die sich in den Wellen spiegeln. — Von den Inseln hört man Jauchzende und sieht sie tanzen. — Einige klimmen rc. Alles ist in freudevoller Bewegung. Alle Ausgaben bis 1829: glimmen. — 1501 f Andere schweben; Alle zum Leben. Andere schweben dahin, es bleibt unausgesprochen, ob in schwebendem Tanz oder Flug, Alle zum Leben, das ist wol: zum Genuß des Lebens, um zu leben — 1503 f. Alle zur Ferne Liebender Sterne, alle den ihnen günstigen Sternen zu. — 1505 Seliger Huld, der beseligenden Huld ihrer sie liebenden Sterne zu.

7*

Mephiſtopheles.

Er ſchläft! So recht, ihr luft'gen zarten Jungen!
Ihr habt ihn treulich eingeſungen!
Für dieß Concert bin ich in eurer Schuld.
Du biſt noch nicht der Mann den Teufel feſt zu halten!
1510 Umgaukelt ihn mit ſüßen Traumgeſtalten,
Verſenkt ihn in ein Meer des Wahns;
Doch dieſer Schwelle Zauber zu zerſpalten
Bedarf ich eines Rattenzahns.
Nicht lange brauch' ich zu beſchwören,
1515 Schon raſchelt eine hier und wird ſogleich mich hören.

Der Herr der Ratten und der Mäuſe,
Der Fliegen, Fröſche, Wanzen, Läuſe,
Befiehlt dir dich hervor zu wagen
Und dieſe Schwelle zu benagen,
1520 So wie er ſie mit Oel betupft —
Da kommſt du ſchon hervorgehupft!
Nur friſch an's Werk! Die Spitze die mich bannte,
Sie ſitzt ganz vornen an der Kante.
Noch einen Biß, ſo iſt's geſchehn. —
1525 Nun, Fauſte, träume fort, bis wir uns wiederſehn.

1515. Die Ratten ſollen ihn hier, wo er ſich in ſeiner Eigenſchaft als Herrn der Ratten zeigt, ſogleich hören, wie er ſie beſchwören wird. — Mephiſtopheles, als der Geiſt alles Verneinenden, Widerwärtigen, führt ſich hier auf als Herrn des Ungeziefers. Es mag dieß doch nur eine Erweiterung des Begriffs ſein, der ſich mit dem Teufels= namen Fliegengott (ſ. z. Vers 1334) verbindet. — 1520 Mephi= ſtopheles ſteht es zu, Oel herbeizuzaubern, ſo daß er, mit dem Finger tupfend, mit Oel die Stelle des Drudenfußes bezeichnen kann, die ihn hindert, und die die Ratte durchnagen ſoll. Es iſt die dem Zimmer zugekehrte Spitze des Drudenfußes. — Die Stelle, von Mephiſto= pheles mit Oel geſalbt, wird dadurch ſeinen Zwecken gleichſam geweiht. — 1522—1523. Die Spitze, die mich bannte, Sie ſitzt ganz vornen an der Kante. Die dem Innern des Zimmers zugekehrte geſchloſſene Spitze des Pentagramms ſitzt ganz vorne an der Kante der Schwelle. — 1525. Fauſte, lateiniſcher Vocativ, der auch im Puppenſpiel vorkömmt, womit Mephiſtopheles ſpöttiſch den Ge= lehrten in Gelehrtenſprache anſpricht. Die Bemerkung in Grimms Wörterb. 3, 1381: „Johannes Fuſt, der berühmte buchdrucker führte ſeinen namen von der fauſt, doctor Fauſt aber iſt Fauſtus (= fauſtus lateiniſch der Begünſtigte), klingt ſehr an= ſprechend, iſt aber doch kaum ſo ſtreng zu nehmen. Wenn ſich Fauſt

Faust erwachend

Bin ich denn abermals betrogen?
Verschwindet so der geisterreiche Drang,
Daß mir ein Traum den Teufel vorgelogen,
Und daß ein Pudel mir entsprang?

Faustus secundus nannte, so war der primus doch wol jener
Fust. — Im Puppenspiel Faust gibt sich dieser geradezu als Mit-
erfinder der Buchdruckerkunst Schade S 42 75 (Das Puppenspiel
Doctor Faust Sonderabdruck aus dem 5. Bde des weim. Jahr-
buchs 1856). — Mundartlich ist das alte û, z. B. in der Schweiz,
noch heute erhalten: begann in Oesterreich schon im 12 Jahrh in
au überzugehn — Es fehlt hier die scenarische Bemerkung: Mephistopheles ab. — 1527. Der geisterreiche Drang: Der An-
drang so vieler Geistererscheinungen, womit auch die im Traume gesehnen zu verstehn sind. — 1528—1529 War Alles Täuschung?
Träumte mir auch die Erscheinung Mephistopheles', und war der
Pudel ein wirklicher Hund, der mir nun entsprang? — Daß hier
der Vorhang fällt, wird nicht angemerkt.

Studirzimmer.

Fauſt. Mephiſtopheles.

Fauſt.

1530 Es klopft? Herein! Wer will mich wieder plagen?

Mephiſtopheles.

Ich bin's.

Fauſt.

Herein!

Mephiſtopheles.

Du mußt es dreimal ſagen.

Fauſt.

Herein denn!

Mephiſtopheles.

So gefällſt du mir
Wir werden, hoff' ich, uns vertragen!
Denn dir die Grillen zu verjagen
1535 Bin ich, als edler Junker, hier,

---

4. Sc.: Studirzimmer. Wie vor 1178 das gotiſche
Zimmer Fauſts. Fauſt. Mephiſtopheles. — Da Fauſt ſich ſchon
in der vorigen Scene im Studirzimmer befindet, ſo iſt dieſe Be=
merkung nur gerechtfertigt, wenn nach Vers 1529 der Vorhang
fiel, ſo daß wir hier vor dem dritten Aufzug ſtänden, ſ. 807. 1177.
— Nach den von G. Freytag dargelegten Prinzipien (Technik des
Dramas, 3. Aufl. S. 305), der einem Aufzug eines Stückes, das
aufgeführt werden ſoll, im Durchſchnitt 400 Verſe zumißt, wäre der
Aufzug ſchon weit über die Hälfte zu lang. — 1535. f. In den Hexen=
proceßacten im Anzeiger des germaniſchen Muſeums 1876, 265 heißt
es, bei den Hexenſabathen ſei der Teufel häufig in grünen Kleidern,
rothen und blauen Hutfedern erſchienen. Vgl. auch Grimms Wörter=
buch 4², 2401· 9) junker, vom teufel, der gern in edelmänniſcher
kleidung beſchrieben wird. — An Auguſte Stolberg ſchrieb Goethe
den 15. September 1775 von einer Maske, die er ſich für einen Ball
anfertigen läßt: „altdeutſche Tracht, ſchwarz und gelb, Pumphoſe,
Wamslein, Mantel und Federſtutzhut." Vgl. 2126—2149.

In rothem goldverbrämtem Kleide,

Das Mäntelchen von starrer Seide,

Die Hahnenfeder auf dem Hut,

Mit einem langen spitzen Degen,

1540 Und rathe nun dir, kurz und gut,

Dergleichen gleichfalls anzulegen;

Damit du, losgebunden, frei,

Erfahrest was das Leben sei.

Faust.

In jedem Kleide werd' ich wohl die Pein

1545 Des engen Erdelebens fühlen.

Ich bin zu alt, um nur zu spielen,

Zu jung, um ohne Wunsch zu sein.

Was kann die Welt mir wohl gewähren?

Entbehren sollst du' sollst entbehren!

1536—1539 vgl. 2485 f — Kurz und gut rathen: ohne
Umschweife, bündig rathen, wie das häufigere: kurz und gut etwas
sagen, beschließen, wofür Beispiele in Grimms Wörterb 5, 2840 ff —
1545. Des engen Erdelebens. Eng, beschränkt erscheint uns das
Leben durch seine mannigfaltige Bedingtheit, Abhängigkeit von äußern
Dingen, wie sie dann in der weitern Rede Fausts angedeutet werden —
Die Form Erdeleben ist bei Goethe häufig, s. Grimms Wörterb
3, 754, wo zu corrigiren ist engen für argen. — 1546 f. Zu alt,
um nur zu spielen. Faust muß hier in dem Alter reifer
Männlichkeit, zwischen dem 40 und 50. Lebensjahre, gedacht werden.
Die Verstandesentwicklung jenes Alters sucht in Allem nach Zwecken
und ist der Hingabe an ein freies Spiel selten mehr fähig, wenn der
Mensch nicht „auf eine künstliche Weise in seiner Volljährigkeit seine
Kindheit nachholt" (Schiller, dritter Brief über ästhetische Erziehung),
sei es durch die Liebe, sei es durch die Kunst. — „Goethe las die
Rolle des Faust in tiefem Baß mit der Stimme eines bejahrten Mannes
bis zur Hexenküche" S Einleitung — Zu jung, um ohne Wunsch
sein: zu jung, um auf Erdenglück zu verzichten. — 1548—1561.
„Unser physisches sowohl als geselliges Leben, Sitten, Gewohnheiten,
Weltklugheit, Philosophie, Religion — Alles ruft uns zu' daß wir
entsagen sollen" Dichtung und Wahrheit 16 Buch, s dazu die
Anmerkung Loepers 4, 137. 610. Goethes dort und sonst entwickelte
Entsagungslehre hing mit seinem Spinozismus zusammen Faust
spricht hier hingegen den ganzen Unmuth des titanischen Menschen
aus, der nicht entsagen will; er ist noch zu jung, um ohne Wunsch
zu sein. Er steht noch nicht auf der Höhe der Entsagungslehre.
Unmuthig nennt er die Entsagungslehre einen ewigen Gesang, wobei mit der Uebertreibung des Unmuths die wiederholten Anlässe zu
entsagen als eine ununterbrochene Kette bezeichnet werden. Jede
Stunde singt uns diesen ewigen Gesang und zwar heiser. Was
den Ohren unangenehm klingt, nennt man übertreibend ein Gekrächz,
wenn es auch keines ist; so findet Faust, daß jede Stunde jenen

1550 Das iſt der ewige Geſang,
         Der jedem an die Ohren klingt,
         Den, unſer ganzes Leben lang,
         Uns heiſer jede Stunde ſingt.
         Nur mit Entſetzen wach' ich Morgens auf,
1555 Ich möchte bittre Thränen weinen,
         Den Tag zu ſehn, der mir in ſeinem Lauf
         Nicht Einen Wunſch erfüllen wird, nicht Einen!
         Der ſelbſt die Ahnung jeder Luſt
         Mit eigenſinnigem Krittel mindert,
1560 Die Schöpfung meiner regen Bruſt
         Mit tauſend Lebensfratzen hindert.
         Auch muß ich, wenn die Nacht ſich niederſenkt,
         Mich ängſtlich auf das Lager ſtrecken;
         Auch da wird keine Raſt geſchenkt,
1565 Mich werden wilde Träume ſchrecken.
         Der Gott, der mir im Buſen wohnt,

---

ewigen Geſang heiſer ſingt, um damit zu ſagen, daß er ſeinen
Ohren unangenehm iſt. — 1559. Der Krittel, Tadel, iſt ein hier
zum erſtenmal in der Literatur auftretendes Wort, das Goethe wol
von Fräulein von Klettenberg überkommen haben mochte, die Krüttel
ſchreibt, das Wort aber in dem Sinn von Tadelſucht gebraucht, wie
Goethe ſ. ihren Aufſatz: Der Charakter der Freundſchaft:
„Eigenſinn, Krüttel, Jähzorn u. a. m beleidigen allemal unſere
Freunde." Lappenberg, Reliquien der (ſo) Frl. Klettenberg. 1849
S. 4. — Hildebrand in Gr.s Wtb 5, 2338 weiſt die Form Krittel
m. aus dem Naſſauiſchen nach, aber in der Bedeutung: der Tadler. —
Der Tag wird ſelbſt jede Ahnung einer Luſt mit hypochondriſcher Kritik
verderben, d. h. Fauſt fühlt, daß er ſelbſt es thun wird. Die Fratzen,
die verzogenen Geſichter, die ihm das Leben ſchneidet, die außern Un-
annehmlichkeiten des Lebens, nennt er Lebensfratzen, vgl. Geſpräch mit
Eckermann 11. Merz 1828: „Am zweiten Theil meines Fauſt kann
ich nur in den frühen Stunden des Tages arbeiten, wo ich mich vom
Schlaf erquickt und geſtärkt fühle und die Fratzen des täglichen
Lebens mich noch nicht verwirrt haben." — Wenn auch bei der
Reproduction von Goethes Worten bei Eckermann manchmal unbewußt
eine Reminiscenz aus ſeinen Schriften ſich eingeſtellt haben könnte,
ſo darf dieſe Stelle doch in jedem Fall zu der des Textes als erläuternd
herbeigezogen werden. Es ſcheint mir hier wörtliche Treue der Ueberlieferung anzunehmen zu ſein; ſo charakteriſtiſche Ausdrucksweiſe prägt
ſich ein. — Sie hindern, ſie laſſen nicht aufkommen die Schöpfung
der regen, angeregten Bruſt, das freie unbekümmerte Schaffen. —
1550—1553. Bartſch vermuthet urſprünglich die Formen: klinget,
ſinget. — 1557. Die Ausgaben haben Komma ſtatt des Ausrufungs-
zeichens. — 1558. Ahndung 1808. Ahnung 1816 ff. — 1562—1571.
Auch wenn es Nacht wird, muß ich fürchten, keine Raſt zu finden und

Kann tief mein Innerstes erregen;
Der über allen meinen Kräften thront,
Er kann nach Außen nichts bewegen.
1570 Und so ist mir das Dasein eine Last,
Der Tod erwünscht, das Leben mir verhaßt.

Mephistopheles.

Und doch ist nie der Tod ein ganz willkommner Gast.

Faust.

O selig der, dem er im Siegesglanze
Die blut'gen Lorbeern um die Schläfe windet,
1575 Den er, nach rasch durchras'tem Tanze,
In eines Mädchens Armen findet.
O wär' ich vor des hohen Geistes Kraft
Entzückt, entseelt dahin gesunken!

Mephistopheles.

Und doch hat jemand einen braunen Saft,
1580 In jener Nacht, nicht ausgetrunken.

Faust.

Das Spioniren, scheint's, ist deine Lust.

Mephistopheles.

Allwissend bin ich nicht; doch viel ist mir bewußt.

Faust.

Wenn aus dem schrecklichen Gewühle
Ein süß bekannter Ton mich zog,
1585 Den Rest von kindlichem Gefühle

---

von wilden Träumen geschreckt zu werden. Das Göttliche in seinem
Innern regt ihn an (1566—1567): wie es ihn aber auch ganz be-
herrscht, bis zur schöpferischen That vermag es ihn nicht zu erheben
1558 f — So ist er denn auf dem Punkte der Ueberspannung wieder
angelangt, daraus ihn der Glockenklang (nach 736) geweckt. Es ist
Mephistopheles gelungen, durch den Gesang seiner Geister, der alle
Sinnen zu überschwänglicher Begehrlichkeit aufrief, den Frieden zu
stören, den Faust vom Spaziergange heim brachte. — 1570. Die
höhnenden Worte Mephistopheles' hier und 1579 f., die auf die Scene
von Vers 737 anspielen, in der Faust den Giftbecher trinken wollte,
sollen diesen bis zum Aeußersten reizen, so wie sie auch den Ausbruch
titanisch trotziger Leidenschaft (von 1587 ff.) zur Folge haben, mit
dem Faust sich jede Rückkehr zum Guten abzuschneiden und sich ganz
in die Gewalt des Bösen auszuliefern scheint. — 1573—1577 Bartsch
vermuthet urspr. Siegesglanz: Tanz. — 1576. vor des hohen
Geistes Kraft, vor der Erscheinung des Erdgeistes vgl. 513 ff. —
1583 ff. Wenn aus dem schrecklichen Gewühle in Fausts

　　　Mit Anklang froher Zeit betrog;
　　　So fluch' ich allem was die Seele
　　　Mit Lock= und Gaukelwerk umſpannt,
　　　Und ſie in dieſe Trauerhöhle
1590　Mit Blend= und Schmeichelkräften bannt!
　　　Verflucht voraus die hohe Meinung,
　　　Womit der Geiſt ſich ſelbſt umfängt!
　　　Verflucht das Blenden der Erſcheinung,
　　　Die ſich an unſre Sinne drängt!
1595　Verflucht was uns in Träumen heuchelt,
　　　Des Ruhms, der Namensdauer Trug!
　　　Verflucht, was als Beſitz uns ſchmeichelt,
　　　Als Weib und Kind, als Knecht und Pflug!
　　　Verflucht ſei Mammon, wenn mit Schätzen
1600　Er uns zu kühnen Thaten regt,
　　　Wenn er zu müßigem Ergetzen
　　　Die Polſter uns zurechte legt!
　　　Fluch ſei dem Balſamſaft der Trauben!
　　　Fluch jener höchſten Liebeshuld!
1605　Fluch ſei der Hoffnung! Fluch dem Glauben,
　　　Und Fluch vor allem der Geduld!

———

Innerem, den beſtürmenden Gedanken, die ihn zum Selbſtmord
drängten, die Erinnerung an Kindheitsgefühle ihn fort riß und mit
Anklang froher Zeit betrog, denn jene Welt war ihm ja
nichts mehr, ſie machte nur für den Augenblick den täuſchenden Eindruck des Reflexes aus glücklicher Zeit. Ein ſüß bekannter für
ein ſüßer, bekannter, dieſelbe Erſcheinung, die in Grimms
Grammatik 4, 497. 488. beſprochen wird, daß von zwei Adjectiven
mit gleicher Flexion das erſte dieſelbe ablegen kann. Vgl Keller,
Uhland als Dramatiker 164 (wo die obige Stelle als Beiſpiel angeführt iſt) und 475. Weiteres ſchon oben zu Vorſp. 235—238 —
1587—1590. So fluch' ich — iſt zu ergänzen mit jetzt. — Allem,
was mich von nun an mit trügeriſchem Scheine in dieſer irdiſchen
Wirklichkeit, dieſem Zimmer feſthält. Trauerhöhle mit Leib zu
erklären trag ich Bedenken. Der Leib kann der Kerker der Seele
heißen wie Divan 9, 6, aber eine Trauerhöhle wird ihn kaum
ein Dichter nennen. — 1599 ff. Mammon iſt aus Ev. Matth. 6,
24 und Luc. 10, 13 eingebürgert Chaldäiſch mammôn Schatz,
aus hebräiſch matmôn, von hebr. taman verbergen, bedeutet
irdiſches Gut — Der ganze leidenſchaftliche Ausbruch charakteriſirt ſich als der einer überreizten, alle Schranken der Beſonnenheit
überſpringenden Stimmung, die mit dem trotzigen Zurückweiſen jeder
Mäßigung, dem Fluch der Geduld, endet.

Geiſterchor unſichtbar.

Weh! weh!
Du haſt ſie zerſtört,
Die ſchöne Welt,
1610 Mit mächtiger Fauſt;
Sie ſtürzt, ſie zerfällt!
Ein Halbgott hat ſie zerſchlagen;
Wir tragen
Die Trümmern in's Nichts hinüber,
1615 Und klagen
Ueber die verlorne Schöne.
Mächtiger
Der Erdenſöhne,
Prächtiger
1620 Baue ſie wieder,
In deinem Buſen baue ſie auf!
Neuen Lebenslauf

1607. Der unſichtbare Geiſterchor hat ſein Vorbild im
Volksſchauſpiel und im Puppenſpiel. Schon in Marlowes Fauſt
kommen gleich in der erſten Scene Good Angel and Evil Angel,
ein guter und ein böſer Engel vor, die in entſcheidenden Momenten,
jeder in ſeinem Sinne, rathen. Der gute Engel warnt und mahnt
und wünſcht Fauſts Seele zu retten. Im Volksſchauſpiel und im
Puppenſpiel klagt der gute Engel (O weh Fauſt ꝛc), da er ſieht,
daß dieſer dem Böſen verfällt, ſ. Creizenach, Geſch. des Volksſchauſpiels Di. Fauſt, S. 62, das Ulmer Puppenſpiel, Scheibles Kloſter 5,
783 ff. — Eine ſolche Scene ſtand hier vor Goethes Erinnerung.
Der Chorgeſang iſt ernſt, in erhabenſtem Stile gehalten und daher
die Annahme unhaltbar, daß den Chor böſe, dem Mephiſtopheles er-
gebene Geiſter bilden. Böſe Geiſter können nicht weh rufen, daß
Fauſt die ſchöne Welt zerſchlagen, und können ihn nicht auffordern, ſie
in ſeinem Buſen wieder aufzubauen! S. zu 1617 f. — 1621. Die
Trümmern. Aus Mißverſtandniß wurde der Plural von das
Trumm, die Trümmer zum weiblichen Singular (wie die Beere
aus das Beer u. a) und erhielt nun einen Plural Trümmern.
Schon bei Klopſtock erſcheint dieſe Form. — Die Trümmer der ſchönen
Welt, deren verlorne Schönheit die Geiſter beklagen, ſind die ganze
Idealwelt Fauſts. — 1617—1626 Mächtiger der Erdenſöhne,
d. i. du, der ſich unter den Erdenſöhnen als ein Mächtiger auszeichnet.
— Prächtiger iſt Comparativ; baue dieſe Welt neu auf in dir
und noch prächtiger. Beginne neuen Lebenslauf, und wir werden dich
wieder mit unſern Liedern preiſen. Wenn man dieſe Verſe als Ver-
höhnung des Halbgottes angeſehen, ſo kann ich dem nicht beiſtimmen,
ja ich möchte beklagen, daß die Erhabenheit derſelben ſo verſtanden
werden konnte. Die durchaus erhabenen Worte 1607—1612 können

Beginne,
Mit hellem Sinne,
1625 Und neue Lieder
Tönen darauf!

Mephiſtopheles.

Dieß ſind die kleinen
Von den Meinen.
Höre, wie zu Luſt und Thaten
1630 Altklug ſie rathen!
In die Welt weit,
Aus der Einſamkeit,
Wo Sinnen und Säfte ſtocken,
Wollen ſie dich locken.

1635 Hör' auf mit deinem Gram zu ſpielen,
Der, wie ein Geier, dir am Leben frißt;
Die ſchlechteſte Geſellſchaft läßt dich fühlen,
Daß du ein Menſch mit Menſchen biſt.
Doch ſo iſt's nicht gemeint

---

nur ernſt genommen werden; ſollte hier Hohn ausgeſprochen werden,
ſo hätte es Goethe geſchickter deutlich gemacht. — Es ſind dieß, ein
Nachklang an Marlowes guten Engel, gute Geiſter, die Fauſt ſchützend
umſchweben und klagen, daß er dem Böſen ſich zuwendet. — 1627 —
1634. Sollen wir hier eine Fuge annehmen? Sollte Goethe vor
dieſem Vers abgebrochen und dieß ſpäter angefügt haben, ohne das
Vorhergehende genau zu erwägen? — Wenn wir dieß nicht annehmen,
ſo läßt ſich nur denken, daß Mephiſtopheles die peinliche Verlegenheit,
in die ihn die Worte der Geiſter, die ſich hier hören laſſen, verſetzen,
bemänteln will, indem er gute Miene zum böſen Spiel macht und
den Sinn ihrer Worte zu ſeinen Gunſten umdeutet, als ob ſie ihm
riethen, mit Mephiſtopheles auf Abenteuer in die Welt zu gehn! —
Auffallend ſind die kurzen Verſe dieſer Rede des Mephiſtopheles, die
ſich den kurzen Verſen des Geiſterchores anſchließen und dem Darſteller Gelegenheit geben, durch einen den Geiſterchor nachäffenden
Tonfall ſeine Darſtellung zu unterſtützen. Laroche konnte ſich nicht
beſinnen, obwohl ich ihn wiederholt danach fragte, ob er dieſe Verſe
ſang? Mephiſtopheles bekräftigt doch ſcheinbar die Worte der Geiſter,
indem er ſie in Wirklichkeit karrikirt. — 1635. Vor dieſem Verſe iſt
eine Pauſe anzunehmen — Die nächſten vier Verſe ſind ſo menſchlich
und treffend für den Zuſtand Fauſts, daß ſie auch jeder andere als
Mephiſtopheles ſprechen könnte. Sie ſind daher geſchickt angebracht
als Eingang zu dem Folgenden, in dem Mephiſtopheles ſeinem Ziele
näher rückt. — 1639—1648. Mephiſtopheles eröffnet Fauſt die Aus-

1640 Dich unter das Pack zu ſtoßen.
    Ich bin keiner von den Großen;
    Doch willſt du, mit mir vereint,
    Deine Schritte durch's Leben nehmen,
    So will ich mich gern bequemen
1645 Dein zu ſein, auf der Stelle.
    Ich bin dein Geſelle
    Und, mach' ich dir's recht,
    Bin ich dein Diener, bin dein Knecht!

Fauſt.

Und was ſoll ich dagegen dir erfullen?

Mephiſtopheles.

1650 Dazu haſt du noch eine lange Friſt.

Fauſt.

Nein, nein! der Teufel iſt ein Egoiſt
Und thut nicht leicht um Gottes Willen
Was einem andern nützlich iſt.
Sprich die Bedingung deutlich aus,
1655 Ein ſolcher Diener bringt Gefahr in's Haus.

Mephiſtopheles.

Ich will mich hier zu deinem Dienſt verbinden,
Auf deinen Wink nicht raſten und nicht ruhn;

ſucht zu erwählten Genuſſen. Nicht in die ſchlechteſte Geſellſchaft ihn zu fuhren, unter das Pack. Pack bedeutet urſprunglich
Gepack, in ein Bundel geſchnurte Laſt, was, wie bagage, all-
mahlich in den Begriff des Pack tragenden Gefolges, im verachtlichen
Sinne Geſindes, Geſindels ubergegangen iſt. — Er ſei zwar keiner
von den Großen. Er iſt nur ein Sendling der Holle, nur der
„ſpiritus familiaris Mephiſtopheles" des Volksbuchs. — 1642. Es
wird nicht ausgefuhrt, was er vermag: er ſagt genug, indem er verſpricht, ſich Fauſt ganz zu widmen — dein zu ſein auf der
Stelle — Geſelle hat hier den urſprunglichen Sinn eines Kame-
raden. Wie Kamerade urſprunglich den Mitbewohner derſelben camera
bedeutet, alſo den nahſtehenden Genoſſen, ſo iſt Geſelle (alt ga s al jo)
der denſelben Saal bewohnende Hausgenoſſe. — 1649—1659 Es iſt
vortrefflich das Weſen Mephiſtopheles' zeichnend, wie er auf die
Frage Fauſts, was er dafur verlange, anfangs ausweichend antwortet, dann ſeine Bedingung in die harmloſeſte Form kleidet —
Wenn man findet, dieſe Bedingung widerſpreche der Aeußerung Mephiſtopheles' im Prolog im Himmel 318 ff, wonach er mit den Todten

Wenn wir uns **drüben** wiederfinden,
So ſollſt du mir das Gleiche thun.

Fauſt.

1660 Das Drüben kann mich wenig kümmern;
Schlägſt du erſt dieſe Welt zu Trümmern,
Die andre mag darnach entſtehn.
Aus dieſer Erde quillen meine Freuden,
Und dieſe Sonne ſcheinet meinen Leiden;
1665 Kann ich mich erſt von ihnen ſcheiden,
Dann mag was will und kann geſchehn.
Davon will ich nichts weiter hören,
Ob man auch künftig haßt und liebt,
Und ob es auch in jenen Sphären
1670 Ein Oben oder Unten gibt.

Mephiſtopheles.

In dieſem Sinne kannſt du's wagen.
Verbinde dich; du ſollſt, in dieſen Tagen,
Mit Freuden meine Kunſte ſehn,
Ich gebe dir, was noch kein Menſch geſehn.

Fauſt.

1675 Was willſt du armer Teufel geben?

---

nichts zu thun haben will, ſo iſt dieſer Widerſpruch ſchon zu Vers 322
des Prologs beſprochen. — 1660 ff Schon B. H. Brockes ſprach
unter den deutſchen Dichtern der erſten Hälfte des 18. Jahrhunderts
Anſchauungen aus, wie ſie hier, im Gegenſatz zu denen, die uns von
allem Irdiſchen hinweg auf die Freuden im Jenſeits weiſen, den
ſchärfſten Ausdruck finden. Jur Brockes war ein Spaziergang in der
freien Natur Andacht. Er lehrte genießen; die Sinne ſeien uns nicht
gegeben für das Künftige, ſondern für das Gegenwärtige. Goethe
ſchreibt ſchon 28. Juli 1770 an Trapp: „ſorgen Sie doch für **dieſen**
Leib —. Die Seele muß einmal durch **dieſe** Augen ſehn —". So
läßt Kleiſt den Prinzen Homburg (4. Aufzug, 3. Auftritt) ſagen:
„Zwar eine Sonne, ſagt man, ſcheint auch dort — nur ſchade, daß
das Auge modert, das dieſe Herrlichkeit erblicken ſoll". — Schlägſt
du erſt dieſe Welt zu Trümmern, nimmſt du mir dieſe
irdiſche Wirklichkeit — was dann entſteht, iſt mir gleichgültig, denn
für dieſe Welt bin ich geſchaffen. Vgl. 2, 11 441—11. 445 — 1663.
quillen für quellen ſ. zu 1211. — 1677 ff. Hier zeigt ſich die
Ueberlegenheit Fauſts vom erſten Augenblicke an, die er Mephiſtopheles
gegenüber immer behauptet. — Die Beſchränktheit Mephiſtopheles'
vermag nichts Ideales wahrzunehmen, denn ſein gemüthloſer Verſtand
iſt kleinlich, nur auf Endliches gerichtet. Das durchſchaut Fauſt und

Ward eines Menſchen Geiſt, in ſeinem hohen Streben,
Von deines Gleichen je gefaßt?
Doch haſt du Speiſe die nicht ſattigt, haſt
Du rothes Gold, das ohne Raſt,
1680 Queckſilber gleich, dir in der Hand zerrinnt,
Ein Spiel, bei dem man nie gewinnt,
Ein Mädchen, das an meiner Bruſt
Mit Aeugeln ſchon dem Nachbar ſich verbindet,
Der Ehre ſchöne Götterluſt,
1685 Die, wie ein Meteor, verſchwindet
Zeig' mir die Frucht die fault, eh' man ſie bricht,
Und Bäume die ſich täglich neu begrünen!

Mephiſtopheles.

Ein ſolcher Auftrag ſchreckt mich nicht,
Mit ſolchen Schätzen kann ich dienen.
1690 Doch, guter Freund, die Zeit kommt auch heran
So wir was Gut's in Ruhe ſchmauſen mögen.

ſpricht es aus — So wie es von Geiſterſchätzen heißt, daß ſie ſich, nachdem ſie uns mit Glanz getäuſcht, in Kohle verwandeln, ſo ſind auch die Genüſſe des ſelbſtſüchtigen gemüthloſen Naturtriebs ſchal und laſſen Leere und Unbefriedigung zurück Der Dichter faßt treffend die trügeriſchen Teufelsgaben mit unbefriedigenden ſeelenloſen Genüſſen, als gleicher Art, in Eins zuſammen. Auch äußre Ehre ſcheint ihm in ähnlicher Weiſe unbefriedigend — 1685 Die WA ſetzt nach verſchwindet Fragezeichen. — 1686. In dieſem Sinne ſagt er nun: Zeig mir die Frucht, die fault, eh man ſie bricht. Dem Dichter ſchwebt hier vor, was von Fauſts Luſtgarten im Volksbuche erzählt wird „das ganze Jahr grünete das mit allerlei Bäumen vermengte Laub“, „da — die Bäume andere Früchte als die Natur herfür gaben“ 2c Es war alles nur Teufelsſpuk. Prahle du mit deinen Gaben, faul ſind deine Früchte, eh man ſie bricht, und ſo deine grünenden Bäume Gaukelei! Es ſind Taſchenſpielerkünſte nach Vorbild des Zauberers Virgil, in deſſen Baumgarten täglich Früchte reiften u dergl. S. j B Görres Volksbücher S. 227 — 1688 bis 1691. Mephiſtopheles verſteht Fauſt nur halb und nimmt ſeinen Wunſch wörtlich; leitet aber ſogleich ſeine Aufmerkſamkeit auf behaglichen Genuß. — 1692—1597. Wie wenig Fauſt hält von dem, was Mephiſtopheles gewähren kann, obwol er in ſeiner Verzweiflung darauf eingeht, ſpricht er hier klar aus. Wenn er je beruhigt, d. h befriedigt ſich hinlegen wird, Befriedigung an ſeinem eigenen Thun finden, ſich ſelbſt gefallen, über die Schalheit der von Mephiſtopheles gebotenen Genüſſe ſich täuſchen laſſen wird, dann will er ſich verloren geben Dieſe Wette bietet er. — Hierin liegt der große Kampf, der im Fauſt zur Darſtellung kommen ſoll. Es iſt daſſelbe, was der Herr im Prolog im Himmel 323—339 andeutet.

Fauſt.

Werd' ich beruhigt je mich auf ein Faulbett legen,
So ſei es gleich um mich gethan!
Kannſt du mich ſchmeichelnd je belügen
1695 Daß ich mir ſelbſt gefallen mag,
Kannſt du mich mit Genuß betrügen;
Das ſei für mich der letzte Tag!
Die Wette biet' ich!

Mephiſtopheles.

Top!

Fauſt.

Und Schlag auf Schlag!
Werd' ich zum Augenblicke ſagen:
1700 Verweile doch! du biſt ſo ſchön!
Dann magſt du mich in Feſſeln ſchlagen,
Dann will ich gern zu Grunde gehn!
Dann mag die Todtenglocke ſchallen,
Dann biſt du deines Dienſtes frei,
1705 Die Uhr mag ſtehn, der Zeiger fallen,
Es ſei die Zeit für mich vorbei!

1694—1697. Mephiſtopheles kann verſuchen, dieſen Geiſt von
ſeinem Urquell, ſeinem idealen Streben abzuziehn; er wird am Ende
beſchämt geſtehn, daß Fauſt ſich in ſeinem dunklen Drange des rechten
Weges doch bewußt war (ſ. Vers 327 ff.). Die Gemeinheit kann
nicht Herr werden über ihn, ſo wenig als die Genüſſe, wie Mephiſtopheles ſie bietet, ihn befriedigen können. — Top! ich
ſchlage ein, zunächſt franzöſiſch von toper, italieniſch toppare
— 1698 Schlag auf Schlag, indem Mephiſtopheles dem Wette
Bietenden ſeinen Handſchlag gegeben, zieht Fauſt die ſeine zurück, um
nun ſeinerſeits in Mephiſtopheles' Hand einzuſchlagen. — 1696. betrügen 1808, 1816, 1825, betriegen 1828, 1829. — 1699—1706.
Fauſt faßt das vorhin Geſagte zu dem noch klareren Ausdruck zuſammen und ſteigert ſich leidenſchaftlich in der Betheurung ſeines
Ernſtes bis zu dem Aeußerſten. Die Wette iſt demnach die: wenn
Fauſt Befriedigung findet, nach der er durſtet, wenn Mephiſtopheles
ihn „mit Genuß betrügen" kann, dann iſt ihm Alles gleich, dann gibt
er ſich preis. Die hier gebrauchten Worte verdienen beſonders hervorgehoben zu werden, ſie tauchen kurz vor Entſcheidung des Kampfes,
gegen das Ende des zweiten Theils 11 580 f. wieder auf Was ſchon
durch die Worte Mephiſtopheles 1707 gleichſam angekündigt iſt
Fauſt iſt nur gedient, wenn er Befriedigung erreicht, wenn Mephiſtopheles ſeine Wünſche erfüllt Da er das nicht kann, was er freilich

Mephiſtopheles.

Bedenk' es wohl, wir werden's nicht vergeſſen.

Fauſt.

Dazu haſt du ein volles Recht,
Ich habe mich nicht freventlich vermeſſen,
1710 Wie ich beharre bin ich Knecht,
Ob dein, was frag' ich, oder weſſen.

Mephiſtopheles.

Ich werde heute gleich, bei'm Doctorſchmaus,
Als Diener, meine Pflicht erfullen.
Nur eins' — Um Lebens oder Sterbens willen,
1715 Bitt' ich mir ein Paar Zeilen aus.

Fauſt.

Auch was Geſchriebnes forderſt du Pedant?
Haſt du noch keinen Mann, nicht Mannes-Wort gekannt?
Iſt's nicht genug, daß mein geſprochnes Wort

— — —

nicht fahig iſt zu begreifen, wird er Fauſts nicht Herr und
verliert die Wette. — 1710. Wie ich beharre = ſo wahr
als ich beharre, dabei bleibe, bin ich in dem gegebenen Falle
dem Knecht — 1712. S Goethes Entwurfe zu einer Doctordisputation, die wol mit dem Doktorſchmaus verbunden werden ſollte Weiter iſt der Gedanke nicht ausgeführt. S. Weim.
Ausg., Band 14, Seite 290—293. Strehlke Paralipomena zu
Goethes Fauſt S. 11—16. — 1715. ein paar W A gegen C¹ C.
Es iſt ſeltſam, uber die Wette, wie Fauſt ſie bietet, einen ſchrift-
lichen Vertrag aufzuſetzen. Wenn Fauſt in ſeinem Sinne Befriedigung
findet, „ſich ſelbſt gefallt", „ſich auf ein Faulbett legt", zum Augenblicke ſagt: „Verweile doch, du biſt ſo ſchon". dann hat er ja Alles
erreicht, was er auf Erden wünſchen kann, und kummert ſich wenig
um alles weitere — Der tiefere Sinn, der darin liegt, daß Mephiſtopheles in ſeiner Beſchranktheit dieſen Geiſt niemals von ſeinem
Urquell abzuziehn vermag, in ſeiner Art ihn nie befriedigen kann,
ſteht Fauſt nicht klar vor dem Bewußtſein. Er fuhlt nur, daß der
Menſch, als irdiſches Weſen, auf dieſe Erde beſchrankt ſei, ſ zu 1660,
und hofft von irdiſchem Genuß keine Befriedigung. Mephiſtopheles
kann ſie ihm auch nicht gewahren, da er den Genuß nur von der
irdiſchen, thieriſchen Seite kennt. Der ideale Gehalt im Irdiſchen ſoll
Fauſt offenbar werden, aber nicht durch Mephiſtopheles, vielmehr
trotz ſeines Einfluſſes. — Gerade Mephiſtopheles, der Fauſt zu befriedigen hofft, iſt der Befriedigung im Wege Sie kann aber ſo,
wie Mephiſtopheles meint, nie eintreten, weil ſie nur im Ideal möglich iſt. — 1714 Um Lebens oder Sterbens willen: ubliche

Goethes Fauſt I. 8

Auf ewig ſoll mit meinen Tagen ſchalten?
1720 Raſ't nicht die Welt in allen Strömen fort,
Und mich ſoll ein Verſprechen halten?
Doch dieſer Wahn iſt uns ins Herz gelegt,
Wer mag ſich gern davon befreien?
Beglückt wer Treue rein im Buſen trägt,
1725 Kein Opfer wird ihn je gereuen!
Allein ein Pergament, beſchrieben und beprägt,
Iſt ein Geſpenſt vor dem ſich alle ſcheuen.
Das Wort erſtirbt ſchon in der Feder,
Die Herrſchaft führen Wachs und Leder.
1730 Was willſt du böſer Geiſt von mir?
Erz, Marmor, Pergament, Papier?
Soll ich mit Griffel, Meißel, Feder ſchreiben?
Ich gebe jede Wahl dir frei.

Mephiſtopheles.

Wie magſt du deine Rednerei
1735 Nur gleich ſo hitzig übertreiben?
Iſt doch ein jedes Blättchen gut.
Du unterzeichneſt dich mit einem Tröpfchen Blut.

Fauſt.

Wenn dieß du völlig G'nüge thut,
So mag es bei der Fratze bleiben.

Redensart zur Motivirung eines ſchriftlich gegebenen Verſprechens,
das nämlich für den Fall, daß der ſich Verpflichtende ſtirbt, den Andern
ſchadlos halt. Eigentlich iſt eine Sicherſtellung gegen jedes Vergeſſen,
jede mögliche Ableugnung ebenſo gemeint, was in der Formel Lebens
oder Sterbens willen verhüllt wird in dem Sinne: da Leben
und Sterben nicht in unſerem Ermeſſen liegt. Wie ſich M. die Anwendung der Urkunde denkt, zeigt ſich 2. T Vers 11 612. — 1729.
Wachs und Leder, d. i. beſiegelte (mit Wachs, Siegelwachs) Urkunden (auf Pergament). — 1734—1737. Wieder kleidet Mephiſtopheles die dämoniſche Abſicht in die harmloſeſte Form. — Die Ver-
ſchreibung mit Blut kömmt ſchon im erſten Fauſtbuch, ja ſchon früher
in der Theophiluſſage, dann in Marlowes Fauſt vor, woher ſie in
das Puppenſpiel überging, daraus es Goethe vor Augen ſtand. Sie
iſt zurückzuführen auf uralte Vorſtellungen, nach denen Verträge, die
mit Leib und Leben verbindlich machen ſollen, mit Blut geſichert
werden. So der Bluteid bei den Skythen, Herodot 4, 70 und bei
Germanen, Grimm, Rechtsalterthümer S. 193 f. Man ließ in alten Zeiten
das Blut zuſammenfließen und trank es, womit man ſich einander mit
Leib und Leben verband. — 1739. Fratze = Poſſe, vgl. zu 1561 und
4241 — 1740 Hier fehlt die ſcenariſche Bemerkung: Während Fauſt

Mephiſtopheles.

1740 Blut iſt ein ganz beſondrer Saft.

Fauſt.

Nur keine Furcht, daß ich dieß Bundniß breche!
Das Streben meiner ganzen Kraft
Iſt g'rade das was ich verſpreche.
Ich habe mich zu hoch gebläht,
1745 In deinen Rang gehor' ich nur.
Der große Geiſt hat mich verſchmäht,
Vor mir verſchließt ſich die Natur.
Des Denkens Faden iſt zerriſſen,
Mir ekelt lange vor allem Wiſſen.

1750 Laß in den Tiefen der Sinnlichkeit
Uns glühende Leidenſchaften ſtillen!
In undurchdrungnen Zauberhullen
Sei jedes Wunder gleich bereit!
Stürzen wir uns in das Rauſchen der Zeit,
1755 Ins Rollen der Begebenheit!
Da mag denn Schmerz und Genuß,
Gelingen und Verdruß,
Mit einander wechſeln wie es kann;
Nur raſtlos bethätigt ſich der Mann.

Mephiſtopheles.

1760 Euch iſt kein Maß und Ziel geſetzt.
Beliebt's euch uberall zu naſchen,
Im Fliehen etwas zu erhaſchen,
Bekomm' euch wohl was euch ergetzt.
Nur greift mir zu und ſeid nicht blode!

Fauſt.

1765 Du horeſt ja, von Freud' iſt nicht die Rede

---

unterſchreibt — 1741 ff. Dieſe verzweifelte Rede bezeichnet der Vers:
Des Denkens Faden iſt zerriſſen, da namlich der Erdgeiſt
ihn verſchmaht hat Er iſt in ſeinem Streben und Forſchen geſcheitert,
hofft auf keinen methodiſchen Fortgang ſeiner Studien mehr, ebenſo-
wenig auf Befriedigung und wird ſich in die Arme des betäubenden
Genußlebens ſtürzen und darin Vergeſſen ſuchen — 1744—1751
Bartſch vermuthet urſprünglich geblahet: verſchmähet. — 1752 ff.
Alle Wunder mogen in undurchdringlichen, für den Menſchengeiſt unerforſchlichen Hullen bereit ſein, ihn zu betäuben. — 1765—1775.
Dem tiefen Menſchen iſt es eine Qual, die Beherrſchung ſeiner ſelbſt
zu verlieren im Taumel, der damit zum ſchmerzlichen Genuß wird. —

8*

Dem Taumel weih' ich mich, dem ſchmerzlichſten Genuß,
Verliebtem Haß, erquickendem Verdruß.
Mein Buſen, der vom Wiſſensdrang geheilt iſt,
Soll keinen Schmerzen künftig ſich verſchließen,
1770 Und was der ganzen Menſchheit zugetheilt iſt,
Will ich in meinem innern Selbſt genießen,
Mit meinem Geiſt das Höchſt' und Tiefſte greifen,
Ihr Wohl und Weh auf meinen Buſen häufen,
Und ſo mein eigen Selbſt zu ihrem Selbſt erweitern,
1775 Und, wie ſie ſelbſt, am End auch ich zerſcheitern.

Die Liebe, die die einzige Leidenſchaft iſt, in der die Selbſtſucht
in Hingebung erſtirbt, — „kein Eigennuß, kein Eigenwille dauert
Vor ihrem Kommen ſind ſie weggeſchauert" — entartet bei dem,
der gemuthlos auf Genuß ausgeht, den er in ſinnlicher Befriedigung
ſucht. Auf dieſem Wege liegen die flachen Theorien der Frivolität,
die in neurer Zeit in Romanen vorkommen und die Liebe aus ſelbſt-
ſuchtigem Haß beider Geſchlechter, die ſich unterjochen wollen, erklären.
Wenn Fauſt in ſinnlichem Genuß Betäubung ſucht, ſo kann er dabei
nicht einer ſelbſtvergeſſnen Liebe, die aufgeht im Andern, denken, ſondern
nur einer ſolchen, die von der Selbſtſucht ausgeht, wobei die Liebe
nicht einmal mit Achtung der Geliebten verbunden iſt. Solche Liebe
iſt eigentlich immer ein Aergerniß — erquickender Verdruß — und
nicht Liebe, ſondern verliebter Haß. — 1768 ff. Von hier an ſchlägt
der durch Einwirkung Mephiſtopheles' geſtörte und leidenſchaftlich
erregte Gedankengang um und gewinnt wieder idealen Hintergrund. Bis hieher reicht das Stück, das im Fragment 1790
nicht mitgetheilt war, ſ. Vers 605 f. Die Verſe 1768 f, die durch
gekreuzte Reime verbunden ſind, waren demnach mitten entzwei ge-
riſſen. Die 1790 nicht mitgetheilte Hälfte 1768—1769 war demnach
ſchon da. Ein neues Stück hatte Goethe nicht mit ungereimten der-
artigen Verſen angefangen und kreuzweiſe reimend fortgeſetzt. Wie-
viel von dem im Fragment fehlenden ſchon 1790 vorhanden war, das
wiſſen wir freilich nicht. — Bartſch vermuthet urſprünglich: geheilt:
zugetheilt — Mit Vers 1770 begann in dem 1790 gedruckten Fragment der Auftritt „Fauſt. Mephiſtopheles". Jedes frühere Auftreten
Mephiſtopheles' fehlte — 1770—1773 Indem Fauſt vorher, verzweifelnd, die Abſicht ausſpricht, ſich in den Taumel der Sinnlichkeit
ſtürzen zu wollen, in Surrogatfreuden, wie ſie Mephiſtopheles zu
bieten vermag (Speiſe, die nicht ſättigt, Vers 1678 u. dgl.), ſich zu
betäuben, wodurch er dann ganz in die Hände des Böſen gekommen
wäre, ſchlägt mit Vers 1768 ſein hoher Geiſt auf einmal wieder durch,
ſo daß er für Mephiſtopheles unfaßbar wird, vom „Urquell" nicht
abzuziehn iſt. Der Uebergang iſt ein ganz natürlicher. Der Wiſſensdrang erſcheint ihm ausſichtslos; er iſt davon geheilt, und nun gewahrt er, wie das einſeitige Streben den Gelehrten der Menſchheit
entfremden, für menſchlich Wol und Weh verhärten kann, und bei
dieſer Wahrnehmung fühlt er denn auch ſogleich in ſeinem reich aus-

Mephiſtopheles.

O glaube mir, der manche tauſend Jahre
An dieſer harten Speiſe kaut,
Daß von der Wiege bis zur Bahre
Kein Menſch den alten Sauerteig verdaut!
1780 Glaub' unſer einem, dieſes Ganze
Iſt nur für einen Gott gemacht!
Er findet ſich in einem ew'gen Glanze,
Uns hat er in die Finſterniß gebracht,
Und euch taugt einzig Tag und Nacht.

Fauſt.

1785 Allein ich will!

Mephiſtopheles.

Das läßt ſich hören!
Doch nur vor Einem iſt mir bang,
Die Zeit iſt kurz, die Kunſt iſt lang.
Ich dacht', ihr ließet euch belehren.
Aſſociirt euch mit einem Poeten,
1790 Laßt den Herrn in Gedanken ſchweifen,
Und alle edlen Qualitäten

geſtatteten Herzen — wir identifiziren unwillkürlich Fauſt mit Goethe
ſelbſt — das Bedürfniß, zu den Menſchen zurückzukehren. Nimmer
in theoretiſchem Gelehrtenſtreben ſich den Schmerzen der Menſchheit
verſchließen, an Allem innig Antheil nehmen, in ſich aufnehmen alles
Wohl und Weh, das Höchſte und Tiefſte, ſein Selbſt erweitern zum
Selbſt der ganzen Menſchheit, durch innigen Antheil an ihr, mit ihr
zu leben und zu ſterben — ein ganzer Menſch. — 1774. Die Aufſehen
erregenden Schriften des Schwärmers Swedenborg (geb. 1689, geſt.
1772) mögen Goethe frühzeitig bekannt geworden ſein. In einem
Briefe an Lavater vom 14. November 1781 ſagt er: „Ich bin ge-
neigter als jemand, noch eine Welt außer der ſichtbaren zu glauben
und ich habe Dichtungs- und Lebenskraft genug, ſogar mein eigenes
Selbſt zu einem Swedenborgiſchen Geiſteruniverſum erweitert zu fühlen." Der Gedanke taucht bei Goethe ſchon auf,
1773 im Prometheus (vermögt ihr mich auszudehnen, zu
erweitern zu einer Welt?) und 1774 in Künſtlers Abendlied
(und dieſes enge Daſein hier zur Ewigkeit erweitern),
ſ. Goethejahrbuch I, 203. Die Stelle oben dürfte zwiſchen 1773—1774
gedichtet ſein. Vgl. zu 449—453, 618, 1184. — 1776—1779. Die
Welt als ein Ganzes verdaut kein Menſch. Sein Leben iſt zu kurz,
um es in den Geiſt aufzunehmen. Mephiſtopheles meint das zu wiſſen,
weil er manch Jahrtauſend damit ſchon zu thun hat. — 1778 f. Daß
in der Wieg' und auf der Bahre 1790, 1791. — 1787. Vgl.
558 f., wo Wagner den Spruch anwendet. — 1791. edle 1790, 1791.

Auf euren Ehren=Scheitel häufen,
Des Löwen Muth,
Des Hirſches Schnelligkeit,
1795 Des Italieners feurig Blut,
Des Nordens Dau'rbarkeit.
Laßt ihn euch das Geheimniß finden,
Großmuth und Arglift zu verbinden,
Und euch, mit warmen Jugendtrieben,
1800 Nach einem Plane, zu verlieben.
Möchte ſelbſt ſolch einen Herren kennen,
Würd' ihn Herrn Mikrokosmus nennen.

Fauſt.

Was bin ich denn, wenn es nicht möglich iſt
Der Menſchheit Krone zu erringen,
1805 Nach der ſich alle Sinne dringen?

Mephiſtopheles.

Du biſt am Ende — was du biſt.
Setz' dir Perrücken auf von Millionen Locken,
Setz' deinen Fuß auf ellenhohe Socken,
Du bleibſt doch immer was du biſt.

Fauſt.

1810 Ich fühl's, vergebens hab ich alle Schätze
Des Menſchengeiſts auf mich herbeigerafft,
Und wenn ich mich am Ende niederſetze,
Quillt innerlich doch keine neue Kraft;
Ich bin nicht um ein Haar breit höher,
1815 Bin dem Unendlichen nicht näher.

— 1802. Vgl. zu 427 f Herr M. 1790, 1791. Natürlich meint
Mephiſtopheles, der idealer Anſchauungen nicht fähig iſt, Fauſt, und
zieht ſeine Worte ins Lächerliche. — Wenn der Makrokosmus,
nach mittelalterlicher Anſchauung, aus einer materiellen, einer
intellectuellen und einer überirdiſchen Welt beſteht, ſo iſt der
Menſch, als Mikrokosmus, deſſen Nachbild und beſteht gleichfalls aus
einem körperlichen, einem geiſtigen und einem göttlichen Theil. Wir
kennen die Mythe von dem Rieſen Ymir, aus deſſen Leibe das Welt-
gebäude hervorging, ſ. Grimms Mythologie 3. Ausg S. 525, 527.
Simrock ſagt zu derſelben in ſeinem Handbuch der deutſchen Mythologie, dritte Ausg. 1869, S. 19 geradezu: „Wir ſehn hier aus dem
Mikrokosmos des Rieſenleibs den Makrokosmos der Welt hervorgehn."
— 1805. dringen für drängen ſ. zu 495. Da ein Erklärer
(Dunzer) neuerlich lehrt, dieſe Formen gebrauche Goethe „des Reimes

Mephiſtopheles.

Mein guter Herr, ihr ſeht die Sachen,
Wie man die Sachen eben ſieht;
Wir müſſen das geſcheiter machen,
Eh uns des Lebens Freude flieht.
1820 Was Henker! Freilich Hand' und Füße
Und Kopf und H — — die ſind dein;
Doch alles, was ich friſch genieße,
Iſt das drum weniger mein?
Wenn ich ſechs Hengſte zahlen kann,
1825 Sind ihre Kräfte nicht die meine?
Ich renne zu und bin ein rechter Mann,
Als hätt' ich vierundzwanzig Beine.
Drum friſch! Laß alles Sinnen ſein,
Und g'rad' mit in die Welt hinein!
1830 Ich ſag' es dir: ein Kerl, der ſpeculirt,
Iſt wie ein Thier, auf dürrer Heide
Von einem böſen Geiſt im Kreis herum geführt,
Und rings umher liegt ſchöne grüne Weide.

Fauſt.

Wie fangen wir das an?

Mephiſtopheles.

Wir gehen eben fort.
1835 Was iſt das für ein Marterort?
Was heißt das für ein Leben führen,
Sich und die Jungens ennuyiren?
Laß du das dem Herrn Nachbar Wanſt!

wegen!" iſt es gut, wenn ſie beſprochen werden. — 1807. Wir denken hier an Gottſcheds Perrücke, wie ſie Goethe als Student in Leipzig ſah. — 1818. geſcheidter. — 1820—1823 Mephiſtopheles meint, freilich Hand' und Füße, Kopf und Hintern ſind dein, unausgeſprochen bleibt: und damit iſt die Beſchränktheit, die Unzulänglichkeit deines Wirkens allerdings nachgewieſen. Aber der Menſch kann ja andere Kräfte ſich dienſtbar machen. Er ſieht die Klage Fauſts über menſchliche Unzulänglichkeit 1814 f. im Aeußerlichen. — Dieſelbe Anſchauung, die oben (683) ſchon beſprochen worden iſt (zu erwirb es, um es zu beſitzen), wozu auch die in der Anmerkung angezogene Stelle aus Prometheus zu vergleichen iſt. — 1825. die meine für die meinen, frankfurtiſch. — 1830—1833. Aehnlich ſpricht Herder über Speculation 1772. S. Scherer, Goethes Frühzeit 69. — 1831 auf einer Heide 1790. 1891. — 1838. Nachbar Wanſt zur Bezeichnung eines erſten beſten philiſtröſen Alltagsmenſchen, den Mephiſtopheles ſich mit einem Wanſt, einem Bäuchlein, als Zeichen behaglicher Selbſtgefälligkeit

Was willſt du dich das Stroh zu dreſchen plagen?
1840 Das Beſte, was du wiſſen kannſt,
Darfſt du den Buben doch nicht ſagen.
Gleich hör' ich einen auf dem Gange!

Fauſt.

Mir iſt's nicht möglich ihn zu ſehn.

Mephiſtopheles.

Der arme Knabe wartet lange,
1845 Der darf nicht ungetröſtet gehn.
Komm gib mir deinen Rock und Mütze;
Die Maske muß mir köſtlich ſtehn.

Er kleidet ſich um.

Nun überlaß es meinem Witze!
Ich brauche nur ein Viertelſtundchen Zeit;
1850 Indeſſen mache dich zur ſchönen Fahrt bereit!

Fauſt ab.

Mephiſtopheles
in Fauſts langem Kleide.

Verachte nur Vernunft und Wiſſenſchaft,
Des Menſchen allerhöchſte Kraft,
Laß nur in Blend' und Zauberwerken
Dich von dem Lügengeiſt beſtärken,
1855 So hab' ich dich ſchon unbedingt —
Ihm hat das Schickſal einen Geiſt gegeben,
Der ungebändigt immer vorwärts dringt,
Und deſſen übereiltes Streben
Der Erde Freuden überſpringt.

---

denkt und danach auch ſo benennt. — 1839. Mit Stroh dreſchen
wird vergebliche Mühe, fruchtloſe Arbeit bezeichnet, da Stroh ſchon
gedroſchen iſt und kein Korn mehr enthält. Vgl. dazu Vers 361 —
1842. Gleich ſteht hier für ſoeben. — 1848 f. Laß nur mich
machen, mich ihn empfangen, ich brauche nur eine Viertelſtunde, um
mit ihm fertig zu werden. — 1851—1867. Im Prolog im
Himmel, 284 f., denkt Mephiſtopheles nicht ſo günſtig von der
Vernunft. Die Beurtheilung Fauſts, 1856—1859, der Plan Mephiſtopheles', 1860 ff., ſprechen hier eher die Gedanken des Dichters aus,
als daß ſie im Geiſte Mephiſtopheles' waren, wie er ſonſt gezeichnet
iſt. Mephiſtopheles erſcheinen wilde Erdenfreuden nicht als „flache
Unbedeutenheit", ſondern als die wahren Freuden. Daß Fauſt damit
nicht zu befriedigen iſt, ſieht er nicht ein, da er ja auf die Wette
eingeht. — Die Erklärer haben aus dieſen Widerſprüchen geſchloſſen

1860 Den schlepp' ich durch das wilde Leben,
Durch flache Unbedeutenheit,
Er soll mir zappeln, starren, kleben,
Und seiner Unersättlichkeit
Soll Speis' und Trank vor gier'gen Lippen schweben;
1865 Er wird Erquickung sich umsonst erflehn,
Und hätt' er sich auch nicht dem Teufel übergeben,
Er müßte doch zu Grunde gehn!

Ein Schüler tritt auf.

Schüler

Ich bin allhier erst kurze Zeit,
Und komme voll Ergebenheit,
1870 Einen Mann zu sprechen und zu kennen,
Den alle mir mit Ehrfurcht nennen.

Mephistopheles.

Eure Höflichkeit erfreut mich sehr!
Ihr seht einen Mann wie andre mehr
Habt ihr euch sonst schon umgethan?

Schüler.

1875 Ich bitt euch, nehmt euch meiner an!
Ich komme mit allem guten Muth,
Leidlichem Geld und frischem Blut;
Meine Mutter wollte mich kaum entfernen:
Möchte gern' was Rechts hieraußen lernen.

Mephistopheles.

1880 Da seid ihr eben recht am Ort.

Schüler

Aufrichtig, möchte schon wieder fort:

auf einen früheren Plan, der von Goethe später durch einen neuen
ersetzt worden sei, was wir nicht für begründet halten — Unbedeutenheit steht eigentlich für Unbedeutendheit. Goethe
gebraucht auch Bedeutenheit mit mißverständlichem Ausfall des d,
s. Grimms Wörterbuch 1, 1229. — 1875. Der Schüler ist so erfüllt
von dem, was er auf dem Herzen hat und hier vorbringen will, daß
er auf die an ihn gerichtete Frage gar nicht hört — 1877. Leidlichem, eben hinreichendem Geld, leidlich bedeutet eigentlich erträg-
lich. — 1878 Meine Mutter wollte mich nicht von sich lassen —
1879. hier außen, der Schüler fühlt sich, wie wir sehn, außen,
wie Goethe in Leipzig sich im Auslande fühlte und nach Frankfurt
21 Oct. 1765 an Riese schrieb: „bei Euch draußen im Reich."

In dieſen Mauern, dieſen Hallen,
Will es mir keineswegs gefallen.
Es iſt ein gar beſchränkter Raum,
1885 Man ſieht nichts Grünes, keinen Baum,
Und in den Sälen, auf den Bänken,
Vergeht mir Hören, Sehn und Denken.

Mephiſtopheles.

Das kommt nur auf Gewohnheit an.
So nimmt ein Kind der Mutter Bruſt
1890 Nicht gleich im Anfang willig an,
Doch bald ernährt es ſich mit Luſt.
So wird's euch an der Weisheit Brüſten
Mit jedem Tage mehr gelüſten.

Schüler.

An ihrem Hals will ich mit Freuden hangen;
1895 Doch ſagt mir nur, wie kann ich hingelangen?

Mephiſtopheles.

Erklärt euch, eh' ihr weiter geht,
Was wählt ihr für eine Facultät?

Schüler.

Ich wünſchte recht gelehrt zu werden,
Und möchte gern was auf der Erden
1900 Und in dem Himmel iſt erfaſſen,
Die Wiſſenſchaft und die Natur.

Mephiſtopheles.

Da ſeid ihr auf der rechten Spur;
Doch müßt ihr euch nicht zerſtreuen laſſen.

— 1881. Aufrichtig d. i. wenn ich aufrichtig die Wahrheit ſagen ſoll.
— 1897. Die Univerſitäten haben bekanntlich von altersher urſprünglich drei, dann vier Facultäten, die zur Gottesgelahrtheit, Rechts-
gelahrtheit, Heilkunde oder Weltweisheit befähigen. Der Schüler
hat noch nicht gewählt. — 1901. Die Wiſſenſchaft und die
Natur will der Schüler erfaſſen, womit er näher bezeichnen will,
was auf der Erden und im Himmel iſt. Er meint hier
nicht ſowohl den ſtrengen Gegenſatz von aprioriſchen und empiriſchen
Erkenntniſſen, als vielmehr den der Buchgelehrſamkeit und der aus
der Wirklichkeit geholten. „Wiſſenſchaften entfernen ſich im Ganzen
immer vom Leben und kehren nur durch einen Umweg wieder dahin
zurück.“ Goethes Sprüche in Proſa (Ausg. Loeper) 849. — 1904.
Seele und Leib 1790. Seel' und Leib 1791—1829. Die Ab-

Schüler.

Ich bin dabei mit Seel' und Leib;
1905 Doch freilich würde mir behagen
Ein wenig Freiheit und Zeitvertreib
An ſchönen Sommerfeiertagen.

Mephiſtopheles.

Gebraucht der Zeit, ſie geht ſo ſchnell von hinnen,
Doch Ordnung lehrt euch Zeit gewinnen.
1910 Mein theurer Freund, ich rath' euch drum
Zuerſt Collegium Logicum.
Da wird der Geiſt euch wohl dreſſirt,
In ſpaniſche Stiefeln eingeſchnürt,
Daß er bedächtiger ſo fortan,
1915 Hinſchleiche die Gedankenbahn,
Und nicht etwa, die Kreuz und Quer,
Irrlichtelire hin und her.

---

kürzung rührt demnach nicht vom Dichter her. Sie iſt nichtsdeſto=
weniger berechtigt und nachträglich vom Dichter auch gebilligt, wie
man aus der Uebereinſtimmung aller Ausgaben ſieht. — 1908 ff.
Natürlich ahmt hier Mephiſtopheles mit ſpöttiſcher Uebertreibung das
doctrinäre Weſen pedantiſcher Gelehrten nach und ſpricht in markt=
ſchreieriſch übertreibendem Tone. — Collegium logicum, die
Vorleſungen über Logik ſtanden ehedem an der Spitze, ja ſie waren
der Hauptgegenſtand der akademiſchen Studien im erſten Jahre. Durch
ſie wurde der Geiſt dreſſirt, d. h. abgerichtet, gedrillt, in ſpaniſche
St. (Stiefeln, in Pluralform für Stiefel, auch ſonſt bei G
u. A) eingeſchnürt. Spaniſche Stiefel ſind ein Folterwerkzeug,
mit denen die Schienbeine gepreßt wurden. Die Logik lehrt, daß, was
ihr ſonſt auf Einen Schlag getrieben, wie Eſſen und
Trinken frei, Eins, zwei, drei! dazu nöthig ſei. Zu
vergleichen iſt Dichtung und Wahrheit, 2. Theil, 6. Buch
(Hempel 2, S. 33). „In der Logik kam es mir wunderlich vor, daß
ich diejenigen Geiſtesoperationen, die ich von Jugend auf mit der
größten Bequemlichkeit verrichtete, ſo auseinanderzerren, vereinzeln
und gleichſam zerſtören ſollte, um den rechten Gebrauch derſelben ein=
zuſehn. Von dem Dinge, von der Welt, von Gott glaubte ich un=
gefähr ſo viel zu wiſſen, als der Lehrer ſelbſt" — Kaum ange=
kommen in Leipzig als 16jähriger Student, ſchrieb G den 21 October
1765 an Rieſe „die andre Woche geht Collegium philoſophicum
et mathematicum an" — In Goethes Jugend war die Wolffiſche
Philoſophie die herrſchende. Wolffs Methode war die ſtreng mathe=
matiſche. Sie ſchematiſirte die Philoſophie in ihrem ganzen Umfange
und gab ihr eine Terminologie, Namen, „Worte", durch die aber
nur eine formale Beherrſchung des Gegenſtandes gewonnen wurde.
— Dies charakteriſirt treffend das Pedantiſche der Anſchauungen über

Dann lehret man euch manchen Tag,
Daß, was ihr ſonſt auf einen Schlag
1920 Getrieben, wie Eſſen und Trinken frei,
Eins! Zwei! Drei! dazu nöthig ſei.
Zwar iſt's mit der Gedanken=Fabrik
Wie mit einem Weber=Meiſterſtück,
Wo Ein Tritt tauſend Fäden regt,
1925 Die Schifflein herüber hinüber ſchießen,
Die Faden ungeſehen fließen,
Ein Schlag tauſend Verbindungen ſchlägt:
Der Philoſoph der tritt herein,
Und beweiſ't euch, es müßt' ſo ſein:
1930 Das Erſt' wär' ſo, das Zweite ſo,
Und drum das Dritt' und Vierte ſo;
Und wenn das Erſt' und Zweit' nicht wär',
Das Dritt' und Viert' wär' nimmermehr.
Das preiſen die Schüler aller Orten,
1935 Sind aber keine Weber geworden.
Wer will was Lebendig's erkennen und beſchreiben,

---

die Elemente alles Unterrichts. Durch ein pedantiſches Betreiben der
Grammatik der Mutterſprache wird der Schüler ebenſo irre an ſeinem
Sprachgefühl, wie durch verkehrtes Betreiben der Logik an ſeinem
Denken. Er verliert die Unbefangenheit und benimmt ſich im Sprechen
und Denken, das er nur nach Regeln treiben will, ungeſchickt — So
viel dieſe Wahrheit berufen wird, ſo wenig wird ſie gewürdigt; der
Unterricht ſteckt noch immer tief in den Formen, die auf den hier
bezeichneten, verkehrten Anſchauungen beruhn. — 1922 f. Der Dichter
variirt dieſe Stelle zum Schluß des Aufſatzes: Bedenken und Er-
gebung, Octav=Ausg I. H. 50, 58. Zwar iſt die Gedankenwerkſtatt
viel zarter, als daß man ſie ſo einfach in Regeln faſſen könnte. Mit
dieſem zwiſchengeſchobenen Satz', den Mephiſtopheles halb für ſich
ſpricht, macht er ſich über ſeine eigene Rede luſtig Das preiſen
die Schüler aller Orten, ſagte er laut, und ſetzt ebenſo ſpottend
halblaut hinzu: ſind aber keine Weber (ſchöpferiſchen Geiſter)
geworden! — 1936—1939. was lebendigs 1790. 1791. was
lebendigs 1808—1829. — Und nun folgt der vielberühmte, für alles
pedantiſche Gelehrtentreiben vernichtende Satz. Der Gedanke ſchwebt
dem Dichter ſchon vor in Leipzig. Der Dichter hat eine Libelle gefangen, und das Farbenſpiel derſelben, ſolange ſie flatterte, verwandelte
ſich nun in ein traurig dunkles Blau: So geht es dir Zergliedrer
deiner Freuden d. j. G. 1, 103. Er tritt noch deutlicher und voll-
ſtändiger hervor 14. Juli 1770 (an Hetzler) d. j. G. 1, 234, wo vom
Verſuch die Rede iſt, die Schönheit wie einen Schmetterling zu fangen.
Aber „der Leichnam iſt nicht das ganze Thier, es gehört noch etwas
dazu — das Leben, der Geiſt, der alles ſchon macht". „Laſſen Sie

Sucht erſt den Geiſt heraus zu treiben,
Dann hat er die Theile in ſeiner Hand.
Fehlt leider! nur das geiſtige Band
1940 Encheiresin naturae nennt's die Chemie,
Spottet ihrer ſelbſt und weiß nicht wie.

Schüler.

Kann euch nicht eben ganz verſtehen.

Mephiſtopheles.

Das wird nächſtens ſchon beſſer gehen,
Wenn ihr lernt alles reduciren
1945 Und gehörig claſſificiren.

Schüler.

Mir wird von alle dem ſo dumm,
Als ging mir ein Mühlrad im Kopf herum.

Mephiſtopheles.

Nachher, vor allen andern Sachen

mir die freudenfeindliche Erfahrungsſucht, die Sommervogel todtet
und Blumen anatomirt." Und ſo notirte ſich der Dichter denn auch
aus Paracelſus in ſeine Ephemerides (jetzt bei Seuffert S. 8).
„Darum ich wol mag reden, daß die Arzt, ſo die Cadaverum Ana-
tomiam für ſich nehmen, nichts als unverſtändig Leut ſind, dann nicht
der Cadaver zeigt die Anatomey, dann ſie gibt allein die Bein und
des Beins Nachbaaren, noch iſt aber die Krankheit nicht da." — 1940
Encheiresin naturae nennt's die Chemie. Chimie'
1790. 1791. 1808. Chemie 1816—1829. Dies kann ſich nur auf
das Vorige beziehn: den Geiſt aus dem Lebendigen heraustreiben und
es in ſeine Beſtandtheile zerſetzen, das nennt die Chemie: encheiresin
naturae Hantierung der Natur, d. h. ſie glaubt mit der chemiſchen
Analyſe, die das Leben nur vernichtet und die chemiſchen Beſtandtheile zeigt, denen aber das Band fehlt, das ſie zu einem Organismus
macht: dann hat er die Theile in der Hand, Fehlt leider nur das
geiſtige Band. Zu dieſem herrlichen, weithin lichtſtrahlenden Satze vermag Dünzer (in ſeiner Fauſtausg. in Kürſchners Nat.-Litt.) zu ſagen
„Der durch das Behalten in der Hand veranlaßte Witz beruht auf einem
Mißverſtandniſſe oder auf einer abſichtlichen Erfindung"!! Die Chemie
ſpottet ihrer ſelbſt, ohne es zu wiſſen, mit dieſem Ausdruck. In dem
Briefe Goethes vom 21. Januar 1832 (Müller, Goethes letzte
litterar. Thätigkeit, S. VIII) ſpricht Goethe von dem, was die Chemie
encheiresin naturae nennt, als von dem wirklich Unerforſchlichen,
der „geheimen Encheiresis der Natur, wodurch ſie Leben ſchafft
und fordert". S. Weiteres Herm. Kopp aurea catena Homeri 1880,
S 5—7 Nachweisbar kommt encheiresis naturae in chemiſchen
Schriften nicht vor, wenn auch der Ausdruck encheiresis, alleinſtehend,
im Sinne von Operation, Manipulation, Hantirung nicht ſelten iſt.

Müßt ihr euch an die Metaphyſik machen!
1950 Da ſeht daß ihr tiefſinnig faßt,
Was in des Menſchen Hirn nicht paßt;
Für was drein geht und nicht drein geht,
Ein prächtig Wort zu Dienſten ſteht.
Doch vorerſt dieſes halbe Jahr
1955 Nehmt ja der beſten Ordnung wahr.
Fünf Stunden habt ihr jeden Tag;
Seid drinnen mit dem Glockenſchlag!
Habt euch vorher wohl präparirt,
Paragraphos wohl einſtudirt,
1960 Damit ihr nachher beſſer ſeht,
Daß er nichts ſagt, als was im Buche ſteht;
Doch euch des Schreibens ja befleißt,
Als dictirt' euch der Heilig' Geiſt!

Schüler.

Das ſollt ihr mir nicht zweimal ſagen!
1965 Ich denke mir wie viel es nützt;
Denn, was man ſchwarz auf weiß beſitzt,
Kann man getroſt nach Hauſe tragen.

Mephiſtopheles.

Doch wählt mir eine Facultät!

— 1949. Metaphyſik. Wie Goethe ſelbſt gleich nach ſeiner An-
kunft als Student in Leipzig an das collegium philosophicum et
mathematicum denkt ſ. oben zu 1911. Seit Ariſtoteles iſt der Name
der Erkenntnißlehre oder der Wiſſenſchaft des Ueberſinnlichen ſo be-
nannt. — 1956. Wer nicht glauben will, daß bis in die Leipziger
Zeit hinein die Fäden des entſtehenden Fauſt zu ſuchen ſind, leſe Goethes
Briefe z. B. vom 28. April 1766 an Rieſe u. a. m. — 1957. drinne
1790. 1791. drinnen 1808—1829. — 1959 ff. Der Spott, der in
dieſen Reden liegt, bedarf wohl keiner Erörterung, wenn wir auch annehmen und ſehn, daß der Schüler ihn für baare Münze nimmt. —
Paragraphos iſt der Accuſativ des Plural in lateiniſcher Form,
die Paragraphe (§§), in die das Lehrbuch eingetheilt iſt. Die zweite
Silbe iſt zu betonen — Der Heilig' Geiſt für heilige Geiſt,
der Wegfall der Flexion des Adjectivs iſt im Neuhochdeutſchen ſonſt
nur beim Neutrum geſtattet nach ein: ein luſtig Lied u. dgl.
Der Heilig' Geiſt klingt jedenfalls veraltet und gehört in die
Reihe der Spracheigenheiten Goethes, wo er die Sprache Hans
Sachſens nachahmt, bei dem Beiſpiele wie: der groß gott, Land-
knechtſpiegel; ein ſchluchtiſch weis, Schlaraffenland genug zu
finden ſind. Die Analogien, die man aus Goethes Schriften anführt,

Schüler.

Zur Rechtsgelehrsamkeit kann ich mich nicht bequemen.

Mephistopheles.

1970 Ich kann es euch so sehr nicht übel nehmen,
Ich weiß wie es um diese Lehre steht.
Es erben sich Gesetz' und Rechte
Wie eine ew'ge Krankheit fort;
Sie schleppen von Geschlecht sich zum Geschlechte,
1975 Und rucken sacht von Ort zu Ort.
Vernunft wird Unsinn, Wohlthat Plage;
Weh dir, daß du ein Enkel bist'
Vom Rechte, das mit uns geboren ist,
Von dem ist leider! nie die Frage.

Schüler.

1980 Mein Abscheu wird durch euch vermehrt.
O glücklich der! den ihr belehrt
Fast möcht' ich nun Theologie studiren.

Mephistopheles.

Ich wünschte nicht euch irre zu führen.

ein thatig Mann, ein höflich Mann, stimmen nicht völlig, da hier das Adjectiv nach ein steht. Das Beispiel aus Lessing, den albern Mönch, gehört nicht hierher, weil hier der Nominativ alber ist, vgl. Grimm, Wörterbuch 1, 202 — Das gedankenlose Nachschreiben der Worte des Lehrers und das Schwören darauf, wird wieder durch eine herrliche Vierzeile gezeichnet, 1964 f, die sprich= wörtlich geworden ist — 1972 f. Die zumeist in ältere Zeiten hinauf reichenden Rechtssatzungen entsprechen langst nicht mehr unsern Ver= haltnissen — Durch Vorrechte Einzelner, durch Mißbrauch von Gewalt und Ansehn hat sich manches Unrecht als Recht geschichtlich festgestellt; selbst unsere Anschauungen sind von geschichtlichen Zuständen beeinflußt. So ist denn das öffentliche Recht zu unserm Nachtheil vielfach be= dingt. Es erbt sich fort wie eine Krankheit und breitet sich aus — ruckt sacht von Ort zu Ort. — Was bei seinem Entstehn vernünftig war, wird unter veränderten Umständen zum Unsinn, was eine Wohl= that sein sollte, zur Last. Weh dir, daß du ein Enkel bist, daß du unter geschichtlich mächtig gewordenen Mißbräuchen zu leiden hast. Vom Recht der Natur, dem, was abgesehn von allen Satzungen nach den Umständen billig ist, ist beim Rechtsstudium leider nie die Frage. Das heißt, es wird wol auch ein Collegium des Naturrechts gelesen, doch hat dies keinen praktischen Werth, der Rechtsgelehrte darf sich nicht danach richten — 1981 Das Ausrufungszeichen steht am Schluß des Verses 1790 — 1983—1987 Es versteht sich von selbst, daß Mephistopheles hier ein verdrießliches Gesicht macht,

Was dieſe Wiſſenſchaft betrifft,
1985 Es iſt ſo ſchwer den falſchen Weg zu meiden,
Es liegt in ihr ſo viel verborgnes Gift,
Und von der Arzenei iſt's kaum zu unterſcheiden.
Am beſten iſt's auch hier, wenn ihr nur Einen hört,
Und auf des Meiſters Worte ſchwört.
1990 Im Ganzen — haltet euch an Worte!
Dann geht ihr durch die ſichre Pforte
Zum Tempel der Gewißheit ein.

Schüler.

Doch ein Begriff muß bei dem Worte ſein.

Mephiſtopheles.

Schon gut! Nur muß man ſich nicht allzu ängſtlich
quälen;
1995 Denn eben wo Begriffe fehlen,
Da ſtellt ein Wort zur rechten Zeit ſich ein.
Mit Worten läßt ſich trefflich ſtreiten,
Mit Worten ein Syſtem bereiten,
An Worte läßt ſich trefflich glauben,
2000 Von einem Wort läßt ſich kein Jota rauben.

Schüler.

Verzeiht, ich halt' euch auf mit vielen Fragen,
Allein ich muß euch noch bemühn.
Wollt ihr mir von der Medicin
Nicht auch ein kräftig Wörtchen ſagen?
2005 Drei Jahr iſt eine kurze Zeit,
Und, Gott! das Feld iſt gar zu weit.

Theologie iſt ja doch dem Teufel ein Greuel. Er ſpricht in doctri-
närem Tone, mit geheucheltem ſittlichen Bedenken, was ihm, wie
Frömmigkeit dem Fuchſe, ſeltſam zu Geſicht ſteht. — Als Goethe die
Rolle Laroche einſtudirte, machte er ihm den Mephiſtopheles vor; er
zog bei Vers 1982 den Kopf tief in die Schultern und ſchnitt, wie
verletzt, eine kalt-höhniſche Grimaſſe. — 1988 ff. Und nun lenkt er
wieder zu den mit ſataniſchem Behagen, als wahre Weisheit, in
Kreiſen gelehrter Pedanten herrſchenden Irrlehren über, und zwar mit
ſolcher Uebertreibung, daß es ſelbſt dem ſchüchternen Schüler zu ſtark
wird, ſo daß er ſich zu der gutmüthigen Bemerkung aufſchwingt 1993:
Doch ein Begriff muß bei dem Worte ſein! — 1994—1996.
Was denn von Mephiſtopheles gebührend in die Schranken gewieſen
wird, indem er in marktſchreieriſchem Tone für den Werth des Wortes
ſich zu begeiſtern ſcheint. — 1994 iſt wieder ein Alexandriner.

Wenn man einen Fingerzeig nur hat,
Läßt ſich's ſchon eher weiter fühlen.

Mephiſtopheles für ſich.

Ich bin des trocknen Tons nun ſatt,
2010 Muß wieder recht den Teufel ſpielen

Laut.

Der Geiſt der Medicin iſt leicht zu faſſen;
Ihr durchſtudirt die groß' und kleine Welt
Um es am Ende gehn zu laſſen,
Wie's Gott gefällt.
2015 Vergebens daß ihr ringsum wiſſenſchaftlich ſchweift,
Ein jeder lernt nur was er lernen kann;
Doch der den Augenblick ergreift,
Das iſt der rechte Mann.
Ihr ſeid noch ziemlich wohlgebaut,
2020 An Kühnheit wird's euch auch nicht fehlen,
Und wenn ihr euch nur ſelbſt vertraut,
Vertrauen euch die andern Seelen.
Beſonders lernt die Weiber führen;
Es iſt ihr ewig Weh und Ach

2009 f. Schon 1790 für ſich (nicht vor ſich wie ſonſt in
Jugendſchriften Goethes. Im Urſ. findet ſich in der That „vor ſich“).
Dieſe Worte könnten als in Widerſpruch mit ſich ſelbſt erſcheinen;
war ja doch die Art, wie er den armen Jungen belehrt hat, teufliſch
genug. Dennoch hatte er die Maske des trocken-pedantiſchen Profeſſors
angenommen. Daß ihm alles in teufliſcher Weiſe gerath, zu Gunſten
des boſen Princips ausſchlagt, verſteht ſich von ſelbſt. Wenn er
wieder einmal recht den Teufel ſpielen will, ſo kann nur eine
Veränderung der Form gemeint ſein. Spielte er bisher — in ſeiner
Weiſe — den Profeſſor, ſo ſoll nun der Profeſſor, d. i. Mephiſtopheles
in des Profeſſors Kleid, den Teufel ſpielen, d. h ſo ſpielen, als ob
der Teufel in den Profeſſor gefahren wäre. — Wie plötzlich
ein Andrer geworden, leichtſinnig, frivol in Gebärde und Ton ſtellt
er ſich auf einmal vor den Schuler hin und trägt ihm ſeine frechen
Anſchauungen vor. — Verfehlt iſt die Darſtellung jener Künſtler,
die hier mit Brutalität das Teufliſche charakteriſiren wollen Ich
habe Darſtellungen im Auge, vor denen ſich Manner und Frauen mit
Abſcheu abwandten. — Mephiſtopheles muß dargeſtellt werden im
Charakter verlebter Lebemanner von einem unbeſtimmbaren Alter,
das aber über jene Jugendzeit hinaus iſt, wo ſinnliche Triebe noch
vorherrſchen. Er iſt kühl, gemuthlos; ſein ſtetes Lächeln zeigt nur
ein ſpottiſches Wohlgefallen an menſchlichen Schwachen. — 2012.
groß' und kleine Welt, vgl zu 235. — 2015. Wieder ein caſurloſer
Alexandriner. — 2024—2027. Ihr ewiges Klagen über verſchiedene

2025 So tauſendfach
Aus einem Punkte zu curiren,
Und wenn ihr halbweg ehrbar thut,
Dann habt ihr ſie all' unter'm Hut.
Ein Titel muß ſie erſt vertraulich machen,
2030 Daß eure Kunſt viel Künſte überſteigt;
Zum Willkomm tappt ihr dann nach allen Siebenſachen,
Um die ein andrer viele Jahre ſtreicht,
Verſteht das Pülslein wohl zu drücken,
Und faſſet ſie, mit feurig ſchlauen Blicken,
2035 Wohl um die ſchlanke Hüfte frei,
Zu ſehn, wie feſt geſchnürt ſie ſei.

Schüler.

Das ſieht ſchon beſſer aus! Man ſieht doch wo und wie?

Mephiſtopheles.

Grau, theurer Freund, iſt alle Theorie,
Und grün des Lebens goldner Baum.

Schüler.

2040 Ich ſchwör' euch zu, mir iſt's als wie ein Traum.
Durft' ich euch wohl ein andermal beſchweren,
Von eurer Weisheit auf den Grund zu hören?

Mephiſtopheles.

Was ich vermag, ſoll gern geſchehn.

Leiden iſt, ſo tauſendfach es iſt, doch auf einerlei Weiſe, indem man „ihr Herz beſchäftigt", zu heilen. Mephiſtopheles mag das, was wir hiermit andeuten, etwas derber meinen — 2037. Alexandriner. — 2038 f. Dieſer zum Sprichwort gewordene Satz iſt uns ſo bekannt, daß wir ſeinen Inhalt gar nicht mehr im einzelnen prüfen. Und doch muß man fragen, wie hier grau, grün und der goldene Baum, der grün iſt, zu erklären ſind — Grau, die Farbe der Aſche, die den „Halbſchatten repräſentirt, welcher mehr oder weniger an Licht und Finſterniß theil nimmt" (Goethes Farbenlehre XVII, 249), iſt die Farbe, die uns am gleichgültigſten läßt, weder warm (wie roth, gelb), noch kalt (wie blau) ſcheint, ohne Stimmung iſt. — Dagegen iſt grün die Farbe des Pflanzenlebens, in der der Frühling uns erquickt und mit Hoffnung erfüllt. „Ewig jung und ewig grün" nennt Schiller der Liebe Freuden in Hero und Leander 5. Str — Golden hat hier, wie ſo oft, die Bedeutung von herrlich. Grün wie des Lebens goldner Baum iſt hier: friſch wie das Leben, das einem herr-

Schüler.

Ich kann unmöglich wieder gehn,
2045 Ich muß euch noch mein Stammbuch überreichen.
Gönn eure Gunſt mir dieſes Zeichen!

Mephiſtopheles.

Sehr wohl.

Er ſchreibt und giebt's.

Schüler lieſt.

Eritis sicut Deus, scientes bonum et malum.

Macht's ehrerbietig zu und empfiehlt ſich.

Mephiſtopheles.

Folg' nur dem alten Spruch und meiner Muhme der
Schlange,
2050 Dir wird gewiß einmal bei deiner Gottähnlichkeit bange!

Fauſt tritt auf

Fauſt.

Wohin ſoll es nun gehn?

Mephiſtopheles.

Wohin es dir gefällt.
Wir ſehn die kleine, dann die große Welt.
Mit welcher Freude, welchem Nutzen,
Wirſt du den Curſum durchſchmarutzen!

lichen Baume gleich iſt Freudlos iſt alle dem Leben abgewandte Speculation (Theorie vgl zu 1830 f.), friſch und fröhlich das der Wirklichkeit und ihren Genüſſen gewidmete Leben! — 2048 Ihr werdet ſein wie Gott, wiſſend Gutes und Böſes 1 Buch Moſ 3, 5 nach dem Text der Vulgata, mit der kleinen Variante, daß es dort heißt· eritis sicut du (werdet ſein wie die Götter) scientes bonum et malum. Da Luthers Ueberſetzung hat: werdet ſein wie Gott, ſo ſcheint die Stelle danach emendirt Ein Anklang in einem Briefe an Keſtner 27 Jan 1773 ſcheint dafür zu ſprechen, daß die Scene damals ſchon geſchrieben war oder bald darauf geſchrieben wurde In dem Briefe heißt es, wenn Lotte ein gewiſſes Buch geleſen, dann „wird (ſie) ſein wie der heiligen Götter eine". Da hier noch der Plural wie in der Vulgata angewendet iſt, ſo ſcheint der Brief älter als die Scene. Die folgenden zwei Verſe ſind Hexameter (wenn auch nicht von der beſten Art):

Folg' nur dem | alten | Spruch und | meiner | Muhme der | Schlange;
Dir wird gewiß einmal bei | deiner Gott|ähnlichkeit | bange·

Die Abweichung des Versmaßes läßt vermuthen, daß ſie nicht gleichzeitig mit dem Vorhergehenden und Nachfolgenden entſtanden ſind, oder aber im Anſchluſſe an das lateiniſche Eritis sicut etc. das ja auch als

Fauſt.

2055 Allein bei meinem langen Bart
Fehlt mir die leichte Lebensart.
Es wird mir der Verſuch nicht glücken;
Ich wußte nie mich in die Welt zu ſchicken,
Vor andern fühl' ich mich ſo klein;
2060 Ich werde ſtets verlegen ſein.

Mephiſtopheles.

Mein guter Freund, das wird ſich alles geben,
Sobald du dir vertrauſt, ſobald weißt du zu leben.

Fauſt.

Wie kommen wir denn aus dem Haus?
Wo haſt du Pferde, Knecht und Wagen?

Mephiſtopheles.

2065 Wir breiten nur den Mantel aus,
Der ſoll uns durch die Lüfte tragen.
Du nimmſt bei dieſem kühnen Schritt
Nur keinen großen Bündel mit.
Ein Bißchen Feuerluft, die ich bereiten werde,

Hexameter zu leſen iſt. Bartſch nimmt die Verſe als Alexandriner mit
frei behandelter Senkung. — 2057. Bei Theophr. Paracelſus heißt es
die kleine Welt, das iſt der Menſch. Auf dem Titel der Astro-
nomia magna (1751) des Paracelſus werden angeführt „alle philoſophiſchen und aſtronomiſchen geheimnuſſen der großen und kleinen Welt".
Hier iſt aber nicht an den Gegenſatz von Makrokosmus und Mikrokosmus zu denken (ſ. zu 418—429), ſondern an den gewöhnlichen Sprachgebrauch: Die große Welt, der Hof und ſeine Kreiſe, dazu die kleine,
kleinbürgerliche Welt den Gegenſatz bildet. — 2058. Die Ausgaben des
Fragments haben urſprünglich Punkt nach ſchicken, die weiteren Ausgaben Komma — 2054 Curſum, Lehrcurs in lateiniſcher Accuſativ-
form vgl. 1959. — 2055 f. Ebenſo wie mein Bart für die Anforderungen der Geſellſchaft zu lang iſt, ſo fehlt mir auch die Ge-
wandtheit des Umgangs. — Mit meinem langen Bart 1790.
1791. — 2065. Vgl. 1122. — 2069. Feuerluft. Um 1766 entdeckte der Engländer Cavendiſh die große ſpecifiſche Leichtigkeit des
Bienngaſes, was die Geiſter vielfach erregte, Dr. Black, Cavallo
u. a., und 1782 zur Erfindung des Luftballons der Brüder Mont-
golfier führte. Demnach ſcheint es, daß dieſe und die folgende Zeile
erſt 1782 eingeſchoben ſeien, oder als man 1784 in Weimar im Februar
Verſuche mit einem kleinen Luftballon machte. Mit Montgolfiers
Erfindung befaßt ſich Goethe ſchon in einem Brief an Knebel vom

2070 Hebt uns behend von dieſer Erde.
Und ſind wir leicht, ſo geht es ſchnell hinauf;
Ich gratulire dir zum neuen Lebenslauf.

---

23. Dezember 1783. An Lavater ſchreibt er ebenfalls 1783: „ergözen
Dich nicht auch die Luftfahrer? Ich mag den Menſchen gar zu gerne
ſo etwas gonnen. Beiden, den Erfindern und den Zuſchauern.“ Briefe
an helvet Freunde S. 7. — Der Vers 2069 iſt ein Alerandriner, ſ zu
674 und zu 2087. Ueber die Kunſt zu fliegen ſ. zu 1090—1092.

Auerbachs Keller in Leipzig.

Zeche lustiger Gesellen.

Frosch.

Will keiner trinken? keiner lachen?
Ich will euch lehren Gesichter machen!
2075 Ihr seid ja heut wie nasses Stroh,
Und brennt sonst immer lichterloh.

Brander.

Das liegt an dir, du bringst ja nichts herbei,
Nicht eine Dummheit, keine Sauerei.

Frosch.

gießt ihm ein Glas Wein über den Kopf.
Da hast du beides!

5. Scene: Auerbachs Keller in Leipzig. Zeche lustiger Gesellen. Es wird nach einem Briefe Goethes aus Offenbach vermuthet, daß dieser Auftritt den 17. September 1775 geschrieben ist. Auerbachs Keller hatte Goethe als Student in Leipzig oft besucht (s. Dichtung und Wahrheit 2. Theil, Loepers Anmerkung 289, S. 329). — Zeche ist hier in dem seltener vorkommenden Sinn von einer Zechgesellschaft gebraucht. — Im Allgemeinen ist in Bezug auf diesen Auftritt der Ansicht entgegenzutreten, die die Welt der Zerstreuung für Faust, die Mephistopheles hier trifft, mißbilligt. Die Gesellschaft hier ist allerdings nicht geeignet, Faust zu befriedigen. Doch liegt ja eben darin das Eigenthümliche des Verhältnisses, daß Mephistopheles nicht anders zu vergnügen weiß, als indem er das, was ihm selbst zusagt, auch Faust zumuthen möchte. Er selbst fühlt sich hier ganz behaglich. — Die Gesellschaft besteht aus Studenten von der rohesten Art. Frosch erscheint als der Jüngste von der Gesellschaft. In der Pfalz nennt man Schuljungen Frösche, s. Grimms Wörterbuch 4¹, 251. Brander zeigt den Andern gegenüber durchaus eine gewisse Ueberlegenheit. Siebel, ein alter Bursche, ist schon kahl und fängt an dick zu werden; Schmerbauch nennt ihn Altmayer. — Altmayer spielt den Schlaukopf. — 2074. Ich will euch lehren vgl. das drohende, eine Züchtigung verheißende: ich will dich lehren! d. i. dir's beibringen, Grimms Wörterbuch 6, 567. 12.

Brander.

Doppelt Schwein!

Frosch.

2080 Ihr wollt es ja, man soll es sein!

Siebel.

Zur Thür hinaus wer sich entzweit!
Mit offner Brust singt Runda, sauft und schreit!
Auf! Holla! Ho!

Altmayer!

Weh mir, ich bin verloren!
Baumwolle her! der Kerl sprengt mir die Ohren

Siebel.

2085 Wenn das Gewölbe wiederschallt,
Fühlt man erst recht des Basses Grundgewalt

Frosch.

So recht, hinaus mit dem der etwas übel nimmt!
A! tara lara da!

Altmayer.

A! tara lara da!

Frosch.

Die Kehlen sind gestimmt.

2082 Runda mit langem a Es ist die mittelhochdeutsche, an
andere Wörter angehangte Interjectionspartikel —â Grimm Gramm
3, 290, die hier zum Rundgesang auffordert, d. h. zum Einfallen
der Tafelrunde. Rundas heißen noch jetzt gewisse Lieder im Vogtlande. Rundas und Reimsprüche aus dem Vogtlande von Dr. Dunger,
Plauen 1876 In Hoffmanns Gesellschaftsliedern des 16 und 17 Jahrh,
2 Aufl 1860, sind mehrere Lieder abgedruckt mit den Rundreimen:
runda runda runda dinella ꝛc vgl. 2125. — 2083 Das Holla! Ho!
muß) entsprechend dem Erfolg, der sich aus Altmayers Rede ergiebt,
mächtig geschrieen werden — 2087. Ein Alexandriner wie 2089. —
2083—2088 s. A! tara lara da! womit Frosch, gleichsam die Kehle
probirend, zum Singen präludirt, bildet einen Vers für sich. Als
solcher erscheinen diese sechs Silben, auch in den ursprünglichen Drucken.
Altmayers Wiederholung dieser Töne und Froschs Bemerkung dazu
bilden einen Alexandriner (mit dem Reim auf Vers 2087, der auch
ein Alexandriner ist. A! tára lára da — die Kehlen sind
gestimmt) — 2088 Keine glückliche Emendation ist es, wenn, in
Widerspruch mit den Ausgaben, dieser Vers mit dem folgenden zusammen als ein Vers dargestellt wird (Düntzer). Es entsteht da-

Singt.

2090 Das liebe heil'ge Röm'ſche Reich,
      Wie hält's nur noch zuſammen?

Brander.

      Ein garſtig Lied! Pfui! ein politiſch Lied!
      Ein leidig Lied! Dankt Gott mit jedem Morgen
      Daß ihr nicht braucht für's Röm'ſche Reich zu ſorgen!
2095 Ich halt' es wenigſtens für reichlichen Gewinn,
      Daß ich nicht Kaiſer oder Kanzler bin.
      Doch muß auch uns ein Oberhaupt nicht fehlen;
      Wir wollen einen Pabſt erwählen.
      Ihr wißt welch eine Qualität
2100 Den Ausſchlag gibt, den Mann erhöht.

Froſch ſingt

      Schwing' dich auf, Frau Nachtigall,
      Gruß' mir mein Liebchen zehntauſendmal.

---

durch ein Versungeheuer von 9 Hebungen. — 2090 f. Das Lied, das Froſch anſtimmt, ſoll den Eindruck eines trivialen Volksliedes machen, das, mit Behagen und Ironie, kannegießernd ſich über die Hinfälligkeit des heiligen Römiſchen Reichs ausläßt, wie der Kapuziner in Wallenſteins Lager, nach dem Vorbilde Abrahams a Santa Clara· Und das Römiſche Reich, daß Gott erbarm, ſollte jetzt heißen römiſch Arm! — 2092—2100 Die hier ausgeſprochene Anſicht ſagt weiter gar nichts, als daß der banauſiſche Geſelle, der, wie wir ſahen, ſich irgend eine Dummheit, eine Sauerei, einen derben Spaß wünſcht, das angeſtimmte Geleier übers Römiſche Reich langweilig findet und abweiſt: Ein garſtig Lied, pfui! — In den erſten Ausgaben 1790—1825 ſteht nach ein politiſch Lied kein Ausrufungszeichen, wie in den ſpäteren. — Ein politiſch Lied ein leidig Lied heißt demnach wol urſprünglich: Ein politiſch Lied iſt ein leidig (widerwärtig) Lied. — Eine Anſpielung auf die Stelle findet ſich ſchon in einem Briefe des Dichters von 19 2. 1776 an Johanna Fahlmer: Liebe Tante, „ein politiſch Lied!" Das bezieht ſich auf Goethes damalige verſuchsweiſe Theilnahme an den Sitzungen des Conſeils von Weimar, die perſönliche Reibungen im Gefolge hatten und Goethe die Politik verleideten — 2095. Alexandriner. — 2098. Im Sinne kommerſchirender Studenten, unter denen ein Quantum, das getrunken wird, noch als Pabſt bezeichnet wird. Ueber die Qualität erinnerte Goedeke, Gotting. gelehrte Anz. 1872, Nr. 10, an Arnolds Kirchen= und Ketzergeſchichte, wo Goethe das vielgeglaubte Märchen von der Papiſſa Johanna, dem als Frauenzimmer entlarvten Pabſt, geleſen haben konnte. — Dort heißt es, daß man ſeitdem bei jedem neugewählten Pabſt den „sexum explorirt" und mit „habet" conſtatirt haben ſoll. — 2101 f. In dieſen Verſen klingen zwei verſchiedene bekannte Volkslieder an. Im erſten: Schwing' dich auf,

Siebel.

Dem Liebchen keinen Gruß! Ich will davon nichts
hören!

Frosch.

Dem Liebchen Gruß und Kuß! du wirst mir's nicht
verwehren!

Singt

2105 Riegel auf! in stiller Nacht.
Riegel auf! der Liebste wacht.
Riegel zu! des Morgens früh

Siebel.

Ja, singe, singe nur, und lob' und rühme sie!
Ich will zu meiner Zeit schon lachen.
2110 Sie hat mich angeführt, dir wird sie's auch so machen
Zum Liebsten sei ein Kobold ihr beschert!
Der mag mit ihr auf einem Kreuzweg schäkern,
Ein alter Bock, wenn er vom Blocksberg kehrt,
Mag im Galopp noch gute Nacht ihr meckern!
2115 Ein braver Kerl von echtem Fleisch und Blut
Ist für die Dirne viel zu gut.
Ich will von keinem Gruße wissen,
Als ihr die Fenster eingeschmissen!

Brander auf den Tisch schlagend.

Paßt auf! paßt auf! Gehorchet mir!
2120 Ihr Herrn gesteht, ich weiß zu leben;
Verliebte Leute sitzen hier,
Und diesen muß, nach Standsgebühr,
Zur guten Nacht ich was zum Besten geben
Gebt Acht! Ein Lied vom neusten Schnitt!
2125 Und singt den Rundreim kräftig mit!

Frau Nachtigall, geschwinde, Hoffmann, Gesellschaftslieder 1,
125, im zweiten der Schluß von: Nachtigall, ich hör' dich singen· Gruß
mein Schätzchen tausendmal, Wunderhorn 1,93 — 2103 f. —
Alexandriner 2105—2107. Ein Bruchstück aus einem Liede, das den
heimlich nächtlichen Besuch des Liebenden bei der Geliebten schildert,
wie die Tagelieder den Abschied. wie ein Liebender bei Nacht zur
Liebsten eingelassen wird. Die Worte erinnern an die Verse in Bürgers
Leonore: „und horch und horch den Pfortenring ganz lose
leise kling ling ling 2c = Riegel auf in stiller Nacht." — 2108
2110. Alexandriner. — 2111 Ein Kobold zum Liebsten. Mit Kobold

Er ſingt.

Es war eine Ratt' im Kellerneſt,
Lebte nur von Fett und Butter,
Hatte ſich ein Ranzlein angemaſt't,
Als wie der Doctor Luther.
2130   Die Köchin hatt' ihr Gift geſtellt;
Da ward's ſo eng ihr in der Welt,
Als hätte ſie Lieb' im Leibe.

Chorus jauchzend.

Als hätte ſie Lieb' im Leibe

Brander.

Sie fuhr herum, ſie fuhr heraus,
2135   Und ſoff aus allen Pfützen,
Zernagt', zerkratzt' das ganze Haus,
Wollte nichts ihr Wüthen nützen;
Sie thät gar manchen Aengſteſprung,
Bald hatte das arme Thier genung,
2140   Als hätt' es Lieb' im Leibe.

wird hier wol nur ein häßlicher geſpenſtiſcher Quälgeiſt gemeint, wie das Folgende zeigt. — 2126—2148. Es war in den Septembertagen 1775, als Goethe an dieſer Scene ſchrieb. — Den 15. Sept. ſchreibt er an Guſtchen Stolberg, daß ihn eine Maske beſchäftigt, die er auf dem nächſten Ball anziehn will, vgl. zu 1535. Den 16. ſchreibt er an ſie: „ich machte eine Scene an meinem Fauſt". Dann: „Mir war's — wie einer Ratte, die Gift gefreſſen" ꝛc. Die ganze Stelle erinnert an obiges Lied. — Daß ſich Goethe mitten in den Liebes- qualen um Lili ſo über die Liebe luſtig macht, iſt bezeichnend — 2129 Luther wird trotz der Schreibung und Abſtammung von Lot- har: lutter geſprochen und reimt genau auf Butter. — Wem 2098 der Scherz mit dem Pabſt anſtößig war, der kann hier erkennen, daß nicht proteſtantiſche Befangenheit den Dichter leitet. Auch ein frivoles in den Staub ziehn des Ehrwürdigen iſt hier nicht vorhanden. Wenn der Dichter frivole Reden eben ſolchen Geſellen in den Mund legt, ſo kennzeichnet er eins mit dem andern. — 2138. thät bekanntlich nicht der Conjunctiv Imperfecti, ſondern der alte Indicativ, mittel- hochdeutſch tet, nur aus Mißverſtändniß mit ä geſchrieben. Die Form iſt aus Volksliedern in den Romanzenton übergegangen (Gar ſchöne thät er ſingen, Wunderhorn 1, 37. Zu ſchaun mein Mirtenreis, das ich zum Kränzchen pflanzen thät und pflegen thät mit Fleiß Bürger). Daraus bildet ſich dann auch ein Plural, thaten. Grimms Gram- matik I², 989; IV, 94 f. — 2139. genung über dieſe bei Goethe häufige Form ſ. Gr. Wtb. 4. Bd. 1. Abt. 2, 3487—3489 vgl. Vers 3572. — In Wagners Kindermörderin erſcheint die Form genung Ausg.

Chorus.

Als hätt' es Lieb' im Leibe.

Brander.

Sie kam vor Angst am hellen Tag
Der Küche zugelaufen,
Fiel an den Herd und zuckt' und lag,
2145 Und thät erbärmlich schnaufen.
Da lachte die Vergifterin noch:
Ha! sie pfeift auf dem letzten Loch,
Als hätte sie Lieb' im Leibe.

Chorus.

Als hätte sie Lieb' im Leibe.

Siebel.

2150 Wie sich die platten Bursche freuen!
Es ist mir eine rechte Kunst,
Den armen Ratten Gift zu streuen!

Brander.

Sie stehn wohl sehr in deiner Gunst?

Altmayer.

Der Schmerbauch mit der kahlen Platte!
2155 Das Unglück macht ihn zahm und mild;
Er sieht in der geschwollnen Ratte
Sein ganz natürlich Ebenbild.

Faust und Mephistopheles.

Mephistopheles.

Ich muß dich nun vor allen Dingen
In lustige Gesellschaft bringen,
2160 Damit du siehst, wie leicht sich's leben läßt.
Dem Volke hier wird jeder Tag ein Fest.
Mit wenig Witz und viel Behagen
Dreht jeder sich im engen Zirkeltanz,
Wie junge Katzen mit dem Schwanz.
2165 Wenn sie nicht über Kopfweh klagen,
So lang der Wirth nur weiter borgt,
Sind sie vergnügt und unbesorgt.

Erich Schmidts S. 24. 32. — 2154. Er meint Siebel, vgl oben
S. 134 die Vorbemerkung zur Scene. — 2163—2167. Die Bemerkung,

Brander.

Die kommen eben von der Reiſe
Man ſieht's an ihrer wunderlichen Weiſe;
2170 Sie ſind nicht eine Stunde hier.

Froſch.

Wahrhaftig du haſt Recht! Mein Leipzig lob ich mir!
Es iſt ein klein Paris, und bildet ſeine Leute.

Siebel.

Für was ſiehſt du die Fremden an?

Froſch.

Laß mich nur gehn! Bei einem vollen Glaſe
2175 Zieh' ich, wie einen Kinderzahn,
Den Burſchen leicht die Würmer aus der Naſe.
Sie ſcheinen mir aus einem edlen Haus,
Sie ſehen ſtolz und unzufrieden aus.

Brander.

Marktſchreier ſind's gewiß, ich wette!

Altmayer.

2180 Vielleicht.

Froſch.

Gib Acht, ich ſchraube ſie!

---

daß hier jeder mit wenig Witz und viel Behagen ſich im Kreiſe dreht — im Zirkeltanz, d. h. ohne vorwärts zu kommen, ohne Ziel — wie junge Katzen ihrem eignen Schwanz nachjagen, ſoll Fauſt zu ähnlichem Verhalten einladen. — Wenn ſie nicht über Kopfweh klagen, nämlich die Studenten; wenn ſie nicht infolge ihrer Zechgelage an Katzenjammer leiden, ſind ſie vergnügt und unbeſorgt, ſolang der Wirth nur weiter borgt. — 2168 Die, d. i. Fauſt und Mephiſtopheles. — 2171—2172 Alexandriner vgl. zu 2184 — Goethe ſtudirte in Leipzig 1765—1768. Vom Jahre 1768 iſt eine Beſchreibung Leipzigs, in der es ſchon „Paris im Kleinen" heißt. Aber Goethe ſchreibt ſchon zu Oſtern 1766 ſeiner Schweſter in Bezug auf die Leipzigerinnen: on se croiroit presque a Paris. Weiteres ſ. v. Biedermann, Goethe und Leipzig 1, 151. — 2175 f. vgl. tirer les vers du nez à quelqu'un. — 2179 Marktſchreier: Zahnbrecher und Heilkünſtler, die auf Märkten ihre Kunſt ausrufen, ſind Geſtalten der Vorzeit, wie wir ſie nicht mehr aus dem Leben kennen. Sie trieben zuweilen neben der Heilkunde und dem Verkauf von Heilmitteln auch Komödiantenkünſte, z. B. Jo. Ferd. Beck, 1703 Director der fürſtlich waldeckſchen Hofkomödiantengeſellſchaft, als „Zahnbrecher und Hanswurſt" abkonterfeit. Auch in Goethes Jahrmarktfeſt in Plundersweilern erſcheint der „Marktſchreier" als College des Doctors und als darſtellender Künſtler. Daß

Mephistopheles zu Faust

Den Teufel spürt das Völkchen nie,
Und wenn er sie bei'm Kragen hätte.

Faust.

Seid uns gegrüßt, ihr Herrn!

Siebel

Viel Dank zum Gegengruß.
Leise, Mephistopheles von der Seite ansehend
Was hinkt der Kerl auf Einem Fuß?

Mephistopheles.

2185 Ist es erlaubt, uns auch zu euch zu setzen?
Statt eines guten Trunks, den man nicht haben kann,
Soll die Gesellschaft uns ergetzen.

Altmayer.

Ihr scheint ein sehr verwohnter Mann.

Frosch.

Ihr seid wohl spat von Rippach aufgebrochen?
2190 Habt ihr mit Herren Hans noch erst zur Nacht gespeist?

Mephistopheles.

Heut sind wir ihn vorbeigereis't!

Brander die beiden für Marktschreier halt, deutet auf ein auffallendes
Kostum, wie es oben 1535 f. angeben ist. — 2180. schrauben, durch
geschickt verhüllten Spott in die Enge treiben. — 2183—2190. Die
Pedanterie der Grammatiker, nur die Mehrzahl, nicht auch der Dativ
der Einzahl von Herr müsse Herren heißen, kümmert den Dichter naturlich nicht. — 2184 Der Teufel hinkt nach christlicher Anschauung
vom Sturz aus dem Himmel in den Abgrund der Hölle Jesaias 14, 15.
Auch Hephaist hinkt, weil er von Zeus vom Himmel gestürzt ist. Wieland
der Schmied hinkt, so daß auch heidnische Vorstellungen sich mit dem
christlichen Hinken des Teufels verbunden haben dürften. S Grimms
Mythol 3. Ausg 351, 944 f Das Hinken ist aber hier nicht auffallend
zu denken, Gretchen und Marte merken es gar nicht, es wird nur
manchmal, wie hier, bemerkbar. Daß er den hinkenden Fuß absichtlich
verbirgt, motivirt er selbst 2499 ff. Eigentlich ist nach weiterer Ausbildung der Mythe der hinkende Fuß ein Pferdefuß, s Grimms Mythol.
3. Ausg 946, 303 f. — 2183, 2186, 2190 sind wieder Alexandriner, vgl zu 2087. — 2189 f. Aus dem Personenverzeichnß zu Hans
Wursts Hochzeit kennen wir die Namen: Hans A—von Rippach
und Hans A—chen von Rippach s. Goethes Dramen, Ausg. des
Herausgebers 1, 365. — Der Name wurde von Goethe wol aus Leipzig
mitgebracht. Wieland nennt spöttisch das Publicum die Familie von

Wir haben ihn das letztemal geſprochen.
Von ſeinen Vettern wußt er viel zu ſagen,
Viel Grüße hat er uns an jeden aufgetragen.

　　　　　Er neigt ſich gegen Froſch

Altmayer leiſe.

2195 Da haſt du's! der verſteht's!

Siebel.

　　　　　　　　Ein pfiffiger Patron!

Froſch.

Nun, warte nur, ich krieg' ihn ſchon!

Mephiſtopheles.

Wenn ich nicht irrte, hörten wir
Geübte Stimmen Chorus ſingen?
Gewiß, Geſang muß trefflich hier
2200 Von dieſer Wölbung wiederklingen!

Froſch.

Seid ihr wohl gar ein Virtuos?

Mephiſtopheles.

O nein! die Kraft iſt ſchwach, allein die Luſt iſt groß.

Altmayer.

Gebt uns ein Lied!

Mephiſtopheles.

　　　　　Wenn ihr begehrt, die Menge.

Siebel.

Nur auch ein nagelneues Stück!

Mephiſtopheles.

2205 Wir kommen erſt aus Spanien zurück,
Dem ſchönen Land des Weins und der Geſänge.

Rippach in einem Briefe an Merck vom 26. Jenner 1776, und in
einem zweiten vom 2 Jenner 1785 bringt er den ganzen Namen
H. A. v. R. — Rippach iſt ein Dorf zwiſchen Leipzig und Naum-
burg, das den Leipzigern zum Spotte über ländliche Einfalt dient.
Hans von Rippach iſt demnach ein tölpiſcher Junker von R. — In
„Jean Chrétien Toucement Deutſch-Franzöſiſchen Schriften“ Leipziger
Ausgabe von 1736 S. 269 wird erzählt, wie der Deutſch-Franzoſe
in Rippach mit Hans A. von R. geneckt worden ſei, ſ. Weigands
Wörterbuch 3, 1178. — 2194. 2195. 2202 Alexandriner. — 2209—
2212. Daß Goethe urſprünglich, im Hinblick auf den Reim, Floh'n

Singt
Es war einmal ein König,
Der hatt' einen großen Floh —

Frosch

Horcht! Einen Floh! Habt ihr das wohl gefaßt?
2210 Ein Floh ist mir ein saubrer Gast.

Mephistopheles singt.

Es war einmal ein König,
Der hatt' einen großen Floh,
Den liebt' er gar nicht wenig,
Als wie seinen eignen Sohn
2215 Da rief er seinen Schneider,
Der Schneider kam heran
Da, miß dem Junker Kleider,
Und miß ihm Hosen an!

Brander.

Vergeßt nur nicht dem Schneider einzuschärfen,
2220 Daß er mir auf's genauste mißt,
Und daß, so lieb sein Kopf ihm ist,
Die Hosen keine Falten werfen!

Mephistopheles.

In Sammet und in Seide
War er nun angethan,
2225 Hatte Bänder auf dem Kleide,
Hatt' auch ein Kreuz daran,
Und war sogleich Minister,
Und hatt' einen großen Stern
Da wurden seine Geschwister
2230 Bei Hof auch große Herrn

Und Herrn und Frau'n am Hofe,
Die waren sehr geplagt,

geschrieben habe, ist falsch und viel eher ein Anderes wahr, daß nämlich 2214 Soh für Sohn zu sprechen ist. In der Schrift des Frankfurter Hochstifts: Die Feier des Goethetags 1880 lesen wir S 21
in Frankfurter Mundart in der That „den Soh von der Frau Rath".
Bekanntlich war dieses Lied der Anlaß, daß man Goethe eine scherz-
hafte juristische Dissertation: De pulicibus (von den Flöhen) zu-
schrieb, in der § 5. De pediculo aulico (von der Hoflaus)
handelt. Diese Abhandlung war aber schon 1680 gedruckt Neue Aus-

Die Königin und die Zofe
Geſtochen und genagt,
2235 Und durften ſie nicht knicken,
Und weg ſie jucken nicht,
Wir knicken und erſticken
Doch gleich wenn einer ſticht.

Chorus jauchzend.

Wir knicken und erſticken
2240 Doch gleich wenn einer ſticht

Froſch.

Bravo! Bravo! Das war ſchön!

Siebel.

So ſoll es jedem Floh ergehn!

Brander.

Spitzt die Finger und packt ſie fein!

Altmayer.

Es lebe die Freiheit! Es lebe der Wein!

Mephiſtopheles.

2245 Ich tränke gern ein Glas, die Freiheit hoch zu ehren.
Wenn eure Weine nur ein bißchen beſſer wären.

Siebel.

Wir mögen das nicht wieder hören!

Mephiſtopheles.

Ich fürchte nur der Wirth beſchweret ſich;
Sonſt gäb' ich dieſen werthen Gaſten
2250 Aus unſerm Keller was zum Beſten.

Siebel.

Nur immer her! ich nehm's auf mich.

Froſch.

Schafft ihr ein gutes Glas, ſo wollen wir euch loben.
Nur gebt nicht gar zu kleine Proben,
Denn wenn ich judiciren ſoll,
2255 Verlang' ich auch das Maul recht voll.

gabe von Dr. Sabellicus bei Henninger, Heilbronn 1870. — 2245,
2246, 2252, 2257 ſind wieder Alexandriner, vgl. zu 2087, 2183. —
2254. Lateiniſche Ausdrücke, wie judiciren für urtheilen, bezeichnen

Altmayer leise.

Sie sind vom Rheine, wie ich spüre.

Mephistopheles

Schafft einen Bohrer an!

Brander.

Was soll mit dem geschehn?
Ihr habt doch nicht die Fässer vor der Thüre?

Altmayer.

Dahinten hat der Wirth ein Körbchen Werkzeug stehn.

Mephistopheles nimmt den Bohrer
Zu Frosch.

2260 Nun sagt, was wünschet ihr zu schmecken?

Frosch.

Wie meint ihr das? Habt ihr so mancherlei?

Mephistopheles.

Ich stell es einem jeden frei.

Altmayer zu Frosch
Aha, du fängst schon an die Lippen abzulecken.

Frosch.

Gut! wenn ich wählen soll, so will ich Rheinwein haben.
2265 Das Vaterland verleiht die allerbesten Gaben.

---

die Studentensprache der Zeit, wo Latein noch die Sprache war, in
der docirt wurde. — 2256. Er hält sie für Weinreisende vom Rhein.
— 2257. Dieses Kunststück Fausts wird erzählt in Ge. Rud Widmans
wahrhaftiger historien von dr. Joh. Faustus 1599, im 1 Theil. „Das
neun und dreißigste kapitel. Doctor Faustus kommt unversehens in
ein gasterei." — — Ein Junker zu Erfurt hat gute Freunde zum
Abendessen bei sich. Einer von ihnen „so schon ein guten rausch hatte",
sprach den Wunsch aus, daß Freund Faust in ihrer Mitte erscheinen
möchte und er erscheint Er fragt sie, ob sie nicht fremden Wein versuchen wollten? Bald fordert Faustus ein borer, sehet an — vier
löcher — zu boren, stopft zepflein für — heist ein paar schöner gläser
— bringen" 2c — Bemerkenswerth ist, daß in Goethes Vaterstadt
den 10. April 1742 die Komödie von „Wagner Fausts Famulus" dargestellt wurde, wo auf dem Theaterzettel (bei Fr Peter: Die Literatur
der Faustsage Nr 129) auch die Angabe steht: „5) der Tisch, an
welchem sie sitzen, wird angeboret, wo dann überflüssiger Wein heraus-
fließet" S. auch Creizenach Volksschausp. Faust S 164 Ob der
Dichter diese Einzelheiten, die von Widmann in Pfitzers Faustbuch
übergingen, daraus oder aus einem Puppenspiele hat, wissen wir
nicht. — 2259, 2263, 2264, 2265, 2266 Alexandriner. — 2272. Der

Mephiſtopheles,

indem er an dem Platz, wo Froſch ſitzt, ein Loch in den Tiſchrand bohrt.

Verſchafft ein wenig Wachs, die Pfropfen gleich zu
machen!

Altmayer.

Ach das ſind Taſchenſpielerſachen.

Mephiſtopheles zu Brander.

Und ihr?

Brander.

Ich will Champagner Wein,
Und recht muſſirend ſoll er ſein!

Mephiſtopheles

bohrt, einer hat indeſſen die Wachspfropfen gemacht und verſtopft

Brander.

2270 Man kann nicht ſtets das Fremde meiden,
Das gute liegt uns oft ſo fern.
Ein echter deutſcher Mann mag keinen Franzen leiden,
Doch ihre Weine trinkt er gern.

Siebel

indem ſich Mephiſtopheles ſeinem Platze nahert.

Ich muß geſtehn, den ſauren mag ich nicht,
2275 Gebt mir ein Glas vom echten ſußen!

Mephiſtopheles bohrt.

Euch ſoll ſogleich Tokaier fließen.

Franze für Franzmann, Franzoſe, war ſchon mittelhochdeutſch üblich
neben Franzoiſer und Franzoiſinne. Im Neuhochdeutſchen
weiſt Grimms Worterbuch die Form nach bei Canitz, Günther, Gott-
ſched, Roſt, Leſſing, Kl. Schmidt und Goethe. Bei letzterem findet
ſie ſich in dem ſchönen Xenion aus ſeinem Nachlaß (gedruckt zuerſt
1836):

Ihr konnt mir immer ungeſcheut
Wie Blücher'n' Denkmal ſetzen;
Von Franzen hat Er euch befreit,
Ich von Philiſter-Netzen

Der Ton biderber Deutſchthumelei, die ſich vornehmlich gegen das
Uebergreifen franzöſiſchen Weſens in Deutſchland auflehnte, ſprach ſich
beſonders unter den Altersgenoſſen Goethes, dem Göttinger Dichter-
bunde, den Schulern Klopſtocks, darunter zumal bei Cramer jun.,
den Stolbergen u. A lebhaft aus

Altmayer.

Nein, Herren, seht mir in's Gesicht!
Ich seh' es ein, ihr habt uns nur zum Besten.

Mephistopheles.

Ei! Ei! Mit solchen edlen Gasten
2280 Wär' es ein bißchen viel gewagt.
Geschwind! Nur g'rad heraus gesagt!
Mit welchem Weine kann ich dienen?

Altmayer.

Mit jedem! nur nicht lang gefragt.

Nachdem die Löcher alle gebohrt und verstopft sind

Mephistopheles mit seltsamen Gebarden.

Trauben trägt der Weinstock!
2285 Horner der Ziegenbock;
Der Wein ist saftig, Holz die Reben,
Der holzerne Tisch kann Wein auch geben.
Ein tiefer Blick in die Natur!
Hier ist ein Wunder, glaubet nur!
2290 Nun zieht die Pfropfen und genießt!

Alle

indem sie die Pfropfen ziehen, und jedem der verlangte Wein in's
Glas lauft

O schöner Brunnen, der uns fließt!

Mephistopheles.

Nur hutet euch, daß ihr mir nichts vergießt!

Sie trinken wiederholt.

2284 f. Ein Zauberspruch, der mit seltsamen Gebarden
gesprochen wird. Diese Gebarden sind karikirt priesterliche Bewegungen mit den Handen, die, wie das Taktschlagen des Kapell-
meisters im Orchester, dem Rhythmus des Verses entsprechen —
Bei dem Zauberspruche ist nur im Allgemeinen der Charakter
solcher Spruche nachgeahmt. Er ist psychologisch leicht zu erklaren,
indem er das, was er bewirken soll, durch das Herbeiziehen einer
Analogie wahrscheinlich machen will. So wie der Ziegenbock Horner
trägt, ist es dem Weinstock naturlich, Trauben zu tragen. Der Weinstock ist trocknes Holz und gibt doch saftigen Wein, so kann auch der
holzerne Tisch Wein geben. — 2288, 2289. Diese beiden Verse sind von
dem Zauberspruch zu trennen. Der erste ist eine Bemerkung zu dem
Spruch, daß dieser einen tiefen Blick in die Geheimnisse der Natur
gewahre; der zweite mahnt an das Wunder zu glauben, das hier

10*

Alle ſingen.

Uns iſt ganz kannibaliſch wohl,
Als wie fünfhundert Säuen!

Mephiſtopheles.

2295 Das Volk iſt frei, ſeht an, wie wohl's ihm geht!

Fauſt.

Ich hätte Luſt nun abzufahren.

Mephiſtopheles.

Gib nur erſt Acht, die Beſtialität
Wird ſich gar herrlich offenbaren.

Siebel

trinkt unvorſichtig; der Wein fließt auf die Erde und wird zur Flamme.

Helft! Feuer! Helft!   Die Hölle brennt!

Mephiſtopheles die Flamme beſprechend.

2300 Sei ruhig, freundlich Element!

Zu dem Geſellen.

Für dießmal war es nur ein Tropfen Fegefeuer.

Siebel.

Was ſoll das ſein? Wart'! Ihr bezahlt es teuer!
Es ſcheinet, daß ihr uns nicht kennt.

---

thatſächlich vorhanden ſei. — 2293 f. Die Verſe erſcheinen als Bruch=
ſtück eines dieſer Zechgeſellſchaft bekannten Liedes, in das gleich alle
einfallen, wenn es Einer anſtimmt. Vgl. zu 2402. Kannibaliſch
wohl, behaglich, wie menſchenfreſſende Kannibalen, bezeichnet ebenſo
cyniſch, wie der nächſte Satz ein Behagen, das ſich über alle Schranken
hinausſetzt. Säue, die ſich im Schlamme wälzen, ſcheinen ſich auf
das höchſte behaglich zu fühlen. Hier ſoll aber dieſes Sauwohlſein
noch als geſteigert, als das von fünfhundert Säuen erſcheinen.   In
dem Fauſtbuche Widmans 1, 47. Kapitel, am Schluß der Erinnerung,
heißt es von einer Geſellſchaft von Trunkenbolden:

Sie tun wie ſäu und wilde tier,
Wenn man ihnen gibt und trägt für 2c.

2295   In Mephiſtopheles' Munde, der Freude hat an der Thierheit
im Menſchen, wo ſie hervortritt, vgl. 2297 f., heißt das: ſo iſt der
Menſch, wenn er ſich frei fühlt, wenn er im Rauſche ſich zeigt wie er
iſt. — 2299 f. Schon oben, 2292, warnte Mephiſtopheles, den Wein
nicht zu vergießen. Er iſt, ſo wie die Gaben des Teufels, nie echt
und, wie ſich Gold, das von ihm iſt, in Kohle verwandelt u. dgl.,
nicht Wein, ſondern holliſches Feuer, in das er ſich verwandelt, wenn
er vergoſſen wird. — Für Mephiſtopheles iſt dieſes Feuer ein freund=
lich Element — Zu dem Geſellen, d. h. zu Siebel. — 2302.
wart'! ſteht vielleicht für wartet!

Frosch.

Laß er uns das zum zweiten Male bleiben!

Altmayer.

2305 Ich dächt', wir hießen ihn ganz sachte seitwärts gehn.

Siebel.

Was Herr? Er will sich unterstehn
Und hier sein Hocuspocus treiben?

Mephistopheles.

Still, altes Weinfaß!

Siebel.

Besenstiel!
Du willst uns gar noch grob begegnen?

Brander.

2310 Wart' nur! Es sollen Schläge regnen!

Altmayer,

zieht einen Pfropf aus dem Tisch, es springt ihm Feuer entgegen.

Ich brenne! ich brenne!

Siebel.

Zauberei!
Stoßt zu! der Kerl ist vogelfrei!

Sie ziehen die Messer und gehn auf Mephistopheles los.

Mephistopheles mit ernsthafter Gebärde.

Falsch Gebild und Wort

2305. d. i. wir rieten ihm, sich in aller Stille zu entfernen — 2307.
Hocuspocus nennt man die Förmlichkeiten bei Zaubereien. Es
wird gedeutet aus den ähnlich klingenden Worten des Priesters, die
er während der Wandlung spricht: hoc est corpus (meum) das ist
(mein) Leib. — Die bisher bekannte älteste Schrift, die das Wort enthält
(Hokus pocus junior, London 1634), und deren Uebersetzung ins
Deutsche s. Grimms Wörterb 2, 2, 1731, verwendet das Wort als Eigen=
namen eines Taschenspielers — 2308. altes Weinfaß nennt Mephi=
stopheles Siebeln. Es ist schon oben zur Scene in Auerbachs Keller
Vers 2072 bemerkt, daß er ein alter kahler und dicker Bursche ist. —
Besenstiel als Antwort auf das „Weinfaß" nennt er Mephistopheles,
mit Hinblick auf dessen Magerkeit. —2312. Vogelfrei. der der Zauberei
Ueberwiesene ist dadurch vogelfrei, sein Leben ist des Schutzes der Ge=
setze bar. Es darf ihn jeder niederstoßen. Grimm, Rechtsalterth. 735.
— 2313—2315. Diese Verse des Zauberspruchs wurden analog 2284 ff,

Verändern Sinn und Ort!

2315 Seid hier und dort!

Sie stehn erstaunt und sehn einander an.

Altmayer.

Wo bin ich? Welches schöne Land?

Frosch.

Weinberge? Seh' ich recht?

Siebel.

Und Trauben gleich zur Hand!

Brander.

Hier unter diesem grünen Laube,

Seht, welch' ein Stock! Seht welche Traube!

Er faßt Siebeln bei der Nase. Die andern thun es wechselseitig und heben die Messer.

Mephistopheles *wie oben.*

2320 Irrthum, laß los der Augen Band!

Und merkt euch wie der Teufel spaße.

Er verschwindet mit Fauft, die Gesellen fahren auseinander.

Siebel.

Was gibt's?

Altmayer.

Wie?

Frosch.

War das deine Nase?

---

als Gesang, gegen die Mitte hereingerückt, was in den Ausgaben erst seit 1840 der Fall ift. Mephistopheles macht feierliche Gebarden eines Zauberers. Was sein Zauber bewirken soll, ist in dem Zauberspruch ausgesprochen. — 2316—2319. Die Sinnestäuschungen, die Mephistopheles' Zauber bewirkt, erklären sich aus den Worten der Sprechenden und den Bemerkungen dazu — 2317. Alexandriner vgl. zu 2245. Das Zauberstück selbst ist ebenfalls nicht Goethes Erfindung. Es wird schon in Lercheimers „Ein christlich Bedenken und Erinnerung von Zauberei 2c., Frankfurt 1586" erzählt, wenn auch nicht von Fauft. Von da hat es Aufnahme gefunden in die deutschen Sagen der Bruder Grimm, 1 Bd. Nr. 253. Schon im ersten Fauftbuche von 1587 wird es von Fauft erzählt unter der Kapitelüberschrift: „D. Faufti gäfte wollen ihn (ihnen d. i. sich) selb die nasen abschneiden." Im Abdrucke in Scheibles Kloster 2, S. 1052. Weinhold schreibt mir dazu: „Diese Spiegelei, bis zum wirklichen Abschneiden der Nasen getrieben, ist der Inhalt eines 14 strophigen Liedes: 'Doctor Faust.' Steyr gedruckt bei Joseph Greis, das ich besitze." Jetzt bei Engel, Fauftschriften 291. Eine Parallelstelle aus serbischer Dichtung weist M. Koch nach Goethejahrb. 8, 232 f.

Brander zu Siebel.

Und deine hab' ich in der Hand!

Altmayer.

Es war ein Schlag, der ging durch alle Glieder!
2325 Schafft einen Stuhl, ich sinke nieder!

Frosch.

Nein, sagt mir nur, was ist geschehn?

Siebel.

Wo ist der Kerl? Wenn ich ihn spüre,
Er soll mir nicht lebendig gehn!

Altmayer.

Ich hab' ihn selbst hinaus zur Kellerthüre —
2330 Auf einem Fasse reiten sehn — —
Es liegt mir bleischwer in den Füßen.

       Sich nach dem Tische wendend.

Mein! Sollte wohl der Wein noch fließen?

Siebel.

Betrug war alles, Lug und Schein.

Frosch.

Mir däuchte doch als tränk' ich Wein.

Brander.

2335 Aber wie war es mit den Trauben?

Altmayer.

Nun sag' mir eins, man soll kein Wunder glauben!

2329 f. Altmayer sagt dies wohl halb für sich, als ob es
nicht geheuer wäre, es laut zu sagen — Die bekannte Geschichte,
daß Faust, nicht Mephistopheles, auf einem Fasse, das man vergeblich bemüht war, aus dem Keller zu schroten, geritten sei, war Goethe
wol in lebhafter Erinnerung von dem Wandgemälde her, das sich
in Auerbachs Keller befindet mit der Jahreszahl 1525 und den Versen:
    „Doctor Faustus zu dieser frist
    Aus Auerbachs keller geritten ist 2c"
2332. Mein! Interjection, aus: mein Gott! u dgl. Vgl Schmeller
2, 592 — 2334 Mir däuchte für: Mich däuchte besprict
schon Grimm, Grammatik IV, 240

Hexenküche.

Auf einem niedrigen Herde steht ein großer Kessel über dem Feuer. In dem Dampfe, der davon in die Höhe steigt, zeigen sich verschiedene Gestalten. Eine Meerkatze sitzt bei dem Kessel und schäumt ihn, und sorgt, daß er nicht überläuft. Der Meerkater mit den Jungen sitzt daneben und wärmt sich. Wände und Decke sind mit dem seltsamsten Hexenhausrath ausgeschmückt.

Faust. Mephistopheles.

Faust

Mir widersteht das tolle Zauberwesen;
Versprichst du mir, ich soll genesen,
In diesem Wust von Raserei?

---

6. Scene: Hexenküche. Der Auftritt ist geschrieben im März 1788 im Garten der Villa Borghese in Rom. In Widerspruch mit der Umgebung wandelte es den Dichter an, sich in diese nordisch mittelalterlichen Phantasien zu versetzen. Um Faust einen Zaubertrank zu verschaffen, führt ihn Mephistopheles in die Hexenküche. Eine solche konnte dem Dichter aus Shakespeares Macbeth vorschweben, aber auch aus Bildern von Breughel und Teniers. Der Affe gilt als Geschöpf des Teufels im Gegensatz zum Menschen (als dessen Karikatur), dem Geschöpf Gottes. Die geschwänzte Affenart der Meerkatzen kömmt im Reinecke Fuchs vor, dessen Goethe schon 1788 in einem Briefe an die Stein gedenkt (1, 173). David Teniers hat in einer Reihe von Bildern unter dem Titel: Les hommes en miniatures Affen, Meerkatzen in menschenähnlichen Beschäftigungen dargestellt, so z. B. bei gedeckter Tafel wie Menschen essend und trinkend. Auf einem Bilde sind Affen dargestellt, die eine riesige Weltkugel wälzen. Ein anderes, mit der Unterschrift: Depart pour le sabat, zeigt eine Hexe, einschenkend, Flaschen auf dem Tisch; eine Nackte auf dem Besen reitend. Von Teniers ist auch wiederholt behandelt: „Le laboratoire du chimiste", „le chymiste", und „the chimiste"; ähnliche Bilder mit verschiedenen Unterschriften. Die Bilder Teniers scheinen dem Dichter bei seinem Faust vielfach vorgeschwebt zu haben, f. 2402 — 2337. Es gehört zu den bedeutsamen Zügen, durch die Goethes Faust sich von dem Faust der Sage unterscheidet, daß ihm das Zauberwesen zuwider ist. Tragisch ist, daß er seiner bedarf, f. 11, 403 ff. — 2339. Wust von Raserei;

2340 Verlang' ich Rath von einem alten Weibe?
Und schafft die Sudelkocherei
Wohl dreißig Jahre mir vom Leibe?
Weh mir, wenn du nichts Bessers weißt!
Schon ist die Hoffnung mir verschwunden.
2345 Hat die Natur und hat ein edler Geist
Nicht irgend einen Balsam ausgefunden?

Mephistopheles.

Mein Freund, nun sprichst du wieder klug!
Dich zu verjüngen gibt's auch ein natürlich Mittel
Allein es steht in einem andern Buch,
2350 Und ist ein wunderlich Capitel.

Faust.

Ich will es wissen.

Mephistopheles.

Gut! Ein Mittel, ohne Geld
Und Arzt und Zauberei zu haben:
Begib dich gleich hinaus auf's Feld,
Fang an zu hacken und zu graben,
2355 Erhalte dich und deinen Sinn
In einem ganz beschränkten Kreise,
Ernähre dich mit ungemischter Speise,
Leb mit dem Vieh als Vieh, und acht' es nicht für Raub
Den Acker, den du erntest, selbst zu düngen;
2360 Das ist das beste Mittel, glaub',
Auf achtzig Jahr dich zu verjüngen!

die Hexenküche erscheint als ein Wust, ein ungeordnetes Chaos, wie es die Einbildungskraft des Wahnsinns hervorbringt. Faust betrachtet auch sonst Mephistopheles' Zauberkünste als hohlen Schwindel, s. 2533. — 2347, 2351, 2358 ff. Alexandriner. — 2349 f. In einem andern Buch: nicht in dem des Teufelsbeschwörers, der Mephistopheles' Hilfe in Anspruch nimmt; es gehört auf ein ander Blatt. — Lebe bei anstrengender Arbeit und einfachster Kost, ungemischter Speise, acht' es nicht für Raub, den Acker — selbst zu düngen. Acht' es nicht für Raub erklärt sich durch den Zusatz: an dir selbst, an deiner Zeit. Ganz allgemein für Unrecht steht in ähnlichem Zusammenhange Raub Philipper 2, 6 (Christus hielt es nicht für einen Raub, Gott gleich zu sein). An Lavater schreibt Goethe 24 Novbr. 1783 „Du — erfahrener — Arzt, der — es nicht für einen Raub hält, zu quacksalben." — Auf achtzig Jahr, d. i. bis

Fauſt.

Das bin ich nicht gewöhnt; ich kann mich nicht bequemen,
Den Spaten in die Hand zu nehmen.
Das enge Leben ſteht mir gar nicht an.

Mephiſtopheles.

2365 So muß denn doch die Hexe dran.

Fauſt.

Warum denn juſt das alte Weib?
Kannſt du den Trank nicht ſelber brauen?

Mephiſtopheles.

Das wär' ein ſchöner Zeitvertreib!
Ich wollt indeß wohl tauſend Brücken bauen.
2370 Nicht Kunſt und Wiſſenſchaft allein,
Geduld will bei dem Werke ſein.
Ein ſtiller Geiſt iſt Jahre lang geſchäftig;
Die Zeit nur macht die feine Gährung kräftig
Und alles was dazu gehört
2375 Es ſind gar wunderbare Sachen!
Der Teufel hat ſie's zwar gelehrt;
Allein der Teufel kann's nicht machen.

Die Thiere erblickend.

Sieh, welch ein zierliches Geſchlecht!
Das iſt die Magd! das iſt der Knecht!

Zu den Thieren

2380 Es ſcheint, die Frau iſt nicht zu Hauſe?

Die Thiere.

Bei'm Schmauſe,
Aus dem Haus
Zum Schornſtein hinaus!

Mephiſtopheles.

Wie lange pflegt ſie wohl zu ſchwärmen?

---

zu dem Alter von 80 Jahren, jung zu bleiben. — 2362 Alexandriner f. zur
6. Sc. am Schluß. — 2366—2377. Die Verſe fehlen im Fragment. Sie
ſind wol nach 1790 eingeſchaltet. — 2369   In der Vorſtellung des
Volkes erſcheint der Teufel, wenn er einer Seele nachſtellt, als Brücken-
bauer; manche Teufelsbrücke iſt bekannt. S. Grimms Mythologie 972
— 2380—2382 Von dieſen Verſen gilt, wie von 2394 f. und ſo durch
die ganze Scene, was zu 2313 f bemerkt iſt. — 2383. Schornſtein. 1790, 1791. Schornſtein: 1808—1829. — 2385 Die

Die Thiere.

2385 So lang wir uns die Pfoten wärmen.

Mephistopheles zu Faust.

Wie findest du die zarten Thiere?

Faust.

So abgeschmackt als ich nur jemand sah?

Mephistopheles.

Nein, ein Discours wie dieser da,
Ist g'rade der, den ich am liebsten führe!

Zu den Thieren

2390 So sagt mir doch, verfluchte Puppen,
Was quirlt ihr in dem Brei herum?

Die Thiere.

Wir kochen breite Bettelsuppen.

Mephistopheles.

Da habt ihr ein groß Publikum.

Der Kater

macht sich herber und schmeichelt dem Mephistopheles

O würfle nur gleich
2395 Und mache mich reich,

Lesart lang ist die des Fragments. — Die Ausgaben haben lange
Die Antwort ist so absurd wie möglich und soll die albern leere,
einem gesunden Sinne ärgerliche Art der Spaße dieser grinsenden
Meerkatze bezeichnen. — 2385 ff Das Absurde erscheint dem Mephistopheles ebenso ansprechend, wie dem Faust widerlich — 2387. etwas
sah 1790, 1791. jemand sah 1808—1829 — 2390 Verfluchte
Puppen als Ausdruck teuflisch-humoristischer Zärtlichkeit — 2390
—2393 fehlt im Fragment. — Breite Bettelsuppen. Mit
Suppen, wie sie Bettlern an Klosterthüren verabreicht werden, die
man sich wässerig denkt, vergleicht Goethe wässerige Schriftstellerei,
populäre Trivialitäten für die Menge. Er schreibt an Schiller
den 28 Juli 1797 von einem Trauerspiel Gustav III.: „es ist so
recht eigentlich eine Bettelsuppe, wie sie das Publikum liebt". — Beide
Verse sind ein literarischer Seitenhieb auf solche Schriftstellerei: breite
Armseligkeiten. — Die später in der Walpurgisnacht häufiger er-
scheinenden Anspielungen auf Literatur und Gegenwart, die ganz aus
dem Rahmen der Dichtung heraustreten, tauchen in dieser Hexenküchen-
scene zuerst auf. Sie bezeichnen eine Wandlung in der Entwicklung

Und laß mich gewinnen!
Gar ſchlecht iſt's beſtellt,
Und wär' ich bei Geld,
So wär' ich bei Sinnen.

Mephiſtopheles.

2400 Wie glücklich würde ſich der Affe ſchätzen,
       Könnt' er nur auch in's Lotto ſetzen!

Indeſſen haben die jungen Meerkätzchen mit einer großen Kugel ge-
ſpielt und rollen ſie hervor

Der Kater.

       Das iſt die Welt;
       Sie ſteigt und fällt
       Und rollt beſtändig.
2405   Sie klingt wie Glas;
       Wie bald bricht das!
       Iſt hohl inwendig.
       Hier glänzt ſie ſehr
       Und hier noch mehr,
2410   Ich bin lebendig!
       Mein lieber Sohn,
       Halt dich davon!
       Du mußt ſterben!
       Sie iſt von Thon,
2415   Es gibt Scherben.

---

des Dichters, beſonders ſeiner Stellung zu ſeiner Jugenddichtung Fauſt,
von der er ſich innerlich entfernt. Vgl. zu 2442—2465. — 2397. Gar
ſchlecht iſt's beſtellt, d. i. um ihn; er hat kein Geld, hätte er Geld,
dann wäre Alles gut, dann hoffte er auch als weiſe zu gelten. 2402.
Die kurzen Verſe des Auftritts in der Hexenküche, die wahrſcheinlich
geſungen werden ſollten, müſſen nach Gepflogenheit gegen die Mitte
gerückt erſcheinen wie 2293 f u. ſ. f. — 2402 ff. Der Meerkater vergleicht die hohle, glänzende, glasartige, rollende Kugel mit der Welt,
d. i. mit unſerer Erde und mahnt einen der mit ihr ſpielenden Affen,
ſich mit ihr nicht einzulaſſen, da ſie, wie die Welt, gebrechlich ſei, als
ob er ſelbſt dadurch in die Vergänglichkeit und Hinfälligkeit des Irdiſchen
verwickelt würde. In mündlichem Vortrag wußte das Goethe wol
durch ſalbungsvoll drollige Lehrhaftigkeit zu beleben und es entging
ihm die an ſich eben nicht preiswürdige Dunkelheit des Ausdrucks.
Der aus allem Zuſammenhang ſich loslöſende Satz: 2410: Ich bin

Mephistopheles.

Was soll das Sieb?

Der Kater holt es herunter.

Wärst du ein Dieb,
Wollt' ich dich gleich erkennen,

Er läuft zur Katzin und läßt sie durchsehn.

Sieh durch das Sieb!
2420 Erkennst du den Dieb,
Und darfst ihn nicht nennen?

Mephistopheles sich dem Feuer nähernd.

Und dieser Topf?

Kater und Kätzin.

Der alberne Tropf!
Er kennt nicht den Topf,
2425 Er kennt nicht den Kessel!

Mephistopheles.

Unhöfliches Thier!

Der Kater.

Den Wedel nimm hier,
Und setz dich in Sessel!

Er nöthigt den Mephistopheles zu sitzen.

Faust,

welcher diese Zeit über vor einem Spiegel gestanden, sich ihm bald
genähert, bald sich von ihm entfernt hat.

Was seh ich? Welch ein himmlisch Bild

---

lebendig! muß emphatisch gesprochen werden und hat wol den
Sinn, daß die rollende Kugel, die die Welt bedeutet, zu sagen scheint,
sie lebe. — Es sei aber darauf nicht zu bauen, sie sei vergänglich;
der sich mit der Vergänglichkeit einläßt, sei zu mahnen, daß er sterben
müsse. Du mußt sterben! Sie ist von Thon, es gibt
Scherben. — So erscheint die Rede des Katers als Ironie auf
ähnliche Predigten, die vom Irdischen abmahnen und an den Tod
erinnern. — Die Zerbrechlichkeit des Glases ist von Alters her sprich=
wörtlich Glück und Glas alliteriren im Sprichwort, s Wanders
Sprichwörterlexikon 1, 1736—1748 unter Glück Nr. 109, 404, 436.
— 2416 ff. Das Siebsehn war, wie das Weissagen aus dem Zauber=
spiegel oder dem Krystall, ein bekanntes Zauberkunststück schon den
Alten bekannt (als koskinomantia, eine Siebwahrsagerin κοσκινόμαντις
bei Theofrit 1, 31 u. a). Vgl. Grimm, Mythol. 1062 f. — 2424.
Topf und Kessel sind hier, wie der Zusammenhang ergibt, die Be=
zeichnungen eines und desselben Geräts. — 2427 f. Hier ist wol

2430 Zeigt ſich in dieſem Zauberſpiegel!
　　O Liebe, leihe mir den ſchnellſten deiner Flügel,
　　Und führe mich in ihr Gefild!
　　Ach wenn ich nicht auf dieſer Stelle bleibe,
　　Wenn ich es wage nah zu gehn,
2435 Kann ich ſie nur als wie im Nebel ſehn! —
　　Das ſchönſte Bild von einem Weibe!
　　Iſt's möglich, iſt das Weib ſo ſchön?
　　Muß ich an dieſem hingeſtreckten Leibe
　　Den Inbegriff von allen Himmeln ſehn!
2440 So etwas findet ſich auf Erden?

Mephiſtopheles.

　　Natürlich, wenn ein Gott ſich erſt ſechs Tage plagt,
　　Und ſelbſt am Ende Bravo ſagt,
　　Da muß es was Geſcheites werden.
　　Für dießmal ſieh dich immer ſatt;
2445 Ich weiß dir ſo ein Schätzchen auszuſpüren,
　　Und ſelig, wer das gute Schickſal hat,
　　Als Bräutigam ſie heim zu führen!

Fauſt ſieht immerfort in den Spiegel. **Mephiſtopheles,** ſich in dem
Seſſel dehnend und mit dem Wedel ſpielend, fährt fort zu ſprechen.

　　Hier ſitz' ich wie der König auf dem Throne,
　　Den Zepter halt' ich hier, es fehlt nur noch die Krone.

---

ein Fliegenwedel gemeint, ein dem Teufel als Fliegengott, ſ. zu Vers
1334, angemeſſener Herrſcherſtab. — In Seſſel, das iſt in'n für
in den, wie dergleichen bei Goethe häufig. — 2430 f Während
Mephiſtopheles ſich als Herrſcher gebärdet und Fauſt nicht zu achten
ſcheint, iſt doch das Bild, das Fauſt im Zauberſpiegel erblickt, natürlich ſeiner Veranlaſſung zuzuſchreiben. Es iſt nicht das Bild Gretchens
oder Helenens Mephiſtopheles gewahrt ihm den Anblick weiblicher
Reize, um ihn in ſeinem Sinne zu ſtimmen. Es zeigt ſich ſchon hier
Fauſts edlere Auffaſſung, die von der, die Mephiſtopheles hervorrufen
mochte, verſchieden iſt. Fauſt will ſich nahern, der Spiegel geſtattet
nur die Betrachtung aus einer beſtimmten Ferne, wobei man an
optiſche Erſcheinungen in Hohlſpiegeln erinnert wird. — 2443. 'was
geſcheidtes 1790. — Fauſt gedenkt ſpäter beim Anblick Helenens
dieſer Erſcheinung im Zauberſpiegel 2. Theil 6496. — 2441 f. Mephiſtopheles' Worte beziehen ſich auf die Bibelſtelle 1. Moſ. 1, 31:
„und Gott ſah an alles, was er gemacht hatte, und ſiehe da, es war
ſehr gut." — 2096 f. Es ſteigert ſich der Kontraſt zwiſchen der in
Fauſt erwachenden Leidenſchaft und dem abſurden Spiel des Mephiſto-

Die Thiere,

welche bisher allerlei wunderliche Bewegungen durch einander gemacht
haben, bringen dem Mephistopheles eine zerbrochene Krone mit
großem Geschrei

2450 O sei doch so gut,
    Mit Schweiß und mit Blut
    Die Krone zu leimen!

Sie gehn ungeschickt mit der Krone um und zerbrechen sie in zwei
Stücke, mit welchen sie herumspringen.

    Nun ist es geschehn!
    Wir reden und sehn,
2455 Wir hören und reimen;

Faust gegen den Spiegel

Weh' mir! ich werde schier verrückt.

Mephistopheles auf die Thiere deutend

Nun fangt mir an fast selbst der Kopf zu schwanken.

Die Thiere.

    Und wenn es uns glückt,
    Und wenn es sich schickt,
2460 So sind es Gedanken!

Faust wie oben

Mein Busen fängt mir an zu brennen!
Entfernen wir uns nur geschwind!

Mephistopheles in obiger Stellung.

Nun, wenigstens muß man bekennen,
Daß es aufrichtige Poeten sind.

Der Kessel, welchen die Katzen bisher außer Acht gelassen, fängt an
überzulaufen; es entsteht eine große Flamme, welche zum Schornstein
hinaus schlägt. Die Hexe kommt durch die Flamme mit entsetzlichem
Geschrei gefahren

---

pheles, als Herrscher auf dem Throne unter den Meerkatzen. Sie
bringen auch noch die Krone und verlangen, daß er sie leime. Sie
ist also schon gebrochen, fällt aber erst völlig auseinander, da sie un=
geschickt mit ihr umgehn. Mit Schweiß und Blut soll er sie leimen
wie ein rechter Autokrat, der mit dem Schweiße und Blute der Unter=
thanen seine Macht befestigt. Die weiteren Worte der Thiere mit der
Schlußrede Mephistopheles' ergeben sich als Spott auf gedankenlos

Die Hexe.

2465 Au! Au! Au! Au!
Verdammtes Thier! verfluchte Sau!
Versäumst den Kessel, versengst die Frau!
Verfluchtes Thier!

Faust und Mephistopheles erblickend.

Was ist das hier?
2470 Wer seid ihr hier!
Was wollt ihr da?
Wer schlich sich ein?
Die Feuerpein
Euch in's Gebein!

Sie fährt mit dem Schaumlöffel in den Kessel und spritzt Flammen nach Faust, Mephistopheles und den Thieren. Die Thiere winseln.

Mephistopheles,

welcher den Wedel, den er in der Hand hält, umkehrt und unter die Gläser und Töpfe schlägt.

2475 Entzwei! entzwei!
Da liegt der Brei!
Da liegt das Glas!
Es ist nur Spaß,
Der Tact, du Aas,
2480 Zu deiner Melodei.

Indem die Hexe voll Grimm und Entsetzen zurücktritt.

Erkennst du mich? Gerippe! Scheusal du!
Erkennst du deinen Herrn und Meister?
Was hält mich ab, so schlag' ich zu,
Zerschmettre dich und deine Katzen-Geister!
2485 Hast du vor'm rothen Wamms nicht mehr Respect?

---

reimende Dichter 2445. Vgl. zu 2392 f. — 2466 Die Anrede gilt
der Meerkatze, die den Kessel versäumte — 2473. Aus der nach diesem
Verse folgenden Anmerkung ist ersichtlich, daß auch der Inhalt des
Kessels, wie oben der Wein (s zu 2298 f.) sich, wenn er vergossen
wird, in Feuer verwandelt und dadurch höllischen Ursprung bekundet.
Aus der Bemerkung nach 2474 erhellt ferner, daß mit dem großen
Kessel auch Gläser und Töpfe am Feuer stehn. — 2478 ff. Das ist
nichts weiter als ein Scherz meinerseits zur Erwiderung auf deine
Begrüßung. — 2485 Vgl 1536 ff. Die Prinzipale der Schauspieler-
truppen in der ersten Hälfte des 18. Jahrhunderts trugen scharlach-

Kannst du die Hahnenfeder nicht erkennen?
Hab' ich dieß Angesicht versteckt?
Soll ich mich etwa selber nennen?

Die Hexe.

O Herr, verzeiht den rohen Gruß!
2490 Seh' ich doch keinen Pferdefuß.
Wo sind denn eure beiden Raben?

Mephistopheles

Für dießmal kommst du so davon;
Denn freilich ist es eine Weile schon,
Daß wir uns nicht gesehen haben.
2495 Auch die Cultur, die alle Welt beleckt,
Hat auf den Teufel sich erstreckt;
Das nordische Phantom ist nun nicht mehr zu schauen;
Wo siehst du Hörner Schweif und Klauen?
Und was den Fuß betrifft, den ich nicht missen kann,

---

rothe Westen, „Permissionswesten" genannt, wodurch sie sich als privi-
legirte Respects-Personen kenntlich machten, s. Devrient, Gesch. d. deutsch.
Schauspielkunst I, 360. Ganz ähnlich brüstet sich hier Mephisto mit seinem
rothen Wams. Ueber Hahnenfeder s. zu 1535 f. — Der entweichende Teufel zeigt einen Pferdefuß, s. Grimms Mythol 916. Simrock deutet den
Pferdefuß des Teufels Mythol 235 auf den Zug, daß bei Haddings Entführung (nach Saxo Grammaticus) unter dem Mantel Odhins der Huf
seines Rosses hervorblickt Ueber den Pferdefuß s zu 2184. — 2491 f.
Zwei Raben als Begleitung und Diener des Teufels, die auch im
vierten Aufzuge des zweiten Theils noch einmal vorkommen, s zu 2,
10, 675, scheinen der Volksmythe entnommen. Die Raben, die
um den Kyffhäuser fliegen, dem schlafenden Rotbart dienen, der an die
Stelle Wodans getreten ist, wie die Raben Odhins in der nordischen
Mythe, scheinen auf den Teufel übertragen. Merkwürdigerweise tritt
schon im Puppenspiel Faust der höllische Bote als Rabe Mercurius
auf (Mercurius der Götterbote und Todtenführer entspricht bekanntlich unserm Wodan). S. Grimm, Mythol 3. Ausg S. 100 f, 108 f.,
637. — 2495 ff. Auch wird hier vorangestellt, obwohl es zum Prädicat
gehört. Die Cultur hat auch oder Auch hat die Cultur. Sieh
darüber die Anmerkung zu 1001. 2939. — Daß der Teufel unsrer
Tage nicht mehr in der mittelalterlichen Gestalt mit Hörnern, Schweif
und Klauen auftreten, auch nicht mehr Satan, sondern: Herr Baron
genannt sein will s. 2510 ist eine geschickte Motivirung einer künstlerischen Nothwendigkeit, denn nur vermenschlicht, unsern Vorstellungen
angenähert, ist er im Drama verwendbar. Indirect deutet diese Ver-
hüllung der ursprünglichen Erscheinung zugleich ironisch auf das Ueber-
tünchen und Schönfärben von Laster und Gemeinheit, das dem modernen
Wesen eigen ist — 2497. Phantom, d. i. französisch fantôme, aus

2500 Der würde mir bei Leuten ſchaden;

Darum bedien' ich mich, wie mancher junge Mann,

Seit vielen Jahren falſcher Waden.

Die Hexe tanzend.

Sinn und Verſtand verlier' ich ſchier,

Seh' ich den Junker Satan wieder hier!

Mephiſtopheles.

2505 Den Namen, Weib, verbitt' ich mir!

Die Hexe.

Warum? Was hat er euch gethan?

Mephiſtopheles.

Es iſt ſchon lang' in's Fabelbuch geſchrieben;

Allein die Menſchen ſind nichts beſſer dran,

Den Böſen ſind ſie los, die Böſen ſind geblieben.

2510 Du nennſt mich Herr Baron, ſo iſt die Sache gut;

Ich bin ein Cavalier, wie andre Cavaliere.

Du zweifelſt nicht an meinem edlen Blut;

Sieh her, das iſt das Wappen, das ich führe!

Er macht eine unanſtändige Gebärde.

Die Hexe lacht unmäßig.

Ha! Ha! Das iſt in eurer Art!

2515 Ihr ſeid ein Schelm, wie ihr nur immer war't!

Mephiſtopheles zu Fauſt.

Mein Freund, das lerne wohl verſtehn!

Dieß iſt die Art mit Hexen umzugehn.

Die Hexe.

Nun ſagt, ihr Herren, was ihr ſchafft.

γάντασμα, Geiſtererſcheinung, Einbildung   Vgl. 2 Th Eingang des 3. Acts, Anmerk. — 2504 **Junker Satan,** vgl. 1535 und 4023. „Junker Teufel" kommt ſchon bei Luther und Fiſchart vor, Junker Satan in Liedern des dreißigjährigen Krieges, ſ. Grimms Wörterb. 4², 2402. — 2507. Es glaubt Niemand mehr an einen Satan — 2510—2513. Mit cyniſch teufliſcher Schalkheit eines vertrauten Buhlers, was ja nach der Volksvorſtellung die Stellung des Teufels zu den Hexen iſt. — 2513. Als „unanſtändige Gebärde" wäre dem Schauſpieler etwa vorzuſchlagen: er hebt der Hexe gegenüber ein Bein raſch und hoch, der Hexe zu, dem Zuſchauer ab gewandt und ſchlägt ſich bei den Worten: das iſt das Wappen, klatſchend auf den untern Schenkel oder weiter oben. So hatte Laroche die Gebärde in der Erinnerung, die er mir, auf meine ausdrückliche Anfrage, vermachte. — 2518. **Schaffen** im Sinne von befehlen iſt oberdeutſch mundartlich

Mephistopheles.

Ein gutes Glas von dem bekannten Saft,
2520 Doch muß ich euch um's alt'ste bitten;
Die Jahre doppeln seine Kraft.

Die Hexe.

Gar gern! Hier hab' ich eine Flasche,
Aus der ich selbst zuweilen nasche,
Die auch nicht mehr im mind'sten stinkt;
2525 Ich will euch gern ein Gläschen geben.

Leise.

Doch wenn es dieser Mann unvorbereitet trinkt,
So kann er, wißt ihr wohl, nicht eine Stunde leben.

Mephistopheles

Es ist ein guter Freund, dem es gedeihen soll,
Ich gönn' ihm gern das Beste deiner Küche
2530 Zieh deinen Kreis, sprich deine Sprüche,
Und gib ihm eine Tasse voll!

Die Hexe

mit seltsamen Gebärden, zieht einen Kreis und stellt wunderbare
Sachen hinein; indessen fangen die Gläser an zu klingen, die Kessel
zu tönen, und machen Musik. Zuletzt bringt sie ein großes Buch,
stellt die Meerkatzen in den Kreis, die ihr zum Pult dienen und die
Fackel halten müssen. Sie winkt Fausten, zu ihr zu treten.

Faust zu Mephistopheles

Nein, sage mir, was soll das werden?
Das tolle Zeug, die rasenden Gebärden.
Der abgeschmackteste Betrug,
2535 Sind mir bekannt, verhaßt genug.

Mephistopheles.

Ei, Possen! Das ist nur zum Lachen;
Sei nur nicht ein so strenger Mann!

(österreichisch, bairisch, schwäbisch), auch schon mittelhochdeutsch üblich
Es ist die schwache Form (schaffe, schaffte, geschafft), die von
der allgemein üblichen starken (schaffe, schuf, geschaffen, er-
zeugen) abgeleitet ist Vgl. zu 3083 — 2532 ff. Vgl zu 2254 f. —
2538 f Es ist vortrefflich, daß Mephistopheles Fausts Zweifel nicht
widerlegt, sondern ihnen ausweicht Der Arzt muß, nicht nur der
Charlatan, auf die Einbildungskraft der Heilungsbedürftigen zu wirken

Sie muß als Arzt ein Hocuspocus machen,
Damit der Saft dir wohl gedeihen kann.

Er nöthigt Fauſten in den Kreis zu treten.

Die Hexe

mit großer Emphaſe fängt an aus dem Buche zu declamiren.

2540   Du mußt verſtehn!
       Aus Eins mach' Zehn,
       Und Zwei laß gehn,
       Und Drei mach' gleich,
       So biſt du reich.
2545   Verlier' die Vier,
       Aus Fünf und Sechs,
       So ſagt die Hex',
       Mach' Sieben und Acht,
       So iſt's vollbracht;
2550   Und Neun iſt Eins,
       Und Zehn iſt keins.
       Das iſt das Hexen=Einmal=Eins!

Fauſt.

Mich dünkt, die Alte ſpricht im Fieber.

ſuchen, das Vertrauen, die Zuverſicht zur Heilung durch das Heilver=
fahren wecken Ueber Hocus pocus ſ oben zu 2307. — 2540—2552
Zu dem unſinnigen Hexen=Einmal=Eins iſt vor allem zu erinnern an
die Hexenſprüche in Shakeſpeares Macbeth 1, 3 IV, 1. Die Lehre
der Pythagoräer von den Zahlen als Principien der Dinge, erſcheint
hier zu leerem Wortſpiel entſtellt. In ſein Tagebuch notirte ſich
Goethe in Straßburg 1770: De numerorum potestate apud Pyth.
vid. Fabr. Bibliographia antiquar. p 234 (d. h. J. A. Fabricii
bibliographia antiquaria 1713). — Daſelbſt die Stelle über den
Werth der Eins, der Zwei und Drei ſ. jetzt Seuffert Ephemerides
von Goethe S. VI und 4. Dort lieſt man: Pythagoricis unarius
„numerus virtute est" ἀρρενόϑηλυς (ein Zwitter) actu ἀριϑμοῦ πατήρ,
binarius μήτηρ et ex his ortus numerus tertius ἀρρενόϑηλυς. Alſo:
die Einzahl iſt bei den Pythagoraern ein Zwitter und Vater der
Zahlen; die Zweizahl die Mutter, dieſem entſtammt die dritte Zahl
(wieder ein) Zwitter. — Die chriſtliche Lehre von der Dreifaltig=
keit beſchäftigte Goethe viel, ſ. Dichtung und Wahrheit Loepers
Ausg II, 126 ſ, 358. III, 160, 162, 227 IV, p. XXXIV. Gegen
Eckermann äußerte er noch 1824, den 4. Jenner (III, 30): „ich ſollte
auch glauben, daß Drei Eins ſei und Eins Drei; das aber wider=
ſtrebte dem Wahrheitsgefühl meiner Seele." Vgl. die Verſe 2560 ff.

Mephistopheles.

Das ist noch lange nicht vorüber,
2555 Ich kenn' es wohl, so klingt das ganze Buch;
Ich habe manche Zeit damit verloren,
Denn ein vollkommner Widerspruch
Bleibt gleich geheimnißvoll für Kluge wie für Thoren.
Mein Freund, die Kunst ist alt und neu.
2560 Es war die Art zu allen Zeiten,
Durch Drei und Eins, und Eins und Drei
Irrthum statt Wahrheit zu verbreiten.
So schwätzt und lehrt man ungestort!
Wer will sich mit den Narrn befassen?
2565 Gewohnlich glaubt der Mensch, wenn er nur Worte
hört,
Es müsse sich dabei doch auch was denken lassen.

          Die Hexe fahrt fort
        Die hohe Kraft
        Der Wissenschaft,
        Der ganzen Welt verborgen!
2570   Und wer nicht denkt,
        Dem wird sie geschenkt,
        Er hat sie ohne Sorgen.

Faust.

Was sagt sie uns für Unsinn vor?
Es wird mir gleich der Kopf zerbrechen.
2575 Mich dünkt, ich hör' ein ganzes Chor
Von hunderttausend Narren sprechen.

Mephistopheles.

Genug, genug, o treffliche Sibylle!

2563 ff. So schwatzen sie und man läßt sie schwatzen, weil man
sich mit ihnen nicht befassen will — 2567 f Die Verse sind schon
1790 bis 1829 in die Mitte der Zeile gerückt. Goethes Maxime war,
sich angeborner Denkkraft frei zu bedienen und sich des Denkens uber
das Denken moglichst zu enthalten; vgl. zu 1908. So auch zahme
Xenien, Gedichte II, 351: „Ja, das ist das rechte Gleis, Daß man
nicht weiß, Was man denkt, Wenn man denkt: Alles ist als wie ge-
schenkt." Es liegt in dem Spruch der Hexe doch derselbe Gedanke,
daß „die hohe Kraft der Wissenschaft der ganzen Welt verborgen"
bleibe, indem der, der sie bei Seite liegen läßt, ohne Mühe hinter
ihr Geheimniß komme. — 2577. Sibylle (1790: Sybille, wie

Gib deinen Trank herbei und fülle
Die Schale raſch bis an den Rand hinan;
2580 Denn meinem Freund wird dieſer Trank nicht ſchaden:
Er iſt ein Mann von vielen Graden,
Der manchen guten Schluck gethan.

Die Hexe

mit vielen Ceremonien ſchenkt den Trank in eine Schale; wie ſie
Fauſt an den Mund bringt, entſteht eine leichte Flamme.

Mephiſtopheles.

Nur friſch hinunter! Immer zu!
Es wird dir gleich das Herz erfreuen.
2585 Biſt mit dem Teufel du und du,
Und willſt dich vor der Flamme ſcheuen?

Die Hexe löſ't den Kreis. Fauſt tritt heraus.

Mephiſtopheles.

Nun friſch hinaus! Du darfſt nicht ruhn.

Die Hexe.

Mög' euch das Schlückchen wohl behagen!

Mephiſtopheles zur Hexe.

Und kann ich dir was zu Gefallen thun,
2590 So darfſt du mir's nur auf Walpurgis ſagen.

Die Hexe.

Hier iſt ein Lied! wenn ihr's zuweilen ſingt,
So werdet ihr beſondre Wirkung ſpüren.

---

in Claudine 1775) nennt hier Mephiſtopheles die Hexe und bezeichnet
ſie mit einem antiken, aber auch im chriſtlichen Mittelalter noch fort=
lebenden Ausdrucke als eine gottbegeiſterte Wahrſagerin im Hinblick
auf ihre emphatiſchen Sprüche. — 2581. Von vielen Graden.
Dabei iſt an Rangſtufen zu denken, die man in gewiſſen Orden nur
nach und nach erreicht, ſ. Vers 1327. Mephiſtopheles duzt Fauſt zuerſt 1346. Der zeit=
weilige Wechſel des du, er und ihr in der Rede beider, der doch
zuweilen eintritt, iſt immer für die Stimmung bezeichnend, ſ. 3039
— 2586 f. Es iſt anzunehmen, daß bei der Flamme Fauſt die Schale
abſetzt und nicht trinken will. In Bezug auf das Entſtehn der Flamme
vgl. zu 2295 f. und 2473. — 2590. auf Walpurgis: auf dem Blocks=
berge in der Walpurgisnacht vom 30. April auf den 1. Mai. —
2591 f. Boshaft wird hier die Redeweiſe der frommen Vertheiler
pietiſtiſcher Tractätlein und Lieder der Hexe in den Mund gelegt.
Das Lied iſt für Fauſt beſtimmt, als Zugabe zum „Schluckchen" 2588,

Mephistopheles zu Faust.

Komm nur geschwind und laß dich führen;
Du mußt nothwendig transpiriren,
2595 Damit die Kraft durch Inn= und Aeußres dringt
Den edlen Müßiggang lehr' ich hernach dich schätzen,
Und bald empfindest du mit innigem Ergetzen,
Wie sich Cupido regt und hin und wieder springt.

Faust.

Laß mich nur schnell noch in den Spiegel schauen!
2600 Das Frauenbild war gar zu schön!

Mephistopheles.

Nein! Nein! Du sollst das Muster aller Frauen
Nun bald leibhaftig vor dir sehn.

---

s. Zarncke, Zentralblatt 1879, 4. October Sp. 1292. — 2598. Cupido, die Begierde, war bei den Römern bekanntlich auch als Name Amors üblich — 2599. Als Goethe 1829 den ersten Theil des Faust vorlas, ließ er ihn, nachdem Faust getrunken hatte, statt den tiefen Baß, den er bisher hören ließ, im schönsten Tenor eines Jünglings sprechen. — 2603 f. Wenn wir uns der Frage Fausts erinnern 2341 f., ob die Sudelköcherei ihm 30 Jahre vom Leibe schaffe? so werden wir hier annehmen, daß es sich um einen Verjüngungstrank handelt, damit wird Mephistopheles natürlich die Absicht verbinden, Faust in den Zustand jugendlich=sinnlicher Erregtheit zu versetzen, so daß ihm in blindem Taumel jedes weibliche Wesen begehrenswerth erscheinen sollte — Die Absicht Mephistopheles' wird insofern nicht erreicht, als Faust auch auf den Liebestrank nicht von brutaler Leidenschaft überwältigt, sondern von seelenvoller Liebe ergriffen wird — Die Betonung von Helene, Helena schwankt im Faust zwischen antiker und moderner Aussprache. Hier ruht der Ton auf der ersten und dritten Silbe.

Bald Helenen in jedem Weibe,

wie im 1. Act des 2 Theils, Vers 6197.

Denkst Helenen so leicht hervorzurufen

und zu Anfang des 3 Actes Vers 8488:

Bewundert viel und viel gescholten Helena,

im 4. Act zu Anfang Vers 10, 50:

Ich seh's' Junonen ähnlich, Ledan, Helenen

Hingegen auf der zweiten im 2. Act des 2 Theils Vers 7434—7455:

Helenen mit verrückten Sinnen,
Helenen will er sich gewinnen,

im 3. Act Vers 8613, 1614:

Theilet der Herrin Glück,
Theilet Helenens Glück

Leiſe.

Du ſiehſt, mit dieſem Trank im Leibe,
Bald Helenen in jedem Weibe.

Im ganzen Auftritt in der Hexenküche ſind folgende Alexandriner zu
bemerken: 1995, 1998, 2005, 2009, 2078, 2088, 2096, 2144, 2146,
2148, 2156, 2157, 2158, 2173, 2174, 2175, 2205, 2212, 2213, 2243,
2244, 2245. Vgl. zu 1734, 2321.

Straße.

Faust. Margarete vorüber gehend.

Faust.

2605 Mein schönes Fräulein, darf ich wagen,
Meinen Arm und Geleit ihr anzutragen?

Margarete.

Bin weder Fräulein, weder schön,
Kann ungeleitet nach Hause gehn.

Sie macht sich los und ab.

Faust.

Bei'm Himmel, dieses Kind ist schön!
2610 So etwas hab ich nie gesehn
Sie ist so Sitt' und Tugend reich,

---

7. Scene: Straße. Faust Margarete vorüber gehend.
2605. Der Auftritt ist unter wachsender Neigung zu Lili entstanden,
im Februar und März 1775. So wie oben (s. zu 809) ist auch hier
die Scenerie Frankfurt. So wie der Name, so sind auch die Grundzuge des Wesens Gretchens in jener ersten Liebe Goethes zu suchen.
Ueber das Geschichtliche dieses Gretchens ist nichts bekannt; darüber,
daß die Grundzuge des in Dichtung und Wahrheit Erzählten that-
sächlicher Natur, nicht Erfindung sind, spricht überzeugend und treffend
Loeper in den Anmerkungen seiner Ausgabe 1, 348 — 2606 f. Alle
Ausgaben haben hier: Ihr. — Ueber die Anrede in 2. Pers. Plur.,
die jetzt veraltet klingt, in Goethes Jugend aber noch üblich war, s.
Grimm, Gramm. IV, 308. Obige Scene erinnert besonders an die
Stelle in Dicht. u. Wahrh. 1, 156 f, wo der Dichter erzählt, wie er
die Kirche besuchte, um Gretchen zu sehn und beim Gang aus der
Kirche es nicht wagt, sie anzureden. Vgl auch zu 3374 — 2607.
Fräulein bezeichnete früher nur Adelige. — 2611. sitt'- und
tugendreich, wie die Ausgaben haben, scheint eine Freiheit, die
der Dichter sich nimmt, nach Analogie der Verbindung zweier zu-
sammengesetzter Worter, deren zweites das gleiche ist und beim ersten
wegbleiben kann (Furcht- und Hoffnungslos, Schutz- und
Trutzbundniß). Da sittreich unüblich ist und sitt- nur mit

Und etwas ſchnippiſch doch zugleich.
Der Lippe Roth, der Wange Licht,
Die Tage der Welt vergeſſ' ich's nicht!
2615 Wie ſie die Augen niederſchlägt,
Hat tief ſich in mein Herz geprägt;
Wie ſie kurz angebunden war,
Das iſt nun zum Entzücken gar!

Mephiſtopheles tritt auf.

Fauſt.

Hör', du mußt mir die Dirne ſchaffen!

Mephiſtopheles.

2620 Nun welche?

Fauſt.

Sie ging juſt vorbei.

Mephiſtopheles.

Da die? Sie kam von ihrem Pfaffen,
Der ſprach ſie aller Sünden frei;
Ich ſchlich mich hart am Stuhl vorbei,
Es iſt ein gar unſchuldig Ding,
2625 Das eben für nichts zur Beichte ging;
Ueber die hab' ich keine Gewalt!

Fauſt.

Iſt über vierzehn Jahr doch alt.

ſittſam zu ergänzen wäre, ſo iſt die Freiheit durch keine Analogie
völlig gedeckt. Das Ungereimte liegt doch wol nur in der Schreibung
und ſchwindet, wenn wir ſie wie oben emendiren, an Sitt' und
Tugend reich = reich an Sitte (Sittſamkeit) und Tugend. —
2612. ſchnippiſch niederländiſch snebbig: zungengewandt vgl. zu
2617. — 2617. Kurz angebunden ſein iſt mit ſchnippiſch
ſein ziemlich daſſelbe Grimms Wörterb. 1, 295 erklärt den Ausdruck
mit wild, weil man wilde, unbändige Thiere kurz anbindet. Es hat
jedenfalls die Bedeutung von leicht reizbar, kurz und bündig im
Erwidern. — 2619 f. Indem Fauſt ſchon durch ſein entſchloſſen lebe-
männiſches Auftreten (2605 f.) über die Grenzen ſeines bisherigen
Weſens hinaustritt, verfällt er, leidenſchaftlich erregt, bei dem Auftreten Mephiſtopheles' in cyniſche Frivolität. Daß Mephiſtopheles
thut, als wußte er nicht, von wem die Rede iſt, iſt natürlich Ver-
ſtellung, wie auch die Schwierigkeiten, die er macht 2639 f., offenbar
den Zweck haben, Fauſts Leidenſchaft zu ſteigern. — 2627. Die üble
Meinung vom weiblichen Geſchlecht, die Fauſt hier ausſpricht, braucht
nicht, wie Mephiſtopheles thut, als die Anſicht eines Hans Liederlich
aufgefaßt zu werden; auch der in Zurückgezogenheit lebende Hypo-
chonder, wie Fauſt einer bisher war, bildet ähnliche Anſchauungen aus.

Mephistopheles.

Du sprichst ja wie Hans Liederlich,
Der begehrt jede liebe Blum' für sich,
2630 Und dünkelt ihm es wär' kein' Ehr'
Und Gunst, die nicht zu pflücken wär';
Geht aber doch nicht immer an.

Faust.

Mein Herr Magister Lobesan,
Laß er mich mit dem Gesetz in Frieden!
2635 Und das sag' ich ihm kurz und gut,
Wenn nicht das süße junge Blut
Heut' Nacht in meinen Armen ruht,
So sind wir um Mitternacht geschieden.

2628. Hans Liederlich. — Die Verbindung von Hans mit
einem andern bezeichnenden Beinamen, wie Hans Kuchenmeister
(Goethe im Götz) u. dgl. kommen seit dem 16. Jahrh. vor, wie hier
Hans Liederlich. In dem gehaltvollen Artikel Hans in Grimms
Wörterb. 4², 455—462 wird eine Liste solcher Namen aufgeführt.
Dazu ist noch zu vergl Wackernagel in Pfeiffers Germania 5, S 318
—325 und unten zu Vers 2727, 3059 — 2630 Und dünkelt ihm,
d h und dünkelt es ihm = und es dünkelt ihm: er hat
den Dünkel, bildet sich ein — 2633 Magister Lobesan ist zum
Spottnamen geworden für einen doctrinären Gelehrten. Magister
ist als Titel ursprünglich mit dem Ehrenbeiwort lobesam, d. i. honou-
rable, löblich, herkömmlich geworden, was mit der Zeit als Bezeichnung
einer als Magister charakteristisch hervortretenden Persönlichkeit galt,
wie Hans Liederlich für der liederliche Hans. Die Form
lobesan für lobesam ist eine Entstellung, die schon mittelhochdeutsch
vorkommt, s Grimms Gramm 2, 574 — lobesan 1790 Lobesan
1791, 1808, 1816, 1825, 1828, 1829 In dem Stammbuchblatt vom
15. Sept 1773 an Lotte Buff schreibt Goethe Rathsherrn lobe=
san Frau Jacobi schreibt an Goethe 6 Nov. 1773: Herrn Dr.
Goethe Lobesam. Das Beiwort wird, wie ein Eigenname, groß
geschrieben, s. die Beispiele bei Heyne in Grimms Wörterb VI, 1084
— 2631 Gesetz muß hier als Menschensatzung im Allgemeinen
gefaßt werden, als ob Faust sagte: komm nur nur um Himmelswillen
nicht mit alltäglichen Vorurtheilen und Satzungen. — 2634 2635
Die Ausgaben haben hier Er Ihm — 2635 ff. Hier erscheint Faust,
nach den bisher so wenig befriedigenden Diensten, die ihm Mephistopheles erweist, das erste Mal ein Strahl höchsten Glücks, und nun
verlangt er ungestüm augenblickliche Gewährung, wenn der Vertrag
gelten soll — In dem vertrockneten Innern Fausts ist eine Stelle
lebendig geworden, durch den Anblick weiblichen Reizes in dem Zauber=
spiegel: er sieht nun in Gretchen das Liebenswerthe lebendig vor sich.
— Er ist nicht der natürlich entwickelte jugendliche Mensch: er hat

Mephiſtopheles.

Bedenkt was gehn und ſtehen mag!
2640 Ich brauche wenigſtens vierzehn Tag,
Nur die Gelegenheit auszuſpüren.

Fauſt.

Hätt' ich nur ſieben Stunden Ruh,
Brauchte den Teufel nicht dazu,
So ein Geſchöpfchen zu verführen.

Mephiſtopheles.

2645 Ihr ſprecht ſchon faſt wie ein Franzos;
Doch bitt' ich, laßt's euch nicht verdrießen:
Was hilft's nur g'rade zu genießen?
Die Freud' iſt lange nicht ſo groß,
Als wenn ihr erſt herauf, herum,
2650 Durch allerlei Brimborium,
Das Püppchen geknetet und zugericht't,
Wie's lehret manche welſche Geſchicht'.

Fauſt.

Hab' Appetit auch ohne das.

Mephiſtopheles.

Jetzt ohne Schimpf und ohne Spaß.
2655 Ich ſag' euch, mit dem ſchönen Kind
Geht's ein= für allemal nicht geſchwind.
Mit Sturm iſt da nichts einzunehmen;
Wir müſſen uns zur Liſt bequemen.

---

die Jugend in Gedankenarbeit verſäumt. Der einſeitig entwickelte
Verſtand macht ſelbſtiſch und zerſtört das Gemüthsleben: er ſtrebt
rückſichtslos nach Genuß und wird ſich erſt allmählich zu ſelbſt=
loſer Liebe läutern. — 2639. Bedenkt 1790, 1791, 1808, 1816,
1825. Bedenk 1828 Bedenk' 1828 — 2646. Aeltere Les=
art drum für doch. — 2650. Brimborium, franz. brim-
borion Lappalie, Umſchweife, hier Liebesbeweiſe, die in den
Augen Mephiſtos Lappalien, Thorheiten ſind. — 2651. Püppchen,
für Spielzeug, Docke; geknetet, erweicht; zugericht't, geneigt,
empfänglich gemacht — 2652. Welſche Geſchicht', d. i. Roman,
Erzählung von Liebes= und Verführungsgeſchichten, wie ſie aus
Welſchland kommen. — 2654. Schimpf hat hier die ältere Be=
deutung: Kurzweil, Scherz, wie mittelhochdeutſch ſchimpf. Noch in
Goethes Adelsbrief vom 10. April 1782 wird die Formel gebraucht:
in Schimpf und Ernſt (durfe er und ſeine Nachkommen ſein
Wappen führen).

Fauſt.

Schaff' mir etwas vom Engelsſchatz!
2660 Führ' mich an ihren Ruheplatz!
Schaff' mir ein Halstuch von ihrer Bruſt,
Ein Strumpfband meiner Liebesluſt!

Mephiſtopheles

Damit ihr ſeht, daß ich eurer Pein
Will förderlich und dienſtlich ſein,
2665 Wollen wir keinen Augenblick verlieren,
Will euch noch heut' in ihr Zimmer führen.

Fauſt.

Und ſoll ſie ſehn? ſie haben?

Mephiſtopheles.

Nein!

Sie wird bei einer Nachbarin ſein
Indeſſen könnt ihr ganz allein
2670 In aller Hoffnung künft'ger Freuden
In ihrem Dunſtkreis ſatt euch weiden.

Fauſt.

Können wir hin?

Mephiſtopheles.

Es iſt noch zu früh

Fauſt

Sorg du mir für ein Geſchenk für ſie!

Ab.

Mephiſtopheles.

Gleich ſchenken? Das iſt brav! Da wird er reuſſiren!

2659—2663. Indem in dem Dichter Gefühle aus eigner Erfahrung aufſteigen, die er Fauſt beilegt, wird deſſen Leidenſchaft auch
edler, geiſtiger Das ausgeſprochene Verlangen nach einem Andenken,
das die Gegenwart der Geliebten erſetzen ſoll, kennt der Dichter ſchon.
ſpäterer Fälle gar nicht zu gedenken, im Leipziger Liederbuch (1770),
wo er in dem Gedicht der Reliquie (ſpäter: Lebendiges Andenken) den Werth ſolcher Andenken („Schleier, Halstuch,
Strumpfband, Ringe") preiſt. Dort werden freilich Haare
der Geliebten als lebendiges Andenken noch höher geſtellt. —
2660. Man denkt hier an „Friederikens Ruhe" in Seſenheim, Dichtung
und Wahrheit 2, 209. Mephiſtopheles führt Fauſt zu Gretchens
Bette. S übrigens zu 2712 — 2674. Ein Alexandriner. — Bezeichnend, als Erfahrungsſatz des Teufels, iſt, daß der Geliebte, der
Geſchenke gibt, Glück hat, reuſſirt Das natürliche Gefühl der Jung-

2675 Ich kenn manchen ſchönen Platz
       Und manchen alt vergrabnen Schatz;
       Ich muß ein bißchen revidiren.

                                    Ab.

---

fraulichkeit wehrt ſich, nicht ohne tieferen Grund, gegen Geſchenke.
Sie verpflichten zur Dankbarkeit und lähmen damit die Wider-
ſtandskraft, nehmen die Freiheit. Die Lehre hat der Dichter aus
Corneilles Menteur, von dem er die erſte Scene, wol in ſeiner erſten
Leipziger Zeit überſetzte. Sie ſtimmte ganz zu ſeiner Lage Dort
finden ſich die Verſe: Kliton: Freigebig ſind Sie doch? Dorant:
Ich gebe, wenn ich habe Kliton: Zur Liebe, gnädiger Herr, iſt das
die größte Gabe.

Abend.

Ein kleines reinliches Zimmer

Margarete

ihre Zöpfe flechtend und aufbindend

Ich gäb' was drum, wenn ich nur wüßt',
Wer heut' der Herr gewesen ist!
2680 Er sah gewiß recht wacker aus,
Und ist aus einem edlen Haus;
Das konnt' ich ihm an der Stirne lesen —
Er wär' auch sonst nicht so keck gewesen.

Ab.

Mephistopheles. Faust.

Mephistopheles.

Herein, ganz leise, nur herein!

Faust *nach einigem Stillschweigen.*

2685 Ich bitte dich, laß mich allein!

Mephistopheles *herumspürend.*

Nicht jedes Mädchen hält so rein.

Ab.

Faust *rings aufschauend.*

Willkommen süßer Dämmerschein!
Der du dieß Heiligthum durchwebst.
Ergreif mein Herz, du süße Liebespein!
2690 Die du vom Thau der Hoffnung schmachtend lebst.
Wie athmet rings Gefühl der Stille,
Der Ordnung, der Zufriedenheit!

———   ———

8. Scene: Abend. Ein kleines reinliches Zimmer. —
2689. Das Glück der Pein, ein von Goethe oft gepriesener Zustand.
— Man lese: Rastlose Liebe, Wonne der Wehmuth Ge=
dichte (1, Hempel, 54. 62 W. 84. 97).

In dieſer Armuth welche Fülle!
In dieſem Kerker welche Seligkeit!

         Er wirft ſich auf den ledernen Seſſel am Bette.

2695 O nimm mich auf! der du die Vorwelt ſchon
Bei Freud' und Schmerz im offnen Arm empfangen!
Wie oft, ach! hat an dieſem Vater=Thron
Schon eine Schaar von Kindern rings gehangen!
Vielleicht hat, dankbar für den heil'gen Chriſt,
2700 Mein Liebchen hier, mit vollen Kinderwangen,
Dem Ahnherrn fromm die welke Hand geküßt.
Ich fühl', o Mädchen, deinen Geiſt
Der Füll' und Ordnung um mich ſäuſeln,
Der mütterlich dich täglich unterweiſ't,
2705 Den Teppich auf den Tiſch dich reinlich breiten heißt,
Sogar den Sand zu deinen Füßen kräuſeln.
O liebe Hand! ſo göttergleich!
Die Hütte wird durch dich ein Himmelreich.
Und hier!

         Er hebt einen Bettvorhang auf.

         Was faßt mich für ein Wonnegraus!
2710 Hier möcht' ich volle Stunden ſäumen.
Natur! Hier bildeteſt in leichten Träumen
Den eingebornen Engel aus;

2696. in offnen 1790, 1791, 1808, im offnen 1816—1829.
— 2705 Alexandriner. — 2706 Im 18. Jahrhundert war die
Einrichtung ungedielter Fußböden, die täglich mit friſchem Sand
„gekräuſelt", in künſtlichen Figuren beſtreut wurden, ſelbſt in Städten
wol noch üblich. — 2707. göttergleich, ſchöpferiſch. Vgl. Gotter=
hand oben Vers 66 — 2711. bildeteſt, du iſt weggeblieben. —
2712. eingebornen Engel Wenn Chriſtus der eingeborne
Sohn Gottes heißt, ſo iſt das ſo viel als der einzige Gott geborne
Sohn, unigenitus, μονογενής. — Dieſer Sinn iſt hier nicht zu ſuchen,
ſondern der von indigena, der in einer Oertlichkeit geborne, Einge=
borne, innatus, alſo hier der in dieſem Bette geborne Engel, ſ. Grimms
Wörterb. 3, 185. Alſo: Natur bildete hier in dieſem Bette den
Engel, Gretchen, der hier geboren, eingeboren iſt, aus. — In den
Werken von Joh. G. Jacobi (1770, 1. S. 65) iſt unter den „Briefen"
ein Gedicht „an Belindens Bette" enthalten, an das Dan Jacoby
Goethejahrb 1, 191 zu obiger Stelle mit Recht erinnert. In demſelben
heißt es: „Du kleines Lager — Bei dem — ein roher Satyr ſchüchtern
bliebe! — — Geheimer Schauder! Stille Luſt! Bemächtigt euch des
Jünglings Bruſt. Geliebtes Bette — O zeige mir Belindens Bild
Hier ſiehſt du jeden Reiz enthüllt — —." Herder nennt ſchon 1771
das Bette ſeiner Braut „Ihr Belindens Bettchen" Vgl. Goethes

Hier lag das Kind! mit warmem Leben
Den zarten Busen angefüllt,
2715 Und hier mit heilig reinem Weben
Entwirkte sich das Götterbild!

Und du! Was hat dich hergeführt?
Wie innig fühl' ich mich gerührt!
Was willst du hier? Was wird das Herz dir schwer?
2720 Armsel'ger Faust! ich kenne dich nicht mehr.

Umgibt mich hier ein Zauberduft?
Mich drang's so g'rade zu genießen,
Und fühle mich in Liebestraum zerfließen!
Sind wir ein Spiel von jedem Druck der Luft?

2725 Und trate sie den Augenblick herein,
Wie würdest du für deinen Frevel büßen!
Der große Hans, ach wie so klein!
Läg', hingeschmolzen, ihr zu Füßen.

Mephistopheles kommt*).

Geschwind! ich seh' sie unten kommen.

Faust.

2730 Fort! Fort! Ich kehre nimmermehr!

Mephistopheles.

Hier ist ein Kästchen leidlich schwer,

Dramen 1, 123. — 2715 f. Zu Weben f. zu 503: ent=
wirkte, entfaltete, bildete sich, f. Grimms Wörterb. 3, 660. —
*) kommt fehlt in den Ausgaben, außer in W. — 2722 mich
drang's = es drängte mich, siehe zu 495. — 2727. Der große
Hans, vgl. zu 2628. Die großen Hansen für Optimates
erscheint schon im 15. Jahrh., Schmeller 1, 1134, dann bei Luther,
in Chrustinus Weihnachtspiel 1541 u. f. f. Ueber Hans, Groß=
hans rc. f. Dramen Goethes, 6. Bd S. 363, 7. Bd 306. —
Der Plural Hansen wird von Goethe gebraucht in einem Briefe
an Lavater von 1774: Es ist nur, daß man die Hansen bei der
Perrücke zupft. Der j Goethe 3, 20. — 2728. Hingeschmolzen
wie hingegossen, aufgelöst, von der weich hingelagerten Gestalt
gebraucht. Die Ergriffenheit des Gemüths hebt gleichsam allen Halt
auf. — 2730 f. Indem Faust, erschüttert, nie wieder zu kommen
gelobt, drängt ihm Mephistopheles ein Kästchen, ein Mittel der Ver=
führung auf.

Ich hab's wo anders hergenommen.
Stellt's hier nur immer in den Schrein,
Ich schwör euch, ihr vergehn die Sinnen;
2735 Ich that euch Sächelchen hinein,
Um eine andre zu gewinnen.
Zwar Kind ist Kind und Spiel ist Spiel.

Fauſt.

Ich weiß nicht, soll ich?

Mephiſtopheles.

Fragt ihr viel?
Meint ihr vielleicht den Schatz zu wahren?
2740 Dann rath' ich eurer Lüſternheit,
Die liebe schöne Tageszeit
Und mir die weitre Müh zu sparen.
Ich hoff' nicht, daß ihr geizig seid!
Ich kratz' den Kopf, reib' an den Händen —

Er stellt das Käſtchen in den Schrein und drückt das Schloß wieder zu.

2745 Nur fort! geschwind! —
Um euch das ſüße junge Kind
Nach Herzens Wunsch und Will' zu wenden;
Und ihr seht drein,
Als solltet ihr in den Hörsaal hinein,
2750 Als ſtünden grau leibhaftig vor euch da
Physik und Metaphysika!
Nur fort!   *Ab.*

- - - - - -

2732 wo anders her für irgend wo anders her, er sagt
lieber nicht woher. — 2734. ihr vergehn die Sinnen, wenn
sie es sieht, sie verliert den Kopf Sinnen wie oben 431. 1633
— 2736. Eine Andre, eine, die höhere Ansprüche macht, um nicht
zu sagen: eine Beſſere. — 2737. Zwar Eine ist wie die Andre;
kindisch sind sie Alle. — 2739. Die gemeine Vorausſetzung zeigt recht,
wie wenig Mephiſtopheles Fauſt versteht. — 2744. Den Kopf
kratzen ist die Gebärde des Nachsinnens über eine schwierige Sache,
an den Händen reiben die dienstfertige Geschäftigkeit. Er meint
demnach: ich mühe mich emſthalb dienſtfertig ab. — 2746. Der Satz
ist eingeschoben und unterbricht die Rede, indem er die Eilfertigkeit,
mit der Mephiſtopheles das Einschmuggeln des Käſtchens bewerk-
stelligt, bezeichnet — 2750. Als ſtund' leibhaftig vor euch
da 1790, 1791, 1808 Als ſtünden grau leibhaftig vor
euch da 1816, 1825, 1828, 1829. — 2752 Nur fort! eine Zeile
ohne Reim, die dem Abschluß des Austritts ein fragmentarisches
Ansehn gibt. — Mephiſtopheles spricht die Worte eilig und leise,

Margarete mit einer Lampe.

Es ist so schwul, so dumpfig hie.

Sie macht das Fenster auf.

Und ist doch eben so warm nicht drauß'.
2755 Es wird mir so, ich weiß nicht wie —
Ich wollt', die Mutter käm' nach Haus.
Mir läuft ein Schauer über'n ganzen Leib —
Bin doch ein thoricht furchtsam Weib!

Sie fangt an zu singen, indem sie sich auszieht.

Es war ein König in Thule
2760 Gar treu bis an das Grab,
Dem sterbend seine Buhle
Einen goldnen Becher gab.

Es ging ihm nichts darüber,
Er leert' ihn jeden Schmaus;
2765 Die Augen gingen ihm über,
So oft er trank daraus.

———————

indem er mit Faust verschwindet. — Da tritt Margarete mit einer
Lampe ein — Hier ist gewiß kein hastiges Eintreten gemeint Sie
stellt die Lampe hin, nimmt wahr, daß es im Zimmer schwul ist und
spricht Es ist nicht anzunehmen, daß der Rhythmus von Mephistos
Nun fort aus dem vorigen Auftritt so gefühlt wird, daß die Worte
mit Gretchens ersten Worten Einen Vers bilden könnten Daher erscheint Vers 2753 in den ursprünglichen Drucken nicht hereingerückt,
sondern als selbständiger Vers: Es ist so schwul, so dumpfig
hie' der genau mit dem darauf reimenden in der Zahl der Hebungen
übereinstimmt' Es wird mir so, ich weiß nicht wie' — 2753
Daß die bange Schwüle, die Gretchen in dem Zimmer empfindet,
eine Ahnung andeuten soll, daß ein unheimlicher Gast dagewesen,
bedarf wohl nicht besonderer Erörterung — 2754 drauß' ist mundartliche Kürzung für draußen, wie mittelhochdeutsch darūze aus
älterem dār uzana. — 2757. übern Leib 1790. 1791. 1808.
Die Correctur über'n ganzen Leib tritt 1816 ein. — 2758.
Weib hat hier, wie auch alt- und mittelhochdeutsch, oft die Bedeutung
von Weibsperson, wie sonst Frauenzimmer, ohne Rücksicht auf Alter
oder Stand. 2759—2782. Die Ballade entstand im März 1774,
s. Loepers Zustimmung in seiner 2 Ausg der Gedichte Goethes 1. Bd.
S. 362. Die älteste Fassung bietet die Handschrift aus Herders
Nachlaß, mit der Ueberschrift: Romanze. Gedruckt erschien sie zuerst
im 3. Bde. von S. von Seckendorfs „Volks- und andern Liedern mit
Begleitung des Fortepiano in Musik gesetzt", Dessau 1782 S 6. —
Dort erscheint sie in vielfach abweichender Gestalt, zu der noch ältere

Und als er kam zu ſterben,
Zählt' er ſeine Städt' im Reich,
Gönnt' alles ſeinem Erben,
2770   Den Becher nicht zugleich.

Er ſaß bei'm Königsmahle,
Die Ritter um ihn her,
Auf hohem Vater=Saale,
Dort auf dem Schloß am Meer.

2775   Dort ſtand der alte Zecher,
Trank letzte Lebensgluth,
Und warf den heiligen Becher
Hinunter in die Fluth.

Er ſah ihn ſtürzen, trinken
2780   Und ſinken tief in's Meer,
Die Augen thäten ihm ſinken,
Trank nie einen Tropfen mehr.

Varianten von Loeper mittheilt aus der genannten Hſ. Goethes ſ.
Gedichte 2. Ausg. 1 Bd. S. 361.

Es war ein König in Thule,
Ein' goldnen Becher er hätt
Empfangen von ſeiner Bule
Auf ihrem Todes Bett ꝛc.

Ein Text, der nun auch aus dem „Urfauſt" bekannt iſt mit ſpäteren
Correcturen. — Thule hieß bei den Alten eine Inſel, ſechs Tage nordlich
von Britannien, man denkt an die Shetlands=Inſeln zwiſchen England
und Norwegen, ſ. Müllenhoff, Alterthumskunde I, S. 410 und II,
S. 42. — 2761. Buhle für Geliebte, wie mittelhochdeutſch, weiblich
und männlich gebraucht. — 2763. Der Becher war ihm lieber, Göch=
hauſen Hſ. (Urfauſt) — Den Becher hätt' er lieber, Herders Hſ —
2765 f. wie G. — 2767 Als er kam zu ſterben, vgl. franzöſiſch
lorsqu'il vint a mourir, dazu Hildebrand in Grimms Worterb. 5,
639 c, auch oſtfrieſiſch as he to ſtarven quamm. — Und als er
kam zum ſterben G H. — 2768. ſein' Stadt H. — ſeine Stadt G
— 2769 ſeinen H G. — 2771. Beim hohen Königsmahle H. —
2773. Im alten Väterſaale H. — Auf hohem Vater=Saale G. —
2774. Auf ſeinem Schloß am Meer H. — Dort auf dem Schloß
am Meer G — 2775. Zecher, der König iſt damit nur bezeichnet
als der, der jetzt aus demſelben Becher trinkt, aus dem er oft ge=
trunken. — Da ſaß der alte Zecher H. — Dort ſtand der alte Zecher G.
— 2776. Lebensgluth, mit dem feurigen Wein zugleich letzte
Lebenswärme, erhöht durch die theure Erinnerung. — 2779. Er ſah

Sie eröffnet den Schrein, ihre Kleider einzuräumen, und erblickt das
Schmuckkästchen.

> Wie kommt das schöne Kästchen hier herein?
> Ich schloß doch ganz gewiß den Schrein.
2785 Es ist doch wunderbar! Was mag wohl drinne sein?
> Vielleicht bracht's jemand als ein Pfand,
> Und meine Mutter lieh darauf.
> Da hangt ein Schlüsselchen am Band,
> Ich denke wohl ich mach' es auf!
2790 Was ist das? Gott im Himmel! Schau',
> So was hab' ich mein Tage nicht gesehn!
> Ein Schmuck! Mit dem könnt' eine Edelfrau
> Am höchsten Feiertage gehn.
> Wie sollte mir die Kette stehn?
2795 Wem mag die Herrlichkeit gehören?

Sie putzt sich damit auf und tritt vor den Spiegel.

> Wenn nur die Ohrring' meine wären!
> Man sieht doch gleich ganz anders drein.
> Was hilft euch Schönheit, junges Blut?
> Das ist wohl alles schön und gut,

---

ihn sinken, trinken H. — Er sah ihn stürzen, trinken G — 2780.
Und stürzen tief in's Meer H. — Und sinken tief in's Meer G. —
2781. — thaten thaten, s zu 2138 — 2782 Trank nie keinen Tropfen
mehr H. — Trank nie einen Tropfen mehr G. — Auf dem Wiener
Burgtheater wird das Lied in Zelters trefflicher Composition gesungen.
— 2785 Alexandriner — 2787 Gretchen mag sich eines Falles
erinnern, wie das im bürgerlichen Leben vorkommt, wo die Mutter
Geld ausgeliehen und ein Pfand dafür in Verwahrung genommen.
— 2790. Schau für Sieh da! ist süddeutsch mundartlich, vgl schau
schau! Schmell. 3, 302 — 2791. Mein Tage für das gewöhnliche mein Lebtage ist höchst selten (das Grimmische Wörterbuch
hat 6, 1916 nur Eine Belegstelle aus J Ayrer, mittelhoch min tage
in Lamprecht, Tochter Syon (ed. Weinhold) 1351. Goethe hat
die Redensart 1772 3 aus Götzens Lebensbeschreibung sich angeeignet,
aber noch nicht in seiner ersten Bearbeitung des Götz, sondern erst in
der zweiten angewendet (dreimal), wie der Herausgeber in seiner Ausgabe von Goethes Dramen in Kürschners Nat-Litt nachgewiesen, s.
daselbst 3 Bd. S. 20. 138. 213 — In Goethes Götz kommt in
1 Bearbeitung (1771) einmal mein Lebtag vor Da hatte der
Dichter jene Formel noch nicht adoptirt. In 2. Bearbeitung (1773)
verwandelt er dieselbe Stelle in mein Tage In Faust steht es
noch 2921 und 4440 in der Kerkerscene Die Stellen weisen dann
dadurch in das Jahr 1772/73. — Der Apostroph bei mein', den
die Ausgaben haben, ist müssig. — 2798. Was hilft euch = ihr

2800 Allein man läßt's auch alles ſein;
     Man lobt euch halb mit Erbarmen.
     Nach Golde drängt,
     Am Golde hängt
     Doch alles. Ach, wir Armen!

Mädchen alle, die, wie ich, in beſchränkten Verhältniſſen leben (ſo konnte wol auch jenes Gretchen aus Dichtung und Wahrheit ſagen). — 2802 f. Beim Anblick des Goldes erwacht mit einem Male die Sehnſucht nach Beſitz, und ſie ſchließt mit einem Seufzer: Ach, wir Armen! womit vorläufig Mephiſtopheles' Abſicht inſofern ſchon erreicht ſcheint, daß eine kleine Unzufriedenheit mit ihren Verhältniſſen in den ſtillen Seelenfrieden Gretchens eingetreten iſt.

Spaziergang.

Faust in Gedanken auf und ab gehend. Zu ihm Mephistopheles.

Mephistopheles.

2805 Bei aller verschmähten Liebe! Bei'm höllischen Elemente!
Ich wollt' ich wüßte was Aergers, daß ich's fluchen
könnte!

Faust.

Was hast? was kneipt dich denn so sehr?
So kein Gesicht sah ich in meinem Leben!

Mephistopheles.

Ich möcht' mich gleich dem Teufel übergeben,
2810 Wenn ich nun selbst kein Teufel wär'!

Faust

Hat sich dir was im Kopf verschoben?
Dich kleidet's, wie ein Rasender zu toben!

Mephistopheles.

Denkt nur, den Schmuck für Gretchen angeschafft,
Den hat ein Pfaff hinweggerafft! —

---

9 Scene: Spaziergang Faust befindet sich allein auf einem
Spaziergang, da tritt Mephistopheles an ihn heran — 2805 f. Un-
regelmäßige Alexandriner mit freien Senkungen. Bartsch. Bei
aller verschmähten Liebe. Ein solcher Fluch im Namen
Mephistopheles' klingt komisch Verschmähte Liebe und Gram
wegen verschmähter Liebe ist beides für seine Anschauung
eine unfaßbare Absurdität — 2808 So kein Gesicht sah ich
für So ein Gesicht sah ich nie. S. Stella in des Herausgebers Dramen Goethes S. 134: es gibt so kein Herz auf der
Welt; Zahme Xenie (Loeper Goethes Gedichte 3, 195): Schneide
so kein Gesicht ꝛc. Weitere Beispiele dieses so kein bei Klinger,
Göckingk f. Grimms Wörterbuch 5, 477. — 2813. Denkt nur, den
Schmuck, den ich Margreten schafft, den hat ein Pfaff hinweggerafft.
— Urfaust S. 41.

2815 Die Mutter kriegt das Ding zu ſchauen,
　　　Gleich fängt's ihr heimlich an zu grauen:
　　　Die Frau hat gar einen feinen Geruch,
　　　Schnuffelt immer im Gebetbuch,
　　　Und riecht's einem jeden Möbel an,
2820 Ob das Ding heilig iſt oder profan;
　　　Und an dem Schmuck da ſpürt ſie's klar,
　　　Daß dabei nicht viel Segen war.
　　　Mein Kind, rief ſie, ungerechtes Gut
　　　Befängt die Seele, zehrt auf das Blut.
2825 Wollen's der Mutter Gottes weihen,
　　　Wird uns mit Himmels-Manna erfreuen!
　　　Margretlein zog ein ſchiefes Maul,
　　　Iſt halt, dacht' ſie, ein geſchenkter Gaul,
　　　Und wahrlich! gottlos iſt nicht der,
2830 Der ihn ſo fein gebracht hieher.
　　　Die Mutter ließ einen Pfaffen kommen;

　　2817. gar einen ſ. zu 3015. — 2820. profan, ungeiſtlich, profanus, außerhalb des Heiligthums (fanum). — 2824. befängt die Seele, macht die Seele befangen, nimmt ihr die Ruhe. Weitere Beiſpiele dieſer Anwendung des Wortes bei Goethe u. a. ſieh Grimms Worterbuch 1, 1249 — 2826 Himmelsmanna. Vgl. 2 Buch Moſ. 16. So wie Gott die Juden in der Wüſte mit himmliſchem Manna geſpeiſt hat, ſo wird er dich mit ähnlicher Himmels-gabe erfreuen. Manna bedeutet arabiſch Gabe. — Eigentlich verſteht man darunter gewiſſe Körner vom Baumharz, die in Arabien gefunden werden; eine Art Ambra. Hier iſt aber eine tropiſche kirchliche An-wendung des Wortes gemeint, wie Himmelsſpeiſe fur das Wort Gottes u. dgl. Vgl. Offenb. Joh. 2, 17. — 2827. Margretlein wird Gretchen wol zuweilen von der Mutter genannt. Ihr Bruder ſagt 3632: Gretel. Fauſt nennt ſie immer Gretchen. Im Stuck wird ſie anfangs immer als Margarete angefuhrt — wie's ſcheint in den älteſten Theilen des Stucks — und erſcheint Gretchen das erſte Mal in der Angabe vor dem Liede (oder Monolog): 3374 f. Meine Ruh iſt hin ꝛc. Gretchen am Spinnrade Die alte Marthe ſagt unten 2873: Gretelchen ſ. d. — 2828. halt ein Adverb, das beſonders in Baiern und Oeſterreich üblich iſt und hier mit eben erſetzt werden konnte. Daruber Grimms Worterbuch 4, 2, 272. — Ein geſchenkter Gaul, d. h. ein Geſchenk, mit deſſen Wert man es nicht auf eine Prufung ankommen läßt, weil man nichts dafur zu geben hat, daher man im Sprichwort ſagt: Einem geſchenkten Gaul ſieht man nicht in's Maul (indem man beim Pferdekauf dem Gaul wol die Zähne beſieht, aus denen das Alter erkannt wird) Ein verbreitetes Sprichwort, ſ. daruber Grimms Wörterbuch 4, 1, 1570.

Der hatte kaum den Spaß vernommen,
Ließ sich den Anblick wohl behagen.
Er sprach: So ist man recht gesinnt!
2835 Wer überwindet, der gewinnt.
Die Kirche hat einen guten Magen,
Hat ganze Länder aufgefressen,
Und doch noch nie sich übergessen;
Die Kirch' allein, meine lieben Frauen,
2840 Kann ungerechtes Gut verdauen.

Faust.

Das ist ein allgemeiner Brauch,
Ein Jud' und König kann es auch.

Mephistopheles.

Strich drauf ein Spange, Kett' und Ring',
Als waren's eben Pfifferling',
2845 Dankt' nicht weniger und nicht mehr,
Als ob's ein Korb voll Nüsse war',
Versprach ihnen allen himmlischen Lohn —
Und sie waren sehr erbaut davon.

Faust.

Und Gretchen?

Mephistopheles.

Sitzt nun unruhvoll,
2850 Weiß weder was sie will noch soll,
Denkt an's Geschmeide Tag und Nacht,
Noch mehr an den, der's ihr gebracht

Faust.

Des Liebchens Kummer thut mir leid.

2835 Vgl. Offenb Joh. 2, 7 11 17. 26 3, 21. 21, 7. — 2836
--2838 ist eine zwischen der Rede des Pfaffen eingeschaltete Bemerkung
Mephistopheles' Die Rede des ersteren beginnt wieder 2839 —
2838 übergessen für übergeessen ist die ältere Form — Bei
untrennbarer Zusammensetzung fällt sonst das ge aus, so daß das
Particip von ich überésse mich: uberéssen lautet Die Form
uber géssen deutet trennbare Zusammensetzung an, gleichsam ein
ich esse mich an, uber und uber, ich esse uber (Maß) —
2839. liebe 1790, 1791. lieben 1808 u. s. f. — 2844. Pfifferling heißt ursprunglich der Pfefferschwamm, agaricus piperatus, eine
werthlose Schwammart, wol auch andere Pfefferkörner ähnliche werthlose Brocklein — 2849. Zu Gretchen vgl zu 2827.

Schaff' du ihr gleich ein neu Geſchmeid'!
2855 Am erſten war ja ſo nicht viel.

Mephiſtopheles.

O ja, dem Herrn iſt alles Kinderſpiel!

Fauſt.

Und mach', und richt's nach meinem Sinn,
Häng' dich an ihre Nachbarin.
Sei Teufel doch nur nicht wie Brei,
2860 Und ſchaff' einen neuen Schmuck herbei!

Mephiſtopheles.

Ja, gnäd'ger Herr, von Herzen gerne.

Fauſt ab.

So ein verliebter Thor verpufft
Euch Sonne, Mond und alle Sterne
Zum Zeitvertreib dem Liebchen in die Luft.

Ab.

2857. mach': beeile dich. — 2861. Indem mit dieſen Worten
Mephiſtopheles ſich, ſcheinbar unterthänig, verbeugt, zeigt er höchſte
Befriedigung, was der Darſteller, breit grinſend, leicht anſchaulich
machen wird. Die wilde Leidenſchaft in den Worten Fauſts iſt ganz
in ſeinem Sinne. Sie ſcheint ihm geeignet, das Sataniſche, zum Verderben Gretchens, nach ſeinem Plane durchzuführen. Nach Fauſts
Abgange erhebt er ſich triumphirend und ſpricht ihm die folgenden
hohnenden Worte nach.

Der Nachbarin Haus.

Marthe allein.

Marthe.

2865 Gott verzeih's meinem lieben Mann,
Er hat an mir nicht wohl gethan'
Geht da stracks in die Welt hinein,
Und läßt mich auf dem Stroh allein.
That' ihn doch wahrlich nicht betrüben,
2870 That' ihn, weiß Gott, recht herzlich lieben

Sie weint.

Vielleicht ist er gar todt! — O Pein! — —
Hätt' ich nur einen Todtenschein!

Margarete kommt.

Margarete.

Frau Marthe!

Marthe.

Gretelchen, was soll's?

Margarete

Fast sinken mir die Kniee nieder!
2875 Da find' ich so ein Kästchen wieder
In meinem Schrein, von Ebenholz,
Und Sachen herrlich ganz und gar,
Weit reicher als das erste war.

---

10. Scene: Der Nachbarin Haus. Es ist das Haus neben dem Wohnhaus Gretchens, das Marthen, der Witwe des Nachbars, gehört, f 3028. Sollte hier heißen: Zimmer in der Nachbarin Haus. — 2867. stracks, gerade aus; genitivisches Adverb von dem Adjectiv strack, gerade ausgestreckt. — 2868 Stroh für Lager, daher Stroh=witwe, Strohwitwer. — 2869 f. that f. zu 2138. — 2873 Grethelchen 1790, 1791. Grethelchen 1808 u f. f. Die Frag=mentausgabe hat überhaupt durchaus Margarethe, erst von 1808 an wird, der griechischen Schreibung des Namens entsprechend, t ge=setzt. — Zur Form Gretelchen f zu 2827. — 2874. Sie bringt

Marthe.

Das muß ſie nicht der Mutter ſagen;
2880 Thät's wieder gleich zur Beichte tragen.

Margarete.

Ach ſeh' ſie nur! ach ſchau' ſie nur!

Marthe putzt ſich auf.

O du glückſel'ge Creatur!

Margarete.

Darf mich, leider, nicht auf der Gaſſen,
Noch in der Kirche mit ſehen laſſen.

Marthe.

2885 Komm du nur oft zu mir herüber,
Und leg' den Schmuck hier heimlich an;
Spazier' ein Stündchen lang dem Spiegelglas vorüber,
Wir haben unſre Freude dran;
Und dann gibt's einen Anlaß, gibt's ein Feſt,
2890 Wo man's ſo nach und nach den Leuten ſehen läßt.
Ein Kettchen erſt, die Perle dann in's Ohr;
Die Mutter ſieht's wohl nicht, man macht ihr auch
was vor.

Margarete.

Wer konnte nur die beiden Käſtchen bringen?
Es geht nicht zu mit rechten Dingen!

Es klopft.

Margarete.

2895 Ach Gott! mag das meine Mutter ſein?

Marthe durchs Vorhängel guckend.

Es iſt ein fremder Herr — Herein!

Mephiſtopheles tritt auf.

Mephiſtopheles.

Bin ſo frei g'rad' herein zu treten!

ihren neuen Fund zur Nachbarin, noch unentſchloſſen. — 2884. mit
für damit. — 2887. Spiegelglas mittelhochd spiegelglas, alt=
volksmäßige Zuſammenſetzung für Spiegel. — 2887, 2890 und
2892 Alexandriner wie 2705 — 2888 unſer 1790, unſre 1791 ff.,
1828, 1829, unſre 1825. — 2896. Durch das Vorhängel (das
Fenſterchen in der Thür, durch das man ſieht, was außen vorgeht,
hat innen einen Vorhang) erblickt Marthe Mephiſtopheles, d. h. in=

Muß bei den Frauen Verzeihn erbeten.

Tritt ehrerbietig vor Margareten zurück.

Wollte nach Fau Marthe Schwerdtlein fragen!

Marthe.

2900 Ich bin's, was hat der Herr zu sagen?

Mephistopheles *leise zu ihr*

Ich kenne sie jetzt, mir ist das genug;
Sie hat da gar vornehmen Besuch.
Verzeiht die Freiheit, die ich genommen,
Will Nachmittage wieder kommen

Marthe laut.

2905 Denk', Kind, um alles in der Welt!
Der Herr dich für ein Fräulein hält.

Margarete.

Ich bin ein armes junges Blut!
Ach Gott! der Herr ist gar zu gut:
Schmuck und Geschmeide sind nicht mein

Mephistopheles.

2910 Ach, es ist nicht der Schmuck allein;
Sie hat ein Wesen, einen Blick so scharf!
Wie freut mich's daß ich bleiben darf.

Marthe.

Was bringt er denn? Verlange sehr —

Mephistopheles

Ich wollt' ich hätt' eine frohere Mähr'!
2915 Ich hoffe sie läßt mich's drum nicht büßen.
Ihr Mann ist todt und läßt sie grüßen.

---

dem sie das Vorhangel ein wenig bei Seite schiebt — 2898. erbeten
= erleben, ist hier ein übertriebener Ausdruck für erbitten, der
aber in Mephistopheles Munde, der hier affectirte Höflichkeit zur Schau
trägt, ganz am Platz ist. — 2899. Schweidlein 1790, 1791, 1808
Schwerdtlein 1816—1829 — 2901 Das Großschreiben der
Fürwörter in den Ausgaben (Sie für sie) wurde nicht beibehalten.
Schiller schreibt schon 1787 an Körner: „auch das fällt schlecht in
die Augen, daß das Sie und Ihr und Du u. dgl. immer mit großen
Anfangsbuchstaben gedruckt ist, wie in einem Briefe oder Memorial"
Heute wird das Großschreiben solcher Fürwörter begünstigt In C
und C¹ wie in der W.: Sie obwohl 2931 sie in C und C¹. 2902—
2906 s. zu 2606. — 2904 nach Mittage 1790, 1791. Nachmit-
tage 1808 ff. — 2914. Die Ausgaben haben Mähr'; vgl. zu 1423

Marthe.

Iſt todt? das treue Herz! O weh!
Mein Mann iſt todt! Ach ich vergeh'!

Margarete.

Ach! liebe Frau, verzweifelt nicht!

Mephiſtopheles.

2920 So hört die traurige Geſchicht'!

Margarete.

Ich möchte drum mein Tag nicht lieben;
Würde mich Verluſt zu Tode betrüben.

Mephiſtopheles.

Freud' muß Leid, Leid muß Freude haben.

Marthe.

Erzählt mir ſeines Lebens Schluß!

Mephiſtopheles.

2925 Er liegt in Padua begraben
Bei'm heiligen Antonius,
An einer wohlgeweihten Stätte
Zum ewig kühlen Ruhebette.

Marthe.

Habt ihr ſonſt nichts an mich zu bringen?

Mephiſtopheles.

2930 Ja, eine Bitte, groß und ſchwer;
Laß ſie doch ja für ihn dreihundert Meſſen ſingen!
Im übrigen ſind meine Taſchen leer.

Marthe.

Was! Nicht ein Schauſtück? Kein Geſchmeid'?
Was jeder Handwerksburſch im Grund des Säckels
ſpart,

— 2921. möchte 1790, 1808; wurde 1816—1829. mein Tag ſ. zu
2791. — 2923. Nach dem Spruch Salomons 14, 13: „nach der freude
kommt leid". „Zwiſchen Freude und Leid iſt die Brücke nicht breit."
Zingerle, Sprichwörter. Vgl. unſer Nibelungenlied: als ie din liebe
leide z'allerjungeſte git — 2926. In der chieſa del Santo zu Padua
liegt der heilige Antonius begraben. Sie wird ſchon im älteſten Fauſt=
buche erwähnt: „ein kirche, S. Antonii genannt, iſt allda, daß ires gleichen
in ganz Italia nit gefunden wird." — 2931. 2934, 2938, 2940 Cha=
rakteriſtiſch für das Geſchwatz Mephiſtopheles' mit Marthe, treten hier

2935 Zum Angedenken aufbewahrt,
Und lieber hungert, lieber bettelt!

Mephistopheles.

Madam, es thut mir herzlich leid;
Allein er hat sein Geld wahrhaftig nicht verzettelt.
Auch er bereute seine Fehler sehr,
2940 Ja, und bejammerte sein Unglück noch viel mehr.

Margarete

Ach' daß die Menschen so unglücklich sind!
Gewiß ich will fur ihn manch Requiem noch beten.

Mephistopheles.

Ihr wäret werth, gleich in die Eh' zu treten:
Ihr seid ein liebenswürdig Kind.

Margarete.

2945 Ach nein, das geht jetzt noch nicht an.

Mephistopheles

Ist's nicht ein Mann, sei's derweil' ein Galan.
's ist eine der größten Himmelsgaben,
So ein lieb Ding im Arm zu haben

Margarete

Das ist des Landes nicht der Brauch.

Mephistopheles

2950 Brauch oder nicht! Es gibt sich auch.

Marthe.

Erzahlt mir doch!

Mephistopheles.

Ich stand an seinem Sterbebette,

---

wieder Alexandriner auf, 2942 fallt auch Gretchen in den Ton, vgl. weiter zu 2951. — 2939 D. i Er bereute auch seine Fehler sehr, s. zu 1001. — 2942. Requiem. Das Gebet fur die Abgeschiedenen beginnt: Requiem æternam dona eis domine. Die Kirchenfeier eines Verstorbenen, das Todtenamt hat vom ersten Worte den Namen. Aber auch, wie hier, das Gebet fur das Seelenheil eines Verstorbenen wird Requiem genannt — 2946 derweile, indessen, ein Galan, eigentlich ein Stutzer, der in Gala, in hochstem Prachtanzug geht Ein spanisches Wort, hier in der Bedeutung fur Liebhaber. Mephistopheles befleißigt sich vornehmen Ausdrucks. — 2951, 2953, 2954, 2964, 2967, 2968, 2991 Wie er in den leiernden Ton

Es war was beſſer als von Miſt,
Von halbgefaultem Stroh; allein er ſtarb als Chriſt.
Und fand, daß er weit mehr noch auf der Zeche hätte.
2955 Wie, rief er, muß ich mich von Grund aus haſſen,
So mein Gewerb, mein Weib ſo zu verlaſſen!
Ach! die Erinnrung tödtet mich.
Vergäb' ſie mir nur noch in dieſem Leben! —

　　　　　Marthe weinend.
Der gute Mann! ich hab' ihm längſt vergeben.

　　　　　Mephiſtopheles.
2960 Allein, weiß Gott! ſie war mehr Schuld als ich.

　　　　　Marthe.
Das lügt er! Was! am Rand des Grabs zu lügen!

　　　　　Mephiſtopheles.
Er fabelte gewiß in letzten Zügen,
Wenn ich nur halb ein Kenner bin.
Ich hatte, ſprach er, nicht zum Zeitvertreib zu gaffen,
2965 Erſt Kinder, und dann Brot für ſie zu ſchaffen,
Und Brot im allerweit'ſten Sinn,
Und konnte nicht einmal mein Theil in Frieden eſſen.

　　　　　Marthe.
Hat er ſo aller Treu', ſo aller Lieb' vergeſſen,
Der Plackerei bei Tag und Nacht!

　　　　　Mephiſtopheles.
2970 Nicht doch, er hat euch herzlich dran gedacht.
Er ſprach: Als ich nun weg von Malta ging,
Da betet' ich für Frau und Kinder brünſtig;

---

der Erzählung, hier mit heuchleriſch hergebrachter Beileidsmiene, ver-
fällt, finden ſich Alexandriner ein; ſo auch bei Marthe, vgl. zu 2931.
Dann 3007. 3008. 3010. — 2952. was 1790, 1791. Was beſſer
= etwas, ein wenig beſſer — 2954. Er fand, daß er ein noch ſchlimmer
Loos verdient hätte. Die Zeche nennt man auch die Wirtsrechnung.
Etwas auf der Zeche haben: ſchuldig ſein. Vgl. zur Scene in Auerbachs
Keller. — 2962. In letzten Zugen, in der Agonie des Sterbens; ſowie
ziehen = im Sterben liegen gebraucht wird, ſ. Schmeller IV, 245. —
Er fabelte: er redete irre, delirirte. — Man ſieht, daß Mephiſtopheles
ſeine Luſt daran hat, der Alten ganzes Innere aufzuregen und ihre
ganze Gemeinheit zur Anſchauung zu bringen. — 2964 Ich hatte
immer zu thun, ſie ließ mich nicht zur Ruhe kommen. — 2972

Uns war denn auch der Himmel günstig,
Daß unser Schiff ein Turkisch Fahrzeug fing,
2975 Das einen Schatz des großen Sultans führte
Das war der Tapferkeit ihr Lohn,
Und ich empfing denn auch, wie sich's gebührte,
Mein wohlgemess'nes Theil davon.

Marthe.

Ei wie? Ei wo? Hat er's vielleicht vergraben?

Mephistopheles.

2980 Wer weiß, wo nun es die vier Winde haben.
Ein schönes Fräulein nahm sich seiner an,
Als er in Napel fremd umher spazirte;
Sie hat an ihm viel Liebs und Treus gethan,
Daß er's bis an sein selig Ende spürte.

Marthe.

2985 Der Schelm! der Dieb an seinen Kindern!
Ach alles Elend, alle Noth
Konnt' nicht sein schändlich Leben hindern!

Mephistopheles.

Ja seht! dafür ist er nun todt.
Wär' ich nun jetzt an eurem Platze,
2990 Betraurt' ich ihn ein züchtig Jahr,
Visirte dann unterweil' nach einem neuen Schatze.

Marthe.

Ach Gott! wie doch mein erster war,

---

brünstig, heiß, innig; üblicher ist inbrünstig — 2975. Der große
Sultan = Großsultan, der turkische Kaiser — 2977 sich's 1790
—1828 sich 1829 — 2982. Napel für Neapel, nach italienisch
Napoli, eine Form, die Goethe auch in den römischen Elegien wählt.
— 2984 Loeper vermuthet hierin einen teuflischen Scherz, als ob der
Verstorbene seinen Tod dem Fräulein aus Neapel verdankte. man
versteht unter mal de Naples eine gewisse Krankheit. — 2990 Soll
wol heißen Betränerté ich ihn ein züchtig Jahr — 2991
visirte, sahe mich um. Visier heißt nicht nur das Helmgitter,
sondern auch das Zielkorn, la visière. Daher visiren, aufs Korn

Find' ich nicht leicht auf dieſer Welt den andern!
Es konnte kaum ein herziger Närrchen ſein.
2995 Er liebte nur das allzuviele Wandern,
Und fremde Weiber, und fremden Wein,
Und das verfluchte Würfelſpiel.

Mephiſtopheles.

Nun, nun, ſo konnt' es gehn und ſtehen,
Wenn er euch ungefähr ſo viel
3000 Von ſeiner Seite nachgeſehen.
Ich ſchwör' euch zu, mit dem Beding
Wechſelt' ich ſelbſt mit euch den Ring!

Marthe.

O es beliebt dem Herrn zu ſcherzen!

Mephiſtopheles für ſich.

Nun mach' ich mich bei Zeiten fort!
3005 Die hielte wohl den Teufel ſelbſt bei'm Wort.

Zu Gretchen.

Wie ſteht es denn mit ihrem Herzen?

Margarete.

Was meint der Herr damit?

Mephiſtopheles für ſich.

Du gut's unſchuldigs Kind!

Laut.

Lebt wohl, ihr Fraun'

Margarete.

Lebt wohl!

---

nehmen. — Iſt wol zu leſen: Viſirt' dann unterweil' nach einem
neuen Schatze, ein Alexandriner. — 2993. Das doch im vorher-
gehnden Vers hat, dem Sinne nach, hier nach find' ich ſeine Stelle;
eine Umſtellung wie 2939. — 2995 ff. Wandern, Weiber, Wein
und Würfel ſind vier böſe W, ſo das Sprichwort; auch „Drei W
bringen Pein: Weib, Würfel und der Wein" u. a. Vgl. auch Zingerle,
Sprichwörter im Mittelalter S. 167, 170 f. — 2999 f. Es wäre

Marthe.

O sagt mir doch geschwind!
Ich möchte gern ein Zeugniß haben,
3010 Wo, wie und wann mein Schatz gestorben und be-
graben.
Ich bin von je der Ordnung Freund gewesen,
Möcht' ihn auch todt im Wochenblättchen lesen.

Mephistopheles.

Ja, gute Frau, durch zweier Zeugen Mund
Wird allerwegs die Wahrheit kund:
3015 Habe noch gar einen feinen Gesellen,
Den will ich euch vor den Richter stellen,
Ich bring' ihn her.

Marthe.

O thut das ja!

Mephistopheles.

Und hier die Jungfrau ist auch da? —
Ein braver Knab'! ist viel gereis't,
3020 Fräuleins alle Höflichkeit erweis't.

Margarete.

Müßte vor dem Herren schamroth werden.

schon recht gewesen so, wenn er — so viel — ebensoviel — 3007,
8, 3010, sind Alexandriner. — 3010 wenn 1790, 1791. wann 1808,
1816, 1828, 1829 Wenn für wann von der Zeit findet sich durchaus in den Schriften Goethes aus der ersten Hälfte seines literarischen
Wirkens. — 3012. Der Zug, daß sie ihren Wunsch nach einem Todtenschein doch damit bemäntelt, daß sie auch im Wochenblättlein,
wenn er einmal todt ist, seinen Namen lesen möchte, ist so lebens-
wahr, daß man dabei den Anachronismus, daß im 16 Jahrhundert
eine solche Sitte, die Verstorbenen in einem Wochenblatt zu verewigen,
noch nicht volksüblich sein konnte, gern übersieht. Goethe dachte hier
wol an die Frankfurter „ordentliche wochentliche Frag- und Anzeigungs-
nachrichten", in denen z B. den 2. September 1749 seine eigene Geburt und Taufe angezeigt wird. — 3015. gar einen feinen
für einen gar feinen, eine mundartlich volksmäßige Wort-
stellung, die wir schon V 2817 bemerkten S. Grimm, Wtb. 4,
1, 1319 und Weinhold, Dialektforschung (1853) S. 136 — 3018

Mephiſtopheles.

Vor keinem Könige der Erden.

Marthe.

Da hinter'm Haus in meinem Garten
Wollen wir der Herrn heut Abend warten.

Wenn ich komme und den Geſellen mitbringe, wird die Jungfrau
doch auch da ſein?

Straße.

Fauſt. Mephiſtopheles.

Fauſt.

3025 Wie iſt's? Will's fordern? Will's bald gehn?

Mephiſtopheles.

Ah bravo! Find' ich euch in Feuer?
In kurzer Zeit iſt Gretchen euer.
Heut' Abend ſollt ihr ſie bei Nachbars Marthen ſehn·
Das iſt ein Weib wie auserleſen
3030 Zum Kuppler= und Zigeunerweſen!

Fauſt.

So recht!

Mephiſtopheles.

Doch wird auch was von uns begehrt.

---

11. Scene. Straße. Es wird angenommen, daß Fauſt auf
der Straße auf und ab gehend, wie vor 2805, auf Mephiſtopheles
harrte, der ihm Nachricht verheißen hat von Gretchens Umſtanden und
der Gelegenheit, ſich ihr zu nähern. Mephiſtopheles tritt heran und
wird von Fauſt angeredet. — 3025, 3026. will's fordern, vorwärts
gehn, namlich mit Gretchen bekannt zu werden. — 3026 bravo!
der dem italieniſchen Theaterpublikum abgelernte Beifallsruf hat im
Munde Mephiſtopheles' hier etwas ſehr Bezeichnendes, vgl. 2442 im
Feuer 1790, 1791. in F. 1808—1829 — 3028 Nachbars
Marthen 1790, 1791 Nachbar' Marthen 1808—1829. —
Nachbars Marthe iſt die echt volksmäßige Bezeichnung der Nachbarin Gretchens. — 3028, 3035, 3036, 3038, 3044, 3045, 3069 erſcheinen wieder Alexandriner —3030 Kupplerweſen, Zigeunerweſen Die Zigeunerinnen ſollen den Stechapfel datura stramonium
aus Aſien nach Europa gebracht haben, aus dem ſie einen Liebestrank
bereiten. Beſonders die Kunſte, den kunftigen Liebhaber zu erforſchen
(Grimm, Mythol. 3 Ausg. 1071) ſchreibt man ihnen zu. Schmeller
citirt IV, 234 aus einer Munchner Handſchrift· „die zu den Zigeunern
geent und laſſen in die hend ſehen, ob ſie reich oder arm werden und
ob ſi ehindel tragen oder nit" 2c. Goethe läßt im Götz eine ſolche
Zigeunerin auftreten. — 3031. 'was 1790, ſpater durchaus was.

Fauſt.

Ein Dienſt iſt wohl des andern werth.

Mephiſtopheles.

Wir legen nur ein gültig Zeugniß nieder,
Daß ihres Ehherrn ausgereckte Glieder
3035 In Padua an heil'ger Stätte ruhn.

Fauſt.

Sehr klug! Wir werden erſt die Reiſe machen müſſen!

Mephiſtopheles.

Sancta Simplicitas! darum iſt's nicht zu thun;
Bezeugt nur ohne viel zu wiſſen.

Fauſt.

Wenn er nichts Beſſers hat, ſo iſt der Plan zerriſſen.

Mephiſtopheles.

3040 O heil'ger Mann! Da wär't ihr's nun!
Iſt es das erſtemal in eurem Leben,
Daß ihr falſch Zeugniß abgelegt?
Habt ihr von Gott, der Welt und was ſich d'rin
        bewegt,
Vom Menſchen, was ſich ihm in Kopf und Herzen regt,
3045 Definitionen nicht mit großer Kraft gegeben?
Mit frecher Stirne, kühner Bruſt?
Und wollt ihr recht in's Innre gehen,
Habt ihr davon, ihr müßt es g'rad' geſtehen,
So viel als von Herrn Schwerdtleins Tod gewußt?

Fauſt.

3050 Du biſt und bleibſt ein Lügner, ein Sophiſte.

3037. Sancta Simplicitas, heilige Einfalt! der bekannte,
ſprichwörtlich gewordene Ausruf Huſſens — der zwar geſchichtlich nicht
erwieſen iſt — auf dem Scheiterhaufen beim Anblick eines alten
Mütterchens (andre ſagen eines Bauern), das auch ein Scheit beitrug
zur Verbrennung des Ketzers. — 3039. Fauſt ſpricht Mephiſtopheles
hier zürnend in der dritten Perſon an, indem er doch ſonſt ja mit
dem Teufel du und du iſt; vgl. zu 2585. — 3039, 3040. Die Ausgaben haben hier Er. In dieſem Falle (da) wär't ihrs nun,
nämlich ein heil'ger Mann. — 3045 iſt zu leſen: Definizjónen
(Erklärungen) nicht mit größer Kráft gegében; Alexandriner.
— 3049. Die Ausgaben haben durchaus Ausrufungszeichen. Es
ſcheint uns zu weit gegangen, wenn man auch hierin den Ausgaben
folgt. — 3043—3050 Der Hohn Mephiſtopheles' hat etwas Treffen-

Mephiſtopheles.

Ja, wenn man's nicht ein bißchen tiefer wüßte.
Denn morgen wirſt, in allen Ehren,
Das arme Gretchen nicht bethören,
Und alle Seelenlieb' ihr ſchwören?

Fauſt

3055 Und zwar von Herzen.

Mephiſtopheles.

        Gut und ſchön!
Dann wird von ewiger Treu' und Liebe,
Von einzig uberallmächt'gem Triebe —
Wird das auch ſo von Herzen gehn?

Fauſt.

Laß das! Es wird! — Wenn ich empfinde,
3060 Für das Geſühl, für das Gewühl
Nach Namen ſuche, keinen finde,
Dann durch die Welt mit allen Sinnen ſchweife,
Nach allen höchſten Worten greife,
Und dieſe Gluth, von der ich brenne,
3065 Unendlich, ewig, ewig nenne,
Iſt das ein teufliſch Lügenſpiel?

Mephiſtopheles.

Ich hab' doch Recht!

des. Dennoch iſt es Sophiſterei, die mit Begeiſterung und Ueber=
zeugung vorgetragenen Lehren des Gelehrten, wenn es auch nur Con=
jekturen, ja ſelbſt Irrlehren geweſen ſein ſollten, mit dem wiſſentlichen
Ablegen falſchen Zeugniſſes gleich zu ſtellen — Daher nennt Fauſt
Mephiſtopheles nicht nur, wie ſchon oben 1334 (ſ. d) Lugner,
ſondern auch Sophiſte, hier im Sinne von Rechthaber, der mit Trug=
ſchlüſſen vorgeht — 3051 Ja, wenn man es nicht tiefer, d h grund=
licher wüßte Was er meint, zeigen ſeine folgenden Reden Er ſieht
voraus, daß Fauſt Gretchen Liebe und Treue ſchworen wird, was
ihm als bewußte Täuſchung erſcheinen muß, denn daß dergleichen
einem Menſchen ernſt ſein könnte, iſt ihm unglaublich. — 3036 f
Dann wird — Triebe, das Prädicat geſprochen, geſchwärmt
fehlt. Er unterbricht ſich, das Fehlende nur mit einem höhniſchen
Augenzwinkern etwa andeutend. 3059—3061. vgl. die berühmte
Stelle 3432—3458 — 3060. Gewühl, vgl dazu Vers 479. Durch
den Binnenreim zerfällt der Vers in 2 Theile — 3065—3068. Ich
hab' doch Recht, d. h. du wirſt ſie doch belügen, wie ich aus
alledem erſehe. Von ſeinem Standpunkte aus kann er Fauſt nicht
begreifen, worüber dieſer hier im höchſten Unmuth ausbricht in die
Worte: hör', d. h. ſchweige und höre, was ich ein für allemal ſage,

Fauſt.

Hör'! merk dir dieß —
Ich bitte dich, und ſchone meine Lunge —
Wer Recht behalten will und hat nur eine Zunge,
3070 Behalt's gewiß.
Und komm', ich hab' des Schwätzens Ueberdruß,
Denn du haſt Recht, vorzüglich weil ich muß.

---

ich bitte dich. Wer das letzte Wort haben will, gegen den kommt
keine Vernunft auf. — 3069. Alexandriner. — 3071 f. Und komm'
— ſo komm denn ꝛc. Er entſchließt ſich auf das Anſinnen Mephiſtopheles', das er früher zurückgewieſen, einzugehn. — Man fragt ſich,
iſt dieſe Sinnesänderung motivirt? iſt das weil ich muß denn begründet? Könnte Fauſt nicht verlangen, daß Mephiſtopheles ihn ohne
das zum Ziele führe? Warum muß Fauſt auf das Ablegen eines
falſchen Zeugniſſes eingehn? — Es iſt keine Frage, daß dieſe Ein-
wurfe gegründet ſind. Der Dichter hat dieſes Motiv als Nebenſache
behandelt und auf correcte Zeichnung derſelben keinen Werth gelegt,
wie oft auch große Maler: die Hauptſache war ihm, Fauſts leidenſchaftliche Ungeduld fühlbar zu machen.

Garten.

Margarete an Faustens Arm, Marthe mit Mephisto
pheles auf und ab spazierend

Margarete.

Ich fühl' es wohl, daß mich der Herr nur schont,
Herab sich läßt, mich zu beschämen,
3075 Ein Reisender ist so gewohnt
Aus Gütigkeit sürlieb zu nehmen;
Ich weiß zu gut, daß solch' erfahrnen Mann
Mein arm Gespräch nicht unterhalten kann.

Faust

Ein Blick von dir, Ein Wort mehr unterhält,
3080 Als alle Weisheit dieser Welt.

Er küßt ihre Hand.

Margarete.

Incommodirt euch nicht! Wie könnt ihr sie nur
küssen?
Sie ist so garstig, ist so rauh!
Was hab' ich nicht schon alles schaffen müssen!
Die Mutter ist gar zu genau.

Gehn vorüber.

---

12 Scene (a): Garten. — Der Todtenschein ist auf das Zeugniß Fausts und Mephistos erfolgt und überbracht. Die Bekanntschaft
Fausts mit Gretchen ist schon im besten Zuge — Mit großem Humor
erscheinen nun das Erhabene und das Gemeine einander gegenübergestellt in zwei Paaren. — 3801 Das naive incommodirt euch
nicht kennzeichnet recht die Kluft des Standesunterschiedes zwischen
beiden, die Gretchen fühlt. — In dem Fremdwort incommodiren
liegt etwas Altbürgerliches. Das vornehme Fremdwort wird gewählt,
weil es dem vornehmen Angeredeten angemessen erscheint. Ganz
entsprechend ist der Vers 3069 wieder der erste Alexandriner,
wie in diesem Auftritt Vers 3092, 3100, 3107, 3111, 3115, 3122,
3123, 3124, 3129. — 3084. schaffen steht hier für arbeiten
vgl zu 2518. — 3084. gar zu genau vgl 3114: So accurat!

Marthe.

3085 Und ihr, mein Herr, ihr reiſ't ſo immer fort?

Mephiſtopheles.

Ach, daß Gewerb' und Pflicht uns dazu treiben!
Mit wie viel Schmerz verläßt man manchen Ort,
Und darf doch nun einmal nicht bleiben!

Marthe.

In raſchen Jahren geht's wohl an,
3090 So um und um frei durch die Welt zu ſtreifen;
Doch kömmt die böſe Zeit heran,
Und ſich als Hageſtolz allein zum Grab zu ſchleifen,
Das hat noch Keinem wohl gethan.

Mephiſtopheles.

Mit Grauſen ſeh' ich das von weiten.

Marthe.

3095 Drum, werther Herr, berathet euch in Zeiten.

Gehn vorüber.

Margarete.

Ja, aus den Augen, aus dem Sinn!
Die Höflichkeit iſt euch geläufig;
Allein ihr habt der Freunde häufig,
Sie ſind verſtändiger als ich bin.

Fauſt.

3100 O Beſte! glaube, was man ſo verſtändig nennt,
Iſt oft mehr Eitelkeit und Kurzſinn.

— 3092. ſich ſchleifen iſt hier die ſchwache Form von ſchleifen
(ſchliff, geſchliffen), für die man gewöhnlich die aus dem niederdeutſchen ſlepen (= ſchleifen) entſtandene Nebenform ſich ſchleppen
gebraucht, d. i. am Boden ſchlurfend ſich hinziehen, mühſam gehn
— 3094 Von weiten; es iſt nicht nöthig, hier in von weitem
oder vom weiten zu emendiren vgl. zu 532. — 3096. Aus den
Augen, aus dem Sinn iſt ein bekanntes Sprichwort zur Bezeichnung der Flüchtigkeit des Andenkens. Schon mittelhochdeutſch
hieß es: uz den ougen iſt uz dem muot, Zingerle S. 15. — 3098.
häufig ſteht hier in der urſprünglichen Bedeutung von haufen-
weiſe, viel, nicht in der üblichen übertragenen von: oft. — 3100 f.
Bartſch vermuthet urſprünglich nennet: erkennet. — Die Beſchränktheit des Verſtandesmenſchen, die nur den äußern Anſchein, das Gewordene ſieht, nie das Werden, iſt kurzſichtig und anmaßend, leer.

Margarete

Wie?

Fauſt.

Ach, daß die Einfalt, daß die Unſchuld nie
Sich ſelbſt und ihren heil'gen Werth erkennt!
Daß Demuth, Niedrigkeit, die hochſten Gaben

3105 Der liebevoll austheilenden Natur —

Margarete.

Denkt ihr an mich ein Augenblickchen nur,
Ich werde Zeit genug an euch zu denken haben

Fauſt.

Ihr ſeid wohl viel allein?

Margarete.

Ja, unſre Wirthſchaft iſt nur klein,

3110 Und doch will ſie verſehen ſein
Wir haben keine Magd, muß kochen, fegen, ſtricken
Und nähn, und laufen fruh und ſpat,
Und meine Mutter iſt in allen Stücken
So accurat!

3115 Nicht daß ſie juſt ſo ſehr ſich einzuſchränken hat.
Wir könnten uns weit eh'r als andre regen.
Mein Vater hinterließ ein hubſch Vermogen,
Ein Hauschen und ein Gartchen vor der Stadt.
Doch hab' ich jetzt ſo ziemlich ſtille Tage;

3102 f. Der Zauber naiver Anmuth, in der Geiſt und Natur
noch ungetrennt Eins ſind, kann nicht einfacher bezeichnet werden. —
3104 f. Demuth, Niedrigkeit konnen als hochſte Gaben
bezeichnet werden, indem Niedrigkeit der außern Stellung De=
muth zur Folge hat und dadurch den eigentlichen innern Werth in
Unbewußtheit erhalt Die Natur theilt liebevoll aus, ſie gibt dem
Niedrigen das Hochſte, jene Reinheit, jenen Adel, der mit der Unbe=
wußtheit verbunden iſt. Der Gedankenſtrich kann etwa erganzt wer=
den. nie erkannt, gewurdigt werden! Doch Gretchen unter=
bricht ſeine Rede, woraus man entnimmt, daß ſie tief in Gedanken
verſunken war und auf Fauſts letzte Worte gar nicht hin horte. —
3107 Ich werde Zeit genug, d. i lange Zeit an euch zu
denken haben, nicht: ich werde Zeit genug haben — 3114 accurat
iſt eines der Worter, die unſere Worterbucher, als fremd, nicht auf=
fuhren, ſ z. B Gr. Wtb. Dennoch iſt es in den Mundarten ein=
geburgert. Hier erklart es ſich aus einer ahnlichen Aeußerung Gret=
chens 3084: Die Mutter iſt gar zu genau — 3116 eh' 1790
1791; ehr' 1808 u. ſ. f

3120 Mein Bruder iſt Soldat,
　　Mein Schweſterchen iſt todt.
　　Ich hatte mit dem Kinde wohl meine liebe Noth;
　　Doch ubernähm' ich gern noch einmal alle Plage,
　　So lieb war mir das Kind.

Fauſt.

　　　　Ein Engel, wenn dir's glich!

Margarete.

3125 Ich zog es auf, und herzlich liebt' es mich.
　　Es war nach meines Vaters Tod geboren.
　　Die Mutter gaben wir verloren,
　　So elend wie ſie damals lag,
　　Und ſie erholte ſich ſehr langſam, nach und nach.
3130 Da konnte ſie nun nicht dran denken
　　Das arme Würmchen ſelbſt zu tränken,
　　Und ſo erzog ich's ganz allein,
　　Mit Milch und Waſſer; ſo wards mein.
　　Auf meinem Arm, in meinem Schooß
3135 War's freundlich, zappelte, ward groß.

Fauſt.

　　Du haſt gewiß das reinſte Glück empfunden.

Margarete.

　　Doch auch gewiß gar manche ſchwere Stunden.
　　Des Kleinen Wiege ſtand zu Nacht
　　An meinem Bett', es durfte kaum ſich regen,
3140 War ich erwacht;
　　Bald mußt' ich's tränken, bald es zu mir legen,
　　Bald, wenn's nicht ſchwieg, vom Bett' aufſtehn,
　　Und tänzelnd in der Kammer auf und nieder gehn,
　　Und früh am Tage ſchon am Waſchtrog ſtehn;
3145 Dann auf dem Markt und an dem Herde ſorgen,
　　Und immer fort wie heut ſo morgen.
　　Da geht's, mein Herr, nicht immer muthig zu;
　　Doch ſchmeckt dafür das Eſſen, ſchmeckt die Ruh.

Gehn vorüber.

3129, 3143. Alexandriner. — 3134. Die übliche Lesart Schooß
haben wir nicht feſtgehalten. — 3147. Vgl. Künſtlers Erdewallen
(gedichtet 17. Juli 1774). Der junge Goethe 3, 202: Dir ſchmeckt
das Eſſen, Lieb' und Schlaf, ſ. Jacoby, Goethe-Jahrb. I, S. 196

Marthe.

Die armen Weiber sind doch übel dran:
3150 Ein Hagestolz ist schwerlich zu bekehren.

Mephistopheles

Es käme nur auf eures gleichen an,
Mich eines Bessern zu belehren.

Marthe.

Sagt g'rad', mein Herr, habt ihr noch nichts ge=
funden?
Hat sich das Herz nicht irgendwo gebunden?

Mephistopheles.

3155 Das Sprichwort sagt: Ein eigner Herd,
Ein braves Weib, sind Gold und Perlen werth.

Marthe

Ich meine, ob ihr niemals Lust bekommen?

Mephistopheles.

Man hat mich überall recht höflich aufgenommen.

Marthe.

Ich wollte sagen. ward's nie Ernst in eurem Herzen?

Mephistopheles.

3160 Mit Frauen soll man sich nie unterstehn zu scherzen

Marthe.

Ach, ihr versteht mich nicht'

Mephistopheles.

Das thut mir herzlich leid!
Doch ich versteh' — daß ihr sehr gütig seid.

Gehn vorüber.

Faust.

Du kanntest mich, o kleiner Engel, wieder,
Gleich als ich in den Garten kam?

Margarete.

3165 Saht ihr es nicht? ich schlug die Augen nieder.

3149—3152 Diese Verse fehlen im Fragment — 3155—3156 s.
Eigner Herd ist Goldes werth ist weitverbreitet in Deutschland,
s. Grimms Wtb. 4, 4. Sp 1075 — 3158, 3159, 3160 Alexandriner.
— 3159, 3176. euerm 1790, 1791, eurem 1808—1829

Fauſt.

Und du verzeihſt die Freiheit, die ich nahm,
Was ſich die Frechheit unterfangen,
Als du jüngſt aus dem Dom gegangen?

Margarete

Ich war beſtürzt, mir war das nie geſchehn,
3170 Es konnte niemand von mir Uebels ſagen.
Ach, dacht' ich, hat er in deinem Betragen
Was freches, unanſtändiges geſehn?
Es ſchien ihn gleich nur anzuwandeln,
Mit dieſer Dirne g'rade hin zu handeln.
3175 Geſteh' ich's doch! Ich wußte nicht, was ſich
Zu eurem Vortheil hier zu regen gleich begonnte;
Allein gewiß, ich war recht böſ' auf mich,
Daß ich auf euch nicht böſer werden konnte.

Fauſt.

Süß Liebchen!

Margarete.

Laßt einmal!

Sie pflückt eine Sternblume und zupft die Blätter ab, eins nach
dem andern.

Fauſt.

Was ſoll das? Einen Strauß?

Margarete.

3180 Nein, es ſoll nur ein Spiel.

Fauſt

Wie?

3176, 3179, 3180. Ueber die alte, edle Form begonnte
für begann, die in der erſten Hälfte des 18. Jahrhunderts herr=
ſchend war, dann allmählich verloſch, ſchrieb J. Grimm in Haupts
Zeitſchr. 8, 14. — eurem wie 3159 — Unter Sternblume iſt im
Allgemeinen eine ſternförmige Blume zu verſtehen, wie das Gänſe=
blümchen, die einfache Aſter u. dal. — 3179 f Dabei erinnert
man ſich doch wohl auch daran, daß das Maßliebchen (bellis perennis)
und auch eine größere Gattung weißer Sternblumen (chryſanthemum
leucanthemum) Margrete, franz. marguerite, ital. margherita ge=
nannt wird. — Was ſoll das? ſteht hier für Was ſoll das
ſein? es ſoll ein Spiel (ſein). — Das Spiel darf wol als
bekannt vorausgeſetzt werden.

Margarete.

Geht! ihr lacht mich aus.

Sie rupft und murmelt.

Fauſt.

Was murmelſt du?

Margarete halb laut

Er liebt mich — liebt mich nicht.

Fauſt.

Du holdes Himmels=Angeſicht!

Margarete fährt fort.

Liebt mich — Nicht — Liebt mich — Nicht —

Das letzte Blatt ausrupfend, mit holder Freude

Er liebt mich!

Fauſt

Ja, mein Kind! Laß dieſes Blumenwort
3185 Dir Götterausſpruch ſein. Er liebt dich!
Verſtehſt du, was das heißt? Er liebt dich!

Er faßt ihre beiden Hände.

Margarete.

Mich überläuft's!

Fauſt.

O ſchaudre nicht! Laß dieſen Blick,
Laß dieſen Händedruck dir ſagen,

3184. Er liebt mich! bildet mit der nächſten Zeile zuſammen
Einen Alexandriner, daher es mit dieſer als Ein Vers gezählt wird.
— Es ſcheint, daß Goethe hier nur aus Verſehen dies im Druck
nicht kenntlich gemacht. Auch Loeper zieht die Reden in Einen Vers
zuſammen — Vielleicht reimte (3184) Blumenwort urſprünglich
auf (3195) wir wollen fort und 3186—3194 ſind erſt ſpäter eingeſchaltet?*). — Vgl. zu 3432—3458. 3187. Bei der Regelloſigkeit
der Verſe hier könnte es ſich fragen, ob an der Eintheilung der Ausgaben feſtzuhalten und dieſe Zeile nicht mit 3188 als Ein Vers an-
zuſehen iſt — Das Gewicht der erſten Zeile, die Nothwendigkeit
einer Pauſe nach derſelben, rathen, an der üblichen Eintheilung nichts

*) Fauſt· Ja, mein Kind, laß dieſes Blumenwort
Dir Götterausſpruch ſein! (Margarete drückt ihm die Hände, macht ſich los und
läuft weg. Er folgt ihr. Marthe und Mephiſtopheles kommen)
Mephiſtopheles Ja, und wir wollen fort (ein Alexandriner) 2c
Die ungereimten Verſe waren dann ſpäter eingeſchaltet, ein Drucker, wie man die vom
Maler zuletzt noch im Bilde aufgeſetzten markirten Lichter und Schatten nennt

3190 Was unaussprechlich ist:
    Sich hinzugeben ganz und eine Wonne
    Zu fühlen, die ewig sein muß!
    Ewig! — Ihr Ende würde Verzweiflung sein.
    Nein, kein Ende! Kein Ende!

Margarete

drückt ihm die Hände, macht sich los und läuft weg. Er steht einen
Augenblick in Gedanken, dann folgt er ihr.

Marthe kommend.

3195 Die Nacht bricht an.

Mephistopheles.

      Ja, und wir wollen fort.

Marthe.

    Ich bät' euch länger hier zu bleiben,
    Allein es ist ein gar zu böser Ort.
    Es ist als hätte niemand nichts zu treiben
    Und nichts zu schaffen,
3200 Als auf des Nachbarn Schritt und Tritt zu gaffen,
    Und man kommt in's Gered', wie man sich immer
                  stellt.
    Und unser Pärchen?

---

zu ändern. — 3188 f. Zu: Laß diesen Blick dir sagen vgl.
„Dann lall er ahnend — was doch keiner mit Worten ausspricht
— — mit dem verweilenden vollen Blick und der Seele drinn." Aus
Goethes Recension der Gedichte von einem Polnischen Juden in den
Frankf gel. Anzeigen vom 1. Sept. 1772. Vgl. auch Vers 3446 f
— 3192 f. Gerade so unvermittelt, wie hier das „Ja, und wir
wollen fort" erscheint Vers 3502 Gretchens „Ich muß nun fort."
— Da nach fühlen 3192 eine kleine Pause eintreten muß, so daß
die zweite Silbe nicht mit dem folgenden die verschliffen werden
kann, da demnach zwei Silben in die Senkung kommen, wodurch der
jambisch trochäische Gang unterbrochen wird, wäre wol mit die ein
neuer Vers anzunehmen, und so auch weiter:

    Zu fühlen,
    Die ewig sein muß, ewig!
    Ihr Ende würde Verzweiflung sein.
    Nein —
    Kein Ende,
    Kein Ende!

Auch so sind die Worte kaum ganz rhythmisch zu sprechen. Der
Darsteller wird sich's nicht nehmen lassen, mindestens einmal kein
Ende zu betonen — 3196 Der Eintritt des Mephistopheles wird
nicht angemerkt. — 3201, 3202, 3203 Alexandriner. — 3202. Unser
Pärchen? ist dort auf jenem Gange vorübergehend zum Vorschein

Mephistopheles.

Ist den Gang dort aufgeflogen.
Muthwill'ge Sommervögel!

Marthe.

Ei scheint ihr gewogen.

Mephistopheles.

Und sie ihm auch   Das ist der Lauf der Welt.

gekommen, wie Schmetterlinge. — Sommervogel heißt der
Schmetterling in Goethes Gedicht Meine Göttin (vom 15 Sept.
1780: Die Phantasie) mag Sommervögeln gebieten ꝛc.   Auch
in den Mundarten, so in Goethes Schweizerlied (Summervögle),
in Westfalen Frommann, Zeitschr. 6, 77, in Oesterreich, Siebenbürgen
Germania 22, 369.

Ein Gartenhäuschen.

Margarete springt herein, steckt sich hinter die Thür, hält die Fingerspitze an die Lippen, und guckt durch die Ritze.

Margarete.

3205 Er kommt!

Faust kommt.

Ach Schelm, so neckst du mich!
Treff' ich dich!

Er küßt sie.

Margarete.

ihn fassend und den Kuß zurückgebend

Bester Mann! von Herzen lieb' ich dich!

Mephistopheles klopft an.

Faust stampfend.

Wer da?

Mephistopheles.

Gut Freund!

Faust.

Ein Thier!

Mephistopheles.

Es ist wohl Zeit zu scheiden.

Marthe kommt.

Ja, es ist spat, mein Herr.

---

12 Scene (b). Ein Gartenhäuschen Dieser Scene, die eine Fortsetzung der 12. ist, sollte die reizende Scene der Paralipomena Zwei Teufelchen und Amor vorangehen. Wir theilen dieselbe anhangsweise nach dem Schluß unseres Textes des ersten Theiles auf S. 311 mit. — Das Innere eines Gartenhäuschens, dessen Thür offen steht. Gretchen schlüpft herein und sieht durch die Ritze in angegebener Weise. Wir sahen nach 3194, daß nach dem leidenschaftlichen Ausbruch Fausts Gretchen sich losmachte und fortlief, indem Faust einen Augenblick in Gedanken stand und dann folgte. Bevor er sie erreicht, war sie im Gartenhäuschen verschwunden. — 3206, 3207, 3208, 3209 sind wieder Alexandriner.

Fauſt.

Darf ich euch nicht geleiten?

Margarete.

Die Mutter würde mich — Lebt wohl!

Fauſt.

Muß ich denn gehn?

3210 Lebt wohl!

Marthe.

Ade!

Margarete.

Auf baldig Wiederſehn!

Fauſt und Mephiſtopheles ab.

Margarete.

Du lieber Gott! was ſo ein Mann
Nicht alles, alles denken kann!
Beſchämt nur ſteh' ich vor ihm da,
Und ſag' zu allen Sachen ja.
3215 Bin doch ein arm unwiſſend Kind,
Begreife nicht was er an mir find't.

ab

3211—3216 Indem Marthe die abgehenden Fauſt und Mephiſtopheles zur Thür begleitet und ihnen nachſieht, ſpricht Margarete
die ſinnigen Worte, die ſie in ihrer ganzen Unſchuld und Liebens-
würdigkeit erſcheinen laſſen. Natürlich iſt, daß nach ihrer Rede,
während Marthe ſich zu ihr umwendet, der Vorhang fällt —
3216. findt iſt mundartliche Zuſammenziehung, wobei eigentlich d
ausgefallen iſt und fint zu ſchreiben wäre. Vgl des Herausgebers
Goethes Dramen 2. Bd, S. 96, 287.

Wald und Höhle.

Faust allein.

Faust.

Erhabner Geist, du gabst mir, gabst mir alles,
Warum ich bat. Du hast mir nicht umsonst
Dein Angesicht im Feuer zugewendet.
3220 Gabst mir die herrliche Natur zum Königreich,
Kraft, sie zu fühlen, zu genießen. Nicht
Kalt staunenden Besuch erlaubst du nur,
Vergönnest mir in ihre tiefe Brust

----

13. Scene: Wald und Höhle. Im Fragment steht diese Scene nach der 16.: Am Brunnen. Der Monolog 3217—3250, in Jamben geschrieben, entstand wol später als die ersten Auftritte. — Fausts zögerndes Sinnen ist Goethes eigenem Innern entnommen, der leidenschaftliche Zustände gerne in süßer Unentschiedenheit hinhielt. Es waren das Momente, in denen ihm die Wirklichkeit sich in das Ideal verwandelte und zum Kunstwerk wurde. Ich erinnere an Glück der Entfernung: „Doch das Glück bleibt immer größer, fern von der Geliebten sein." — Den 9. August 1776 schrieb der Dichter an Herder: „Ich fuhre mein Leben in Klüften, Höhlen und Wäldern". — Das Fliehen in Waldeinsamkeit kennen wir aus seiner Jugend (Dichtung und Wahrheit 2, 6. Buch), wo er im Walde bei Frankfurt ausruft: „O, warum liegt dieser köstliche Platz nicht in tiefer Wildniß, warum dürfen wir nicht einen Zaun umherführen, ihn und uns zu heiligen und von der Welt abzusondern! Gewiß, es ist keine schönere Gottesverehrung als die, zu der man kein Bild bedarf, die bloß aus dem Wechselgespräch mit der Natur in unserem Busen entspringt!" Wir denken dabei auch an die Reise in die Schweiz, um „einen Versuch zu machen, ob er Lili entbehren könne", eine Flucht, wie in Erwin und Elmire, dem Singspiel, das vor dieser Reise im März 1775 gedruckt erschien und diese Flucht gleichsam voraus verkündete, indem der liebende Erwin, wie hier der liebende Faust in Wald und Höhle flüchtet. — 3217—3223. Erhabner Geist, vgl. Vers 461. — In der Erwähnung desselben kann ich nichts finden, das uns zwange, anzunehmen: diesem Geist sei im ursprünglichen Plane des Faust eine bedeutendere Rolle zugedacht gewesen. Es ist Goethes Denkungsart ganz angemessen, daß Faust sich dem Göttlichen nähert, indem er es nicht in dem für menschliche Fassungskraft unbegreiflichen Gott des Weltalls, sondern in dem Geist der Erde verehrte. S. darüber das Nähere in der Einleitung.

Wie in den Busen eines Freunds zu schauen.

3225 Du führst die Reihe der Lebendigen
Vor mir vorbei, und lehrst mich meine Brüder
Im stillen Busch, in Luft und Wasser kennen.
Und wenn der Sturm im Walde braus't und knarrt,
Die Riesenfichte stürzend Nachbaraste

3230 Und Nachbarstämme quetschend nieder streift,
Und ihrem Fall dumpf hohl der Hügel donnert;
Dann führst du mich zur sichern Höhle, zeigst
Mich dann mir selbst, und meiner eignen Brust
Geheime tiefe Wunder öffnen sich.

3235 Und steigt vor meinem Blick der reine Mond
Besänftigend herüber: schweben mir
Von Felsenwänden, aus dem Busch,
Der Vorwelt silberne Gestalten auf,

3225 Wir werden hier an Jene geahneten Wesen in Das
Göttliche „Edel sei der Mensch ꝛc" und an die Reihe Wesen
vor uns im Werther (JG. 3, 303) erinnert — Gott in seiner Manifestation als Erdgeist war ihm erschienen, und er erinnert sich hier an
ihn. Ihm dankt er die Ahnungen, mit denen er das Innere der Natur
zu durchdringen wähnt. er habe ihm die Natur zum Königreich gegeben. Er habe nicht umsonst ihm sein Angesicht im Feuer zugewendet
(vgl. 499, wo er ihn Flammenbildung nennt). — 3225 f. Du
lehrst mich, daß die Reihe der Lebendigen, der Wesen in Busch,
Luft und Wasser, nach den zu 449—453 bezeichneten Anschauungen,
wie die Menschen, meine Brüder sind. Diese Anschauung war
Goethe im Wesen von Jugend auf klar und führte zu seinen mor-
phologischen Entdeckungen Herder spricht auch schon in seinem
Gedicht: „Die Natur" den Grundgedanken der Metamorphose
der Pflanzen aus. Darin dann auch die Stelle: „Dieser Keim
ward Pflanze als er starb, Jene Menschenpflanze Genius". In dem
Fragment: „Selbst" heißt es am Schluß: — „ein unbezwingliches Gemüt, das nicht zu Moder sprach: 'Du bist mein Vater!' Zu Würmern,
zur Verwesung nicht: 'ihr seid Mir Brüder, Schwestern, Mutter!'—"
Er will hier sagen, unser geistiges Selbst ist andern Ursprungs als
dasjenige, dessen Bruder wir in den der Verwesung verfallenden Ge-
schöpfen der Erdenwelt finden. Implicite ist doch die Anschauung
Goethes, im Naturreiche unsere Brüder zu suchen, auch hier enthalten
— 3231 ihrem Fall = von ihrem Fall. — 3232—3234. Gleich-
laufend den Schrecknissen und dem Außerordentlichen der Natur,
zeigen sich in der Seele ähnliche Wunder. Vgl. Vorspiel 150. Wer
läßt den Sturm zu Leidenschaften wüten? und Anmerkung
dazu. — 3235—3238. Steigen in Mondbeleuchtung in stiller Nacht
Gestalten der Vorwelt silbern, d. i. vom Mond beleuchtet, auf
— Wenn den Schrecken der Natur der Sturm der Leidenschaft in
unserm Innern entspricht, so weckt die stille Mondnacht verklärte Ge-

Und lindern der Betrachtung ſtrenge Luſt.

3240   O daß dem Menſchen nichts Vollkomm'nes wird,
Empfind' ich nun.   Du gabſt zu dieſer Wonne,
Die mich den Göttern nah' und näher bringt,
Mir den Gefährten, den ich ſchon nicht mehr
Entbehren kann, wenn er gleich, kalt und frech,
3245 Mich vor mir ſelbſt erniedrigt, und zu Nichts,
Mit einem Worthauch, deine Gaben wandelt.
Er facht in meiner Bruſt ein wildes Feuer
Nach jenem ſchönen Bild geſchäftig an.
So taum!' ich von Begierde zu Genuß,
3250 Und im Genuß verſchmacht' ich nach Begierde.

Mephiſtopheles tritt auf.

Mephiſtopheles.

Habt ihr nun bald das Leben g'nug geführt?
Wie kann's euch in die Länge freuen?
Es iſt wohl gut, daß man's einmal probirt;
Dann aber wieder zu was Neuen!

ſtalten in unſerer Einbildungskraft. — So wie die ganze Zeit, war
auch Goethe in ſeiner Jugend eingenommen von Traumgeſtalten
Oſſians — 3239 Die Betrachtung zieht an, obwol ſie mit heiligem
Schauer erfüllt — ſtrenge Luſt : die bekannten Geſtalten der Vorwelt mildern den Schauer. — 3241—3250 Du gabſt mir den
Gefährten Er, der Gott, den er als Erdgeiſt verehrt, gab ihm
Alles, aber er gab ihm ſein Glück nicht ungetrübt, denn er gab ihm
dazu auch den Gefährten Da er den Geiſt der Erde einfach für Gott
nimmt, muß er ihm auch zuſchreiben das Verhältniß zu Mephiſtopheles,
in das er gerathen iſt. In der That war es ja Gott der Herr,
der Mephiſtopheles im Prolog im Himmel 299 zuerſt auf Fauſt
aufmerkſam gemacht mit der Frage: „Kennſt du den Fauſt?" — Der
Prolog iſt zwar ſpäter geſchrieben, doch dürfen wir dem Dichter wol
geſtatten. ſich ſelbſt zu interpretiren, wie dies hier der Fall iſt. —
Die geſtörte innere Harmonie, die in Fauſts Worten hier anſchaulich
wird, beruht auf der ſelbſtiſch und einſeitig hervortretenden Sinnlichkeit. Bei dem natürlichen Menſchen iſt die Sinnlichkeit dies noch
nicht Erſt bei dem aus der Unſchuld der Natürlichkeit herausge-
tretenen Titanen, überhaupt bei dem rohen Egoiſten, bei dem der Verſtand ſich losgetrennt hat vom Gemüth und einſeitig der Selbſtſucht dient,
tritt die Genußſucht thieriſch hervor. Das iſt bei Fauſt nur vorübergehend, durch Einfluß Mephiſtopheles', der Fall. — Die Verſe 3249 f.
ſchildern dieſen Zuſtand; die einſeitige Sinnlichkeit ſtrebt nach Genuß,
aber er befriedigt nicht. — In der Widerſtandskraft Fauſts gegen
dieſen Einfluß liegt ſein Sieg. — 3251—3254. Wie ein Worthauch
Mephiſtopheles' die Gaben der Gottheit oft in ein Nichts verwandelt, 3244—3246, wird uns anſchaulich, wenn wir, wie hier, ſehen,

Fauſt

3255 Ich wollt', du hätteſt mehr zu thun,
Als mich am guten Tag zu plagen

Mephiſtopheles.

Nun nun! ich laſſ' dich gerne ruhn,
Du darfſt mir's nicht im Ernſte ſagen.
An dir Geſellen unhold, barſch und toll,
3260 Iſt wahrlich wenig zu verlieren.
Den ganzen Tag hat man die Hände voll!
Was ihm gefällt und was man laſſen ſoll,
Kann man dem Herrn nie an der Naſe ſpüren.

Fauſt.

Das iſt ſo juſt der rechte Ton!
3265 Er will noch Dank, daß er mich ennuyirt.

Mephiſtopheles.

Wie hättſt du, armer Erdenſohn,
Dein Leben ohne mich geführt?
Vom Kribskrabs der Imagination
Hab' ich dich doch auf Zeiten lang curirt;
3270 Und wär' ich nicht, ſo wärſt du ſchon

— — —

wie Mephiſtopheles jede Regung Fauſts durch ſeine niedrige Auffaſſung herabzieht. — Zu was Neuen (nicht Neuem) in allen
Ausgaben. Es iſt der ſchwache Genitiv oder Dativ (zu was des
Neuen oder von dem Neuen) vgl. zu 532. — 3256 Am guten Tag
= zu guten Stunde. — Beachtenswerth iſt, wie Mephiſtopheles in
der Anrede gegen Fauſt, wieder zwiſchen: ihr, er und du wechſelt,
was immer bezeichnend für den Vortrag iſt; vgl zu 3039   Zuerſt
ſpricht er ihn noch mit höflichem ihr an, das natürlich nie frei von
Ironie iſt. Gleich darauf, wo er grob wird, duzt er ihn. Vgl. 3524
wo ſchon die dritte Perſon Plur. eintritt. — 3261 Die Hände voll
— zu thun — 3263 An der Naſe ſpüren, gewöhnlich an der
Naſe anſehen, am Geſicht abſehen, aus dem Geſichtsausdruck
erkennen — 3268. Kribskrabs iſt wie Schnickſchnack,
Simmelſammelſurium, eine Bildung, deren Stamm gewöhnlich in
dem zweiten Theile erhalten iſt, indem der erſte, ähnlich wie bei der
Reduplication gotiſcher Verba, eine höhere Stimmlage annimmt. Durch
dieſe Bildung wird die Bezeichnung einer Vielheit oder ſonſt einer
Steigerung des im einfachen Stammwort enthaltenen Begriffs erzweckt.
— Die Bedeutung Kribskrabs der Imagination iſt hier:
Zuſammengerafftes der Einbildungskraft — alle Gedankenarbeit Fauſts
iſt ihm ja nichts weiter — und er hofft ihn davon geheilt zu haben.
Die ältere Form iſt Kribbes-Krabbes, wimmelnde Bewegung einer
vielfüßigen Krabbe, wobei hier wol auch der Begriff von grapſen:
raffen mit hereinſpielt, ſ. Grimms Wörterbuch 5, 1911, 1914, 2203;

Von dieſem Erdball abſpazirt.

Was haſt du da in Höhlen, Felſenritzen

Dich wie ein Schuhu zu verſitzen?

Was ſchlurfſt aus dumpfem Moos und triefendem

Geſtein,

3275 Wie eine Kröte, Nahrung ein?

Ein ſchöner, ſüßer Zeitvertreib!

Dir ſteckt der Doktor noch im Leib.

Fauſt.

Verſtehſt du, was für neue Lebenskraft

Mir dieſer Wandel in der Oede ſchafft?

3280 Ja, würdeſt du es ahnen können,

Du wäreſt Teufel g'nug mein Glück mir nicht zu

gönnen.

Mephiſtopheles.

Ein überirdiſches Vergnügen!

In Nacht und Thau auf den Gebirgen liegen,

Und Erd und Himmel wonniglich umfaſſen,

3285 Zu einer Gottheit ſich aufſchwellen laſſen,

Der Erde Mark mit Ahnungsdrang durchwühlen,

Alle ſechs Tagewerk' im Buſen fühlen,

In ſtolzer Kraft ich weiß nicht was genießen,

Bald liebewonniglich in alles überfließen,

3290 Verſchwunden ganz der Erdenſohn,

Und dann die hohe Intuition —

Weigand unter krabbeln — 3271 f. Hier iſt durchaus nicht anzunehmen, daß Mephiſtopheles im Spiele war, als die Oſterglocken
Fauſt vom Selbſtmord abhielten. — Mephiſtopheles durfte aber wol
annehmen, daß Fauſts Hypochondrie ihn doch noch dahin getrieben
hätte; obwol wir es beſſer wiſſen, indem wir ſahen, wie er nahe daran
war, bei angemeſſener Thätigkeit zu geſunden, als Mephiſtopheles
eintrat. 3271. In Uebereinſtimmung mit C¹ C: abſpazirt; ab-
ſpaziert W. — 3274 ſchlurfſt = ſchlürfſt. Die Form ohne
Umlaut iſt mitteldeutſch — Wieder ein Alexandriner, wie auch
3281. 3289.   Lichtwer gebraucht die Form ſchlorfen — 3276
ſchöner, Komma nach ſchöner C¹ C. — 3279   Wandel, das
urſprüngliche Wechſel, Verkehr, dann Gang, Wechſel des Orts
bedeutet, iſt hier wol einfach als Spaziergang (in der Oede) zu
faſſen. — 3280 ahnden 1790, 1791, 1808. ahnen 1816, 1825,
1828, 1829. — 3283 bezieht ſich auf Fauſts Worte 3220 ff., vgl. aber
auch 1774 ff. Wir wiſſen ſchon, daß Mephiſtopheles auch auf das
anſpielt, was in ſeiner Abweſenheit geſchieht, vgl. oben 1571 f., 1579
und unten 3521. — 3285 f, vgl. 618. 1774 f. Alle ſechs Tage-

Mit einer Gebärde.

Ich darf nicht sagen wie — zu schließen.

Fauſt.

Pfui über dich!

Mephiſtopheles.

Das will euch nicht behagen;
Ihr habt das Recht geſittet pfui zu ſagen.
3295 Man darf das nicht vor keuſchen Ohren nennen,
Was keuſche Herzen nicht entbehren können.
Und kurz und gut, ich gönn' ihm das Vergnügen,
Gelegentlich ſich etwas vorzulügen;
Doch lange hält er das nicht aus.
3300 Du biſt ſchon wieder abgetrieben,
Und währt es länger, aufgerieben
In Tollheit oder Angſt und Graus.
Genug damit! Dein Liebchen ſitzt dadrinne,
Und alles wird ihr eng und trüb.
3305 Du kommſt ihr gar nicht aus dem Sinne
Sie hat dich übermächtig lieb.
Erſt kam deine Liebeswuth übergefloſſen,
Wie vom geſchmolznen Schnee ein Bächlein überſteigt;
Du haſt ſie ihr in's Herz gegoſſen:
3310 Nun iſt dein Bächlein wieder ſeicht
Mich dünkt, anſtatt in Wäldern zu thronen,
Ließ' es dem großen Herren gut,
Das arme affenjunge Blut
Für ſeine Liebe zu belohnen.
3315 Die Zeit wird ihr erbärmlich lang;
Sie ſteht am Fenſter, ſieht die Wolken ziehn

werf — der Schopfung, also Schopferkraft. — 3286 Ahnungs=
drang 1790, 1791, 1808 Ahnungsdrang 1816—1829 — 3290 f
Und dann die hohe Intuition = Anſchauung, Betrachtung. Es
wird genügen, wenn die darauf folgende Gebärde eine Umarmung
andeutet. — 3297. Ihm alle Ausgaben. — 3299. Die Ausgaben
haben Er vgl. zu 3039. — 3300. abgetrieben, ſo wie du warſt,
als ich dich traf im Studirzimmer = müde von deinem Treiben,
geiſtig abgehetzt Zu Grimms Wörterbuch 1, 142· abgetrieben:
abgejagt, ermüdet, wäre dieſe Stelle anzuführen geweſen. An den
übertragenen Sinn· ſchlau iſt hier nicht zu denken. Zu vergleichen
iſt wol das homeriſche πολύτροπος. —3303. da drinne in der Stadt.
— 3308. Alexandriner — 3313. Da man Kinder koſend kleine
Äffchen nennt, iſt hier affenjung: jung wie ein Kind Vgl.

Ueber die alte Stadtmauer hin.
Wenn ich ein Vöglein wär'! ſo geht ihr Geſang
Tage lang, halbe Nächte lang.
3320 Einmal iſt ſie munter, meiſt betrübt,
Einmal recht ausgeweint,
Dann wieder ruhig, wie's ſcheint,
Und immer verliebt.

Fauſt.

Schlange! Schlange!

Mephiſtopheles für ſich.

3325 Gelt! daß ich dich fange!

Fauſt.

Verruchter! hebe dich von hinnen,
Und nenne nicht das ſchöne Weib!
Bring' die Begier zu ihrem ſüßen Leib
Nicht wieder vor die halb verrückten Sinnen!

Grimms Wörterbuch 1, 184. — 3317. Dadurch wird die Wohnung Gretchens als im Zwinger der Stadt gelegen bezeichnet, ſowie ja ein folgender Auftritt Gretchen vor einem Marienbilde im Zwinger, zwiſchen der Stadtmauer und den letzten Häuſern, zeigt. S. die Anmerk. zu Zwinger vor 3587. — 3318. Wenn ich ein Vöglein wär'! Das bekannte Volkslied aus Herders Stimmen der Völker (1779) 5. Buch 12. Es wird von Goethe auch in den Vögeln (1780) in der Rede Treufreunds angeführt. — 3320 f. Dieſe Worte Mephiſtopheles' ſind ganz geeignet, Fauſt auf das Aeußerſte zu erregen. Wir ſehn daraus auch, daß dieſer quällenhaft, wie ſich dazu nur in Goethes eigenem Leben Analogien finden, ſich für mehrere Tage von Gretchen fern gehalten — Den poetiſchen Zauber eines ſchwebenden leidenſchaftlichen Zuſtandes hütete er ſich zu zerſtören. Es hatte bei Goethe ein Liebesverhältniß gewöhnlich ſeinen Abſchluß gefunden, indem es ſich in ein Kunſtwerk verwandelte S. die Anmerk. S 212 zu Wald und Höhle. Der Gedanke an Gründung eines Hausſtandes lag außerhalb ſeines Geſichtskreiſes. Nun können wir aber allerdings auch Fauſt uns nicht denken, über einen zu gründenden Hausſtand grübelnd. Er iſt auf die höchſten Räthſel des Lebens gerichtet, Liebe ergreift ihn. ſo zu handeln wie Mephiſtopheles wünſchte, zu Gretchens Verderben, zaudert er. Das Glück in der Beſchränkung zu ſehn iſt dem titaniſch angelegten Menſchen unmöglich. Darum ruft er aufſchäumend, wüthend 3324: Schlange! Schlange! wobei Mephiſtopheles ganz ruhig bleibt, indem er wol merkt, daß ſein Wort gezündet. — 3319. Taglang 1790, 1791. Tagelang 1808—1829. — 3326.

Mephistopheles.

3330 Was soll es denn? Sie meint, du seist entflohn,
Und halb und halb bist du es schon.

Faust.

Ich bin ihr nah', und wär' ich noch so fern,
Ich kann sie nie vergessen, nie verlieren;
Ja, ich beneide schon den Leib des Herrn,
3335 Wenn ihre Lippen ihn indeß beruhren.

Mephistopheles.

Gar wohl, mein Freund! Ich hab' euch oft beneidet
Um's Zwillingspaar, das unter Rosen weidet.

Faust.

Entfliehe, Kuppler!

Mephistopheles.

Schön! Ihr schimpft und ich muß lachen.
Der Gott, der Bub' und Mädchen schuf,
3340 Erkannte gleich den edelsten Beruf,
Auch selbst Gelegenheit zu machen
Nur fort, es ist ein großer Jammer!
Ihr sollt in eures Liebchens Kammer,
Nicht etwa in den Tod.

Vgl. das Evang Matth 4, 10. Der Ausdruck: hebe dich von
hinnen ist ein Anklang an jenes: hebe dich weg von mir,
Satan — 3330 dann 1790, 1791. denn 1808—1829, f zu B 580
— 3335 Indeß, während meiner Abwesenheit. — 3336 f Obwol
Fauft geboten: 3328 f Bring die Begier zu ihrem süßen Leib
Nicht wieder vor die halbverruckten Sinnen, so weiß Mephistopheles ihn doch mit ausgesuchter Berechnung, gerade mit der
Erinnerung an die Schönheit ihres Leibes zu steigern. Im hohen
Liede heißt es (4, 5) vom Busen der Geliebten. „Deine zwo bruste
sind wie zwei junge rehzwillinge, die unter den rosen weiden". Darauf
anspielend erinnert Mephistopheles an Gretchens reizende Gestalt. —
3338. Alexandriner — 3339. 3341. Gott, der Bub und Mädchen
schuf, sorgte sogleich für Annäherung, 1 Buch Mos 1, 27 2d 2,
22. — Indem an erster Stelle Gott zum ersten Menschenpaare sogleich sagt: „seid fruchtbar und mehret euch", an zweiter das Weib
aus des Mannes Rippe baute und „zu ihm brachte", erlaubt sich
Mephistopheles dies, seiner Auffassung angemessen, mit obigen Worten
auszulegen. — 3342. Es ist ein großer Jammer! es ist was
Jammervolles um einen Menschen, der in deiner Lage sich so gebardet!
Es kann Jammer allerdings auch ironisch gebraucht sein, wie mich

Fauſt.

3345 Was iſt die Himmelsfreud' in ihren Armen?
　　　Laß mich an ihrer Bruſt erwarmen!
　　　Fühl ich nicht immer ihre Noth?
　　　Bin ich der Flüchtling nicht? der Unbehauſ'te?
　　　Der Unmenſch ohne Zweck und Ruh.
3350 Der wie ein Waſſerſturz von Fels zu Felſen brauſ'te,
　　　Begierig wüthend nach dem Abgrund zu!
　　　Und ſeitwärts ſie, mit kindlich dumpfen Sinnen,
　　　Im Hüttchen auf dem kleinen Alpenfeld,
　　　Und all ihr häusliches Beginnen
3355 Umfangen in der kleinen Welt.
　　　Und ich, der Gottverhaßte,
　　　Hatte nicht genug,
　　　Daß ich die Felſen faßte
　　　Und ſie zu Trümmern ſchlug:
3360 Sie, ihren Frieden mußt' ich untergraben!
　　　Du, Hölle, mußteſt dieſes Opfer haben!
　　　Hilf, Teufel, mir die Zeit der Angſt verkürzen!
　　　Was muß geſchehn, mag's gleich geſchehn!
　　　Mag ihr Geſchick auf mich zuſammenſtürzen
3365 Und ſie mit mir zu Grunde gehn.

Mephiſtopheles.

　　　Wie's wieder ſiedet, wieder glüht!
　　　Geh ein und tröſte ſie, du Thor!
　　　Wo ſo ein Köpfchen keinen Ausgang ſieht,
　　　Stellt er ſich gleich das Ende vor.

---

von Loeper erinnert. — 3346. Geſetzt, ich erwarmte an ihrer Bruſt. — 3350. Alexandriner. — 3350 ff. Er vergleicht ſich einem von den Alpen niederſtürzenden Wildbach nach einem Gewitter, der eine fried=liche Alpenhütte bedroht. So wie der Dichter ſelbſt in Friederikens kleine Welt, in der ſie lebt, die alle ihre Intereſſen umſchließt. Kind=lich dumpf, halb bewußt, wie ein Kind. — 3356—3357. Dieſe Verſe ſind in den Ausgaben als Ein Vers dargeſtellt. Es empfiehlt ſich, ſie zu trennen, wodurch die Reime ſichtbar werden und vier Verſe entſtehn zu je drei Hebungen. Dieſe Textherſtellung wagte der Heraus=geber vor Entdeckung des Urfauſt, der dieſe Lesart als die urſprüng=liche beſtätigte. Er ſetzt das Gleichnis fort und wendet es auf das weiter Bevorſtehende an, indem er von wilder Leidenſchaft ergriffen, nun verlangt, was er bisher ſich verſagte. — 3358. Daß ich, der Waſſerſturz, der von Fels zu Felſen brauſte, die Felſen faßte und ſie zu Trümmern ſchlug. — 3369. Stellt er für Stellt

3370 Es lebe wer sich tapfer hält!
      Du bist doch sonst so ziemlich eingeteufelt,
      Nichts Abgeschmackters find' ich auf der Welt,
      Als einen Teufel der verzweifelt.

———————

es. Es wird von dem grammatischen Geschlecht des Substantivs
(das Köpfchen) abgewichen, wenn die Bedeutung auf ein anderes natür-
liches Geschlecht (hier auf das männliche, der Kopf) führt, s. Grimms
Grammatik, 4, 257 ff.

Gretchens Stube.

Gretchen

am Spinnrade allein.

Meine Ruh ist hin,
3375 Mein Herz ist schwer;
Ich finde sie nimmer
Und nimmermehr.

Wo ich ihn nicht hab'
Ist mir das Grab,
3380 Die ganze Welt
Ist mir vergällt.

---

14. Scene: Gretchens Stube 3374. Wir erinnern uns hier an Dichtung und Wahrheit 1, 5 Buch Ausg. I. H. (Octav) Bd. 24, 268 (Hempel 1, 157): „Gretchen saß am Fenster und spann; die Mutter ging ab und zu" Vgl. daselbst 277 (126) Im Fragment folgt diese Scene nach 3216. Scherer macht im Anz. der Zeitschr. f. d. A. u. Lit. 20, S. 284 aufmerksam auf ein Gedicht F. L. Stolbergs, das ihm durch dies Lied Gretchens angeregt scheint. („Ach, mir ist das Herz so schwer" u. dgl.). Gegen einen Zusammenhang spricht mir die philiströse Langweiligkeit des Stolbergschen Machwerks. Es ist kaum denkbar, daß man in den blutlosen Drehorgelton verfallen kann, wenn man ein glühendes, hinreißendes Lied, wie das Gretchens von Goethe vorlesen gehört hat, was man hier ja annehmen müßte! Dieses Lied, bang, leidenschaftlich, gewitterschwer, das auch als Monolog gelten kann, zeigt uns Gretchen in dem Zustande höchster Beseligung und Erregtheit durch die Liebe, wo jede Besinnung aufhört, jede Umkehr unmöglich scheint. Das Verhangniß, wie es Faust 3350 ff. andeutet, unabwendbar. Hier zum ersten Male wird sie in der Ueberschrift Gretchen genannt, s. zu 2827. — Die Versabtheilung ist metrisch ungenau, und man hat versucht, sie anders herzustellen. Doch gibt sie, wie sie war, wol einen Fingerzeig für den Vortrag, wie er ursprünglich gemeint war, so daß sich damit die Beibehaltung empfiehlt. — 3381. Vergällt, verbittert.

          Mein armer Kopf
          Ist mir verrückt,
          Mein armer Sinn
3385   Ist mir zerstückt.

          Meine Ruh ist hin,
          Mein Herz ist schwer;
          Ich finde sie nimmer
          Und nimmermehr.

3390   Nach ihm nur schau' ich
          Zum Fenster hinaus,
          Nach ihm nur geh' ich
          Aus dem Haus.

          Sein hoher Gang,
3395   Sein edle Gestalt,
          Seines Mundes Lächeln,
          Seiner Augen Gewalt,

          Und seiner Rede
          Zauberfluß,
3400   Sein Händedruck,
          Und ach sein Kuß!

          Meine Ruh' ist hin,
          Mein Herz ist schwer;
          Ich finde sie nimmer
3405   Und nimmermehr,

3395 sein' edle, so alle Ausgaben. Der Apostroph ist über=
flüssig. Es liegt hier die unflectirte Form des Pronomens possessiv
vor, die in oberdeutschen Mundarten auch vor dem Femininum durchaus
üblich ist, wie es mittelhochd. war. — Weinhold steuert nun Beleg=
stellen für den in Rede stehenden Sprachgebrauch in Frankfurter Mund=
art bei, aus „Die Entführung oder der alte Burger=Capitän“, 2. Aufl.,
Frankf. 1821! des lahfe des is sein aenzig frahd S. 2. sein
kabbedehnschaft S. 2 wann dem verstorbene seelig sein ge=
sundheit gedtrunken werd S. 32 — Unter den Singweisen, die sich
zu den Worten Gretchens gefunden haben, sind besonders die Franz
Schuberts und die Lowes hervorzuheben. Die des Letzteren ist beson=
ders an Gewalt der Leidenschaft und dramatischem Leben einzig. Es
wird immer der Individualität der Darstellerin zu überlassen sein,
ob sie die Worte singt oder spricht. Eine große Aufgabe ist es in
jedem Fall, die ganze Lage und Fülle der Empfindung sprechend zum
Ausdruck zu bringen, wie dies Lowes Composition andeutet, und wie
es nach dieser Melodie vielleicht am sichersten darstellbar ist.

Mein Buſen drängt
Sich nach ihm hin.
Ach dürft' ich faſſen
Und halten ihn,

3410   Und küſſen ihn
So wie ich wollt',
An ſeinen Küſſen
Vergehen ſollt'!

3406—3413. Dieſe 8 Verſe ſind in den Ausgaben 1790—1825 ohne Strophenabſatz nach 3409, alſo wie Eine Strophe gedruckt. Erſt 1828 erſcheint obige Eintheilung, dafür iſt das Ausrufungszeichen nach 3409 in Komma verwandelt. — 3409. Fehlt die Wiederholung von durft' ich 3408. — In der Einleitung wurde bereits bemerkt, daß die tragiſche Wendung des Geſchicks Gretchens an Scenen in W Meiſter erinnere. Auch jenes Mädchen aus dem Volke, das Lothario „recht im Ernſt" liebte und doch verließ, hieß Margarete. Ihre ſchöne Muhme, ihr Ebenbild, ſah Lothario ſpäter einmal auf eben dem Schemel am Spinnrocken, wie einſt die Geliebte. —

Marthens Garten.

Margarete. Fauſt.

Margarete.

Verſprich mir, Heinrich!

Fauſt.

Was ich kann!

Margarete.

3415 Nun ſag', wie haſt du's mit der Religion?
Du biſt ein herzlich guter Mann,
Allein ich glaub', du hält'ſt nicht viel davon.

---

15. Scene. Marthens Garten. Wie oben S 191: Garten
vor 3073 Die Liebenden ſind diesmal im Garten allein; erſt nach
Gretchens Abgang erſcheint Mephiſtopheles. — Wieder iſt hier der volle
Name Gretchens. Margarete in der Ueberſchrift ſtehn geblieben,
indem im vorigen Auftritt (auch im Urf) Gretchen ſtand, woraus zu
erſehn iſt, wie die zu verſchiedenen Zeiten entſtandenen Theile des Ganzen
in der Geſtalt des erſten Entwurfs unverandert geblieben ſind, ohne
je einer das Ganze durcharbeitenden Redaktion unterzogen zu ſein Daß
hier nicht die Rede iſt von dem Vorkommen des Namens in Mitten
der Rede, wie 2849 und 3027, bemerke ich ausdrücklich. Fauſt, der
verſchwunden war, der heißgeliebte, heißerſehnte, iſt wieder da. — Es
iſt pſychologiſch fein, daß gerade jetzt Gretchen mit Zweifeln hervor-
ruckt — ſich zur Selbſtberuhigung gleichiam verſchanzt — mit ſicht-
barem Wunſch, ſich beruhigen zu laſſen. Die Zweifel haben den
Charakter des Eingeredeten, das ſie pflichtmäßig vorbringt Es iſt ein
letztes Abwehren, dem dann auch um ſo entſchiedener volle Hingebung
folgt — 3114 Heinrich heißt hier Fauſt, gegen die Ueberlieferung,
wie 3500 und am Schluß des 1. Theils: 4612 Der Auftritt beginnt
mitten im Geſprache mit der Bitte Gretchens, ihr etwas zu verſprechen — Der von Goethe willkurlich gewahlte Taufnahme Fauſts,
Heinrich, wird hier das erſte Mal genannt Weinhold macht mich
aufmerkſam, daß Heinrich und Margareta ſich im Kalender den
12. und 13 Juli folgen, eigentlich beide kirchlich auf den 12 Juli
fallen In der Ueberlieferung heißt Fauſt Georg und Johannes. —
3415. Wie haſt du es mit = wie haltſt du es mit der Religion.

Fauſt.

Laß das, mein Kind! Du fühlſt, ich bin dir gut;
Für meine Lieben ließ ich Leib' und Blut,
3420 Will niemand ſein Gefühl und ſeine Kirche rauben.

Margarete.

Das iſt nicht recht, man muß dran glauben!

Fauſt.

Muß man?

Margarete.

Ach! wenn ich etwas auf dich könnte!
Du ehrſt auch nicht die heil'gen Sacramente.

Fauſt.

Ich ehre ſie.

Margarete.

Doch ohne Verlangen
3425 Zur Meſſe, zur Beichte biſt du lange nicht gegangen.
Glaubſt du an Gott?

Fauſt.

Mein Liebchen, wer darf ſagen:
Ich glaub' an Gott?
Magſt Prieſter oder Weiſe fragen,
Und ihre Antwort ſcheint nur Spott
3430 Ueber den Frager zu ſein.

Margarete.

So glaubſt du nicht?

3418. Durch Berufung auf eine ſelbſtloſe Liebe, Aufopferungs=
fähigkeit für die Seinen und Duldſamkeit gegen anders Denkende,
fühlt ſich Fauſt vor ſich ſelbſt gerechtfertigt, mehr als daß er durch
Beobachtung der Satzungen eines Kultus ſich befriedigen könnte. —
3420. Ein Alexandriner. Man erinnere ſich hier der Bemerkungen
J. Chr. Keſtners vom Frühjahr 1772 über Goethe (Goethe und
Werther S 37): „Er ſtört Andere nicht gern in ihren ruhigen Vor=
ſtellungen — — Er geht nicht in die Kirche, auch nicht zum Abend=
mahl —. Vor der chriſtl. Religion hat er Hochachtung, nicht aber in
der Geſtalt, wie ſie unſere Theologen vorſtellen." — 3421. Das iſt
nicht recht, d. h. das iſt nicht hinreichend. Der Glaube fordert
unbedingte Hingebung. — 3422 Auf dich könnte: über dich ver=
mochte. Hildebrand im Grimmſchen Wörterbuch 5, 1731 führt zu
dieſer Stelle nur eine andere von Tieck an: kann denn die Religion
nichts über dieſe finſtere Laune? Die Conſtruction mit auf bleibt
ohne Parallele.

Fauſt.

Mißhör' mich nicht, du holdes Angeſicht!

Wer darf ihn nennen?

Und wer bekennen:

Ich glaub' ihn?

3435 Wer empfinden

Und ſich unterwinden

Zu ſagen: ich glaub' ihn nicht?

Der Allumfaſſer,

Der Allerhalter,

3440 Faßt und erhalt er nicht

Dich, mich, ſich ſelbſt?

3431 mißhör', eine Neubildung für mißverſteh'. — 3432 bis 3458 Vgl. Herders Gedicht. „Gott"

Wie nenn' ich dich du Unnennbarer? Du
Der Weſen Quell und Ende ſeiner ſelbſt
Ein ewiger, endloſer Quell, Begriff

Ein raſtlos Leben in der tiefſten Ruh
Gedankenquell ".

3435. empfinden und ſich unterwinden = wer darf ſich erdreiſten, es wagen, wenn er empfindet, wenn er Gefühl hat. — 3438 3456. Reimloſe Verſe, wie oben 3184 f. — eine gleichfalls emphatiſche Stelle. Im Hinblick auf Pindars Oden, ohne ihren kunſtvollen Bau nachzuahmen, dichtete Goethe in ſeiner Jugend reimloſe Hymnen in zwangloſen Verſen, ſ. darüber zu Wanderers Sturmlied Dichtung und Wahrheit (Hempel) 3, 70 f., 12. Buch. An dieſe Art von Dichtung erinnern dieſe reimloſen Verſe, die vielleicht ebenfalls erſt ſpäter eingeſchaltet ſind. Die Einſchaltung ſcheint aus dem Jahre 1775 zu ſein (wie aus dem Briefe an Auguſte St vom 26 Jenner und 14 Septbr. zu vermuthen). Vgl Jacoby im Goethejahrb., 1, S. 201 f. — Fühlſt du nicht Gottes Spur in der ganzen Welt? Fühlſt du hinter dem Endlichen nicht Unendliches, Ewiges, wofür wir keinen Namen haben, das wir das eine Mal Glück, das andre Mal Herz, d. i Gefühl oder Liebe oder Gott nennen? — Zu erinnern iſt hier an das zu 1770 f bereits Erörterte Aehnliche Anſchauungen lagen in der Zeit und ſind dann von den Philoſophen und Dichtern Schiller, Schelling, Hegel, Hölderlin, Novalis, Schleiermacher verſchieden variirt worden Ich erinnere hier nur an Schillers Briefe über äſthetiſche Erziehung, an Hölderlins Wort: Religion iſt Liebe der Schönheit; an Novalis' magiſchen Idealismus; an Schleiermachers Mitten in der Endlichkeit eins werden mit den Unendlichen und ewig ſein in jedem Augenblick, das iſt die Unſterblichkeit der Religion (zweite Rede über die Religion). — Religion iſt ihm Gefühl für das Unendliche, das All — 3538 ff Die Versabtheilung wurde auch hier durch eine kleine Emendation den metriſchen Rhythmus deutlicher darſtellen:

Der Allumfaſſer
Der Allerhalter,
Faßt und erhalt er nicht
Dich, mich, ſich ſelbſt?

Wölbt ſich der Himmel nicht dadroben?
Liegt die Erde nicht hierunten feſt?
Und ſteigen freundlich blickend
3445 Ewige Sterne nicht herauf?
Schau ich nicht Aug' in Auge dir,
Und drängt nicht alles
Nach Haupt und Herzen dir,
Und webt in ewigem Geheimniß
3450 Unſichtbar ſichtbar neben dir?
Erfüll' davon dein Herz, ſo groß es iſt,
Und wenn du ganz in dem Gefühle ſelig biſt,
Nenn' es dann wie du willſt,
Nenn's Glück! Herz! Liebe! Gott!
3455 Ich habe keinen Namen
Dafür! Gefühl iſt alles;
Name iſt Schall und Rauch,
Umnebelnd Himmelsgluth.

Margarete.

Das iſt alles recht ſchön und gut;
3460 Ungefähr ſagt das der Pfarrer auch,
Nur mit ein bischen andern Worten.

Fauſt.

Es ſagens aller Orten
Alle Herzen unter dem himmliſchen Tage,
Jedes in ſeiner Sprache;
3465 Warum nicht ich in der meinen?

Wölbt ſich der Himmel nicht dadróben, liegt
Die Erde nicht hier unten feſt?
Und ſteigen freundlich blickend ewige Sterne nicht
Heráuf? Schau ich nicht Aug' in Auge dir ꝛc

3445 hier auf 1709, 1791. herauf 1808 ff. — 3446. Schau' ich
nicht — dies Alles — Aug' in Auge dir: wenn ich dir ins Auge
ſeh? Vgl. zu 3188 f. — 3451 Vgl. auch Herders Gedicht: „Gott",
das ſchon zu 1200 citirt iſt: „Wie faſſ' ich dich ꝛc." „Verſenke dich in
ihm Gedanke ꝛc." — 3457. Name iſt Schall = nichts weiter als
ein Schall, der nichts ſagt; und Rauch umnebelnd Himmelsgluth, ein das Göttliche nicht enthüllender, ſondern eher verhüllender
Nebel. Weil man mit dem Namen ſich oft zufrieden gibt, und dabei
die Anſchauung deſſen, was er bezeichnet, verliert. Vgl. oben zu 1306.
Der ganze Brief Goethes an Pfenninger vom 26. April 1774 („daß
das alles — Wortſtreit iſt") iſt hier zu leſen. J. G. 3, 13. —
3459. Vgl. der ewige Jude. Es iſt wol ſchön und alles gut ꝛc.
J. G. 3, 440 — 3460. Ungefähr 1790—1829. Vgl. zu 1405. —

Margarete.

Wenn man's so hört, möcht's leidlich scheinen,
Steht aber doch immer schief darum,
Denn du hast kein Christenthum.

Faust.

Lieb's Kind!

Margarete

Es thut mir lang schon weh,
3470 Daß ich dich in der Gesellschaft seh'.

Faust.

Wie so?

Margarete.

Der Mensch, den du da bei dir hast,
Ist mir in tiefer inn'rer Seele verhaßt;
Es hat mir in meinem Leben
So nichts einen Stich ins Herz gegeben,
3475 Als des Menschen widrig Gesicht

Faust.

Liebe Puppe, fürcht' ihn nicht!

Margarete.

Seine Gegenwart bewegt mir das Blut.
Ich bin sonst allen Menschen gut,
Aber, wie ich mich sehne dich zu schauen,
3480 Hab' ich vor dem Menschen ein heimlich Grauen,
Und halt' ihn für einen Schelm dazu!
Gott verzeih' mir's, wenn ich ihm Unrecht thu'!

Faust.

Es muß auch solche Kauze geben.

Margarete

Wollte nicht mit seines Gleichen leben!
3485 Kommt er einmal zur Thür herein,
Sieht er immer so spöttisch drein,

3474. So nichts = nichts so vgl 2808. — 3476. Puppe, als
Koseworт häufiger Püppchen, Docke, Spielzeug. In der Bedeutung für Docke und der übertragenen für ein liebliches Kind gebraucht
Goethe nebeneinander den Ausdruck Püppchen Gedichte 3, 329. („wo
sich am Püppchen Püppchen hochentzückt"). — 3483. Kauz ursprünglich eine Eulenart, als Spottname für seltsame Menschen beinah noch

Und halb ergrimmt!
Man ſieht, daß er an nichts keinen Antheil nimmt;
Es ſteht ihm an der Stirn geſchrieben,
3490 Daß er nicht mag eine Seele lieben.
Mir wird's ſo wohl in deinem Arm,
So frei, ſo hingegeben warm,
Und ſeine Gegenwart ſchnürt mir das Innre zu.

Fauſt.

Du ahnungsvoller Engel du!

Margarete.

3495 Das übermannt mich ſo ſehr,
Daß, wo er nur mag zu uns treten,
Mein' ich ſogar, ich liebte dich nicht mehr.
Auch wenn er da iſt, könnt' ich nimmer beten,
Und das frißt mir in's Herz hinein;
3500 Dir, Heinrich, muß es auch ſo ſein.

Fauſt.

Du haſt nun die Antipathie!

Margarete.

Ich muß nun fort.

Fauſt.

Ach kann ich nie
Ein Stündchen ruhig dir am Buſen hängen,
Und Bruſt an Bruſt und Seel' an Seele drängen?

Margarete.

3505 Ach wenn ich nur alleine ſchlief'!
Ich ließ dir gern heut' Nacht den Riegel offen;
Doch meine Mutter ſchläft nicht tief:
Und würden wir von ihr betroffen,
Ich wär' gleich auf der Stelle todt!

Fauſt.

3510 Du Engel, das hat keine Noth.
Hier iſt ein Fläſchchen!   Drei Tropfen nur

mehr im Gebrauch. — 3487. Das ſtete Lachen, das wir an Mephiſtopheles kennen, iſt lieblos, ſchadenfreudig und macht daher den
Eindruck verſteckten Grimmes, vgl. zu 2009 f. — 3488. Doppelte
Verneinung ſ. Grimms Wörterb. 5, 465--466. — Daß er keine Seele
lieben mag. — Es wirkt hier ausdrucksvoller: nicht mag eine Seele

In ihren Trank umhüllen
Mit tiefem Schlaf gefällig die Natur.

Margarete.

Was thu' ich nicht um deinetwillen?
3515 Es wird ihr hoffentlich nicht schaden!

Faust.

Würd' ich sonst, Liebchen, dir es rathen?

Margarete.

Seh' ich dich, bester Mann, nur an,
Weiß nicht was mich nach deinem Willen treibt;
Ich habe schon so viel für dich gethan,
3520 Daß mir zu thun fast nichts mehr übrig bleibt.

Ab

Mephistopheles tritt auf.

Mephistopheles.

Der Grasaff'! ist er weg?

Faust.

Hast wieder spionirt?

Mephistopheles.

Ich hab's ausführlich wohl vernommen,
Herr Doctor wurden da katechisirt,
Hoff' es soll ihnen wohl bekommen.
3525 Die Mädels sind doch sehr interessirt,
Ob einer fromm und schlicht nach altem Brauch.
Sie denken, duckt er da, folgt er uns eben auch.

---

lieben. Liebe, selbstlose Hingebung (3492 f.) ist das, was dem selbstischen
Geist der Verneinung abgeht. — 3493. Alexandriner. — 3512. Man
möchte hier zu lesen vorziehn: „in ihrem Trank". Da aber die
Ausgaben durchaus ihren haben, so ist der Ausfall des Particips
gemischt, gegossen oder dergleichen anzunehmen. — 3520. über
1790 1791. übrig 1808 ff. — 3521 Wieder ein Alexandriner, wie
auch 3527 — Grasaffe. Wie oben 3313 affenjung (ebenfalls
im Munde Mephistopheles') für jung wie ein Kind, gebraucht war,
so ist hier Grasaffe ein junges Mädchen (etwa das noch wie
schlimme Jungen im Grase umspringt) Goethe gebrauchte das Wort
in dem Sinne oft, nannte auch Lili, als er sie als Frau von Turck-
heim wiedersah, einen schönen Grasaffen (Brief an die Stein vom
26 Sept. 1779). — Daß Mephistopheles auch von dem weiß, was in
seiner Abwesenheit vorging, kennen wir schon, s zu 1579. — 3525 f.
Vgl. zu 3526 ff. — interessirt, ob = dafür eingenommen, ob.

Fauſt.

Du Ungeheuer ſiehſt nicht ein,
Wie dieſe treue liebe Seele
3530 Von ihrem Glauben voll,
Der ganz allein
Ihr ſelig machend iſt, ſich heilig quäle,
Daß ſie den liebſten Mann verloren halten ſoll.

Mephiſtopheles.

Du überſinnlicher ſinnlicher Freier,
3535 Ein Mägdelein nasführet dich.

Fauſt.

Du Spottgeburt von Dreck und Feuer!

Mephiſtopheles.

Und die Phyſiognomie verſteht ſie meiſterlich.
In meiner Gegenwart wird's ihr ſie weiß nicht wie,
Mein Mäskchen da weiſſagt verborgnen Sinn,
3540 Sie fühlt, daß ich ganz ſicher ein Genie,
Vielleicht wohl gar der Teufel bin.
Nun heute Nacht —?

Fauſt.

          Was geht's dich an?

Mephiſtopheles.

Hab ich doch meine Freude dran!

3532 f. ihr ſeligmachend iſt: ihr Glückſeligkeit, Heil der Seele
verſprechend iſt, ſich heilig: mit heiligem Eifer. — Heilig für
eifrig, befliſſen kommt auch ſonſt vor Vgl. Goethe an Keſtner
21 Novbr 1774. ſende mir's heilig wieder! und Grimms Wörterb.
4, 2, 836 — verloren halten: für verloren halten. — 3534 Du
Liebhaber, der ſo von Sinnengluth brennt und ſo geiſtig unſinnlich —
überſinnlich iſt gebildet nach überirdiſch — ſein will. An
Karl Auguſt ſchreibt G. von Leipzig aus 25. Merz 1776: „Ich bin
ſeit 24 Stunden nicht bei Sinnen, das heißt bei zu vielen Sinnen,
über und unſinnlich“. — 3536. Dreck und Feuer. Erſtere Bezeichnung als Unrath, Unflath, Ekel erregender Stoff, der am meiſten
Unluſt erweckt; letztere als hölliſches Zerſtörungselement. — Mit
Dreck läßt ſich hier Auswurf vergleichen, als unverbrauchbarer
Stoff.

Am Brunnen.

Gretchen und Lieschen mit Krügen.

Lieschen.

Hast nichts von Bärbelchen gehört?

16 Scene: Am Brunnen. Gretchen und Lieschen mit
Krügen. Daß dieser Auftritt früher vor dem in Wald und
Höhle stand, wurde schon oben nach 3217 bemerkt. Er gibt ein
meisterhaftes Bild von Gretchens Innerm, nachdem sie sich der Schuld
verfallen fühlte. Sie hatte nur einmal gefehlt — am Schluß des
zweiten Theiles heißt es von ihr, daß sie nur einmal sich ver=
gessen und daß sie nicht ahnte, daß sie fehle — und erscheint
auch in diesem Schuldbewußtsein voll Anmuth. Ihre Genossin Lieschen,
die die große Mehrheit niedrig denkender Naturen darstellt, dient vor=
trefflich dazu, die ganz einzige Erscheinung Gretchens zu heben. Der
ganze Auftritt gibt ein Bild der Situation, ohne etwas zur Ent=
wicklung der Handlung beizutragen. Er ist später als die ersten
Auftritte und nicht im Zusammenhange damit concipirt und gedichtet,
ein Ganzes für sich. Der Dichter fühlte sich angezogen von dem Ge=
danken, Gretchen nach ihrem Fall erscheinen zu lassen. Es war ihm
Bedürfniß, zu zeigen, wie sie auch jetzt noch unseres vollen Antheils
werth ist. Ihr Fall sollte uns kein Anlaß sein, den Stein nach
ihr zu werfen. Alles übrige Unheil, was erfolgt, ist nicht ihr Werk,
es geschieht durch Mephistopheles' Künste; einzig und allein ihr Fall
kann ihr zum Vorwurf gemacht werden. Der Dichter zeigte sie uns
unmittelbar vor demselben, und ihr Selbstgespräch am Spinnrade ent=
hüllt uns so überzeugend die Naturgewalt der Liebe, daß uns Alles,
was der Verstand dagegen einwenden konnte, ohnmächtig und klein
erscheint: er wollte sie auch nach demselben zeigen. Nur was ihre
Schuld ist, sehen wir auf ihr lasten, dabei aber die ganze Anmuth
ihrer kindlichen Natur. — Wenn man den Faust als ein jemals fertig
gewordenes Stück betrachtet, was er nicht ist, so entstehn freilich die
verschiedenartigsten Bedenken. Er ist aber kein in einem Guß ent=
standenes Ganze. Was nicht ausgeführt wurde, ist durch Zusammen=
stellung einzelner solcher Bilder, wie dieser Auftritt eines ist, in ge=
wissem Sinne ergänzt worden. Diese zu verschiedenen Zeiten selb=
ständig entstandenen Theile der Dichtung veranlaßten die Kritiker,
verschiedene Pläne, die zu verschiedenen Zeiten vom Dichter entworfen

Gretchen.

3545 Kein Wort.　Ich komm' gar wenig unter Leute.

Lieschen.

Gewiß, Sibylle ſagt' mir's heute!
Die hat ſich endlich auch bethört.
Das iſt das Vornehmthun!

Gretchen.

　　　　　　Wie ſo?

Lieschen.

　　　　　　　　　　Es ſtinkt!
Sie füttert zwei, wenn ſie nun ißt und trinkt.

Gretchen.

3550 Ach!

Lieschen.

So iſt's ihr endlich recht ergangen.
Wie lange hat ſie an dem Kerl gehangen!
Das war ein Spazieren
Auf Dorf und Tanzplatz führen;
3555 Mußt' überall die erſte ſein,
Curteſirt' ihr immer mit Paſtetchen und Wein;
Bild't ſich was auf ihre Schönheit ein,

und auszuführen beabſichtigt ſein ſollten, anzunehmen, da in dieſen
Bildern einzelnes Nebenſächliche nicht zum Ganzen ſtimmt — Ob
Fauſt Gretchen nach der angedeuteten verhangnißvollen Nacht verließ
oder nicht verließ, bleibt unausgeſprochen, unausgeführt.　Daß die
Mutter, natürlich durch Mephiſtopheles' Künſte, der den Schlaftrunk in
tödtliches Gift verwandelte, in derſelben Nacht ſtarb und aller Jammer,
der darauf gefolgt iſt, läßt ſich nur aus dem Folgenden ſchließen; es
bleibt unausgeführt und iſt ſogar mit der Scene am Brunnen
unvereinbar. — 3546. Indem Mephiſtopheles oben 2577 die Hexe eine
Sibylle nennt, wird hier mit dem Namen Sibylle eine hexenartige
Alte angedeutet, ſowie der Dichter im zweiten Theile mit den Namen
Philemon und Baucis Perſönlichkeiten andeutet, die charakteriſtiſch
wirken, indem ſie an bekannte Namen der Dichtung Ovids erinnern.
— 3548. Es ſtinkt, für es ſieht mißlich, Bedenken erregend aus, iſt
ein naheliegender bekannter Tropus, ſ. Schmeller 3, 649. — 3550.
Ach! Vgl. zu 3832　Nach dieſem Ach iſt wol eine Pauſe anzunehmen.
Ich zähle dieſes Ach als Zeile für ſich, weil es bei Goethes Leben
in allen Ausgaben ſo gedruckt iſt, daß mit Lieschens Worten (So
iſt's) ein neuer Vers beginnt.　Es iſt ein Vers wie 3559. — Wenn
Ach! zu Vers 3551 hinzugenommen wird, ſo wird er dadurch ver-
dorben. — 3551 curteſiren = curtoiſiren, Hof machen. Leſſing
hat dafür curtiſiren, ſ Grimms Wörterb. 2, 640. — 3557.

War doch so ehrlos sich nicht zu schamen,
Geschenke von ihm anzunehmen
3560 War ein Gekos' und ein Geschleck';
Da ist denn auch das Blümchen weg!

Gretchen.

Das arme Ding!

Lieschen.

Bedauerst sie noch gar!
Wenn unser eins am Spinnen war,
Uns Nachts die Mutter nicht hinunterließ,
3565 Stand sie bei ihrem Buhlen süß.
Auf der Thürbank und im dunkeln Gang
Ward ihnen keine Stunde zu lang.
Da mag sie denn sich ducken nun,
Im Sünderhemdchen Kirchbuß' thun!

Gretchen.

3570 Er nimmt sie gewiß zu seiner Frau

Lieschen

Er wär' ein Narr! Ein flinker Jung'
Hat anderwärts noch Luft genung.
Er ist auch fort.

Gretchen.

Das ist nicht schön!

— —

Bild't (= bilt vgl. 3216. sind't) — 3560 f Geschleck ist hier Geküsse, so wie man vulgar sich abschlecken für abküssen sagt. — Das Blümchen steht hier für Jungfraulichkeit. — Auch mittelhochdeutsch wird für magetuom: bluome gebraucht, bei den Romern flos. s. Grimms Worterb. 2, 159 — 3569. Vor der Gemeinde in der Kirche im Hemde nach alter Sitte ihre Schuld vor dem Geistlichen bekennen und bußen. Bußen heißt ein Verbrechen sühnen, einen Bruch herstellen, s. Grimm, Rechtsalterth. 648 Vgl Leonh. Frisch, deutschlat. Worterb (1741) 1, 516: „Kirchen=Buß, öffentliche Bestrafung vor der Gemeinde, deprecatio publica in templo" Der durch ein Vergehen von der Gemeinde Ausgeschlossene hatte seine Wiederaufnahme zu erbitten und so den Bruch wieder herzustellen. — 3572 hat Luft = die Freiheit zu andrer Wahl. Genung, das Goethe ofter gebraucht, ist wol frankfurtisch, wenn auch, wie mich Dr. L. Fulda versichert, heute nicht mehr in Gebrauch. Wir bemerkten es schon 2139 f. Es ist gewiß mittelrheinisch s. Weigand 1, 416. Kehrein Volkssprache in Nassau S. 159. Goethes Vater gebraucht es

Lieschen.

Kriegt ſie ihn, ſoll's ihr übel gehn.

3575 Das Kränzel reißen die Buben ihr,
Und Häckerling ſtreuen wir vor die Thür!

A6.

Gretchen nach Hauſe gehend.

Wie konnt' ich ſonſt ſo tapfer ſchmählen,
Wenn thät ein armes Mägdlein fehlen!
Wie konnt' ich über andrer Sünden

3580 Nicht Worte g'nug der Zunge finden!
Wie ſchien mir's ſchwarz, und ſchwärzt's noch gar,
Mir's immer doch nicht ſchwarz g'nug war,
Und ſegnet' mich und that ſo groß,
Und bin nun ſelbſt der Sünde bloß!

3585 Doch — alles was dazu mich trieb,
Gott! war ſo gut! ach war ſo lieb!

---

in einem Briefe vom 24. Juli 1776 3575. — reißen — entweder iſt
herab zu ergänzen oder zerreißen zu verſtehn. Bei Goethe iſt die
Anwendung des einfachen Wortes ſtatt des zuſammengeſetzten oft auffallend. — 3576 Häckerling ſtatt der Blumen, ſo wie ein Stroh-
kranz (ein Sinnbild der Welkheit) ſtatt des Blumenkranzes, bezeichnete ſymboliſch, daß das Blümlein, ſ. zu 3516 f, weg ſei; ſ.
Schmeller 3, 676. — 3578. Sah ich e. a. M. ſ. 1790, 1791, 1908
Wenn thät e. a. M. ſ 1816 u. ſ. f. über that ſ. zu 2138. — 3581.
und ſchwarzte ich es auch noch obendrein, ſo —. — 3583. Vgl. Und
glaubigt euch und thut ſo groß. In Der ewige Jude
JG 3, 438, worauf Jacoby in Schnorrs Archiv X 486 ſchon hinwies.
— 3585 f. In ihrem Gefühle kann ſie keine Schuld finden, ihr
Schuldbewußtſein entſpringt der Reflexion und beruht auf geſellſchaft-
lichen Satzungen. — So konnte ſie aber nicht fühlen, wenn ihre
Mutter in jener Nacht geſtorben war. Durch dieſen Widerſpruch erſcheint
der Auftritt als einzelnes Bild, das nicht im Zuſammenhange mit dem
Ganzen gedichtet iſt. — 3585. Doch — alles was mich dazu
trieb, 1790, 1791. D. — a. was dazu m. tr. 1808 ff.

Zwinger.

In der Mauerhöhle ein Andachtsbild der Mater dolorosa, Blumenkruge davor.

Gretchen
steckt frische Blumen in die Kruge.

Ach neige,
Du Schmerzensreiche,
Dein Antlitz gnädig meiner Noth!

3590 Das Schwert im Herzen,
Mit tausend Schmerzen
Blickst auf zu deines Sohnes Tod.

Zum Vater blickst du,
Und Seufzer schickst du
3595 Hinauf um sein' und deine Noth.

Wer fühlet,
Wie wühlet
Der Schmerz mir im Gebein?

---

17. Scene Zwinger. So heißt der Raum innerhalb der Stadtmauer: das pomoerium (also in der Nähe der Wohnung Gretchens, s. zu 3317). Im Fragment folgt diese Scene nach der 13. S. 201—209. In der Mauerhöhle (Nische) ein Andachtsbild der Mater dolorosa (der „schmerzreichen Mutter" Maria mit dem Schwert im Herzen, nach dem Evangel Lucae 2, 35). Die scen. Bemerkung nach C C. In einem Briefe vom 11. Octbr. 1775 an Sophie La Roche sagt Goethe, „daß das Schicksal den Müttern solche Schwerter nach den Herzen zückt", woraus Loeper aus Gleichzeitigkeit der Entstehung obiger Scene schließt Blumenkruge davor. — Goethe dachte auch hier an Frankfurter Oertlichkeiten. Es war eine Lieblingspromenade seiner Kindheit „inwendig — der Stadtmauer". „Garten, Höfe, Hintergebäude ziehen sich bis an den Zwinger heran". Dichtung und Wahrheit 1, (Hempel S. 15). Im Eingange des Knabenmärchens: der neue Paris, daselbst S 48 heißt es wieder: „Mein Weg führte mich den Zwinger hin." — Zwischen der Brunnenscene und dieser ist wol ein langer Zwischenraum der Zeit anzunehmen. — Ueber das Versmaß dieser Scene s. Jacoby Goethejahrb. 1, 187—190, Schnorr Archiv X, 493 f. — 3587—3595

Was mein armes Herz hier banget,
3600 Was es zittert, was verlanget,
Weißt nur du, nur du allein!

Wohin ich immer gehe,
Wie weh, wie weh, wie wehe,
Wird mir im Buſen hier!
3605 Ich bin ach kaum alleine,
Ich wein', ich wein', ich weine,
Das Herz zerbricht in mir

Die Scherben vor meinem Fenſter
Bethaut' ich mit Thränen, ach!
3610 Als ich am frühen Morgen
Dir dieſe Blumen brach.

Schien hell in meine Kammer
Die Sonne früh herauf,
Saß ich in allem Jammer
3615 In meinem Bett ſchon auf.

Hilf! rette mich von Schmach und Tod!
Ach neige,
Du Schmerzensreiche
Dein Antlitz gnädig meiner Noth!

3587 f Eine rührende Variante dieſer Verſe ſ. Vers 12.068
(2 Theil). An das stabat mater (Stand die Mutter voller
Schmerzen) klingen die Worte Gretchens wohl an. Sie ſagen aber
hier doch nur: Du, die im größten eigenen Schmerz doch noch von
Mitgefühl erfüllt iſt. — Sein' und deine. Vgl. zu 1583 f. —
3596—3607. Der äußerſte, andauernde Schmerz, der ſich hier ausſpricht, iſt noch geſteigert durch die phyſiſche und moraliſche Beängſti-
gung, die der Zuſtand der Schwangerſchaft mit ſich bringt (ſ. zu 3616).
— 3608 Die Scherben, d. i. Gartenſcherben, Blumenſcherben,
Blumentöpfe, ſ. Schmeller 3, 398. — 3612 Als in meine Kammer
hell die Sonne ſchien. — 3616. Da ſie Rettung von Schmach und
Tod bittet, ſo kann nur angenommen werden, daß ſie das Offenbar-
werden ihres Zuſtandes, ſowie den Selbſtmord fürchtet, zu dem ſie
die Verzweiflung treiben will. — Wie der Auftritt am Brunnen
iſt auch dieſer nur ein vereinzeltes Bild, das uns Gretchen in einem
weiteren Stadium ihres Unglücks zeigt, ohne den Faden der Handlung fortzuführen. — Des Todes der Mutter, des Verbleibens Fauſts
wird nicht gedacht.

Nacht.
Straße vor Gretchens Thüre.

Valentin Soldat, Gretchens Bruder.
Valentin.

3620 Wenn ich so saß bei einem Gelag,
　Wo mancher sich berühmen mag,

---

18. Scene: Nacht Straße vor Gretchens Thüre. Die Scene befindet sich in Goethes eigener Handschrift, der wir hier genau folgen, auf 10 Quartseiten geschrieben auf der königlichen Bibliothek zu Berlin mit der Angabe in goldenen Buchstaben auf dem Deckel: „Scene des Faust von Goethes eigener Hand 1800", woraus auf die Entstehungszeit des Auftritts geschlossen wird. Er dürfte bei alledem viel früher entstanden sein, s. Urfaust S. 77 f., wo die Verse 3620 bis 3645 bereits zu lesen sind. Gedruckt erschien der Auftritt zuerst in der Ausgabe von 1808. Es ist dieser Auftritt wieder ein Bild für sich (wie die beiden früheren am Brunnen und im Zwinger, er hat ebenso die Schreibung Gretchen), ohne Zusammenhang mit dem Ganzen conciput und ausgeführt, daher nicht frei von Widersprüchen. — 3620. Ursprünglich bei 'em, wo die Verse 3620—3643 bereits zu lesen sind. — Daß Mephistopheles daran gelegen ist, Fausts Schuld durch Ermordung Valentins zu steigern, ihn dadurch um so sicherer in seinem Sinne von Gretchen zu entfernen und an sich zu reißen, ist begreiflich, doch ist das Erscheinen beider vor Gretchens Thüre in keiner Weise begründet, noch erklärlich. — War Faust nicht abwesend, entflohn, während der Auftritte am Brunnen im Zwinger? Wie wäre dann ihre rathlose Verzweiflung zu erklären, wenn er ihr zur Seite geblieben wäre? Wenn er aber abwesend war, warum kehrt er jetzt zurück? Will er sie befreien aus ihrer Lage, mit ihr entfliehn? — Indem dies noch erklärlich wäre, so wird eine solche Annahme nach dem Benehmen Fausts im Folgenden unmöglich. Er kommt wie zu einem gewöhnlichen Besuch, wenn auch in düsterer Stimmung (3654). Doch verlangt er, wie oben 2673, etwas als Geschenk, um seine „liebe Buhle damit zu zieren", denn es thue ihm weh, ohne Geschenk zu ihr zu gehn, 3671, 3675, was wohl zu der Stimmung Gretchens wenig stimmt, wie wir sie eben in der letzten Scene kennen gelernt haben, s. zu 3377 f. — Als Bild für sich ist der Auftritt mit größter Meisterschaft durchgeführt. Eine der erschütterndsten, künstlerisch vollendetsten Dichtungen. — 3620. Wenn ich saß bey einem G. 1808. Wenn ich so saß bey einem G. 1816—1829. Die Handschrift hat: bei e'm Gelag, wo denn e'm für einem steht, das sonst e'm gekürzt wird. In der zu 2208—2212 citirten Schrift des Hochstifts heißt es in Frankfurter Mundart: Heut gilts em (einem) Genius zu huldigen. — Valentin spricht frankfurtisch

Und die Geſellen mir den Flor
Der Mägdlein laut geprieſen vor,
Mit vollem Glas das Lob verſchwemmt,
3625   Den Ellenbogen aufgeſtemmt
Saß ich in meiner ſichern Ruh,
Hört' all dem Schwadroniren zu,
Und ſtreiche lächelnd meinen Bart,
Und kriege das volle Glas zur Hand
3630   Und ſage! alles nach ſeiner Art!
Aber iſt eine im ganzen Land,
Die meiner treuen Gretel gleicht,
Die meiner Schweſter das Waſſer reicht?
Top! Top! Kling' Klang! Das ging herum!
3635   Die einen ſchrieen: er hat Recht,
Sie iſt die Zier vom ganzen Geſchlecht!
Da ſaßen alle die Lober ſtumm.
Und nun! — um's Haar ſich auszurufen
Und an den Wänden hinauf zu laufen! —

In Wien wäre es ebenſo gewöhnlich zu ſagen: bei 'am Gelag
So iſt denn die Lesart nach Goethes Handſchrift von 1800 echtes
Frankfurtiſch und ganz am Platz, ſo daß nichts einzuwenden iſt, wenn
der Darſteller des Valentin ſich an dieſe Handſchrift hält. Wir nehmen
die mundartliche Form in den Text dennoch nicht auf, weil die Conſequenzen einer ſolchen vereinzelten Correctur doch nicht durchfuhrbar
ſind. — 3621. Wo, wie es denn ſchon Sitte iſt, mancher ruhmredig
ſpricht, ſich berühmt. — 3622. Geſellen, die Genoſſen des Gelags.
Flor, ſpan. flor, Blume, Bluthe, ſteht hier als Inbegriff aller in
der Bluthe ſtehenden „Mägdlein". Vgl ital. eſſere in fiore und
Grimms Wörterb. 3, 1815. — 3624. verſchwemmt, wenn die
Geſellen den Flor geprieſen und deſſen Lob verſchwemmt, d. i.
mit einem Lebehochtrunk gleichſam hinabgeſchwemmt. — Nach verſchwemmt ſteht Komma 1808—1829. Die Handſchrift hat von
3620—3627, wo der Punkt folgt, gar kein Satzeichen Die Toaſti-
renden, Trinkenden konnen dabei nicht „den Ellebogen aufgeſtemmt"
ſitzen, wol aber der ihnen Zuſehende, nicht Einſtimmende. — 3625.
Die Hſ. hat Ellebogen, frankfurtiſch wie 'em 3620. — Die Ausgaben haben Ellenbogen, einem. — 3626 f Er ſaß im Bewußtſein, daß Gretchen von keiner erreicht wird, in ſeiner „ſichern Ruh".
— ſchwadroniren — mit Reden großthun. Ueber das Wort ſ.
Frommann, Zeitſchr. Die deutſchen Mundarten 5, 432. — 3628.
lächelnd (frankfurtiſch) Hſ. Ausgaben lachelnd. — 3632. Gretel
vgl. zu 2827. — 3633. Einem das Waſſer reichen, an ihn her-
anreichen, mit ihm ſich vergleichen konnen. — 3634 Top ſ zu 1698 ſ.
Kling Klang bezeichnet das anerkennende Anſtoßen der Geſellen,
das um den Tiſch herum ging. — 3636. Vgl. Der Ausbund vom
ganzen Geſchlecht. Claudine JG. 3, 557 ſ. — 3638. Das Haar

3640 Mit Sticheleden, Naserümpfen
     Soll jeder Schurke mich beschimpfen!
     Soll wie ein böser Schuldner sitzen,
     Bei jedem Zufallswörtchen schwitzen!
     Und möcht' ich sie zusammenschmeißen,
3645 Könnt' ich sie doch nicht Lügner heißen.

     Was kommt heran? Was schleicht herbei?
     Irr' ich nicht, es sind ihrer zwei.
     Ist er's, gleich pack' ich ihn bei'm Felle,
     Soll nicht lebendig von der Stelle!

     Fauſt Mephiſtopheles.

     Fauſt.

3650 Wie von dem Fenſter dort der Sakriſtei
     Aufwärts der Schein des ew'gen Lämpchens flämmert
     Und schwach und schwächer seitwärts dämmert,
     Und Finſterniß drängt ringsum bei.
     So ſieht's in meinem Buſen nächtig.

Hſ, die Ausgaben um's H. — 3648. Iſt er's = Fauſt — Beim
Felle packen, feſthalten. Ueber die Redensart ſ. Grimms Wörterb.
3, 1496 — 3651 „Warum ſoll man auch das Lämpgen auslöſchen,
das einem ſo artig auf dem Wege des Lebens vorleuchtet und
dämmert." An Madem Fahlmer 22. Mai 1775. — 3650—3654.
Die maleriſchen Worte Fauſts ſchildern einen Anblick, der in der
Nähe von Gretchens Hauſe zu ſuchen iſt. das Fenſter einer Sakriſtei.
Es reicht wol der Dom, in dem Gretchen zu beten pflegte, bis nahe
an den Zwinger heran. Aus der Sakriſtei, an der vielleicht auch die
Mauerhöhle mit der mater dolorosa im Zwinger angebracht iſt,
bringt durch ein Fenſter aufwärts der Schimmer eines „ewigen",
Tag und Nacht brennenden Lämpchens, das inwendig zu Füßen eines
Andachtsbildes zu denken iſt, tiefer als das Fenſter. Man ſieht
daher nur den Schein aufwärts flimmern, seitwärts ſich dämmernd
verlieren (schwach und schwächer dämmern): Finſterniß drängt
ringsum bei. Flämmern bezeichnet das wechſelnde Flackern des
Lämpchens. Die Form flämmern, gewöhnlich flimmern und
flammern (in Grimms Wörterbuch nicht verzeichnet), verhält ſich
dazu wie kleppern zu klippern und klappern — Die ganze
Rede läßt ſich nur denken, wenn Fauſt betrachtend, ſinnend ſtill ſteht,
wobei das Düſtre ſeiner Stimmung ihm zum Bewußtſein kommt. Er
naht wie ein Träumender: nicht von ſinnlichem Taumel getrieben,
wie angenommen wurde, aber auch nicht zu einer Rettungsthat entſchloſſen.

Mephiſtopheles.

3655 Und mir iſt's wie dem Kätzlein ſchmächtig,
      Das an den Feuerleitern ſchleicht,
      Sich leis' dann um die Mauern ſtreicht.
      Mir iſt's ganz tugendlich dabei,
      Ein bißchen Diebsgelüſt, ein bißchen Rammelei.
3660 So ſpukt mir ſchon durch alle Glieder
      Die herrliche Walpurgisnacht.
      Die kommt uns übermorgen wieder,
      Da weiß man doch warum man wacht.

Fauſt.

      Rückt wohl der Schatz indeſſen in die Höh,
3665 Den ich dort hinten flimmern ſeh?

Mephiſtopheles.

      Du kannſt die Freude bald erleben,
      Das Keſſelchen herauszuheben.
      Ich ſchielte neulich ſo hinein,
      Sind herrliche Löwenthaler drein.

3655. ſchmächtig iſt hier nicht in dem gewöhnlichen
Sinne gemeint, wo es ſchwächlich von Geſtalt bedeutet, ſondern in
dem urſprünglicheren für begehrlich, verlangend (mitteldeutſch der
smaht drückt ſtarkes Verlangen aus, daher ſmahten, ſehnſüchtig,
gierig verlangen), hier im obſcönen Sinne. — 3657. Sich ſtreicht,
anſchmiegend ſtreift. — 3658. tugendlich, behaglich; es liegt in
dem Gebrauch des Wortes Ironie auf ſelbſtgefällige Tugend. — 3659.
Rammelei, urſprünglich das Beſpringen von Schafbocken (der
Ramm: Schafbock). — 3660. ſpukt mit langem u, das hollandiſche
spoeken (ſpr. ſpůken) ſich geſpenſtiſch ankünden, von spook:
Geſpenſt. — 3661 f. Walpurgisnacht, die Nacht, in der der
1. Mai eintritt und eine jährliche feſtliche Verſammlung auf dem
Blocksberg angenommen wird. Näheres ſ Grimms Mythol³, 737.
1003 f. Hiernach ſpielte der Auftritt den 28. April. — 3664 f. Der
zauberkundige Fauſt ſieht einen Schatz flimmern, d. i. durch einen
Lichtſchimmer ankündigen, daß er in die Höhe rücke, zum Vorſchein
komme nach volksthümlicher Vorſtellung. „Zu gewiſſen Zeiten blüht
— der Schatz oder wittert ſich, wenn die Flamme über ihm brennt,
er — kann dann gehoben werden". Simrock Mythol. S. 341 —
3669. Löwenthaler, die alten, zuerſt im 15. Jahrh. in Joachims=
thal geprägten Thaler (urſprünglich Joachimsthaler) mit dem böh=
miſchen Löwenwappen. Im Fauſtbuche des Chriſtl. Meinenden
kommen auch Löwenpfennige vor ſ. Scheible Kloſter 2, 89 — Am
Maine ſagt man: hin, ein die Stadt (für: in die Schmeller 1, 69;
neu 93). Darein antwortet ſonſt nur auf die Frage wohin? Es
erſcheint hier mundartlich, mitteldeutſch ſ. Grimms Wörterb. 2, 770.

Fauſt.

3670 Nicht ein Geſchmeide, nicht ein Ring,
     Meine liebe Buhle damit zu zieren?

Mephiſtopheles.

Ich ſah dabei wohl ſo ein Ding,
Als wie eine Art von Perlenſchnuren.

Fauſt

So iſt es recht! Mir thut es weh,
3675 Wenn ich ohne Geſchenke zu ihr geh'.

Mephiſtopheles.

Es ſollt' euch eben nicht verdrießen
Umſonſt auch etwas zu genießen.
Jetzt da der Himmel voller Sterne gluht,
Sollt ihr ein wahres Kunſtſtuck horen.
3680 Ich ſing' ihr ein moraliſch Lied,
     Um ſie gewiſſer zu bethoren.

Singt zur Zither.

Was machſt du mir
Vor Liebchens Thur,

3677—3681. Wenn es noch aus der Anſchauung Mephiſtopheles'
zu erklaren iſt, der Alles ins Gemeine wendet, auch jetzt Fauſts Beſuch
nach ſeinen eigenen 3651. 3659 enthullten Trieben zu bemeſſen geneigt iſt, ſo iſt doch die Annahme, als konnte es ſich jetzt darum
handeln, das arme Gretchen durch ein moraliſch Lied um ſo „gewiſſer
zu bethoren“, im Zuſammenhange mit den fruheren Scenen, nicht
denkbar Der Dichter hat wieder aus den Hauptzugen der Geſchichte
eine einzelne dankbare Situation herausgegriffen und dargeſtellt, ohne
den Zuſammenhang mit dem Ganzen im Auge zu haben „Wie,
wenn der Bruder, der Soldat (3120), horte von dem ubeln Ruf, in
den ſeine geliebte Schweſter durch einen Verfuhrer gekommen und
plötzlich heimkehrte, des Nachts? Er ſieht ihn mit ſeinem Begleiter
heranſchleichen, Mephiſto ſingt ein Standchen und nun folgt Kampf
und Todtſchlag.“ — So ſah etwa der erſte Gedanke zu dieſem Bilde
aus, der dann weiter im Einzelnen ausgefuhrt wurde. Es ſollte noch
die Laſt des offentlichen Urtheils in aller Furchtbarkeit zur Darſtellung
kommen Daß nach der verhangnißvollen Nacht, in der die Mutter
am Schlaftrunk ſtarb, nachdem ferner der Ruf Gretchens offenkundig
dahin war, heimliche Beſuche Fauſts, Standchen Mephiſtopheles'
nicht denkbar waren, kam hier nicht in Betracht. — 3673. Mit Recht
wird hier von Loeper auf die Worte Emiliens (in Emilia Galloti
2 Aufz 7 Auftr) hingewieſen: „Perlen aber, meine Mutter, Perlen
bedeuten Thranen“ Wenn der Volksglaube dies annimmt, ſo iſt ein
Hinweis darauf durchaus nicht abzuweiſen — 3682—3697. Das
Lied klingt an Shakeſpeares Lied Ophelias an, in Hamlet 4. Aufzug

16*

    Kathrinchen, hier
3685 Bei frühem Tagesblicke?
    Laß, laß es ſein!
    Er läßt dich ein
    Als Mädchen ein,
    Als Mädchen nicht zurück.

3690 Nehmt euch in Acht!
    Iſt es vollbracht,
    Dann gute Nacht
    Ihr armen, armen Dinger!
    Habt ihr euch lieb,
3695 Thut keinem Dieb
    Nur nichts zu Lieb’,
    Als mit dem Ring am Finger.

Valentin tritt vor.

Wen lockſt du hier? beim Element!
Vermaledeiter Rattenfänger!
3700 Zum Teufel erſt das Inſtrument!
Zum Teufel hinterdrein den Sänger!

Mephiſtopheles.

Die Zither iſt entzwei! an der iſt nichts zu halten.

Valentin.

Nun ſoll es an ein Schädelſpalten!

Mephiſtopheles zu Fauſt.

Herr Doctor nicht gewichen! Friſch!
3705 Hart an mich an, wie ich euch führe.

---

5 Scene. — 3699. Der Rattenfänger von Hameln, der die Kinder
dieſer Stadt nach der Sage (ſ. Deutſche Sagen, herausg. von den
Brüdern Grimm, Nr 245) in einen Berg verlockt hat, die dann in
Stebenbürgen wieder zum Vorſchein gekommen und die Stammväter
der Stebenburger Sachſen geworden ſind, iſt auch durch eine Romanze
Goethes, „Der Rattenfänger“ bekannt. — 3700. Es fehlt hier die
Bemerkung: „zieht das Schwert und ſchlägt damit Mephiſtopheles die
Zither aus der Hand, daß ſie in Trümmer geht.“ — 3701. Valentin
greift Mephiſtopheles an; dieſer nimmt den Kampf auf, aber ſo, daß
er nur parirt und Fauſt aufmuntert, zuzuſtoßen. — Es kommt ihm
darauf an, Fauſt zum Mörder Valentins zu machen — 3701. hin-
tendrein der Hſ. hinterdrein den Sänger Ausg. — 3706.
Flederwiſch heißt der Gänſeflügel, der zum Wiſchen, Fegen ge=

Heraus mit eurem Flederwisch!
Nur zugestoßen! Ich parire.

Valentin.
Parire den!

Mephistopheles.
Warum denn nicht?

Valentin.
Auch den!

Mephistopheles
Gewiß!

Valentin
Ich glaub' der Teufel ficht!
3710 Was ist denn das? Schon wird die Hand mir lahm.

Mephistopheles zu Faust
Stoß' zu!

Valentin fallt
Oh weh!

Mephistopheles.
Nun ist der Lummel zahm!
Nun aber fort! Wir müssen gleich verschwinden,
Denn schon entsteht ein mörderisch Geschrei.
Ich weiß mich trefflich mit der Polizei,
3715 Doch mit dem Blutbann schlecht mich abzufinden

---

braucht wird. Es ist die echte Form des Wortes, indem Federwisch
nur eine undeutende Entstellung ist. Althochdeutsch fledirôn,
flattern, kann wol auch die fegende Bewegung eines Flederwisches
bezeichnen. Fledermaus ist mit demselben Worte zusammengesetzt
— Mephistopheles fordert Faust auf, seinen Flederwisch, womit er
sein Schwert meint, herauszuziehen und zuzustoßen. Die Verse in
Claudine: „Raus feurig, frisch Den Flederwisch" veranlassen
Jacoby, Goethejahrb. I, 197 zu der ansprechenden Vermuthung, daß
auch von dieser Scene einiges schon um 1775 (vielleicht noch früher),
als Claudine entstand, niedergeschrieben sein mochte. — 3711. Es
fehlt hier die Anmerkung: „Faust durchbort Valentin mit einem
Stoß." — 3715. Blutbann heißt hier das Gericht über Leben und
Tod, das „Halsgericht": „jurisdictio superior et criminalis, imperium
merum, das Ober= und Criminalgericht. Schwabenspiegel c. 43, 16.
Der Bann, der über der Menschen Blut richtet, judicium capitale."
Leonhard Frisch 1, 59a. Der Blutbann, zu dem es einer höhern
Weihe, der Sanction des Kaisers bedarf, ist Mephistopheles unerträg

Marthe am Fenſter.

Heraus! Heraus!

Gretchen am Fenſter.

Herbei ein Licht!

Marthe wie oben

Man ſchilt und rauft, man ſchreit und ficht.

Volk.

Da liegt ſchon einer todt!

Marthe heraustretend.

Die Mörder ſind ſie denn entflohn?

Gretchen heraustretend.

3720 Wer liegt hier?

Volk.

Deiner Mutter Sohn.

Gretchen.

Allmächtiger! welche Noth!

Valentin.

Ich ſterbe! das iſt bald geſagt
Und balder noch gethan.
Was ſteht ihr Weiber, heult und klagt?
3725 Kommt her und hört mich an!

Alle treten um ihn.

Mein Gretchen ſieh! du biſt noch jung,
Biſt gar noch nicht geſcheit genung,
Machſt deine Sachen ſchlecht.
Ich ſag dir's im Vertrauen nur:
3730 Du biſt doch nun einmal eine Hur';
So ſei's auch eben recht.

Gretchen.

Mein Bruder! Gott! Was ſoll mir das?

_____

lich, wie der Anblick des Namens Jeſu ſ. zu 1003. Die Worte: ab
mit Fauſt nach 3715 fehlen. — 3726 f. Die unendlich rührenden
Worte, in denen ſich Liebe und Verbitterung zugleich ausſpricht, ſind
recht im Volkstone gehalten. Vgl. dazu Pater Brey: O, Leonor,
biſt treu genug, Wärſt du geweſen auch ſo klug. Zu

Valentin.

Laß unsern Herr Gott aus dem Spaß.
Geschehn ist leider nun geschehn,
3735 Und wie es gehn kann, so wird's gehn.
Du singst mit Einem heimlich an,
Bald kommen ihrer mehre dran,
Und wenn dich erst ein Dutzend hat,
So hat dich auch die ganze Stadt.

3740 Wenn erst die Schande wird geboren,
Wird sie heimlich zur Welt gebracht,
Und man zieht den Schleier der Nacht
Ihr über Kopf und Ohren;
Ja, man möchte sie gern ermorden.
3745 Wachst sie aber und macht sich groß,
Dann geht sie auch bei Tage bloß,
Und ist doch nicht schöner geworden.
Je häßlicher wird ihr Gesicht,
Je mehr sucht sie des Tages Licht.

3750 Ich seh' wahrhaftig schon die Zeit,
Daß alle brave Burgersleut',
Wie von einer angesteckten Leichen,
Von dir, du Metze! seitab weichen.
Dir soll das Herz im Leib verzagen,
3755 Wenn sie dir in die Augen sehn!
Sollst keine goldne Kette mehr tragen!
In der Kirche nicht mehr am Altar stehn!
In einem schönen Spitzenkragen
Dich nicht bei'm Tanze wohlbehagen!
3760 In eine finstre Jammerecken
Unter Bettler und Krüppel dich verstecken,

---

genung s. oben zu 3572. — 3733. Laßt Hf: Ausgaben u. Hf.
haben „Herr Gott", s. Grimms Wtb. 4, 2, 1143. — 3753. Metze,
ursprünglich ein abgekürztes Mathilde, s. Weigand 2, 153: Wackernagel in Pfeiffers Germania 5, 347 f. Wird erst seit dem 15. Jahrh.
in dem üblen Sinne angewendet, wie hier. — 3760 f. In einen ver-
borgenen Winkel des Jammers, in den man sich zurückzieht, um zu
jammern. — Ecken für Ecke ist die mundartliche schwache Form,
die auch auf Nominativ und Akkusativ übergegangen. — Sollst

I

Und wenn dir denn auch Gott verzeiht,
Auf Erden ſein vermaledeit!

Marthe.

Befehlt eure Seele Gott zu Gnaden!
3765 Wollt ihr noch Läſtrung auf euch laden?

Valentin.

Könnt ich dir nur an den dürren Leib,
Du ſchändlich kuppleriſches Weib!
Da hofft' ich aller meiner Sünden
Vergebung reiche Maß zu finden.

Gretchen.

3770 Mein Bruder! Welche Höllenpein!

Valentin.

Ich ſage, laß die Thränen ſein!
Da du dich ſprachſt der Ehre los,
Gabſt mir den ſchwerſten Herzensſtoß.
Ich gehe durch den Todesſchlaf
3775 Zu Gott ein als Soldat und brav.

Stirbt.

oben 3756 iſt auch auf dich verſtecken noch zu beziehen. — 3763
vermaledeien, mittelhochd. maledîen, lat. maledicere,
verfluchen, im Gegenſatz zu benedeien, mittelhochd. benedîen,
lateiniſch benedicere, ſegnen. — 3764 zu Gnaden befehlen,
zur himmliſchen Nachſicht empfehlen; mittelhochdeutſch genâde, iſt
Neigung, Herablaſſung. — 3766 f. Daß hier, im Widerſpruch mit
frühern Scenen, Marthe alt und häßlich erſcheine, wie bemerkt wurde,
geht aus den Worten nicht notwendig hervor. — 3769 reiche
Maß, in reichem Maße. Die ältere Form mittelhochd. diu mâze
hat weibliches Geſchlecht. — 3773 Vgl. Wagners Kindermörderin
letzte Scene. Humbrecht: Haſt die Mutter — in's Grab gebracht —
gib auch mir den letzten Stoß — 3775. Das Fremdwort brav franz.
brave bezeichnet beſonders den tapfern und tadelloſen Soldaten. Wie
viel von Valentins Reden ſchon im Urfauſt zu leſen war ſ. z. 3620

Dom.

Amt, Orgel und Gesang

———

Gretchen unter vielem Volke.   Böser Geist hinter Gretchen

Böser Geist.

Wie anders, Gretchen, war dir's,
Als du noch voll Unschuld
Hier zum Altar trat'st,
Aus dem vergriffnen Büchelchen
3780 Gebete lalltest,

———

19 Scene. Dom. Amt, Orgel und Gesang Gretchen unter vielem Volke. Böser Geist hinter Gretchen — Dieser Auftritt gehört zu den oben zu 2827 bezeichneten, in denen die Namensform Gretchen in der Personenangabe gewählt ist — Gretchen wohnt im Dome einer Seelenmesse bei, einem Todtenamt Wenn es ursprünglich eine Seelenmesse für die Mutter sein sollte, so ist dieser Gedanke, in der jetzigen Gestalt der Dichtung, wol zurückgetreten, mindestens nicht klar motivirt Nach der Ermordung Valentins wäre eine Messe für ihn zu erwarten — So faßte den Auftritt übrigens schon Fürst Radziwill auf in seiner Behandlung des Faust als Oper. Vgl. Zelters Brief an Goethe vom 21 November 1830. „Die erste der Scenen ist die Todtenmesse um die Mutter. Sie fangt schon vor der Kirche an Gretchen hört schon von fern den Orgelton, geht in den Stuhl: das Requiem beginnt und das Amt geht seinen Gang" — Der Gesang, der zur Orgel ertönt, ist das erschütternde Dies irae des Thomas von Celano aus dem 13 Jahrhundert: s. Mone lateinische Hymnen des Mittelalters, 1, 408 f. — 3776 ff. Zelter schreibt über die Scene an Goethe den 18. December 1829, 5, 344. er lasse sich die Orgel nicht nehmen, die ihm aufs Tiefste das Gewissen aufrege, „wie Du es längst im Faust ganz unwillkürlich dargestellt hast. Die Scene wirkt zermalmend an ihrem Orte und wenn Keiner weiß, womit, so weiß ich's und habe die ganze Kirche vor Augen" (er meint natürlich mit den Gefühlen, die die Töne der Orgel weckten) Was der böse Geist spricht, vergegenwärtigt uns die Gedanken und Gefühle, die bei den Tönen der Orgel in Gretchen auftauchen und sie beängstigen. — Die Verse sind reim= und regellose Rhythmen, wie 3185 f, 3438 f, 4399 f.

Halb Kinderſpiele,
Halb Gott im Herzen!
Gretchen!
Wo ſteht dein Kopf?

3785 In deinem Herzen,
Welche Miſſethat?
Bet'ſt du für deiner Mutter Seele, die
Durch dich zur langen, langen Pein hinüberſchlief?
Auf deiner Schwelle weſſen Blut?

3790 — Und unter deinem Herzen
Regt ſich's nicht quillend ſchon,
Und ängſtet dich und ſich
Mit ahnungsvoller Gegenwart?

Gretchen.

Weh! Weh!

3795 Wär' ich der Gedanken los,
Die mir herüber und hinüber gehen
Wider mich!

Chor.

Dies irae, dies illa
Solvet saeclum in favilla.

Orgelton.

Böſer Geiſt.

3800 Grimm faßt dich!
Die Poſaune tönt!
Die Gräber beben!

3788. Sie kann des Selbſtvorwurfs ſich nicht entſchlagen, daß
die Mutter durch den Schlaftrunk, den ſie ihr gereicht, geſtorben und
zwar — nach den Anſchauungen der Kirche — zu langer Pein, da ſie
„unbußfertig", ohne gebeichtet zu haben, entſchlafen iſt — 3789. Dieſer
Vers fehlt noch im Fragment ſowie im „Urfauſt", iſt alſo nach 1790
eingeſchaltet. — 3791. quillend für quellend ſ. zu 1211. — 3790
—3793. Aengſtet das Kind mit ſeiner Gegenwart dich nicht ſelbſt, indem es ſich ankündigt, ſich windend in Folge der leidenſchaftlichen
Erregtheit der Mutter? — 3793. ahndungsv. 1790—1808. Erſt
1816 ahnungsv. — 3798 f. Der Anfang der berühmten, oben näher
bezeichneten Hymne des Thomas von Celano. Die Worte ſagen:
Der Tag des Zornes, jener Tag,
Der die Welt auflöſen wird in Aſche.
3800 ff. Es iſt meiſterhaft das Innere der Unglücklichen dargeſtellt,
indem die Worte des böſen Geiſtes die Ueberſetzung einzelner Sätze
der lateiniſchen Hymne geben; wir erkennen daraus: Gretchen erſt

Und dein Herz,
Aus Aschenruh'
3805 Zu Flammenqualen
Wieder aufgeschaffen,
Bebt auf!

Gretchen.

Wär' ich hier weg!
Mir ist als ob die Orgel mir
3810 Den Athem versetzte,
Gesang mein Herz
Im Tiefsten los'te

Chor.

Judex ergo cum sedebit,
Quidquid latet adparebit,
3815 Nil multum remanebit.

---

den furchtbaren Inhalt des Gesanges. Aber nicht nur die ausdrück
lich angeführten lateinischen Worte sehen wir auf diese Art in Gret
chens Innerm erschütternd wiederklingen. Der Gesang des Chores
währt ja fort während der Reden des bösen Geistes und Gret=
chens Die ausdrücklich angeführten lateinischen Worte ertönen nur
vernehmlicher, wenn der böse Geist und Gretchen schweigen Zu den
Worten des bösen Geistes hat man sich daher auch die nicht aus=
drücklich angeführten Textworte des Gesanges gegenwärtig zu halten,
erst so werden sie verständlich und erhalten ihre ergreifende Wirkung
Die Wirkung kann der Vortragende beim Zuhörer durch weihevollen,
die Erschütterung verrathenden Vortrag natürlich erreichen ohne allen
gelehrten Apparat. — 3798. Dies irae, der Tag des Zornes, der
göttlichen Strafe, der jüngste Tag kommt heran, er ergreift dich:
„Grimm faßt dich!" Dennoch können wir nicht annehmen, daß
hier Grimm im gewöhnlichen Sinne als Zorn aufzufassen sei
Man vergleiche 2. Theil Vers 8095: Wie es mir gleich im
tiefsten Herzen grimmt. Sowol in Grimm, wie auch in
grimmen spielen die Bedeutungen von Krampf und Krampfempfinden
hinein. — 3801. Tuba mirum spargens sonum, so lautet
eine weitere Strophe, Per sepulcra regionum Coget omnes ante
thronum, d. i. die Posaune, verbreitend wunderbaren Ton, aus den
Gräbern aller Lande, zwinget alle vor den Richterstuhl — Der erste
und zweite Vers tönen hier wieder in. Die Posaune tönt, die Gräber
beben. — 3803 f Loeper erinnert zu diesen Worten auch an die
Textworte der Messe: Cor contritum quasi cinis, das gleich=
sam zu Asche zerriebene Herz. — 3808 Die in den Worten des
bösen Geistes ausgesprochenen flüchtigen Gedanken Gretchens beäng=
stigen sie bis zur Ohnmacht Der Gesang löst ihr Gefühl im Tiefsten
auf. — 3813 ff. „Wenn der Richter dann sitzen, alles Verborgene

Gretchen.

Mir wird ſo eng'!
Die Mauernpfeiler
Befangen mich!
Das Gewölbe
3820 Drängt mich! — Luft!

Böſer Geiſt.

Verbirg dich! Sünd' und Schande
Bleibt nicht verborgen.
Luft? Licht?
Weh dir!

Chor.

3825 Quid sum miser tunc dicturus?
Quem patronum rogaturus?
Cum vix justus sit securus.

Böſer Geiſt.

Ihr Antlitz wenden
Verklärte von dir ab.
3830 Die Hände dir zu reichen,
Schaudert's den Reinen.
Weh!

Chor.

Quid sum miser tunc dicturus?

---

zum Vorſchein kommen, nichts ungeſtraft bleiben wird!" — 3816 ff.
Die Gefühle, die einer Ohnmacht vorausgehn, ſprechen ſich hier aus.
Es bewegt ſie und bedrückt ſie die Umgebung der Mauern. — 3818.
Vgl 2824: Befangt die Seele, zehrt auf das Blut. Befangen
ſteht hier für beengen. — Es fehlt ihr an Athem, was durch den
Ausruf Luft! ſich ausſpricht. — 3821 ff. Da ſie nach Luft gerufen,
ſagt ihr die Stimme des böſen Geiſtes: Du willſt hinaus ins Freie?
Verbirg dich (lieber)! — Das Folgende iſt der Wiederhall des
Verſes 3814; „Alles Verborgene zum Vorſchein kommen wird!" —
Du willſt an die Luft, an das offene Tageslicht? Weh dir! verbirg
dich lieber, vgl. 3760 — 3825 ff. „Was werde ich Elender dann
ſagen, welchen Gönner anflehen, wo kaum der Gerechte beſtehn wird!"
— 3832. Weh! Vgl. zu 3550. — 3833. Wenn ſich der Dichter die
poetiſche Freiheit nimmt, den Chor die Worte Quid sum miser etc.
(was werde ich Elender dann ſagen?) wiederholen zu laſſen, ſo ge=
ſchieht dies zur Erhöhung der Wirkung, indem die Worte die Be=
angſtigung Gretchens gleichſam motiviren. Die Stimmung der Zu=
hörer iſt hier nicht geneigt zu reflectiren und viel zu fragen, warum

Gretchen.

Nachbarin! Euer Fläschchen!

Sie fällt in Ohnmacht.

---

dieser Vers wiederholt wird — 3854 „Riechfläschchen und andere Zierden wurden nicht geschont", in den Grundstein des Gebäudes eingemauert zu werden, Wahlverwandtschaften 1. Theil 9. Capitel. In den Kirchen herrscht noch die Sitte beim weiblichen Geschlecht, Riechsträußchen von Lavendel u. dgl. oder Riechfläschchen, Flacons, mitzunehmen, die von Hand zu Hand gereicht werden, wie bei Männern die Tabaksdose, um den Schlaf abzuhalten, ſ Weinhold, ſchleſ Wörterbuch 78 unter Riechel, im ungrischen Bergland Richſel, mein Nachtrag zum Wörterbuch 446. Gretchen fühlt sich der Ohnmacht nahe und bittet die Nachbarin um das Riechfläschchen, das mit einem kräftig duftenden Riechwasser gefüllt zu sein pflegt, wobei man nicht an etwas Trinkbares denken wird. — Die Bemerkung. Der Vorhang fällt, ist hier zu erraten — Hier schließt das 1790 erschienene Fragment Alles Weitere des ersten Theils wurde erst durch die Ausgabe von 1808 bekannt

Walpurgisnacht.

Harzgebirg. *)

Gegend von Schierke und Elend.

Fauſt. Mephiſtopheles.

Mephiſtopheles.

3835 Verlangſt du nicht nach einem Beſenſtiele?
Ich wünſchte mir den allerderbſten Bock.
Auf dieſem Weg ſind wir noch weit vom Ziele.

---

*) Der Gipfel des Harzgebirges in der Gegend von Schierke und
Elend heißt nachweislich ſchon im 15. Jahrh. Blockisberg; in
Niederdeutſchland und allgemein herrſcht jetzt die Form Blocksberg,
daneben Brocken (nie Brocksberg, Blocken), ſ darüber Grimms
Wörterbuch 2, 395. Goethe gebraucht beide Formen. Er beſuchte
den Brocken zuerſt den 10—11. December 1777, und zwar um Eindrucke für ſeine Walpurgisnacht zu gewinnen. „Das Warum (daß er
in ſolcher Jahreszeit den Brocken zu beſteigen ſich in den Kopf geſetzt)
ſoll aufgehoben ſein, wenn ich Sie wiederſehe“ An die Stein 1, 139
(den 10. Dec. vor Tag). Weimarausg. die Briefe 3. Bd. S 199.
Die Fauſtſage ſteht mit dem Brocken urſpunglich nicht in Verbindung. Sie wird zuerſt in einem Gedichte von J. Fr. Löwen: Die
Walpurgisnacht in 3 Geſangen (Hamburg und Leipzig 1756)
mit der Walpurgisnachtsfeier verknüpft. Goethe kannte das Gedicht
und erwähnt es Dichtung und Wahrheit 6. Buch (Hempel 2, 24). In
dem Gedicht wird Fauſt gleich am Eingang mit „Unſterblich großer
Fauſt!“ apoſtrophirt, dann heißt es weiter von der Walpurgisnacht:
„Es ſaß dem Beelzebub der Doctor Fauſt zur Linken.“
Wir brauchen nicht weiter zu ſuchen. Damit wurde die Walpurgis-
nacht-Dichtung angeregt.

20 Scene: Walpurgisnacht. Harzgebirg. Gegend von
Schierke und Elend. Im Zuſammenhang mit dem Ganzen müßte
dieſer Auftritt den zweiten Tag nach Valentins Ermordung durch
Fauſt, ſ. zu 3661 f., ſtattfinden. — Es iſt anzunehmen, daß Fauſt,
von Mephiſto fortgeriſſen, geflohen ſei; ſ zu 3715. Er ließ Gretchen
im Jammer zurück. Ihre Mutter war todt, ihr Bruder erſchlagen.
Unmittelbar nach dieſem Ereigniß folgte ihre Entbindung. Sie ver-

Fauſt.

So lang ich mich noch friſch auf meinen Beinen fühle,
Genügt mir dieſer Knotenſtock.
3840 Was hilft's, daß man den Weg verkürzt! —
Im Labyrinth der Thäler hinzuſchleichen,
Dann dieſen Felſen zu erſteigen,
Von dem der Quell ſich ewig ſprudelnd ſtürzt,
Das iſt die Luſt, die ſolche Pfade würzt!
3845 Der Frühling webt ſchon in den Birken
Und ſelbſt die Fichte fühlt ihn ſchon:
Sollt' er nicht auch auf unſre Glieder wirken?

Mephiſtopheles

Fürwahr ich ſpüre nichts davon!
Mir iſt es winterlich im Leibe;
3850 Ich wünſchte Schnee und Froſt auf meiner Bahn.
Wie traurig ſteigt die unvollkommne Scheibe
Des rothen Monds mit ſpäter Gluth heran,
Und leuchtet ſchlecht, daß man bei jedem Schritte,
Vor einen Baum, vor einen Felſen rennt!
3855 Erlaub', daß ich ein Irrlicht bitte!

---

fiel in Wahnſinn, ertränkte ihr Kind und irrte umher, bis ſie einge=
fangen und in den Kerker geworfen wurde. — Obwol Fauſt Alles,
was nach dem Tode Valentins mit Gretchen geſchah, nicht wiſſen
konnte, ſo war er doch unter Umſtänden geſchieden, daß es ganz un=
natürlich ſcheinen muß, ihn ſo wie hier (den zweiten Tag darauf?) als
behaglichen Spaziergänger, auf dem Blocksberge zu ſehn. So erſcheint
er uns nämlich in den Worten 3838 ff. Es iſt erſichtlich, daß auch
die Walpurgisnacht nicht in vollem Zuſammenhange mit dem Ganzen
gedichtet iſt. Der Dichter iſt aus allem Pathos offenbar heraus und
ſteht dem Stoff mit einer Anwandlung von Ironie gegenüber. Der all=
gemeine Grundgedanke, der den Auftritt mit dem Ganzen verbindet, iſt
deutlich. Mephiſtopheles führt Fauſt mit ſich fort auf den Blocksberg,
um ihn zu betäuben und Gretchen vergeſſen zu machen; die Liebe in
Fauſt iſt aber ſtärker als Mephiſtopheles begreifen kann. Der Hexen=
ſpuk zieht ihn nicht an, das Bild Gretchens taucht in ihm auf mitten
in dem wüſten Taumel. — Dieſer Gedanke tritt, freilich nicht kräftig
genug, hervor und die ganze Walpurgisnacht erſcheint im Verhältniß
zur dramatiſchen Handlung viel zu groß. Sie war zu einem ſelb=
ſtändigen Ganzen geworden, das noch obendrein durch den ange=
ſchloſſenen Walpurgisnachtstraum übermäßig erweitert wird. Dies
gilt natürlich nur von der Walpurgisnacht als Beſtandtheil der Tra=
gödie. — 3838. Alexandriner wie 3659, 3702 Fauſt ſpricht hier als
ruſtiger Fußwanderer, der mit Mephiſtopheles den Brocken beſucht.
Das Gefühl des Frühlings iſt ihm erquickend. — 3848 Im Gegen=
ſatz zu Fauſt iſt Mephiſtopheles das quellende Leben des Frühlings
zuwider.

Dort ſeh' ich eins, das eben luſtig brennt.
He da! mein Freund! darf ich dich zu uns fordern?
Was willſt du ſo vergebens lodern?
Sei doch ſo gut und leucht' uns da hinauf!

Irrlicht.

3860 Aus Ehrfurcht, hoff' ich, ſoll es mir gelingen,
Mein leichtes Naturell zu zwingen;
Nur zickzack geht gewöhnlich unſer Lauf.

Mephiſtopheles.

Ei! ei! er denkt's den Menſchen nachzuahmen.
Geh er nur g'rad', in's Teufels Namen!
3865 Sonſt blaſ' ich ihm ſein Flackerleben aus.

Irrlicht.

Ich merke wohl, ihr ſeid der Herr vom Haus,
Und will mich gern nach euch bequemen.
Allein bedenkt! der Berg iſt heute zaubertoll,
Und wenn ein Irrlicht euch die Wege weiſen ſoll,
3870 So müßt ihr's ſo genau nicht nehmen.

Fauſt, Mephiſtopheles, Irrlicht im Wechſelgeſang.

[Fauſt]

In die Traum= und Zauberſphäre
Sind wir, ſcheint es, eingegangen.
Führ' uns gut und mach' dir Ehre!
Daß wir vorwärts bald gelangen,
3875 In den weiten öden Räumen.

3863. Daß die Menſchen von Neigung und Zufall geleitet
werden, nicht zielbewußt, ſondern wie Irrlichter ihre Wege gehn,
iſt eine Anſchauung Goethes, die auch in W. Meiſter und ſonſt
zu Tage tritt — 3869. Alexandriner. — 3871. Mit dieſem
Wechſelgeſang beginnt das Manuſcript der Walpurgisnacht von
der Hand des Dichters, das die königl. Bibliothek zu Berlin be=
wahrt. Das erſte Blatt iſt leer und läßt uns ſchließen, daß
der Anfang der Scene erſt ſpäter entſtand. Das zweite Blatt
enthält den Wechſelgeſang und iſt datirt „den 5 November 1800".
— Wie die Verſe an die drei Perſonen zu vertheilen ſind, iſt nicht
angegeben, doch wird aus dem Inhalte angenommen, daß jeder Abſatz
abwechſelnd einer andern zuzutheilen iſt und zwar 3871—3875: Fauſt,
3876—3880: dem Irrlicht, 3881—3888: Fauſt, 3889—3905: Mephiſto=
pheles, 3906—3911: Fauſt, wie dies in Klammern angegeben iſt. Wir
folgen hierin Zarncke Centralblatt 1879, 4 October, mit der Abweichung,

[Irrlicht]

Seh' die Bäume hinter Bäumen,
Wie sie schnell vorüber rücken,
Und die Klippen, die sich bücken,
Und die langen Felsennasen,
3880 Wie sie schnarchen, wie sie blasen!

[Faust]

Durch die Steine, durch den Rasen
Eilet Bach und Bächlein nieder.
Hör' ich Rauschen? hör' ich Lieder?
Hör' ich holde Liebesklage,
3885 Stimmen jener Himmelstage?
Was wir hoffen, was wir lieben!
Und das Echo, wie die Sage
Alter Zeiten, hallet wieder.

[Mephistopheles]

Uhu! Schuhu! tönt es näher,
3890 Kauz und Kibitz und der Häher,
Sind sie alle wach geblieben?
Sind das Molche durch's Gesträuche?
Lange Beine, dicke Bäuche!
Und die Wurzeln, wie die Schlangen,
3895 Winden sich aus Fels und Sande,
Strecken wunderliche Bande,
Uns zu schrecken, uns zu fangen;

— —

daß wir 3876—3880 dem Irrlicht zuweisen (nicht dem Mephistopheles,
da sonst das Irrlicht vom Wechselgesang ausgeschlossen bleibt im
Widerspruch mit der Ueberschrift „Faust, Mephistopheles, Irrlicht im
Wechselgesang". Noch ist zu bemerken, daß vor den Versen 3876
3881. 3889 3905. in der Hs. eine Klammer; [von Goethes Hand,
anzudeuten scheint, daß das Folgende eine andere Person spricht. —
3876. Seh', d i. ich seh'. Die Rede des Irrlichts bezeichnet
dessen rasches Vorüberfliegen an den Gegenständen. Die Felsennasen — schnarchen. Zwei Granitfelsen südlich von Schierke
heißen die Schnarcher. — 3881—3888. Unverkennbar die Rede
Fausts, der in dem Rauschen der Bäche in der Frühlingsnacht an die
Stimmen jener Himmelstage erinnert wird, als noch was
wir hoffen, was wir lieben das Herz erfüllte. Das Echo
erklingt und wiederholt seinen Gesang, wie die Sage alte Zeiten zurück-
ruft — 3889. Im Gegensatz zu Faust sieht Mephistopheles die Natur
anders, er hört das Geschrei der Eulen, bemerkt, daß neben diesen
Nachtvögeln (Uhu, Schuhu, die selbst ihren Namen rufen und Kauz)

Aus belebten derben Maſern
Strecken die Polypenfaſern
3900   Nach dem Wandrer   Und die Mauſe
Tauſendfärbig, ſchaarenweiſe,
Durch das Moos und durch die Heide!
Und die Funkenwürmer fliegen,
Mit gedrängten Schwärmezügen,
3905   Zum verwirrenden Geleite.

[Fauſt]

Aber ſag' mir ob wir ſtehen,
Oder ob wir weiter gehen?
Alles, alles ſcheint zu drehen,
Fels und Bäume, die Geſichter
3910   Schneiden, und die irren Lichter,
Die ſich mehren, die ſich blähen.

Mephiſtopheles.

Faſſe wacker meinen Zipfel!
Hier iſt ſo ein Mittelgipfel,
Wo man mit Erſtaunen ſieht,
3915 Wie im Berg der Mammon glüht.

---

auch der Kibitz und Haher wach geblieben (3891). Er ſieht kriechende Molche
und Baumwurzeln, die ihm Schlangen ſcheinen. — 3898. Der Maſer
iſt hier, wie im Mittelhochdeutſchen maſer, Knorren, Auswuchs am
Holze, an der Haut, indem man gewöhnlich die Zeichnung eines Holz-
durchſchnittes, die Flader, ſo nennt   Die Knorren an den Bäumen
erſcheinen ihm lebendig, wie Polypen, ihre Arme auszuſtrecken nach
dem Wanderer Mäuſe ſieht er in allen Farben durch Moos und
Heide wimmeln. — 3902. die fehlt Hſ. — 3903. Glühwürmer
fliegen mit den auf den Blocksberg drängenden Schwärmen verſchiedener Weſen zum verwirrenden Geleite. — 3906—3911.
Auf Fauſt macht das Ganze nun einen betäubenden Eindruck, wie ſich
dies in ſeinen Worten ausſpricht. — Der ganze Wechſelgeſang hat
etwas Opernhaftes und iſt eine ſelbſtändige eingelegte Cantate, die
die Situation in ihrer Art trefflich ſchildert, aber dem Gang der
Handlung unbeſchadet wegbleiben kann; beſonders da die unübertreff-
liche Schilderung 3913—3955 folgt. — Zipfel heißt hier
ein Theil der Kleidung, bei dem Fauſt an Mephiſtopheles ſich feſt
anhalten ſoll, vgl 5735 ff. 10,087 iſt in der Berliner Hſ. datirt:
den 8. Februar 1801. Das Weitere bis 3955: den 8. Februar 1801.
— 3915. Mammon bedeutet chaldäiſch Schatz (ſ. darüber zu Vers
1599 f.), bekannt aus dem Evang. Matth. 6, 24 und Luc. 16, 9.
11. 13.

Fauſt.

Wie ſeltſam glimmert durch die Gründe
Ein morgenröthlich trüber Schein!
Und ſelbſt bis in die tiefen Schlunde
Des Abgrunds wittert er hinein.
3920 Da ſteigt ein Dampf, dort ziehen Schwaden,
Hier leuchtet Gluth aus Dunſt und Flor,
Dann ſchleicht ſie wie ein zarter Faden,
Dann bricht ſie wie ein Quell hervor.
Hier ſchlingt ſie eine ganze Strecke,
3925 Mit hundert Adern, ſich durch's Thal,
Und hier in der gedrängten Ecke
Vereinzelt ſie ſich auf einmal.
Da ſprühen Funken in der Nähe,
Wie ausgeſtreuter goldner Sand.
3930 Doch ſchau'! in ihrer ganzen Höhe
Entzündet ſich die Felſenwand.

Mephiſtopheles.

Erleuchtet nicht zu dieſem Feſte
Herr Mammon prächtig den Palaſt?
Ein Glück, daß du's geſehen haſt,
3935 Ich ſpüre ſchon die ungeſtümen Gäſte.

Fauſt.

Wie raſ't die Windsbraut durch die Luft!
Mit welchen Schlägen trifft ſie meinen Nacken!

Mephiſtopheles.

Du mußt des Felſens alte Rippen packen,

3916. glimmert, die Hſ hat glimmet. Glimmern iſt
ein Iterativum von glimmen. ohne Flamme gluhn. Es wird angenommen, in der Walpurgisnacht könne man Schätze im Innern der
Berge ſehn. — 3919 wittern iſt hier blitzähnlich, wetterleuchtend
flimmern. Vgl. 2. Theil Vers 6623. Durch der Fenſter buntes
Zittern Seh' ich wetterleuchtend Wittern Im Pfitzerſchen Fauſtbuch 2,
Cap. 15 heißt es: wie es werde wittern, wie das Wetter ſein
werde. Hſ. herein f. hinein. — 3920 Schwaden (mittelhochdeutſch swadem, Dampf) iſt der Bergmannsſprache entnommen, in
der giftiger Grubendunſt, böſe Wetter, ſo bezeichnet werden. Vgl.
"heiße Schwaden", die aus dem Veſuv aufſteigen, ital. Reiſe 20.
Merz 1787. — Flor hier im Sinne eines Schleiers vgl. zu 3622
— Die Verſe 3912—3935 ſind in der Berliner Handſchrift datirt vom
9 Febr. 1801. An dem Tage ſchrieb Goethe an Schiller: "Arbeiten
mocht' und konnte ich wohl beſonders auch Ihnen zur Freude —"
3935. Die ungeſtümen Gäſte ſind die nahenden Hexen.

17*

Sonſt ſtürzt ſie dich hinab in dieſer Schlünde Gruft.

3940 Ein Nebel verdichtet die Nacht.
      Höre, wie's durch die Wälder kracht!
      Aufgeſcheucht fliegen die Eulen.
      Hör', es ſplittern die Säulen
      Ewig grüner Paläſte.
3945 Girren und Brechen der Aeſte!
      Der Stämme mächtiges Dröhnen!
      Der Wurzeln Knarren und Gähnen!
      Im fürchterlich verworrnen Falle
      Ueber einander krachen ſie alle,
3950 Und durch die übertrümmerten Klüfte
      Ziſchen und heulen die Lüfte.
      Hörſt du Stimmen in der Höhe?
      In der Ferne, in der Nähe?
      Ja, den ganzen Berg entlang
3955 Strömt ein wüthender Zaubergeſang!

Hexen im Chor.

      Die Hexen zu dem Brocken ziehn,
      Die Stoppel iſt gelb, die Saat iſt grün
      Dort ſammelt ſich der große Hauf,
      Herr Urian ſitzt oben auf.
3960 So geht es über Stein und Stock
      Es f—t die Hexe, es ſtinkt der Bock

3939. Alexandriner. — 3940—3956. Einmiſchung einzelner Daktylen
oder ganz daktyliſcher Verſe. Harezyk will dieſe Verſe Fauſt zuweiſen,
Ztſchr. f. d. Philol. 16, 222 f. — 3943 f. Die Säulen ewig
grüner Paläſte, die Bäume des Waldes. — 3945. girren, ge=
wöhnlich kirren bezeichnet den ächzenden Ton ſich reibender Aeſte
ſ. Hildebrand in Grimms Wörterb. 5, 841. Schon in dem Jahr=
marktsfeſt z. Pl. ſagt der Wagenſchmeermann: „Daß die Räder nicht
girren." — 3953. Fern Hſ. — 3955—3967. Zaubergeſang. Die
hereingerückten Zeilen ſind Geſang. — 3959. Herr Urian ſ. zu 2628,
nennt man appellativiſch einen Gewiſſen, den man nicht nennen will;
Urian einen Haupthans, zuweilen auch den Teufel, ſ Wacker=
nagel in Pfeiffers Germania 5, 325. Der Teufel Auerhahn des
Puppenſpiels hängt damit kaum zuſammen, noch weniger Vilans in
Wolframs Parzival bei Lachmann, Urjans bei Bartſch 2, 206 —
3961. Das Cyniſche dieſes Verſes bezeichnet die brutale Hexenzunft.
Es geht über Stock und Stein, und die auf dem ſtinkenden Bock
reitende Hexe entledigt ſich gelegentlich, ohne ſich zu geniren: ſ. zu
4000—4003.

Stimme.

Die alte Baubo kommt allein;
Sie reitet auf einem Mutterschwein.

Chor.

So ehre denn, wem Ehr gebührt!
3965 Frau Baubo vor' und angeführt!
Ein tüchtig Schwein und Mutter drauf,
Da folgt der ganze Hexenhauf.

Stimme.

Welchen Weg kommst du her?

Stimme.

Ueber'n Ilsenstein!
Da guckt' ich der Eule in's Nest hinein.
3970 Die macht ein Paar Augen!

Stimme.

O fahre zur Hölle!
Was reit'st du so schnelle!

Stimme.

Mich hat sie geschunden,
Da sieh nur die Wunden!

Hexen. Chor.

Der Weg ist breit, der Weg ist lang,
3975 Was ist das für ein toller Drang?
Die Gabel sticht, der Besen kratzt,
Das Kind erstickt, die Mutter platzt.

———

3962 Der Name Baubo ist der griechischen Mythe ent=
lehnt. So hieß die schamlose Amme der Demeter. Sie soll hier
als Typus der Schamlosigkeit die Hexen führen. — 3964. An die
Römer 13, 7 heißt es: Ehre, dem die Ehre gebührt. Im
2. Theil Vers 5896 heißt es: So Ehre dem, dem Ehre ge=
bührt. Die Ausgaben haben: So Ehre dem, wem Ehre ge=
bührt! Die Handschrift: So Ehre denn, wem Ehre gebührt. —
3966. Ein tüchtig Schwein und Mutter (nämlich Mutter Baubo). —
3968. Im Ilsethal auf dem Ilsenstein wohnt Fräulein Ilse, die Ge=
liebte Kaiser Heinrichs II. vgl. zu 2, 7680. — 3970. Die verschiedenen
Stimmen sollen das Gedränge vorüberreitender Hexen darstellen. Zwei
rennen an einander, indem die eine sich den anderen vordrängt.
Dies veranlaßte die Ausrufe: O fahre zur Hölle! Was reit'st
du so schnelle, und: Mich hat sie geschunden, Da sieh nur
die Wunden! — 3974 f. Gesang. — 3975 f. Eine Hexe reitet
auf einem Bock, die andere auf einer Gabel, eine dritte auf einem

Hexenmeiſter. Halbes Chor.

Wir ſchleichen wie die Schneck' im Haus,
Die Weiber alle ſind voraus.

3980 Denn, geht es zu des Böſen Haus,
Das Weib hat tauſend Schritt voraus.

Andre Hälfte.

Wir nehmen das nicht ſo genau,
Mit tauſend Schritten macht's die Frau;
Doch, wie ſie auch ſich eilen kann,

3985 Mit einem Sprunge macht's der Mann.

Stimme oben.

Kommt mit, kommt mit, vom Felſenſee!

Stimme von unten.

Wir möchten gern mit in die Höh.
Wir waſchen und blank ſind wir ganz und gar;
Aber auch ewig unfruchtbar.

Beide Chöre.

3990 Es ſchweigt der Wind, es flieht der Stern,
Der trübe Mond verbirgt ſich gern.
Im Sauſen ſprüht das Zauber=Chor
Viel tauſend Feuerfunken hervor.

Beſen, vgl. Vers 4000—4003. Eine darunter, in ſchweren Umſtänden,
ruft: das Kind erſticke bei dem tollen Ritt. Die Mutter platzt:
dieſelbe fühlt ſich durch ihren Zuſtand beängſtet und fürchtet zu
platzen. Unwahrſcheinlich iſt die Annahme, die Hexen führten Kinder
mit ſich, hingegen ſcheint es höchſt hexenhaft, ſchwangern Leibes auf
den Blocksberg zu reiten. — 3978—3985 Vgl. 2, 5779 f. denn immerfort ſind vornean die Frauen. Da das Weib weniger aus Ueber-
legung, mehr aus Leidenſchaft handelt, der Mann umgekehrt, ſo iſt ſie
leicht entſchloſſen und ſchnell voraus, er langſamer entſchloſſen, dann
aber mit durchſchlagendem Erfolg im Guten und Böſen, eine Aeußerung Goethes gegen Riemer 1807, deſſen Mittheilungen 2, 702,
widerſpricht dem nicht; führt nur die Conſequenzen nach beiden Seiten
nicht gleichmäßig aus. — 3986. Die Stimme von oben ſieht an einem
Felſenſee Waſchende und ruft ſie an, mit zu kommen; von Felſenſee Hſ. 3987 f. Hſ. gern, Ausg. gerne. Wird auf Kritiker bezogen, die anderer Schwachen reinwaſchen, aber unfruchtbar, nichts
hervorzubringen im Stande ſind. Vgl. auch das Xenion 87: An des
Eridanus Ufer umgeht mir die furchtbare Waſchfrau, Welche die
Sprache des Teut ſäubert mit Lauge und Salz. Es bezieht ſich auf
IH Campes Beſtrebungen, die deutſche Sprache von Fremdwörtern
zu reinigen (vgl. deſſen Wörterbuch zur Erklärung und Verdeut-
ſchung fremder Wörter ꝛc. 1801). — 3990—3993. Auch vor dem

Stimmen von unten

Halte! Halte!

Stimme von oben

3995 Wer ruft da aus der Felsenspalte?

Stimme unten.

Nehmt mich mit! Nehmt mich mit!
Ich steige schon dreihundert Jahr,
Und kann den Gipfel nicht erreichen
Ich wäre gern bei meines Gleichen.

Beide Chöre.

4000 Es trägt der Besen, trägt der Stock,
Die Gabel trägt, es trägt der Bock;
Wer heute sich nicht heben kann,
Ist ewig ein verlorner Mann.

Halbhexe unten

Ich tripple nach, so lange Zeit,
4005 Wie sind die andern schon so weit!
Ich hab' zu Hause keine Ruh,
Und komme hier doch nicht dazu

Chor der Hexen

Die Salbe gibt den Hexen Muth,
Ein Lumpen ist zum Segel gut,

Erscheinen des Erdgeistes verbirgt der Mond sein Licht (469) Der
Wind schweigt, der Stern flieht, d. i. schwindet, der Mond birgt sich,
und bei nun eintretender völliger Dunkelheit sieht man, daß die vor-
übersausenden Schaaren Funken sprühn. Für Zauber-Chor hatte
Goethe zuerst Hexen-Chor geschrieben. — 3996 In der Felsenspalte
ruft eine Stimme· Halte! nehmt mich mit. — Schon 3987 war das
Streben, „in die Höh" tropisch als geistiges Streben genommen
Hier ruft eine Stimme, die einer in der Felsenspalte seit 300 Jahren
sitzen gebliebenen Person angehört, daß sie auch empor zu ihres
Gleichen möchte Der Dichter denkt dabei an stagnirende Tendenzen
des 16 Jahrh, die durch Pedantismus ins Stocken gerathen sind. —
3999. meines gleichen Hs., Meinesgleichen Ausg. — 4000—4003. Zu
der Klage der Vorigen, daß sie den Gipfel nicht erreichen können, bemerken die Chöre der Hexen und Hexenmeister, es seien doch
Beförderungsmittel aller Art, Besen, Stock, Gabel, Bock vorhanden.
Wer damit sich nicht heben kann, sei verloren. — 4004—4007. Die
Halbhexe bezeichnet jedenfalls Halbheit. Das Hexengelüste läßt ihr
daheim keine Ruh, und hier bleibt sie hinter den ganzen Hexen doch
auch zurück. — 4008—4011. Wenn die Hexe sich mit Zaubersalbe ge-
salbt hat, dann hat sie Muth, sie fühlt sich zur Fahrt gerüstet Ein

4010   Ein gutes Schiff iſt jeder Trog;
           Der flieget nie, der heut nicht flog.

Beide Chöre.

           Und wenn wir um den Gipfel ziehn,
           So ſtreichet an dem Boden hin.
           Und deckt die Heide weit und breit
4015   Mit eurem Schwarm der Hexenheit.

           Sie laſſen ſich nieder.

Mephiſtopheles.

           Das drängt und ſtößt, das ruſcht und klappert!
           Das ziſcht und quirlt, das zieht und plappert!
           Das leuchtet, ſprüht und ſtinkt und brennt!
           Ein wahres Hexenelement!
4020   Nur feſt an mir! ſonſt ſind wir gleich getrennt.
           Wo biſt du?

           Fauſt in der Ferne
              Hier!

Mephiſtopheles.

                    Was! dort ſchon hingeriſſen?
           Da werd' ich Hausrecht brauchen müſſen.
           Platz! Junker Voland kommt. Platz! ſüßer Pöbel,
                     Platz!

Lumpen genügt als Segel, ein Trog als Luftſchiff. — 4015. Mit eurem Schwarm der Hexenheit = Hexenheit, das nur hier vorkommt, iſt als Geſammtheit der Hexen, wie Chriſtenheit: Geſammtheit der Chriſten, zu nehmen. Das alte heit (gothiſch haidus) bezeichnet die Art, Beſchaffenheit: lediger Heit = ledig, ſ. Grimms Wörterb. 4, 2, 919 und 1301. — 4016. ruſchen, ſich beeilen. So auch Triumph d. Empf.: da ruſcht' ich fort GDr 1, 450, 8, ruſchlig fahrig daſ. 2, 214 Die urſprüngliche Bedeutung von Rauſch, rüſch iſt: impetus, und darauf gehn dieſe Formen zurück. Vgl. öſterreichiſch die Ruſche, fahrige Perſon, Idioticon Viennense S. 109. Schmeller 3, 141 — 4023. Junker Voland Schon oben 1535 ſahen wir Mephiſtopheles als edlen Junker ſich vorſtellen. Luther und Fiſchart tituliren den Teufel ironiſch: Junker Teufel, ſ. Grimms Wörterbuch 4, 2, 2402. Oben 2504 nannte die Hexe den Mephiſtopheles Junker Satan und 2510 will er Herr Baron genannt ſein. Voland, ſ. in Leonh. Friſchs Wörterb. 2, 405: „Volant, olim ein Schimpf-Namen, den man dem Satan gab." — Die mittelhochdeutſche Form iſt vâlant, ſ. darüber Grimms Mythol. S. 943 f. Daſelbſt wird auch die Form Junker Volland aus Bertholds Tagebuch pag. 54 angeführt. Andere Formen: Faland,

Hier Doctor, fasse mich! und nun, in Einem Satz,
4025 Laßt uns aus dem Gedrang' entweichen;
Es ist zu toll sogar für meines Gleichen
Dort neben leuchtet was mit ganz besondrem Schein,
Es zieht mich was nach jenen Sträuchen.
Komm, komm! wir schlupfen da hinein.

Faust.

4030 Du Geist des Widerspruchs! Nur zu! du magst mich
führen.
Ich denke doch, das war recht klug gemacht;
Zum Brocken wandeln wir in der Walpurgisnacht,
Um uns beliebig nun hieselbst zu isoliren.

Mephistopheles.

Da sieh nur welche bunten Flammen!
4035 Es ist ein muntrer Club beisammen.
Im Kleinen ist man nicht allein.

Faust.

Doch droben mocht' ich lieber sein!
Schon seh' ich Gluth und Wirbelrauch
Dort strömt die Menge zu dem Bösen;
4040 Da muß sich manches Räthsel lösen.

Mephistopheles.

Doch manches Räthsel knüpft sich auch.
Laß du die große Welt nur sausen,
Wir wollen hier im Stillen hausen

Feiland, Foland s. Grimms Wörterb 3, 1267 1448 1871 —
Da Pöbel für Volk nur im verächtlichen Sinne gebraucht wird, so
macht sich die Anrede süßer Pöbel hier doppelt diabolisch. Loeper
erinnert zu dieser Stelle an Dichtung und Wahrheit 3, 11 Buch.
Hempel S. 30 „die allerliebste hoffnungsvolle akademische Plebs" und
an plebe dolce des Ariost. 4023, 4024, 4027. Alexandriner. — Das
Wort Pöbel ist in dieser Form durch Luthers Bibel in Umlauf gekommen, vgl. 5 Mos. 4, 27. „— ein geringer pöbel". — 4026.
Meinesgleichen wie 3999 — 4027—4033. Mephistopheles, als
Stammgast auf dem Brocken, will sich abseits in seiner Weise vergnügen, indem Faust nicht daran denkt, zu genießen, sondern vielmehr
als Zuschauer das Ganze übersehn will. In den Paralipomenis zu
Faust ist Weimarausgabe Faust 1, S 306 f. eine Scene mitgetheilt,
in der Satan vom Throne herab an Böcke und Ziegen cynische Reden
hält. S. Strehlke Paralipomena 36. Der Dichter hat die Scene
weislich nicht benutzt und sich begnügt, dasjenige, was undarstellbar
ist, nur anzudeuten — 4030, 4032, 4033, 4045, Alexandriner —

Es iſt doch lange hergebracht,

4045 Daß in der großen Welt man kleine Welten macht.
Da ſeh' ich junge Herchen nackt und bloß,
Und alte, die ſich klug verhüllen.
Seid freundlich, nur um meinetwillen;
Die Müh' iſt klein, der Spaß iſt groß.

4050 Ich höre was von Inſtrumenten tönen!
Verflucht Geſchnarr! Man muß ſich dran gewöhnen.
Komm mit! Komm mit! Es kann nicht anders ſein,
Ich tret' heran und fuhre dich herein,
Und ich verbinde dich auf's neue.

4055 Was ſagſt du, Freund? das iſt kein kleiner Raum.
Da ſieh nur hin! du ſiehſt das Ende kaum.
Ein hundert Feuer brennen in der Reihe;
Man tanzt, man ſchwatzt, man kocht, man trinkt,
　　　　　　　　　man liebt;
Nun ſage mir, wo es was Beſſers gibt?

Fauſt.

4060 Willſt du dich nun, um uns hier einzuführen,
Als Zaubrer oder Teufel produciren?

Mephiſtopheles.

Zwar bin ich ſehr gewohnt incognito zu gehn,
Doch läßt am Galatag man ſeinen Orden ſehn.
Ein Knieband zeichnet mich nicht aus,

4065 Doch iſt der Pferdefuß hier ehrenvoll zu Haus.
Siehſt du die Schnecke da? Sie kommt herangekrochen;
Mit ihrem taſtenden Geſicht
Hat ſie mir ſchon was abgerochen.
Wenn ich auch will, verläugn' ich hier mich nicht.

4051. Geſchnarr nennt Mephiſtopheles das Tönen von Inſtrumenten, das gehort wird. Er liebt Muſik nicht, außerdem iſt allerdings Blocksbergmuſik auch nicht wohllautend zu denken. Schnarren
bezeichnet das Geräuſch anprallender geſpannter Saiten u. dgl., mittelhochdeutſch heißt die Saite snar; aber auch von Poſaunen heißt es
mittelhochd. der puſûnen snarren. — 4052. Es kann nicht
anders ſein: Du mußt mitkommen, ich laſſe davon nicht ab. —
4055. Er ſieht abſeits einen weiten Raum vor ſich, von dem ſchon
4029 die Rede war. — 4062, 4063, 4065, 4066. Alexandriner, was
ſehr zu Mephiſtopheles' hier angenommenem Rococogeſchmack ſtimmt.
— 4064. Knieband, „der Orden des blauen Hoſen-Bandes in
Engelland" Leonh. Friſch 1, 470 — 4065. Ueber den Pferdefuß ſ

4070 Komm nur! von Feuer gehen wir zu Feuer,
Ich bin der Werber und du bist der Freier.

Zu einigen, die um verglimmende Kohlen sitzen.

Ihr alten Herrn, was macht ihr hier am Ende?
Ich lobt' euch, wenn ich euch hübsch in der Mitte fande,
Vom Saus umzirkt und Jugendbraus;
4075 Genug allein ist jeder ja zu Haus.

General.

Wer mag auf Nationen trauen!
Man habe noch so viel für sie gethan;
Denn bei dem Volk, wie bei den Frauen,
Steht immerfort die Jugend oben an.

Minister.

4080 Jetzt ist man von dem Rechten allzuweit,
Ich lobe mir die guten Alten;
Denn freilich, da wir alles galten,
Da war die rechte, goldne Zeit

Parvenu

Wir waren wahrlich auch nicht dumm,
4085 Und thaten oft, was wir nicht sollten;
Doch jetzo kehrt sich alles um und um,
Und eben da wir's fest erhalten wollten

Autor.

Wer mag wohl überhaupt jetzt eine Schrift
Von mäßig klugem Inhalt lesen!
4090 Und was das liebe junge Volk betrifft,
Das ist noch nie so naseweis gewesen

---

zu 2184. — 4071. Die Anmerkung nach diesem Vers: Zu einigen, die um verglimmende Kohlen sitzen, ist ein Bild aus des Dichters Erinnerung. Er schildert in der Campagne in Frankreich, wie er bei Somme-Tourbe Emigrirte um einen Haufen verglimmender Kohlen sitzen sah. Altverlebte, Heimathlose sitzen ähnlich auch hier. — 4072. Am Ende, nämlich ganz abseits — 4074. Von Ausg., Vom Hs. 4075. Zu Hause ist man ja allein genug, warum freut ihr hier euch nicht der Gesellschaft? — 4076—4079. Die Altverlebten werden hier näher bezeichnet — Der General klagt, daß nur die Jugend bei der Welt Beifall und Anwert finde. Der Minister findet, man sei von dem Rechten abgekommen; die rechte Zeit, findet er, sei gewesen, als er alles galt. Der Emporkömmling ist auch unzufrieden darüber, daß der Umsturz, durch den er emporgekommen, jetzt auch noch dauert, wo er das Seinige errungen und es festhalten

Mephistopheles,
der auf einmal sehr alt erscheint.

Zum jüngsten Tag fühl' ich das Volk gereift,
Da ich zum letztenmal den Hexenberg ersteige,
Und weil mein Fäßchen trübe läuft,
4095 So ist die Welt auch auf der Neige.

Trödelhexe.

Ihr Herren, geht nicht so vorbei!
Laßt die Gelegenheit nicht fahren!
Aufmerksam blickt nach meinen Waaren;
Es steht dahier gar mancherlei.
4100 Und doch ist nichts in meinem Laden,
Dem keiner auf der Erde gleicht,
Das nicht einmal zum tücht'gen Schaden
Der Menschen und der Welt gereicht.
Kein Dolch ist hier, von dem nicht Blut geflossen,

---

möchte. Der Autor beklagt sich über die naseweise Jugend. — 4092
Mephistopheles parodirt die selbstsüchtigen Alten, indem er plötzlich
sehr alt erscheint und meint, da er alt sei, ginge auch die Welt zur
Neige. Das Fäßchen läuft trübe, wenn es umgestürzt und die Neige
ausgegossen wird. — Daß damit gesagt sein soll, daß es mit dem
Volksteufel zu Ende sei, liegt kaum in der Absicht des Dichters. Die
einfache Verspottung der selbstischen Anschauungen, die vor ihm aus=
gesprochen wurden, ist so offenbar, daß dies jede andere Deutung aus=
schließt. Nach 4095. fehlt die Bemerkung: „Mephistopheles nimmt
wieder seine gewohnliche Gestalt an." — 4096. Wenn den vorigen
Gestalten, wenn sie auch zur Handlung nicht nothwendig sind, noch
durch das Treffende der Allegorie ein dichterischer Werth nicht abzu=
sprechen ist, so macht die Trödelhexe, die Kuriositäten feil bietet, deren
jede schon den Menschen geschadet, einen ziemlich leeren Eindruck, sowie
auch Mephistopheles' Bemerkung, daß sie mit ihren historischen Kurio=
sitäten die Zeit schlecht verstehe, die nur Neuigkeiten liebe, nicht eben
bedeutend ist. — Daß damit der Trödelkram von Kuriositätenlieb=
habern, ins Teuflische karikirt, auf den Blocksberg versetzt wird, aber
auch dort nicht mehr Anklang findet, das tritt wol klar vor Augen.
Die Bemerkung Mephistopheles', daß die Zeit nur Neues liebe, wendet
sich aber nicht gegen das Absurde des Tröblers, sondern gegen die flache
Lust am Neuen der Zeit. Das Absurde von Seltenheitensammlern
liegt darin, daß oft der Werth des einzelnen Gegenstandes nicht
in seine Bedeutung gelegt wird, die er als Natur= oder Kunstgegen=
stand hat, sondern in nebensächliche Umstände oder Beziehungen, wie
oben die Hexe dergleichen hervorhebt, die hier nur, wie gesagt, alle
ins Teuflische spielen. — Harmlosere Sammler heben so hervor den
Ankaufspreis, die zufällige Beziehung des betreffenden Gegenstandes
zu Personen, Nebenumstände, wie daß derselbe z. B. bei einer Feuers=

4105 Kein Kelch, aus dem sich nicht, in ganz gesunden Leib,
Verzehrend heißes Gift ergossen,
Kein Schmuck, der nicht ein liebenswürdig Weib
Verführt, kein Schwert, das nicht den Bund gebrochen,
Nicht etwa hinterrücks den Gegenmann durchstochen

Mephistopheles.

4110 Frau Muhme! Sie versteht mir schlecht die Zeiten,
Gethan geschehn! Geschehn gethan!
Verleg' sie sich auf Neuigkeiten!
Nur Neuigkeiten ziehn uns an

Faust.

Daß ich mich nur nicht selbst vergesse!
4115 Heiß' ich mir das doch eine Messe!

Mephistopheles.

Der ganze Strudel strebt nach oben,
Du glaubst zu schieben und du wirst geschoben.

Faust.

Wer ist denn das?

Mephistopheles.

Betrachte sie genau!
Lilith ist das.

----

brunst nicht verbrannt sei u. dergl. Goethe lernte einen solchen
Sammler Beireis 1805 in Helmstädt kennen (s. Tag- und Jahreshefte). Die Schilderung desselben, wie sie da von Goethe gegeben
ist, bietet ein treffendes Beispiel zur Bezeichnung solcher Absurdität.
Diese Beziehung übersah man wol, wenn man den Hinweis auf Beireis „höchst unglücklich" fand. — 4105, 4109. Alexandriner. — 4110
Mephistopheles nimmt, wie bemerkt, wieder seine vorige Gestalt an.
Frau Muhme ist volksthümliche Anrede gegen ältere Frauen, wobei
an Verwandtschaft nicht gedacht wird („in welchem Verstande die
deutschen Fürsten fürstliche Personen weiblichen Geschlechts ihre Muhme
zu betiteln pflegen" Adelung): auch nicht an seine „Muhme, die
Schlange", oben Vers 335. — 4114 Faust fürchtet, sich selbst zu vergessen,
d. i. die Besinnung zu verlieren. — Eine Messe, ein buntes Treiben,
wie dies Goethe von den Frankfurter und Leipziger Messen her kannte.
— 4116. Strudel bezeichnet eigentlich einen Wasserwirbel, eine
durch kreisförmige Bewegung entstehende Schneckenform, hier den An-
drang von Gestalten aller Art rings um den Berg. Vgl „Ich lebe
wie immer in Strudeley und Unmäßigkeit des Vergnügens und
Schmerzens", G. an Henriette von Knebel 3. März 1775 — 4119
Lilith, Adams erste Frau, ist in neuerer Zeit genannt in einem

Fauſt.
Wer?

Mephiſtopheles.

Adams erſte Frau.

4120 Nimm dich in Acht vor ihren ſchönen Haaren,
Vor dieſem Schmuck, mit dem ſie einzig prangt.
Wenn ſie damit den jungen Mann erlangt,
So läßt ſie ihn ſobald nicht wieder fahren.

Fauſt.

Da ſitzen zwei, die Alte mit der Jungen;
4125 Die haben ſchon was Rechts geſprungen!

Mephiſtopheles.

Das hat nun heute keine Ruh.
Es geht zum neuen Tanz; nun komm! wir greifen zu

Fauſt mit der Jungen tanzend.

Einſt hatt' ich einen ſchönen Traum;
Da ſah ich einen Apfelbaum,
4130 Zwei ſchöne Aepfel glänzten dran,
Sie reizten mich, ich ſtieg hinan.

Die Schöne.

Der Aepfelchen begehrt ihr ſehr
Und ſchon vom Paradieſe her.
Von Freuden fühl' ich mich bewegt,
4135 Daß auch mein Garten ſolche trägt

Gedicht Langbeins, das im Göttinger Muſenalmanach von 1783 S. 204
erſchien, wie ſchon Loeper bemerkt. Dort heißt es:
"Und wißt, ſie reitet allemal
In der Walpurgisnacht zum Ball."
Die rabbiniſche Sage von ihr erwuchs aus dem Umſtande, daß nach
1 Moſ. 1, 27 Gott ein Männlein und ein Fräulein ſchuf und dann
erſt 1. Moſ. 2, 21—25 Eva aus Adams Rippe, die demnach ſeine
zweite Frau war. Die Sage ſchreibt Lilith die Verführung junger
Männer zu. Ihr Name kommt vor Jeſaias 34, 14 und wird von
Luther mit Kobold überſetzt, bei andern Erklärern als Nachtvogel be=
zeichnet. — 4125. Die Form kommt bei Goethe auch ſonſt vor. Die
haben geſprungen vgl. ſo hab ich geritten in Goethes un=
gleichen Hausgenoſſen in des Herausgebers Goethes Dramen 2. Bd.
S. 390, 16 auch 433, 1. Das Hilfswort haben für ſein hebt die
Thätigkeit des Subjects hervor Grimms Gramm. 4, 160. — 4127
Alexandriner. — 4128—4130. Philoſtrat beſchreibt ein Gemälde,
auf dem Liebesgötter Aepfel pflücken, worauf Loeper aufmerkſam

Mephiſtopheles mit der Alten.

Einſt hatt' ich einen wüſten Traum;
Da ſah ich einen geſpaltnen Baum,
Der hatt' ein ungeheures —;
So groß es war, gefiel mir's doch.

Die Alte.

4140 Ich biete meinen beſten Gruß
Dem Ritter mit dem Pferdefuß!
Halt' er einen rechten — bereit,
Wenn er das große — nicht ſcheut.

Proktophantasmiſt.

Verfluchtes Volk! was unterſteht ihr euch?
4145 Hat man euch lange nicht bewieſen,
Ein Geiſt ſteht nie auf ordentlichen Füßen?
Nun tanzt ihr gar, uns andern Menſchen gleich!

Die Schöne tanzend.

Was will denn der auf unſerm Ball?

Fauſt tanzend

Ei! der iſt eben überall.
4150 Was andre tanzen, muß er ſchätzen.
Kann er nicht jeden Schritt beſchwatzen,

---

macht Der Vergleich mit Aepfeln, „ſo wie im Paradieſe“, wird
von Goethe auch angewandt in der „Der Müllerin Verrath“, Gedicht
(Hempel) 1, 250 Er kommt ſchon mittelhochdeutſch vor: dô
ſach er ſtân ir brüſtelin alſam zwei pardiſepfelin, Geſammt-
abenteuer III, 3, 114 Auch Theokrit wendet den Vergleich mit Aepfeln
an 27, 49, ſ. Gr. Wtb. 1, 532. — 4144. πρωκτός (prooctós), der
Steiß, und φάντασμα (phantasma), Geſpenſt, gleichſam Prophet mit
dem Steiß. Friedrich Nicolai (geb 1773 zu Berlin, Buchhändler und
Schriftſteller, geſt daſelbſt 1811) war bekanntlich ſchon 1775 gegen
Goethes „Werther“ aufgetreten mit ſeinen: „Freuden des jungen
Werther“. Er dachte in Leſſings Fußſtapfen zu treten, indem er
den auftauchenden Genialitäten gegenüber Stellung nahm. Er eiferte
gegen Aberglauben und Jeſuiten, ebenſo geiſtlos Ihm war begegnet,
daß er, der ſo gegen Geſpenſter aufgetreten war, 1791 ſelbſt Viſionen
hatte. Er ließ ſich hinten Blutegel anſetzen, wodurch er der Geſpenſter
los wurde Hierüber hielt er nun 1799 in der Berliner Akademie der
Wiſſenſchaften einen Vortrag: „Beiſpiel einer Erſcheinung mehrerer
Phantasmen“, der im Maiheft der Berliner Monatsſchrift (auch in
Fr. Nicolais philoſophiſchen Schriften 1, 53) erſchienen iſt. Indem
damit das Ereigniß mit dem Nimbus des Triumphs des Geiſtes über
den Aberglauben umgeben wurde, erſchien es erſt lächerlich.

So iſt der Schritt ſo gut als nicht geſchehn.
Am meiſten ärgert ihn, ſobald wir vorwärts gehn.
Wenn ihr euch ſo im Kreiſe drehen wolltet,
4155 Wie er's in ſeiner alten Mühle thut,
Das hieß' er allenfalls noch gut;
Beſonders wenn ihr ihn darum begrüßen ſolltet

Proktophantasmiſt.

Ihr ſeid noch immer da! Nein, das iſt unerhört.
Verſchwindet doch! Wir haben ja aufgeklärt!
4160 Das Teufelspack es fragt nach keiner Regel.
Wir ſind ſo klug und dennoch ſpukt's in Tegel.
Wie lange hab' ich nicht am Wahn hinausgekehrt
Und nie wird's rein, das iſt doch unerhört!

Die Schöne.

So hört doch auf uns hier zu ennüyiren!

Proktophantasmiſt.

4165 Ich ſag's euch Geiſtern in's Geſicht,
Den Geiſtesdespotismus leid' ich nicht;
Mein Geiſt kann ihn nicht exerciren.

Es wird fortgetanzt.

Heut, ſeh' ich, will mir nichts gelingen;
Doch eine Reiſe nehm' ich immer mit
4170 Und hoffe, noch vor meinem letzten Schritt,
Die Teufel und die Dichter zu bezwingen.

4153, 4157, 4158, 4162, Alexandriner. — 4155. Die unter
dem Titel: Allgemeine deutſche Bibliothek (1765—1798) erſchienene
vielbändige Zeitſchrift Nicolais iſt gemeint, auf die ſich das Xenion
254. A. D. B. bezieht:

Zehnmal geleſne Gedanken auf zehnmal bedrucktem Papiere,
Auf zerriebenem Blei ſtumpfer und bleierner Witz. —

4157 Darum begrüßen, anſprechen, um Erlaubniß fragen. Die
Anwendung des Ausdrucks in dieſem Sinne iſt alterthümlich, ſ. Grimms
Wörterb. 1, 1314, 2. — 4161. Tegel ein Landgut der Familie
Humboldt bei Berlin. Daſelbſt ereignete ſich ein Geſpenſterſpuk, den
Nicolai in dem zu 4144 erwähnten Vortrag beſpricht — 4165—4167.
Wortſpielend wird hier Geiſt im Sinne von Geſpenſt und von Intellec-
tualität gebraucht. Da er ſelbſt durch Geiſt zu herrſchen nicht im
Stande iſt, will er von der Herrſchaft des Geiſtes (der Geiſter, Ge-
ſpenſter) Anderer auch nichts wiſſen. — 4167. Die Geiſter bekümmern
ſich nicht um das, was er ſagt: es wird fortgetanzt. — 4169. Nicolai
ließ 1783—1796 in vielen Bänden eine Beſchreibung einer Reiſe durch
Deutſchland und die Schweiz erſcheinen und denkt hierzu auch dieſe

Mephistopheles.

Er wird sich gleich in eine Pfütze setzen,
Das ist die Art, wie er sich soulagirt,
Und wenn Blutegel sich an seinem Steiß ergetzen,
4175 Ist er von Geistern und von Geist curirt.

Zu Faust, der aus dem Tanz getreten ist.

Was lässest du das schöne Mädchen fahren,
Das dir zum Tanz so lieblich sang?

Faust.

Ach! mitten im Gesange sprang
Ein rothes Mäuschen ihr aus dem Munde.

Mephistopheles.

4180 Das ist was Rechts! Das nimmt man nicht genau;
Genug, die Maus war doch nicht grau.
Wer fragt darnach in einer Schäferstunde?

Faust.

Dann sah ich —

Mephistopheles
Was?

Faust.

Mephisto, siehst du dort
Ein blasses, schönes Kind allein und ferne stehen?
4185 Sie schiebt sich langsam nur vom Ort,
Sie scheint mit geschloß'nen Füßen zu gehen.
Ich muß bekennen, daß mir daucht,
Daß sie dem guten Gretchen gleicht

Brockenreise zu verwerthen. 4173 f. se soulager sich Linderung verschaffen. Aus dem zu 4144 Bemerkten ist das Uebrige vollkommen
verständlich. — 4174. Alexandriner. ergötzen Hf. 1808, ergetzen
1816, 1825, 1828, 1829. — 4178 f. In den deutschen Sagen der
Brüder Grimm wird Nr. 248 eine thüringische Sage aus J. Prä-
torius' Weltbeschreibung mitgetheilt: von einer Magd, der im Schlafe
ein rothes Mäuslein zum offenen Maule herauskroch. Aehnliches in
Grimms Mythologie ꝛc. Die Erscheinung, die Mephistopheles unwichtig scheint, erfüllt Faust mit Ekel. — 4183. Dann sah ich
— d. h. schon während des Tanzes hatte er die Vision, die er dann
schildert. Gretchens Bild schwebte vor ihm. Zu Mephisto s. V. 271
— 4184 Alexandriner. Ein blasses, schönes Kind — mit ge-

Mephiftopheles.

Laß das nur ſtehn! Dabei wird's niemand wohl.

4190 Es iſt ein Zauberbild, iſt leblos, ein Idol.

Ihm zu begegnen iſt nicht gut;

Vom ſtarren Blick erſtarrt des Menſchen Blut,

Und er wird faſt in Stein verkehrt,

Von der Meduſe haſt du ja gehört.

Fauſt.

4195 Fürwahr es ſind die Augen einer Todten,

Die eine liebende Hand nicht ſchloß.

Das iſt die Bruſt, die Gretchen mir geboten,

Das iſt der ſuße Leib, den ich genoß.

Mephiftopheles.

Das iſt die Zauberei, du leicht verführter Thor!

4200 Denn jedem kommt ſie wie ſein Liebchen vor.

Fauſt.

Welch eine Wonne! welch ein Leiden!

Ich kann von dieſem Blick nicht ſcheiden.

Wie ſonderbar, muß dieſen ſchönen Hals

Ein einzig rothes Schnürchen ſchmücken,

4205 Nicht breiter als ein Meſſerrücken!

ſchloſſenen Füßen, alſo in Ketten. — 4190. ein Idol, εἴδωλον, ein Götzenbild, Scheinbild, hier „Zauberbild" 4190. — Der Ausdruck wird in dem Entwurfe einer Scene gebraucht, die in den Paralipomena zu Fauſt abgedruckt iſt und ausgeführt blieb. „Ein anderer Theil des Brockens. Tiefere Region. Hochgerichtserſcheinung. Gedräng. Sie erſteigen einen Baum. Reden des Volks. Auf glühendem Boden. Nackt das Idol (vielleicht zu leſen: Nacktes Idol). Die Hände auf dem Rücken." S. jetzt Weimarausgabe des Fauſt 1 S. 310 f. bei Strehlke Paralipomena S. 40 f. — Dieſer Entwurf und obiges Geſpräch zwiſchen Mephiſtopheles und Fauſt erklären ſich gegenſeitig. Der Entwurf blieb unausgeführt, indem im Geſpräch der Zweck des Entwurfs treffender erreicht wird. Fauſt ſollte in einem nackten Idol, dem die Hände auf dem Rücken gebunden ſind, Gretchen zu erblicken wähnen; hier erblickt er ſie, während er mit der Schönen tanzt, womit angedeutet iſt, daß es Mephiſtopheles nicht gelingt, ihn in ſeine Kreiſe zu ziehn: die Liebe in ihm iſt unüberwindlich. — 4194. Er meint die Mythe von dem Haupte der Meduſe, das Perſeus abgeſchlagen, deſſen Anblick in Stein verwandelt. Ovid. Metamorphoſen IV, 780 ff. Die Handſchrift hat den Meduſen. — 4199. Grell abſtechend von der melodiſchen Rede Fauſts, fällt Mephiſtopheles ein im Alexandriner. — 4203. In der Zeitſchrift für deutſche Philologie 16, 221 f. ſchlägt J. Harczyk vor, vor muß ein Ausrufungszeichen zu ſetzen. — 4205. Er ſpricht den Vers mit Schaudern, indem ihn

Mephistopheles.

Ganz recht! ich seh' es ebenfalls.
Sie kann das Haupt auch unter'm Arme tragen,
Denn Perseus hat's ihr abgeschlagen. —
Nur immer diese Lust zum Wahn!
4210 Komm doch das Hügelchen heran,
Hier ist's so lustig wie im Prater;
Und hat man mir's nicht angethan,
So seh' ich wahrlich ein Theater.
Was gibt's denn da?

Servibilis.

Gleich fangt man wieder an
4215 Ein neues Stück, das letzte Stück von sieben;
So viel zu geben ist allhier der Brauch.
Ein Dilettant hat es geschrieben,
Und Dilettanten spielen's auch.
Verzeiht, ihr Herrn, wenn ich verschwinde;
4220 Mich dilettirt's den Vorhang aufzuziehn.

der Gedanke an Gretchens mögliche Enthauptung durchzuckt. — 4206.
Fürwahr Hs. Ganz i die Ausg. — 4208. Es erscheint hiermit
das Idol geradezu als Medusa. — 4211. Der Prater heißt der
berühmte Wiener Belustigungspark, in dem auch die Weltausstellung
1873 Platz fand Das wogende Gedränge da, um die Schaubuden,
„Ringelspiele" (Caroussels), Schaukeln, Puppentheater u. dgl., dazu
Musik von allen Seiten, haben wohl etwas Blocksbergartiges. — 4214.
Servibilis ist ein von Goethe gebildeter Name, der einen aller
Welt dienstbaren, geschäftigen Mann der Gesellschaft bezeichnen soll,
der eben mit selbstgefälliger Oberflächlichkeit ein Dilettantentheater
leitet und zwar in einer Art dilettantisch, wie dies dem Dichter, wie
jedem Gebildeten, ein Gräuel sein muß. — In seiner Schrift über
den Dilettantismus besprach Goethe den Einfluß des Dilettantismus
in den Künsten. Die Lust, sich in den Künsten zu versuchen, ohne es
damit ernst zu nehmen, das eigentlich Unerträgliche am Dilettantismus
(er spricht darüber auch wiederholt gegen Eckermann 3. Ausg 1. Bd. 133,
145, 182, 218), wird hier treffend auf den Blocksberg versetzt. Daß
sich Mephistopheles selbst darüber freut, ist eine geniale Licenz des
Dichters von bestem Humor, wenn es auch nicht in Mephistopheles'
Wesen liegt. Er kann weder an der Schalheit des Dilettantismus
Vergnügen haben, noch, wenn er ihn verdammt, den Blocksberg
als Verbannungsort gelten lassen — Servibilis ist mitten in voller
Thätigkeit: „gleich fangt man wieder an". — Nach vielen neuen,
immer nach neuen Stücken verlangt der Dilettant. — Die selbstgefällige Geckenhaftigkeit des Servibilis zeichnet sich vortrefflich in den
Versen 4219 f. — Mich dilettirt's ist hier nicht mi diletta,
mich ergötzt es. Es gewinnt im Deutschen hier das Wort eine ganz
andere Bedeutung. Daß Servibilis der Dilettantenhaftigkeit des

Mephiſtopheles.

Wenn ich euch auf dem Blocksberg finde,
Da ſind' ich gut, denn da gehört ihr hin.

---

ganzen Unternehmens ſich bewußt iſt, daß er ſelbſtgefällig, ohne zu ahnen, was er damit ſagt, hervorhebt, ein Dilettant habe das Stück geſchrieben, Dilettanten ſpielen es auch und ihn dilettire es, den Vorhang aufzuziehn, das ſagt nicht nur, daß es ihn einfach ergötze, ſondern auch, daß er ein dilettantiſches Vergnügen daran finde, d. h. ein Vergnügen an der ungeſchulten Pfuſcherei als ſolcher — den Vorhang aufzuziehn und ſie vorzuführen.

Walpurgisnachtstraum

oder

Oberons und Titanias goldne Hochzeit.

———

Intermezzo.

Theatermeister.

Heute ruhen wir einmal
Miedings wackre Söhne.
4225 Alter Berg und feuchtes Thal,
Das ist die ganze Scene!

_____

21. Scene: Walpurgisnachtstraum u. s. w. Intermezzo.
— Wenn wir den vortrefflichen Humor anzuerkennen haben, mit dem
unter den Belustigungen der Blocksbergsgeister in der Walpurgisnacht
ein theatralisches Intermezzo, von Dilettanten aufgeführt, eingeleitet
wird, so wird es doch Niemand beifallen, daß so eingeführte Stück
als organischen Bestandtheil der Fausttragödie zu betrachten. — Schon
oben 3987, 3989, 4076 sahen wir Anspielungen polemischer und sati-
rischer Natur auf Zeiterscheinungen durchschlagen. Hier sollten nun
ähnliche Aeußerungen als Intermezzo oder Zwischenspiel Platz finden.
— Goethe dachte an Intermezzi der italienischen Komödie. — Nachdem im Schillerschen Musenalmanach von 1797 die Goethe-Schillerschen
Xenien erschienen waren, wollte er im Jahre darauf „Oberons goldne
Hochzeit" als Fortsetzung der Xenien erscheinen lassen, war aber dann
mit Schiller einverstanden, als dieser sie wegließ, weil er sich alles
Polemischen nunmehr enthalten wollte, s. Schillers Brief an Goethe
vom 2. October 1797 und Goethes Brief an Schiller vom 20 December
1797. J. Falk in Goethe aus näherem persönlichen Umgang, 1832)
erzählt S. 77 f., Goethe habe sich einen „Walpurgissack" gemacht zur
Aufnahme gewisser Gedichte, die auf Herenscenen im Faust Bezug gehabt, doch habe sich später die Bestimmung erweitert, so daß alles
Polemische hinein gekommen sei. Dergleichen finden wir nun im
Intermezzo untergebracht. Die Einkleidung des Ganzen, die im Titel
sich ankündigt, bildet Oberons und Titanias goldne Hochzeit, also ein
Elfenfest, bei dem eine bunte Schaar von Geistern auftritt. Walpurgisnachtstraum, d. i. Geisterspuk in der Walpurgisnacht, wie Shakespeares Sommernachtstraum ein solcher der Johannisnacht. Den Anlaß
gab das Singspiel Wranizki's· Oberon, das 1797 gegeben wurde,
s. Goethes Brief an Schiller 18 Februar 1797. Eigentlich gibt das
Fest nur den Namen, den Anlaß, die verschiedenartigsten Gestalten auftreten zu lassen. Die 14 Vierzeilen, aus denen das ganze Intermezzo
besteht, sind nicht einmal so weit gesichtet, daß die Reden der genannten
Personen von Epigrammen auf dieselben gesondert wären, s. z. B. 4259,
4319. — 4223—4227 Johann Martin Mieding hieß der durch Goethes
Dichtung Auf Miedings Tod unsterbliche „Hofebenist (d. i. Hofkunst-
tischler) und Theatermeister", † 1782, dessen Nachfolger, seine Hand-
langer, der Dichter hier Miedings wackre Söhne nennt. Er meint, es

Herold.

Daß die Hochzeit golden ſei
Soll'n funfzig Jahr ſein vorüber;
Aber iſt der Streit vorbei,
4230 Das Golden iſt mir lieber.

Oberon.

Seid ihr Geiſter wo ich bin,
So zeigt's in dieſen Stunden;
König und die Königin,
Sie ſind auf's neu verbunden.

Puck.

4235 Kommt der Puck und dreht ſich quer
Und ſchleift den Fuß im Reihen;
Hundert kommen hinterher
Sich auch mit ihm zu freuen.

Ariel.

Ariel bewegt den Sang
4240 In himmliſch reinen Tönen;
Viele Fratzen lockt ſein Klang,
Doch lockt er auch die Schönen

Oberon.

Gatten, die ſich vertragen wollen,
Lernen's von uns beiden!

---

bedürfe heute von Seiten der Maſchiniſten und Decorateure keiner be-
ſondern Vorkehrungen, da „Alter Berg und feuchtes Thal", eine oft
gebrauchte Decoration, vorgeſchrieben ſei — 4227—4230. Damit man
goldne Hochzeit feire, ſollen 50 Jahre vorüber ſein; lieber iſt mir
aber eine Hochzeit, die dadurch, daß ſie zugleich ein Verſöhnungsfeſt,
golden iſt. — Oberon und Titania, Elfenkönig und Königin haben
ſich entzweit, wegen eines Knaben, den Titania ſich erzieht, ſ. Shakeſpeares Sommernachtstraum, 2. Aufz. 1. Auftr. — Der Dichter nimmt
nun an, zur goldenen Hochzeit des Paares ſei der Streit vorbei. —
4230. Das golden i m. 1 Ausgaben. — 4231. Seid ihr da, ſo
zeigt euch. — 4235 Puck, bekannt aus dem Sommernachtstraum
als Oberons ſchalkhafter dienender Geiſt, in Schlegels Ueberſetzung
Droll genannt. — 4239 Epigramm auf Ariel, den Luftgeiſt, aus
Shakeſpeares Sturm bekannt. An das bibliſche Ariel, Jeſaia 29, 1.
2 u. f. iſt nicht zu denken. — 4241 Fratzen, häßliche Geſichter wie
1561. — Oben 1739 bedeutete die Fratze: Poſſe, thörichtes Spiel.
Ueber das Wort, aus alter Zeit nicht nachweisbar, an italieniſch
fraſche, franzöſiſch fraſques erinnernd, ſieh Grimms Wörterbuch 4¹, 68—70 Diez 2, 29. — 4244. Lernen's, discant, ſollen

4245 Wenn sich zweie lieben sollen,
Braucht man sie nur zu scheiden

Titania.

Schmollt der Mann und grillt die Frau,
So faßt sie nur behende,
Führt mir nach dem Mittag sie
4250 Und ihn an Nordens Ende.

Orchester Tutti.
Fortissimo

Fliegenschnauz' und Mückennas'
Mit ihren Anverwandten,
Frosch im Laub' und Grill' im Gras',
Das sind die Musikanten!

Solo.

4255 Seht da kommt der Dudelsack!
Es ist die Seifenblase
Hört den Schneckeschnickeschnack
Durch seine stumpfe Nase

es lernen — 4247 grillen für Grillen, Launen haben, ist wol eine Neubildung Goethes. — 4249 f. Sie — Ihn Die Ausgaben — 4251—4254. Orchester. Tutti. Fortissimo Bei einfallendem Orchester wird das Folgende von Allen im Chor gesungen — Die Vierzeilen 4251, 4266 scheinen eingeschoben, da sich die Rede des neugierigen Reisenden wol ursprünglich an die Titanias anschloß. — Unter Fliegenschnauz und Mückennas hat man sich Geschöpfe zu denken, die ihre Namen einer vielleicht nur hörbaren Eigenheit danken — 4255. Solo, d i. einer aus dem Chore, bemerkt einen neuen Ankömmling, den er Dudelsack und Seifenblase nennt, womit die Gestalt und das monotone Gebrumme bezeichnet wird. Letzteres läßt er durch seine stumpfe Nase hören — Schneckeschnickeschnack bedeutet hier wol ganz allgemein die Posse: hört die Possen, die er durch seine stumpfe Nase vernehmen läßt. Das Wort ist eine reduplicirende Erweiterung von Schnack, d i niederdeutsch snack, Gerede, Schwank. — 4259. Ebenso sagt das Folgende eine Stimme aus dem Chore Es ist ein Epigramm auf ein im Werden begriffenes Wesen, auf einen „Geist, der sich erst bildet". — Der Fuß der Spinne, der Bauch der Kröte und Flügel, das sind die Bestandtheile, aus denen er sich bilden soll Das Epigramm erinnert an den bekannten Eingang von Horazens Buch von der Dichtkunst Vers 1—13, wo es heißt, daß man dem Dichter manche Freiheit einräumen müsse, nur nicht die, daß er Schlangen und Vögel, Tiger und Lämmer paare, d. h das Unvereinbare zusammenbringe, woraus kein lebensfähiges Ganze entspringen kann. Daß Goethe bei dem Sichbilden eines Geistes aus unzusammen=

Geiſt, der ſich erſt bildet.

Spinnenfuß und Krötenbauch
4260 Und Flügelchen dem Wichtchen!
Zwar ein Thierchen gibt es nicht,
Doch gibt es ein Gedichtchen.

Ein Pärchen.

Kleiner Schritt und hoher Sprung
Durch Honigthau und Düfte;
4265 Zwar du trippelſt mir genung,
Doch geht's nicht in die Lüfte.

Neugieriger Reiſender.

Iſt das nicht Maskeraden=Spott?
Soll ich den Augen trauen?
Oberon den ſchönen Gott
4270 Auch heute hier zu ſchauen!

Orthodox.

Keine Klauen, keinen Schwanz!
Doch bleibt es außer Zweifel,
So wie die Götter Griechenlands,
So iſt auch er ein Teufel.

Nordiſcher Künſtler.

4275 Was ich ergreife, das iſt heut
Fürwahr nur ſkizzenweiſe;

---

gehörigen Theilen an ſchlechte Gedichte denkt, zeigt der Nachſatz.
4261—4262. Dichter, die nicht ahnen, daß ein Gedicht ein Organiſches
ſein ſoll, reimen Unvereinbares in Eins zuſammen: zwar ein Thierchen
gibt es nicht, doch gibt es ein „Gedichtchen" — 4263 ff. Wie die
vorige Vierzeile, ein Epigramm auf ein Pärchen. Man vermuthet
darunter die Parung ſchwacher Dichtung mit ebenſo ſchwacher Singweiſe
— 4267. Wieder Nicolai, vgl. zu 4169, 4267, 4320. — 4271. Der
Orthodox, der Alles vom Standpunkte der Chriſtlichkeit betrachtet,
findet, daß Oberon doch auch ein Teufel ſei. Goethe dachte dabei an
Fr. Stolberg, der wegen ſeiner Schrift: „Gedanken über Herrn
Schillers Gedicht: die Götter Griechenlands" ſchon in den Xenien angegriffen wird, ſ. Boas, Xenien 1, 56. 91. In ganz anderm Sinne
ſagen in Goethes reizender Dichtung Zwei Teufelchen und Amor
die erſteren zu letzterem: „Die Hörnerchen verbirgt der Kranz: er iſt
ohn allen Zweifel, wie alle Götter Griechenlands auch ein verkappter
Teufel." — 4275—4279. Wie Goethe gedrängt wurde zum „nordiſchen
Künſtler" zu werden, das ſpricht Schiller aus in ſeinem herrlichen Briefe
an Goethe den 23. Auguſt 1794. Der nordiſche Künſtler ſehnt ſich nach der

Doch ich bereite mich bei Zeit
Zur italian'schen Reise.

Purist.

Ach! mein Unglück führt mich her·
4280 Wie wird nicht hier geludert!
Und von dem ganzen Hexenheer
Sind zweie nur gepudert.

Junge Hexe.

Der Puder ist so wie der Rock
Für alt' und graue Weibchen;
4285 Drum sitz ich nackt auf meinem Bock
Und zeig' ein derbes Leibchen.

Matrone.

Wir haben zu viel Lebensart,
Um hier mit euch zu maulen;
Doch hoff' ich, sollt ihr jung und zart,
4290 So wie ihr seid, verfaulen.

Capellmeister.

Fliegenschnauz' und Mückennas',
Umschwärmt mir nicht die Nackte!
Frosch im Laub' und Grill' im Gras',
So bleibt doch auch im Tacte!

———

Heimath der Kunst und bereitet sich zur Reise nach Italien, wie einst
Goethe selbst, daher er der nordischen Umgebung gar nicht mehr seinen
vollen Antheil schenkt: was er heut — solange er noch im Norden
ist — ergreift, das geschieht nur, um eine Skizze davon zu machen,
d. h. ein unausgeführtes Umrißbild — 4279—4282. Bei dem
Puristen ist an einen künstlerischen Rigoristen zu denken, der streng
auf stilvolles Kostüm hält. 1795 erschien (April, Mai) im Mercur
ein Aufsatz Fernows Ueber den Stil in den bildenden
Künsten, von dem im Schiller-Goetheschen Briefwechsel z. B. 19. Juli
1795 die Rede ist — 4280 geludert. Hier, wo ein Kunstver-
ständiger spricht, kann geludert nur in der Bedeutung von gepfuscht
gebraucht sein. Mittelhochdeutsch luodern, ein lockeres Leben führen.
— Von dem ganzen Hexenheer sind nur zwei salonmäßig frisirt, gepudert, wahrscheinlich zwei Matronen, deren eine unten sich hören läßt
— 4283 Die junge Hexe weiß, daß sie keiner künstlichen Mittel bedarf, um zu reizen. — 4291—4294 Des Capellmeisters Ruf zeigt,
daß die jungen Hexen selbst sein Orchester in Unordnung gebracht
haben; die Einen umschwärmen die Nackte, die Andern kommen aus

Windfahne nach der einen Seite.

4295 Geſellſchaft wie man wünſchen kann.
Wahrhaftig lauter Bräute!
Und Junggeſellen, Mann für Mann,
Die hoffnungsvollſten Leute.

Windfahne nach der andern Seite.

Und thut ſich nicht der Boden auf
4300 Sie alle zu verſchlingen,
So will ich mit behendem Lauf
Gleich in die Hölle ſpringen.

Xenien.

Als Inſecten ſind wir da,
Mit kleinen ſcharfen Scheeren,
4305 Satan, unſern Herrn Papa,
Nach Würden zu verehren.

Hennings.

Seht! wie ſie in gedrangter Schaar
Naiv zuſammen ſcherzen.
Am Ende ſagen ſie noch gar,
4310 Sie hätten gute Herzen.

Muſaget.

Ich mag in dieſem Hexenheer
Mich gar zu gern verlieren;
Denn freilich dieſe wüßt' ich eh'r
Als Muſen anzuführen.

---

dem Takte. — 4295–4302 Die Windfahne findet die Blocksberg-
geſellſchaft bei aller Nacktheit und Ausgelaſſenheit anfangs ganz nach
Wunſch; dann aber, nach der andern Seite gewendet, ſpricht ſie die
ganz entgegengeſetzte Geſinnung frommer Entruſtung aus — Man
denkt hier an die Stolberge, die in jugendlicher Schwärmerei für
Naturgegenſtände, übermüthig, gegen die Schicklichkeit ſelbſt anſtoßen,
um dann in Frömmelei umzuſchlagen. In den Xenien ſagt Goethe
über ſie 125:
Als Centauren gingen ſie einſt durch poetiſche Wälder,
Aber das wilde Geſchlecht hat ſich geſchwinde bekehrt
Es fragt ſich, konnte der Dichter einen der Stolberge ſagen laſſen, er wolle
in die Hölle ſpringen? Für ſo zweifellos dieſe Vermuthung auch von
Taylor gehalten wird. — 4303 Die 1797 im Muſenalmanach
erſchienenen Xenien verſetzt der Dichter mit gutem Humor als Inſekten
und Kinder des Satans auf den Blocksberg. — 4307 f. Der däniſche
Kammerherr Aug Ad. Friedrich von Hennings zu Plön hatte in ſeiner

Ci-devant Genius der Zeit.

4315 Mit rechten Leuten wird man was.
Komm, fasse meinen Zipfel!
Der Blocksberg, wie der deutsche Parnaß,
Hat gar einen breiten Gipfel.

Neugieriger Reisender.

Sagt, wie heißt der steife Mann?
4320 Er geht mit stolzen Schritten.
Er schnopert, was er schnopern kann.
„Er spürt nach Jesuiten."

Kranich.

In dem Klaren mag ich gern
Und auch im Trüben fischen,
4325 Darum seht ihr den frommen Herrn
Sich auch mit Teufeln mischen.

Weltkind.

Ja für die Frommen, glaubet mir,
Ist alles ein Vehikel;
Sie bilden auf dem Blocksberg hier
4330 Gar manches Conventikel.

Tänzer.

Da kommt ja wohl ein neues Chor?
Ich höre ferne Trommeln.

Zeitschrift „Genius der Zeit" 1796, Stück 12, Seite 434—436 Gedanken über die Xenien im Schillerschen Musenalmanach veröffentlicht,
in denen sich höchste Entrüstung darüber ausspricht, s Boas 2, 47 —
Nach 4310. „Der Musaget (Musenführer), Altona 1798 und 1799"
hieß ein als Begleiter des Genius der Zeit in Heften erscheinender
Musenalmanach Hennings', der mit dem Schillers wetteiferte. Es
beziehen sich diese Verse demnach gleichfalls, sowie auch die folgenden
auf Hennings. — 4315—4318 Ebenso auf Hennings zu beziehen s
zu 4307. Es haben auf dem Blocksberg eben so viele Platz als auf
dem Parnaß. — 4319—4322 Ein Epigramm auf Nicolai s. zu 4144.
— 4320 ff. Daß hier Lavater gemeint sei, der zu Nicolai einen Gegensatz bildet, sagt Goethe in einem Gespräche vom 17 Februar 1829 zu
Eckermann, 2³, 49 selbst: „Sein Gang war wie der eines Kranichs,
weswegen er auf dem Blocksberg als Kranich vorkommt." — Auf
Lavater beziehn sich ja auch die Xenien 12, 20, 21. — 4327. Das
Weltkind vertritt des Dichters eigne Anschauung, wie er sich ja selbst
in dem Gedicht 2, 253 Zwischen Lavater und Basedow „das Weltkind" nennt. — 4335. Die Ueberschrift bezeichnet Tänzer als auf-

Nur ungeſtört! es ſind im Rohr
Die uniſonen Dommeln.

Tanzmeiſter.

4335 Wie jeder doch die Beine lupft!
Sich wie er kann herauszieht!
Der Krumme ſpringt, der Plumpe hupft
Und fragt nicht wie es ausſieht.

Fiedler.

Das haßt ſich ſchwer das Lumpenpack
4340 Und gäb' ſich gern das Reſtchen;
Es eint ſie hier der Dudelſack
Wie Orpheus Leier die Beſtjen.

Dogmatiker.

Ich laſſe mich nicht irre ſchrei'n,
Nicht durch Kritik noch Zweifel.

---

tretende Perſonen, die folgenden Verſe ſprechen aber nicht ſie ſelbſt; die Verſe ſchildern das auf der Bühne Vorgehende. In der Ferne hört man eintöniges, dudelſackartiges Getöne der Rohrdommeln, dazu getanzt wird. Dommeln für Rohrdommeln iſt ungewöhnlich. Mittelhochd. rôrtumel ſcheint entſtellt aus althochd. horotumbel, horo. Sumpf, tumbel Lärm. — 4335—4342. Dieſe Verſe fehlen noch 1808—1825 und erſcheinen zuerſt 1828. — Der Fiedler bemerkt· Wie die Tänzer auch ſich haſſen, ſo werden ſie vom Rhythmus des Dudelſacks doch zu gemeinſamem Tanz zuſammengehalten; eine Bemerkung, die, verallgemeinert, ſich auf manche analoge Erſcheinungen in der Geſellſchaft anwenden läßt. Natürlich werden unter Tänzer die weiter auftretenden Philoſophen verſtanden. — lupfen, ein wenig heben, mundartlich für lüpfen, ſowie 4337 hupfen für hüpfen. — 4339 Die Ausgaben haben Fideler. Da der Betreffende, nach dem, was er ſpricht, ſich durchaus nicht als beſonders fidél ausweiſt, halte ich das erſte e für verſetzt und nehme einen Schreibfehler an. Der Fiedler gehört zum Tanzmeiſter und Goethe ſchreibt ſonſt Fiedler mit ie und zweiſilbig (Diwan 5, 2). Die alten Formen videlaere etc. kommen hier ja nicht in Betracht, ſondern der thatſächliche Schreibgebrauch. Loeper war derſelben Anſicht, Gj. 2, 439 f. hingegen trat Düntzer in der Zeitſchi. f. d. Philologie 13, 354 ff. für die Lesart Fiedeler ein und die Weimarausg. tritt ihm bei. Uns erſcheint nach wie vor der Fiedler neben dem Tänzer und dem Tanzmeiſter am Platze, hingegen Fiedeler ohne Artikel, mit dem Ton auf der zweiten Silbe, alſo als Ausdruck der Studentenſprache für luſtiger Bruder, unbegründet, indem auch in der mehr ernſten als luſtigen Rede deſſelben nichts enthalten iſt, was Fidelität beurkundete. — 4341. Der Dudelſack iſt ſchon oben 4255 angekündigt. — 4343. Der Dogmatiker, der ſein Lehrgebäude auf

4345 Der Teufel muß doch etwas ſein;
     Wie gäb's denn ſonſt auch Teufel?

Idealiſt.

     Die Phantaſie in meinem Sinn
     Iſt diesmal gar zu herriſch.
     Fürwahr, wenn ich das alles bin,
4350 So bin ich heute narriſch.

Realiſt.

     Das Weſen iſt mir recht zur Qual
     Und muß mich baß verdrießen,
     Ich ſtehe hier zum erſtenmal
     Nicht feſt auf meinen Fußen.

Supernaturaliſt.

4355 Mit viel Vergnugen bin ich da
     Und freue mich mit dieſen;
     Denn von den Teufeln kann ich ja
     Auf gute Geiſter ſchließen.

Skeptiker.

     Sie gehn den Flämmchen auf der Spur,
4360 Und glauben ſich nah dem Schatze.
     Auf Teufel reimt der Zweifel nur.
     Da bin ich recht am Platze.

unantaſtbare Lehrſatze aufbaut, will ſich von der Kritik nicht beirren
laſſen. Er bezweifelt die Exiſtenz von Teufeln nicht im Geringſten
und baut auf dieſe Annahme die zweite, daß der Teufel doch „etwas"
ſein müſſe. — 4347. Wie in den Xenien 371 ff. der Reihe nach die
Philoſophen, Ariſtoteles, Carteſius, Spinoza, Kant, Fichte charakteriſirt
werden, ſo auch hier der Dogmatiker, der Idealiſt im Sinne Fichtes,
dem Alles, was außer dem Ich wirklich iſt, als ein Produkt des Ichs
erſcheint. der Realiſt ꝛc. — 4351 Das Weſen, d. i. das ganze
Treiben auf dem Blocksberge. Es iſt, als Phantaſiegebilde, dem
Realiſten verdrießlich. Der Realiſt iſt beſtrebt, in der Wirklichkeit die
allgemeinen Begriffe zu finden, ſie mit ihr zu identificiren. Er fuhlt
ſich nicht feſt auf ſeinen Fußen, hier wo überirdiſche Schattenweſen
ihren Spuk treiben. — Baß, urſprunglich beſſer, bedeutet hier ſehr
weitere Beiſpiele dieſes Gebrauchs bei Goethe und andern ſ Grimms
Worterb. 1, 1155. — 4355 Supernaturaliſt, der Offenbarungsglau-
bige ſteht in dem Auftreten der Teufel einen Beweis fur das Daſein
guter Geiſter. — 4359 Der Skeptiker ſagt von dem Supernatura-
liſten: Wie die Schatzgraber folgen ſie den Flämmchen, den Irr-
lichtern des Aberglaubens. „Der Schatz pflegt ſich in Keſſeln zu heben
und dann ſeine Gegenwart durch eine auf ihm leuchtende Flamme

Capellmeiſter

Froſch im Laub' und Grill' im Gras
Verfluchte Dilettanten!
4365 Fliegenſchnauz' und Mückennaſ'
Ihr ſeid doch Muſikanten!

Die Gewandten.

Sansſouci ſo heißt das Heer
Von luſtigen Geſchöpfen,
Auf den Füßen geht's nicht mehr,
4370 Drum gehn wir auf den Köpfen.

Die Unbehülflichen.

Sonſt haben wir manchen Biſſen erſchranzt,
Nun aber Gott befohlen!
Unſere Schuhe ſind durchgetanzt,
Wir laufen auf nackten Sohlen.

Irrlichter.

4375 Von dem Sumpfe kommen wir,
Woraus wir erſt entſtanden;
Doch ſind wir gleich im Reihen hier
Die glänzenden Galanten.

Sternſchnuppe.

Aus der Höhe ſchoß ich her
4380 Im Stern- und Feuerſcheine,
Liege nun im Graſe quer,
Wer hilft mir auf die Beine?

---

anzuzeigen", Grimms Mythologie³, 922, 923. — 4363 f. Wie oben
4291—4294 f ſieht ſich der Capellmeiſter bemüßigt, das Orcheſter zur
Ordnung zu rufen. — 4367 Sans souci, Ohne Sorge, nennt der
Dichter „die Gewandten", die, geſinnungslos und gedankenlos, aber
eben deshalb ſich immer accommodirend, unter allen Umſtänden obenauf ſind, ſelbſt wenn ſie auf dem Kopfe gehn mußten. — Die Vierzeile iſt wieder ein Epigramm auf die in der Ueberſchrift genannten,
wie 4321 f., 4259—4262. — 4371—4374. erſchranzt, erſchmeichelt.
— Indem die Gewandten bei jedem Umſturz obenauf ſind, gibt es
auch unbehilfliche Hofſchranzen, die, wenn der Hof ſie nicht mehr nährt,
rathlos ſind — 4375—4378. Der Emporkömmling gleicht dem Irrlicht. Es entſtand aus dem Sumpf und leuchtet doch und geſellt ſich
dem Reihen glänzender Stutzer — 4379—4382. So wie die Stern-
ſchnuppe plötzlich aus der Höhe ſchießt und ſogleich auch verlöſchend
fällt, ſo tauchen auch im Staate ſolche Meteore auf, um raſch wieder

Die Massiven.

Platz und Platz! und ringsherum!
So gehn die Graschen nieder,
4385 Geister kommen, Geister auch
Sie haben plumpe Glieder.

Puck.

Tretet nicht so mastig auf
Wie Elephantenkälber,
Und der plumpst' an diesem Tag
4390 Sei Puck der derbe selber.

Ariel.

Gab die liebende Natur
Gab der Geist euch Flügel,
Folget meiner leichten Spur,
Auf zum Rosenhügel!

Orchester.
Pianissimo.

4395 Wolkenzug und Nebelflor
Erhellen sich von oben.
Luft im Laub und Wind im Rohr
Und alles ist zerstoben.

---

zu verschwinden — 4383—4386 Die massiven Umsturzmänner machen
sich nach allen Seiten Platz und zertreten das Gras. Auch als Geister
sind sie noch plump. — 4387 mastig, derb, wie gemästet.
s. Schmeller 1, 1682 mastig, obesus, crassus. — 4394. Rosenhügel heißt der Elferhain, vgl. Wielands Oberon 2, 27. 12, 69 —
Der Schluß der Walpurgisnacht, der hierauf folgen sollte, blieb
unausgeführt vgl zu 4190 — Weimarausgabe Lesarten. Paralipomena S. 310 f. Strehlkes Paralipomena S. 41.

Trüber Tag.

Feld

Faust. Mephistopheles.

Faust.

5* Im Elend! Verzweifelnd! Erbärmlich auf der Erde lange verirrt und nun gefangen! Als Missethäterin im Kerker zu entsetzlichen Qualen eingesperrt das holde unselige

---

* Die dem Text beigesetzten Zeilenzahlen der Prosascene stimmen überein mit der WA.

22. Scene· Trüber Tag Feld. Faust. Mephistopheles. Diesen Auftritt hat der Dichter zwischen 1803—1806 eines Morgens Riemer in die Feder dictirt. Damit ist nicht ausgemacht, daß er erst damals entstanden sei. Nach einer Aeußerung Wielands von 1796 scheint er diesem schon damals bekannt gewesen zu sein. — Er und der 23 Auftritt sind wol gemeint mit den ergreifenden Scenen in Prosa, über die Goethe sich gegen Schiller äußerte, Schillers Brief vom 8. Mai 1798. Scherer hat sogar (Goethes Frühzeit S. 80) wahrscheinlich gemacht, daß die Scene schon 1772 entstanden sei. Der Rhythmus der Rede ist hier kaum weniger als Vers anzusehn, als etwa oben 3183—3194, 3432—3458, 3774 2c. (die ganze Scene) — Das Vorliegende wurde fortlaufend geschrieben und so dann auch gedruckt, wie Proserpina ursprünglich ohne Versabtheilung 1778 im deutschen Mercur 1, 97 ff erschien. Es sollen noch einmal deutlich einander gegenüber gestellt werden: Faust, der edle, fühlende Mensch, und Mephistopheles, der völlig gemuthlose, kaltnüchterne Teufel. Faust hatte erfahren, Gretchen sei heimatlos, verzweifelnd den Gerichten entflohn, eingefangen und in den Kerker geworfen. Wie eine Ahnung, hatte er bereits auf dem Brocken eine Vision (4183 ff.), die ihm das, Gretchen bevorstehende Schicksal anzudeuten schien. Jetzt, wo er davon bestimmte Nachricht hat, die er gewiß Mephistopheles abgezwungen, gerät er in höchste Erregtheit — Auch diese Scene ist gedichtet, als ein Bild für sich, und die Einfügung in das Ganze ist ohne besondere Sorgfalt geschehn: sie wurde eben nur eingelegt, ohne Erwägung des Zusammenhangs Nach der Vision Fausts 4183—4205 mußte dieser verlangen, zu Gretchen geführt zu werden. Das war etwa um Mitternacht auf dem Blocksberg Nun sehn wir ihn hier bei trübem Tage im Felde diese Forderung stellen Dadurch entsteht eine räumliche und zeitliche Lücke. — Abgesehn von dem Zusammenhang, als einzelnes Stimmungsbild betrachtet, ist die Scenerie bei trübem Tage

Geſchöpf! Bis dahin! dahin! '— Verrätheriſcher, nichts=
würdiger Geiſt, und das haſt du mir verheimlicht! — (10) Steh
nur, ſteh! Wälze die teufliſchen Augen ingrimmend im Kopf
herum; Steh und trutze mir durch deine unerträgliche Gegen=
wart! Gefangen! Im unwiederbringlichen Elend! Boſen
Geiſtern übergeben und der richtenden gefühlloſen Menſchheit!
Und mich wiegſt du indeß (15) in abgeſchmackten Zerſtreuungen,
verbirgſt mir ihren wachſenden Jammer und läſſeſt ſie hülflos
verderben!

Mephiſtopheles.

Sie iſt die erſte nicht.

----

in freiem Felde zu dem leidenſchaftlichen Geſpräch allerdings treff=
lich ſtimmend: ſo wie die folgende bei Nacht. Die Uebereinſtimmung
mit Wagners Kindermörderin (ſ die Anmerkung S. 284 und zur
Scene im Kerker) rückt die Entſtehung dieſer Scene in die Zeit
hinauf, da die älteſten Theile des Fauſt entſtanden ſind.

5   Im Elend. — Die alte Bedeutung von Elend· Das Aus=
land, die Fremde, die Heimatloſigkeit, wurde von Schiller und Goethe
noch gefühlt und iſt hier anzunehmen, vgl. Grimms Wörterb. 3, 408,
woher ich nur einige Stellen anführe: Ins Ausland, in der alt=
deutſchen Sprache Elend genannt. Kant. — Sie weiß mich in Wüſten
irren und im Elend herumſchwärmen. Schiller. — Streifen nicht heir=
liche Männer von hoher Geburt nun im Elend? Goethe. — Als dich
des Bruders Trotz ins Elend ausgeſtoßen. Schiller. — Ich füge
noch hinzu: Du, der mir in das Elend nachgefolgt, ſagt die Jung=
frau von Orleans zu Raimond, hiſtor.-krit Ausgabe 13, S. 314 —
Im Elend! bedeutet demnach hier: ausgeſtoßen von der Welt (irrte
ſie umher). —

   Bis dahin! dahin! zu ergänzen iſt: iſt es gekommen! —

10   ingrimmend erklärt Grimms Wörterb. 4, 2, 2117: Ingrimm
habend. Das Wort kommt ſonſt nicht vor. Ingrimm bedeutet
urſprünglich Ergrimmtheit von entgrimmen, wie Inbrunſt
von entbrennen, mittelhochd. enbrennen.

11   Trutze iſt eine alterthümliche Form, die wie der Trutz und
trutzig auch ſonſt bei Goethe vorkommt, ſ. Weigand 3, 917. In
älterer Sprache begegnen nebeneinander die Formen troz und truz.
Auch bei Schiller erſcheint Trutz 2, 50, trutz 2, 133, 43, 52, 3, 20.

12   Unwiederbringlich, irreparabilis, unwiederherſtellbar. Im
unwiederbringlichen Elend = Unwiederbringlich im Elend.
Karl Moor in Schillers Räubern gedenkt ſeiner Jugend und ruft
(Werke 2, 118): „Dahin, dahin, unwiederbringlich!“

13   Böſen Geiſtern übergeben, den quälenden Geiſtern des
Selbſtvorwurfs, der Verzweiflung, die ſie ja zum Wahnſinn und
zum Kindesmord getrieben. —

18   Vgl. „Sie iſt nicht das erſte verlaſſene Mädchen“ Carlos in Cla=
vigo, der im Mai 1774 entſtand. Auch in H. L. Wagners Kinder=
mörderin ſagt Grönnigseck zu Evchen: „Du biſt ja nicht die erſte“.
Alles Zeugniſſe für ein höheres Alter der Scene.

Faust.

20 Hund! abscheuliches Unthier! — Wandle ihn, du un=
endlicher Geist! wandle den Wurm wieder in seine Hunds=
gestalt, wie er sich oft nächtlicher Weile gefiel vor mir herzu=
trotten, dem harmlosen Wandrer vor die Füße zu kollern und
sich dem niederstürzenden auf die Schultern (25) zu hangen.
Wandl' ihn wieder in seine Lieblingsbildung, daß er vor mir
im Sand auf dem Bauch krieche, ich ihn mit Füßen trete, den
Verworfnen! — Die Erste nicht! — Jammer! Jammer! von
keiner Menschenseele zu fassen, daß mehr als Ein Geschöpf in
die Tiefe dieses Elendes (30) versank, daß nicht das erste genug
that für die Schuld aller übrigen in seiner windenden Todesnoth
vor den Augen des ewig Verzeihenden! Mir wühlt es Mark
und Leben durch, das Elend dieser Einzigen, du grinsest ge=
lassen über das Schicksal von Tausenden hin!

35 **Mephistopheles.**

Nun sind wir schon wieder an der Grenze unsres Witzes,
da wo euch Menschen der Sinn überschnappt. Warum machst
du Gemeinschaft mit uns, wenn du sie nicht durchführen kannst?
Willst fliegen und bist vorm (40) Schwindel nicht sicher?
Drangen wir uns dir auf, oder du dich uns?

20   Unthier. Die Zusammensetzung des Un — mit Substantiven,
die Pflanzen, Thiere, Personen bezeichnen, erhalten den Begriff des
Bösartigen: Unhold, Unmensch, Unkraut, Unthier; Grimms Gramm
2, 775 f. —

21   Wandle den Wurm wieder Das dreifache W wirkt als
Stabreim eindringlich. Alt und verbreitet ist die Erscheinung des
Teufels als Schlange, Wurm und Drache, s. Grimms Mythol.³
S. 949 f., obwohl hier Wurm auch bloß als einfach verächtliche Be=
zeichnung des sich Windenden genommen werden mag. — Als Hund
erschien Mephistopheles Faust zuerst, s. zu 1174—1177. Wir sehn aus
dieser Stelle, daß er auch später noch in dieser Gestalt zuweilen Faust
begleitete, wie dies ein Zug der alten Faustsage ist. —

28   Die Erste nicht! Wiederholung von Zeile 18.

29   ein Geschöpf Ausgaben

31   In seiner windenden Todesnoth Vgl mittelhochdeutsch
mit windender hant, mit krampfhaft gerungener, sich winden=
der Hand, Gudrun 906, 919, 934. Athis S 84. Klage 1836 —
In seiner Todesnoth, in der er sich krampfhaft windet. Vgl.
Grimms Gramm 4, 66 f. —

33   Grinsen bezeichnet das Verzerren des Gesichts zu kaltem Lachen,
das Mephistopheles eigen ist S. Anmerkung zu 1983—1987 2009 f
664 sagt Faust zum Todtenschädel: was grinsest du mir, todter
Schädel, her? —

40   Drangen = drängten. S. zu 495; auch 2722. —

Fauſt.

Fletſche deine gefraßigen Zähne mir nicht ſo entgegen! Mir ekelts! — Großer herrlicher Geiſt, der du mir zu (45) erſcheinen würdigteſt, der du mein Herz kenneſt und meine Seele, warum an den Schandgeſellen mich ſchmieden, der ſich am Schaden weidet und an Verderben ſich letzt?

Mephiſtopheles.

Endigſt du?

50   ### Fauſt.

Rette ſie! oder weh dir! Den gräßlichſten Fluch über dich auf Jahrtauſende!

Mephiſtopheles.

Ich kann die Bande des Rächers nicht löſen, ſeine Riegel (55) nicht öffnen. — Rette ſie! — Wer war's, der ſie ins Verderben ſtürzte? Ich oder du?

Fauſt blickt wild umher.

Mephiſtopheles.

Greiſſt du nach dem Donner? Wohl, daß er euch elenden (60) Sterblichen nicht gegeben ward! Den unſchuldig Entgegnenden zu zerſchmettern, das iſt ſo Tyrannen=Art, ſich in Verlegenheiten Luft zu machen.

Fauſt.

Bringe mich hin! Sie ſoll frei ſein!

65   ### Mephiſtopheles.

Und die Gefahr, der du dich ausſetzeſt? Wiſſe, noch liegt auf der Stadt Blutſchuld von deiner Hand. Ueber des Er= ſchlagenen Stätte ſchweben rächende Geiſter und lauern auf den wiederkehrenden Mörder.

---

43   Die fletſchenden Zähne machen den Eindruck der Begierde, der
       Begehrlichkeit —

55   In Leſſings Fauſtſcene aus dem 17. Literaturbriefe gibt der ſechſte
       Geiſt ſeine Schnelligkeit an: ſo ſchnell als die Rache des Rächers;
       vgl Prophet Nahum 1, 2 — 1. Theſſalonich 4, 6, wo Gott der
       Rächer heißt. Römer 13, 4 heißt die Obrigkeit die Rächerin. —
       Die geheimnißvollen Worte deuten auf die Blutſchuld; vgl.: „Hin=
       zitternd vor dem Antlitze des Rächers". In Gerſtenbergs Ugolino
       (1768). — In Goethes erſter Bearbeitung des Götz von Berlichingen
       erſcheint vor dem heimlichen Gericht der „Rächer", d. i. der Urtheils=
       vollſtrecker· „Oberrichter: Rächer! Rächer, tritt auf! (der Rächer tritt
       auf)." S. Gr. Wtb, 8. Bd. Sp 26 f

70   Faust.

Noch das von dir? Mord und Tod einer Welt über dich Ungeheuer! Führe mich hin, sag ich, und befrei' sie!

                    Mephistopheles.

75 Ich führe dich und was ich thun kann, höre! Habe ich alle Macht im Himmel und auf Erden? Des Thurners Sinne will ich umnebeln, bemächtige dich der Schlüssel und führe sie heraus mit Menschenhand. Ich wache! die Zauberpferde sind bereit, ich entführe euch. Das (80) vermag ich.

                    Faust.

Auf und davon!

---

73   Thurner, die ältere Form für Thurmer (mittelhochd. turner) kommt auch in Götz vor und entspricht der frühen Abfassungszeit dieser Scene. So schreibt Goethe 1771 und 1773; 1804 schon Thurmer s. Dramen 3. Bd. S. 14. Diese Scene kann daher eher 1773 als nach 1800 entstanden sein. — Turner erhielt sich namentlich in Frankfurter Mundart, s. Firmenich Germaniens Völkerstimmen 2, 70.

79   mit Menschenhand, also ohne Zauber.

Nacht.
Offen Feld.

Fauft, Mephiftopheles, auf fchwarzen Pferden daher braufend.

Fauft.
Was weben die dort um den Rabenftein?

Mephiftopheles.
4400 Weiß nicht, was fie kochen und fchaffen.

---

23. Scene: Nacht, offen Feld. — Fauft, Mephiftopheles, auf fchwarzen Pferden daher braufend. Da fich der Zufatz auf fchwarzen Pferden 2c. auf Beide bezieht, muß nach Fauft Komma ftehn, wie dies auch in C¹ der Fall ift C hat Punct, die WA. gar keine Interpunction nach Fauft. — Diefe Scene ift wieder ein vereinzeltes Bild, obwohl in der vorigen durch Erwähnung der Zauberpferde vorbereitet. Die Ueberfchrift fogar verrät Stimmung. Offen für offenes ift alterthümelnde Diction der Dichterfprache. — Auf fchwarzen Pferden daherbraufend! ift mehr als eine gewöhnliche Bemerkung, auch theatralifch fchwer auszuführen. Beide müßten auf fchnaubenden Pferden vorüberfliegen; dann bliebe ihnen nicht die Zeit zu den 6 Verfen oder Zeilen, die fie zu fprechen haben. — Es darf angenommen werden, daß Fauft beim Anblick des Raben-fteins anhält. Er erinnert ihn an das Schickfal, das Gretchen bevor-fteht. Daß die Scene wieder bei Nacht fpielt, erregt diefelben Be-denken, die gegen die vorige Scene S. 291 f. ausgefprochen find. — Es ift zweifelhaft, ob der Text diefer Scene als Profa oder Verfe anzufehn ift. Da die Wechfelreden durchaus nicht über eine mäßige Verszeile lang find, zählen wir fie als Verfe, wie dies auch Loeper gethan und neuerdings die WA. Die Scene fcheint ebenfo wie die vorige frühzeitig entftanden. — 4399 Weben hat hier die allgemeine Bedeutung von gefchäftig fein, f. zu 503; Rabenftein ift bei Richtplatz, um den Raben fchwärmen, wegen der Leichname Gerichteter. Leonhard Frifch erklärt: „Rabenftein, ein erhabener Platz, worauf man bei dem Galgen die Miffethäter enthauptet", mittelhochdeutfch „hauptftat der enthouptung vel rabenstein" f. Lexer mhb. Wtb. — 4400. Es befindet fich auf dem Rabenftein eine Hexenzunft. „Die Hexen fahren an lauter Plätze, wo vor Alters Gericht gehalten wurde." Grimm Mythol.³ 1003 — „Wie in der alten Sprache blanden (mifchen, anftiften), fo fteht in der heutigen mifchen, mengen, kochen, einrühren, einbrocken, brauen, in der böfen Nebenbedeutung des Unheil, Mord und Verrat Stiftens, namentlich Gift Mifchens" f. Grimms Wörterb. 3, 323; über das „Hagel kochen" der Hexen 5, 1596 f. —

Fauſt.

Schweben auf, schweben ab, neigen ſich, beugen ſich.

Mephiſtopheles.

Eine Hexenzunft.

Fauſt

Sie ſtreuen und weihen.

Mephiſtopheles.

Vorbei! Vorbei!

In heidniſcher Vorzeit diente beim Opfer ein Keſſel zum Kochen (Sieden) des Opferfleiſches. Die Theilnehmer am Opfer hießen nordiſch sudhnautar d. i. Sudgenoſſen Grimm vermuthet, die Keſſel und Töpfe der ſpäteren Hexen möchten damit zuſammenhangen. Grimms Mythol.³ 50. 998. 1040 ff Mephiſtopheles ſagt demnach: ich weiß nicht, was die dort (Vers 4403 ſagt er, daß es Hexen ſind) um den Rabenſtein kochend anſtiften, mit ihrem Kochen Unheimliches brauen. — 4401. In den Ausgaben erſcheint dieſe Zeile als Ein Vers. Wegen des Zuſammenſtoßes zweier Hebungen, zweimal, iſt nach deutſchem Gebrauch und Gefühl eine rhythmiſche Einheit ſchwer hineinzubringen: ‿´‿‿´´‿‿´‿‿ — Da die Worte in Einer Zeile gedruckt erſcheinen, wurden ſie vielleicht urſprünglich als vier Daktylen angeſehn. ‿´‿‿´‿‿´‿‿´‿‿. — Das Neigen und Beugen deutet auf ein Ceremoniell. — 4402. Mephiſtopheles erklärt, daß „die dort um den Rabenſtein" „eine Hexenzunft" ſind. — Unter Zunft verſtehn wir eine Genoſſenſchaft, die durch gewiſſe Geſetze (was ſich unter ihnen ziemt) vereinigt iſt Hier ſcheint Mephiſtopheles wol nur ſoviel ſagen zu wollen wie Hexengeſellſchaft, Hexenconventikel. — 4403. Sie ſtreuen. Die Blitz- oder Wetterhexen ſtreuen teufliſche Aſche auf die Felder, ſ Grimms Mythol.³ 1026 Da das Wort aber hier neben weihen und damit in Zuſammenhang ſteht, ſo wird es auch im Begriff zuſammen gehören. Weihen iſt heiligen von weih mittelhochdeutſch wîch heilig. Wenn der Segen des Prieſters über das Waſſer geſprochen iſt, ſo iſt es geweiht. Ein analoges Weihen der Hexen muß die Umgebung den böſen Geiſtern aneignen, wie kirchliches Weihen den guten. — In der Kirche wird das Weihrauch- faß geſchwungen, und die Vorſtellung liegt nahe, daß der Raum geweiht wird, ſo weit die Weihrauchwolken reichen Weihrauchkörner werden auf Kohle geſtreut, worauf Wolken aufſteigen

Kerker.

Faust,

mit einem Bund Schlüssel und einer Lampe, vor einem eisernen
Thürchen.

4405 Mich faßt ein längst entwohnter Schauer,
Der Menschheit ganzer Jammer faßt mich an.

---

24. Scene: Kerker. Faust, mit einem Bund Schlüssel
und einer Lampe, vor einem eisernen Thürchen. Der
mit Recht viel bewunderte Auftritt des ersten Theils von Goethes
Faust gehört wol jener ersten Zeit an, in der die ältesten Scenen
niedergeschrieben sind; mindestens dem Jahre 1775. Gretchen heißt
hier noch Margarete. Eine Spur, daß das Märchen, das unten
zu 4412 besprochen wird, dem Dichter im Merz 1774 vorschwebte,
weist Loeper nach in „Briefe Goethes an Sophie von Laroche" S. 38.
Der untrüglichste Beweis für das Alter der Kerkerscene sind aber die
Anklänge daran in Wagners „Die Kindermörderin", die schon 1776
erschienen ist. S. darüber Dichtung und Wahrheit 3, Hempel 147.
Dazu die Anmerkungen S. 292 f., S. 300 zu 4440. — Im „Fragment" ist
dieser Auftritt merkwürdigerweise nicht erschienen, worüber Wieland,
der die Scene kannte, 1796 seine Verwunderung aussprach. Wieland
hat in jener Aeußerung offenbar die letzten 3 Auftritte des Faust
vor Augen, erinnert sich aber nicht deutlich an das Einzelne. Er
spricht von einer Scene im Gefängniß, in der Faust so wüthend
werde, daß Mephistopheles selber erschrecke. K. W. Böttiger, literar.
Zustände 2c. aus K. A. Böttigers Nachlasse 1, 21. Goethe hatte
ihm diese Scene wol einmal vorgelesen, und Wieland hatte sie irr-
tümlich so in Erinnerung, als ob die drittletzte Scene auch schon im
Kerker spielte. — 4405 Faust befindet sich vor der Kerkerthür. Wie
jetzt die Scenen liegen, so hatte sich Faust zwei Tage vor der Walpurgisnacht, den 28 April, aus Gretchens Nähe entfernt, ſ zu 3661 ſ,
die Walpurgisnacht muß die der Kerkerscene vorausgehende Nacht
sein. Die Kerkerscene ist die Nacht vor Gretchens Hinrichtung. In
den dazwischen liegenden 2 Tagen müßte Gretchens Schwangerschaft,
Entbindung, Wahnsinn, Kindesmord, Flucht, Einkerkerung und Verurtheilung erfolgt sein. So dachte sich die Folge der Ereignisse der
Dichter nicht, als er die Kerkerscene dichtete. Wenn ihm das Einzelne auch nicht klar war, so dachte er doch gewiß Faust darzustellen,

Hier wohnt sie hinter dieser feuchten Mauer,
Und ihr Verbrechen war ein guter Wahn!
Du zauderst zu ihr zu gehen!
4410 Du fürchtest sie wieder zu sehen!
Fort! Dein Zagen fördert den Tod heran.

Er ergreift das Schloß Es singt inwendig

Meine Mutter, die Hur',
Die mich umgebracht hat!
Mein Vater, der Schelm,
4415 Der mich gessen hat!
Mein Schwesterlein klein
Hub auf die Bein',
An einem kühlen Ort;
Da ward ich ein schönes Waldvögelein;
4420 Fliege fort, fliege fort!

Faust aufschließend

Sie ahnet nicht, daß der Geliebte lauscht,
Die Ketten klirren hört, das Stroh, das rauscht

Er tritt ein

---

wie er, in wüsten und leeren Zerstreuungen von Mephistopheles herum-
gezerrt, endlich vor Gretchens Tode noch zu ihr eilt, um sie zu retten.
Aus der Blocksbergsphäre, nach längerer Abwesenheit, vor Gretchens
Kerkerthür versetzt, ergreift ihn ein längst entwohnter Schauer (Urfaust. Es faßt mich längst verwohnter Schauer), der Menschheit
ganzer Jammer. — Er ist heimgekehrt, in menschliche Verhältnisse
zurück und ermißt den Jammer der Menschheit am Geschick Gretchens.
— Für entwohnt sagt Goethe in der Zueignung oben Str. 4
entwöhnt, s. Grimms Wörterb. 3, 761. — 4408. ein guter
Wahn nämlich: wahre, reine, hingebende Liebe, vgl. Anmerkung
zur Zueignung 4 — 4412 inwendig d. i. im Kerker, vor dessen
Thür Faust das Schloß ergreift. — Das Lied findet seine Erklärung
in dem Märchen vom Wachholder (Machandelboom), das u. den
Grimmschen Hausmärchen Nr 47 mitgetheilt ist, s. dazu Kinder- und
Hausmärchen 3. Bd. 3. Aufl 1856 S. 77 f. Die böse Stiefmutter
hatte ihr Stiefsöhnchen ihrem Manne gekocht als Speise vorgesetzt,
und er hatte es gegessen Das kleine Schwesterchen aber hatte die
Knochen („die Bein") aufgehoben und unter dem Wachholder ein-
gegraben — Die Knochen verwandeln sich in ein Vögelchen, und das
singt nun vom Baum herab ein Lied, wie 4412—4420. Die a. a. O
mitgetheilten Liedchen weichen ab von diesem Text, den Goethe wol
aus mündlicher Ueberlieferung kannte oder nach dunkler Erinnerung
neu dichtete. Die Hur' steht hier als schimpfliche Bezeichnung eines
verächtlichen Weibes. Die mich umgebracht hat = Die hat
mich umgebracht Der mich gessen hat = Der hat mich gegessen

Margarete ſich auf dem Lager verbergend.

Weh! Weh! Sie kommen! Bittrer Tod!

Fauſt leiſe.

Still! Still! ich komme dich zu befreien

Margarete, ſich vor ihn hinwalzend.

4425 Biſt du ein Menſch, ſo fühle meine Noth.

Fauſt.

Du wirſt die Wächter aus dem Schlafe ſchreien!

Er faßt die Ketten, ſie aufzuſchließen.

Margarete auf den Knieen.

Wer hat dir Henker dieſe Macht
Ueber mich gegeben!
Du holſt mich ſchon um Mitternacht.
4430 Erbarme dich und laß mich leben!
Iſt's morgen früh nicht zeitig genung?

Sie ſteht auf.

Bin ich doch noch ſo jung, ſo jung!
Und ſoll ſchon ſterben!
Schön war ich auch, und das war mein Verderben.
4435 Nah war der Freund, nun iſt er weit;
Zerriſſen liegt der Kranz, die Blumen zerſtreut.
Faſſe mich nicht ſo gewaltſam an!
Schone mich! Was hab' ich dir gethan?
Laß mich nicht vergebens flehen,
4440 Hab' ich dich doch mein Tage nicht geſehen!

Fauſt.

Werd' ich den Jammer überſtehen!

Margarete.

Ich bin nun ganz in deiner Macht.
Laß mich nur erſt das Kind noch tränken.

Ueber die alte Form geſſen für gegeſſen ſieh die Anmerkung
oben zu 2838 f. — 4424. Gretchen weiß, daß ſie den nächſten Morgen
hingerichtet werden ſoll. — Sie glaubt die Gerichtsdiener kämen ſchon
ſie abzuholen — 4431. Wieder gebraucht Gretchen die mundartliche
Form genung, ſ zu 3572. — zeitig genung, Zeit genug 1821, 1825.
— 4440. Mein Tage ſ. oben zu 2791. Auch eine Spur, die in das Jahr
1773 zuruckweiſt. Vgl. S. 292 Anmerk. — 4443. In ihrer Geiſtes-

Ich herzt' es diese ganze Nacht;
4445 Sie nahmen mir's, um mich zu kränken
Und sagen nun, ich hätt' es umgebracht
Und niemals werd' ich wieder froh.
Sie singen Lieder auf mich! Es ist bös von den Leuten!
Ein altes Märchen endigt so,
4450 Wer heißt sie's deuten?

Faust wirft sich nieder.

Ein Liebender liegt dir zu Füßen,
Die Jammerknechtschaft aufzuschließen.

Margarete wirft sich zu ihm.

O laß uns knien, die Heil'gen anzurufen!
Sieh! unter diesen Stufen,
4455 Unter der Schwelle
Siedet die Hölle!
Der Böse,
Mit furchtbarem Grimme,
Macht ein Getöse!

Faust laut

4460 Gretchen! Gretchen!

Margarete aufmerksam.

Das war des Freundes Stimme!

Sie springt auf Die Ketten fielen ab.

---

zerrüttung glaubt sie vorübergehend, sie habe das Kind noch in den
Armen. — 4447—4449. In der Fassung der Blaubartballade (Uhland
Volkslieder 74: Ulinger, dazu Uhlands Schriften 4, 58—65), wie sie
in Gottschee gesungen wird, sagt der Ritter zu dem Mägdlein, die
über das Lied der Turteltauben über elf erschlagene Mägdlein er-
schrickt· Fürchte dich nicht, die Turteltauben singen nur so ein Lied,
wie sie in dem Lande thun singen. Wörterbuch der Mundart von
Gottschee S. 197 Aehnlich meint Gretchen die alten Lieder, in denen
von Kindermord die Rede ist, die würden auf sie bezogen. Es seien
Märchen, wer heißt die Leute sie auf ihr Schicksal deuten? Sie
denkt an das Märchen, aus dem sie oben das Lied sang, s. zu 4412
Die Frage ob Kindesmörderinnen mit dem Tode zu bestrafen sind,
beschäftigte Goethe schon 1771. Es war der vorletzte unter den 56
Sätzen, die er zu seiner Doctordisputation aufstellte. ob ein Weib,
das ihr neugebornes Kind erwürgt, mit dem Tode zu bestrafen,
wörtlich zu enthaupten sei? An foemina partum recenter editum
trucidans capite plectenda sit? — 4453. Gretchen mißversteht
Fausts kniende Stellung und meint, daß er beten wolle. — 4460 Das

Wo iſt er? Ich hab' ihn rufen horen.
Ich bin frei! Mir ſoll niemand wehren.
An ſeinen Hals will ich fliegen,

4465 An ſeinem Buſen liegen!
Er rief Gretchen! Er ſtand auf der Schwelle.
Mitten durch's Heulen und Klappen der Hölle,
Durch den grimmigen teufliſchen Hohn,
Erkannt' ich den ſüßen, den liebenden Ton.

                    Fauſt.

4470 Ich bin's!

                    Margarete.
          Du biſt's! O ſag' es noch einmal!
                    Ihn faſſend.
Er iſt's! Er iſt's! Wohin iſt alle Qual?
Wohin die Angſt des Kerkers? der Ketten?
Du biſt's! Kommſt mich zu retten!
Ich bin gerettet! —

4475 Schon iſt die Straße wieder da,
Auf der ich dich zum erſtenmale ſah.
Und der heitere Garten,
Wo ich und Marthe deiner warten.

                    Fauſt *fortſtrebend.*
Komm mit! Komm mit!

                    Margarete.
                              O weile!

4480 Weil' ich doch ſo gern, wo du weileſt.
                    Liebkoſend.
                    Fauſt.

Eile!
Wenn du nicht eileſt,
Werden wir's theuer büßen müſſen.

---

erſte Mal ſpricht hier Fauſt laut, daher ſie ſeine Stimme erkennt.
Bis dahin ſprach er leiſe, um nicht verraten zu werden. Er hat
ihr indeß die Ketten aufgeſchloſſen, ſ. 4424. — 4467. Heulen und
Klappen der Hölle erinnert an das bibliſche: Da wird ſein
Heulen und Zähneklappen Ev. Matth. 8, 12. 22. 13, 25. 30.
Doch läßt ſich wol auch an das Auf= und Zuklappen des Höllen=
rachens denken, ſ. Grimms Wörterb. 5, 960. — 4474. Iſt in den
urſprünglichen Ausgaben eine Zeile für ſich. Spätere Herausgeber
verſchmelzen damit den folgenden Vers.

Margarete

Wie? du kannst nicht mehr küssen?

4485 Mein Freund, so kurz von mir entfernt,

Und hast's Küssen verlernt?

Warum wird mir an deinem Halse so bang?

Wenn sonst von deinen Worten, deinen Blicken

Ein ganzer Himmel mich überdrang,

4490 Und du mich küßtest als wolltest du mich ersticken.

Küsse mich!

Sonst küss' ich dich!

Sie umfaßt ihn.

O weh! deine Lippen sind kalt,

Sind stumm

4495 Wo ist dein Lieben

Geblieben?

Wer brachte mich drum?

Sie wendet sich von ihm

Faust

Komm! Folge mir! Liebchen, fasse Muth!

Ich herze dich mit tausendfacher Gluth;

4500 Nur folge mir! Ich bitte dich nur dieß!

Margarete zu ihm gewendet.

Und bist du's denn? Und bist du's auch gewiß?

Faust.

Ich bin's! Komm mit!

Margarete.

Du machst die Fesseln los,

Nimmst wieder mich in deinen Schooß.

Wie kommt es, daß du dich vor mir nicht scheust? —

4505 Und weißt du denn, mein Freund, wen du befreist?

Faust.

Komm! komm! Schon weicht die tiefe Nacht.

4493 Der Vers ist reimlos, und der folgende könnte auch

herüber gezogen werden:

O weh! deine Lippen sind kalt, sind stumm

— 4503. Schoos die Ausgaben.

Margarete

Meine Mutter hab' ich umgebracht,
Mein Kind hab' ich ertränkt.
War es nicht dir und mir geſchenkt?
4510 Dir auch — Du biſt's! ich glaub' es kaum.
Gib deine Hand! Es iſt kein Traum!
Deine liebe Hand! — Ach aber ſie iſt feucht!
Wiſche ſie ab! Wie mich däucht
Iſt Blut dran.
4515 Ach Gott! Was haſt du gethan!
Stecke den Degen ein;
Ich bitte dich drum!

Fauſt.

Laß das Vergangne vergangen ſein,
Du bringſt mich um.

Margarete.

4520 Nein, du mußt übrig bleiben!
Ich will dir die Gräber beſchreiben.
Für die mußt du ſorgen
Gleich morgen;
Der Mutter den beſten Platz geben,
4525 Meinen Bruder ſogleich darneben,
Mich ein wenig bei Seit',
Nur nicht gar zu weit!
Und das Kleine mir an die rechte Bruſt
Niemand wird ſonſt bei mir liegen! —
4530 Mich an deine Seite zu ſchmiegen,
Das war ein ſüßes, ein holdes Glück!
Aber es will mir nicht mehr gelingen;

4507—4517. Die naive, kindlich offene Natur, die Gretchen auch jetzt noch beurkundet, wirkt überzeugend, daß Alles, was ſie gethan, frei von Selbſtſucht, in hingebender Liebe geſchehn iſt. Um ſo furchtbarer erſcheint es, daß ihr das Bewußtſein von den ſchrecklichen Thatſachen geblieben iſt, die ſie rückhaltlos nennt. Dieſe Rückhaltloſigkeit finden wir in Wagners Kindermörderin Evchen wieder: was unſre Anſicht, daß Wagner die Kerkerſcene Goethes kannte, beſtärkt. — Beim Anblick der Hand Fauſts durchblitzt ſie der Gedanke, daß dieſe Hand ihren Bruder getödtet. — 4523. Gleich morgen d. i. nach ihrer Hinrichtung.

Mir ist's als müßt' ich mich zu dir zwingen,
Als stießest du mich von dir zurück;
4535 Und doch bist du's und blickst so gut, so fromm.

Faust.

Fühlst du, daß ich es bin, so komm!

Margarete.

Dahinaus?

Faust.

In's Freie.

Margarete.

Ist das Grab drauß',
Lauert der Tod, so komm!
4540 Von hier ins ewige Ruhebett
Und weiter keinen Schritt —
Du gehst nun fort? O Heinrich, könnt' ich mit!

Faust.

Du kannst! So wolle nur! Die Thür steht offen.

Margarete

Ich darf nicht fort; für mich ist nichts zu hoffen.
4545 Was hilft es fliehn? Sie lauern doch mir auf.
Es ist so elend betteln zu müssen,
Und noch dazu mit bösem Gewissen!
Es ist so elend in der Fremde schweifen,
Und sie werden mich doch ergreifen!

Faust.

4550 Ich bleibe bei dir.

Margarete.

Geschwind! Geschwind!
Rette dein armes Kind.

4540. Der Vers ist reimlos vgl z 4545. — 4542. Du gehst
nun fort; in Uebereinstimmung mit 4521 f., findet sie es in der
Ordnung, daß er jetzt gehe. — 4545. Ebenfalls reimlos, wie 4550,
4554, 4556 f., 4560, 4562. Die Verse 4550—4563 konnten geordnet
werden·
  F: Ich bleibe bei dir M: Geschwind! geschwind!
    Rette dein armes Kind'
    Fort' immer den Weg,
    Am Bach hinauf über den Steg.
  In den Wald hinein links, wo die Planke steht im Teich.
    Faß es nur gleich.
    Es will sich heben, es zappelt noch'
    Rette! Rette! F Besinne dich doch

Fort! Immer den Weg
Am Bach hinauf,
4555 Ueber den Steg,
In den Wald hinein,
Links wo die Planke ſteht,
Im Teich.
Faß es nur gleich!
4560 Es will ſich heben,
Es zappelt noch!
Rette! Rette!

Fauſt.

Beſinne dich doch!
Nur Einen Schritt, ſo biſt du frei!

Margarete.

4565 Wären wir nur den Berg vorbei!
Da ſitzt meine Mutter auf einem Stein,
Es faßt mich kalt bei'm Schopfe!
Da ſitzt meine Mutter auf einem Stein
Und wackelt mit dem Kopfe;
4570 Sie winkt nicht, ſie nickt nicht, der Kopf iſt ihr ſchwer,
Sie ſchlief ſo lange, ſie wacht nicht mehr.
Sie ſchlief damit wir uns freuten.
Es waren glückliche Zeiten!

Fauſt.

Hilft hier kein Flehen, hilft kein Sagen;
4575 So wag' ich's dich hinweg zu tragen.

Margarete.

Laß mich! Nein, ich leide keine Gewalt!
Faſſe mich nicht ſo mörderiſch an!
Sonſt hab' ich dir ja alles zu Lieb gethan.

Fauſt.

Der Tag graut! Liebchen! Liebchen!

Die Anordnung, wie ſie iſt, gibt aber Fingerzeige zum Vortrag, wie
der Dichter ſich ihn gedacht, wenn die Abſätze auch ohne Reflexion
entſtanden ſind. — Es bedarf wol keiner Erläuterung, daß Margareten
hier Erinnerungen an Erlebtes vorſchweben. — 4565. Mehr als an
irgend einer andern Stelle ſcheint die Reimloſigkeit dieſes Verſes und
des Verſes 4579 gerechtfertigt Sie treten, als Aufſchreie, ganz aus
der Reihe der übrigen Verſe. — 4576 iſt energiſch zu ſprechen, wie
das ſonſt nicht in Gretchens Art iſt.

Margarete.

4580 Tag! Ja es wird Tag! der letzte Tag bringt herein,
      Mein Hochzeittag sollt' es sein!
      Sag niemand, daß du schon bei Gretchen warst.
      Weh meinem Kranze!
      Es ist eben geschehn!
4585 Wir werden uns wiedersehn;
      Aber nicht bei'm Tanze.
      Die Menge drängt sich, man hört sie nicht.
      Der Platz, die Gassen
      Können sie nicht fassen.
4590 Die Glocke ruft, das Stäbchen bricht.
      Wie sie mich binden und packen!
      Zum Blutstuhl bin ich schon entrückt.

4582. Auch reimlos und der an dieser Stelle überraschend naive
Ausruf tritt auch durch den Vortrag, der fast heiter sein muß, aus
der Reihe der düstern Worte vor und nach demselben, heraus. —
4580. Sie denkt an den ihr bevorstehenden Tod — 4581. Daß es
ihr Hochzeitstag sein sollte, gehört wol zu den Gebilden ihrer zerrütteten Einbildungskraft. — Indem sie an ihre Hochzeit denkt, erwacht die Erinnerung an den Kranz der Braut, den sie verwirkt hat,
wie sie wol weiß und 4583 f. naiv ausspricht. — 4585 f. Wir,
nämlich Gretchen und Faust, zu dem sie sich hier wendet. Nicht
bei'm Tanze — sondern beim Hochgericht, das ihr nun vor der
Seele steht und das sie nun schildert — 4587 Sie sieht im Geiste
eine zahllose Menge sich drängen, man hört sie nicht. Von einer
Höhe aus, wo man eine große Fläche übersieht, macht es einen
eigenen Eindruck, daß man, wenn sich die Fläche mit Tausenden von
Menschen füllt, so wenig von ihnen hört. Das Auge reicht weiter
als das Ohr. Dieser Eindruck wird hier angedeutet. — 4590. Die
„Armesünderglocke" wird geläutet während des letzten Ganges eines
Verbrechers zur Hinrichtung. — Vor der Hinrichtung wird zum Zeichen
der Verurtheilung über dem Haupte des Verurtheilten der weiße Stab
des Richters gebrochen und ihm vor die Füße geworfen. S. Grimms
Rechtsalterthümer S. 135. — 4592. Sie vergegenwärtigt sich ihre
bevorstehende Hinrichtung. Sie fühlt, wie sie gewaltsam zum Blut-
stuhl geschleppt, entrückt, d. h. aus der Gemeinsamkeit der
Menschen gleichsam herausgehoben wird. Wie beim Anblick des
blinkenden Beils jedem ist, als ob es seinen Nacken treffen müsse.
Zucken althochdeutsch zuchōn bezeichnet neuhochdeutsch eine stoßweise
Muskelbewegung, hingegen zucken, das auf althochdeutsch zuchjan
Graff 5, 622 zurückgeht, bezeichnet das Herausziehen des Schwertes
aus der Scheide, das Bedrohen mit dem Schwerte oder anderem
Handwerkzeug. Jedem ist, als ob das Beil nach seinem Nacken zuckte,

Schon zuckt nach jedem Nacken
Die Scharfe, die nach meinem zuckt.
4595 Stumm liegt die Welt wie das Grab!

Fauſt.

O wär' ich nie geboren!

Mephiſtopheles erſcheint draußen.

Mephiſtopheles.

Auf! oder ihr ſeid verloren.
Unnützes Zagen! Zaudern und Plaudern!
Meine Pferde ſchaudern,
4600 Der Morgen dämmert auf.

Margarete.

Was ſteigt aus dem Boden herauf?
Der! Der! Schick' ihn fort!
Was will der an dem heiligen Ort?
Er will mich!

Fauſt.

Du ſollſt leben!

---

das nach meinem zuckt, droht. — Blutſtuhl kann nur die Blut=
bühne, das Blutgerüſte oder Blutgeſtühle bezeichnen, worauf die Hin=
richtung vollzogen wird. Grimms Wörterbuch 2, 193 erklärt das
Wort mit Armeſunderſtuhl. — 4595. Der Schlag geſchieht und es iſt
aus. Sie denkt ſich die Enthauptung erfolgt und nun die Welt für
ſie ſtumm wie das Grab. — 4597. Der Urfauſt hat ſchon
denſelben Schluß, nur kleine Zuſätze ſind hinzugekommen: Auf oder
ihr ſeid verloren, meine Pferde ſchaudern, der Morgen dämmert auf
[Vers 4598 iſt hier hinzugekommen]. 4601 iſt neuer Zuſatz. Der
Urfauſt hat nur: Marg.: Der! Der! Laß ihn, ſchick' ihn fort! Der
will mich! [Fauſt. Du ſollſt leben! Zuſatz.] Nein! Nein! Gericht
Gottes komm über mich, dein bin ich! rette mich! Nimmer nimmer=
mehr! Auf ewig lebe wohl. Leb wohl, Heinrich Fauſt ſie umfaſſend:
Ich laſſe dich nicht! Marg.: Ihr heiligen Engel bewahrt meine
Seele — mir graut's vor dir, Heinrich Meph.: Sie iſt gerichtet!
[er verſchwindet mit Fauſt, die Thür raſſelt zu, man hört verhallend]:
Heinrich! Heinrich! — 4598 Da zu Anfang des Auftritts Fauſt vor
der Kerkerthur erſcheint, die er aufſchließt und durch die er zu Gret=
chen eintritt, iſt hier draußen, als vor der Kerkerthur zu verſtehn,
ſichtbar für den Zuſchauer und für Gretchen. — 4601 ff. Hier haben
wir der Worte Gretchens zu gedenken, 3493—3500. — 4602. Schicke

Margarete.

4605 Gericht Gottes! Dir hab' ich mich übergeben!

Mephistopheles zu Faust.

Komm! komm! Ich lasse dich mit ihr im Stich.

Margarete.

Dein bin ich, Vater! Rette mich!
Ihr Engel! ihr heiligen Schaaren,
Lagert euch umher, mich zu bewahren!
4610 Heinrich! Mir graut's vor dir.

Mephistopheles.

Sie ist gerichtet!

Stimme von oben.

Ist gerettet!

1808 Schid' 1816—1829. In Mephistopheles' Gegenwart wendet sich ihr Inneres selbst von Faust weg und sie vermag nicht zu beten. Hier fühlt sie nun, daß es zur Entscheidung kommt und sie wendet sich entschieden von Mephistopheles und Faust ab und den guten Geistern zu. — 4608. Zu diesem Vers erinnert Loeper an Hamlets Worte (3. Aufz. 4 Auft): Schirmt mich und schwingt die Flügel über mir, ihr Himmelsschaaren — 4611 f. Das volksthümliche Faustdrama, das mit dem Untergange Fausts schließt, den die Teufel zerreißen — so schon bei Marlowe —, läßt in verschiedenartiger Steigerung durch Stimmen von oben oder in andrer Weise dies vorbereiten, nämlich mit den in Zwischenräumen ertönenden lateinischen Worten. praepara te ad mortem (bereite dich zum Tode), accusatus es (du bist angeklagt), judicatus es (du bist gerichtet), in aeternum damnatus es (du bist in Ewigkeit verdammt), s. O. Schade: Das Puppenspiel Faust S. 14, 84 f. W. Creizenach: Das Volksschauspiel von Dr. Faust S. 56, 62 2c. — Theophilus, „der Faust des Mittelalters", wendet sich am Schluß zu Maria und wird dadurch gerettet; der Faust des 16. Jahrh. geht unter. — Hier wendet sich Gretchen zu Gott und ist „gerettet". — Die Engelsstimme erinnert an die Gesänge der guten und bösen Engel bei Marlowe und im Puppenspiel s. zu 1607 S. 101. — Mephistopheles reißt Faust mit sich fort, aus dem Innern des Kerkers heraus und rasch ab. — Von Innen im Kerker verhallend ertönt noch Gretchens Stimme Vers 4612, die

Mephiſtopheles zu Fauſt.

Her zu mir!

Verſchwindet mit Fauſt.

Stimme von innen verhallend.

4612 Heinrich! Heinrich!

---

ihn ruft. Wir ahnen, daß er ſie noch hört, daß ſie in ihm nicht
verklingen und daß in Folge deſſen Mephiſtopheles ſeiner nicht Herr
werden, ihn nicht befriedigen, auch nicht beſiegen wird. Der Fauſt
des 18. Jahrhunderts darf nicht, vom Satan überwunden, untergehn.

Anhang.

(s. S. 210, Anm.)

———

Zwei Teufelchen tauchen aus der rechten Versenkung.

A.

Nun, sagt ich's nicht, da sind wir ja!

B

Das ging geschwind! wo ist denn der Papa?
Wir kriegen's ab für unsern Frevel.

Sie sind herausgetreten

A.

Er ist nicht weit, es riecht hier stark nach Schwefel.
Wir gehn drauf los, so sind wir bald am Ziel.

Amor mit übereinander geschlagenen Füßen und Händen wird durch
die Versenkung links schlafend hervorgehoben.

B.

Sieh dort!

A.

Was gibt's?

B.

Da kommt noch ein Gespiel!
O, der ist garstig! der ist greulich!

A.

So weiß und rot, das find' ich ganz abscheulich

B.

Und Flügel hat er wie ein Strauß.

A.

Ich lobe mir die Fledermaus.

B.

Es lüstet mich ihn aufzuwecken.

A.

Den Laffen müssen wir erschrecken.
A, a! E, e! J, i! O! U!

B.

Er regt sich, still! wir horchen zu.

Amor an die Zuschauer.

In welches Land ich auch gekommen,
Fremd, einsam werd’ ich nirgend sein.
Erschein’ ich, Herzen sind entglommen,
Gesellig finden sie sich ein;
Verschwind’ ich, jeder steht allein.

A nachäffend.

Allein.

B.

Allein.

Beide.

Wir beide sind doch auch zu zwein.

Amor.

Ja, die Gesellschaft ist darnach!

A.

Er muckt noch!

B.

Sing’ ihm was zur Schmach!

A.

Das ärmliche Bübchen!
O, wärmt mir das Stübchen,
Es klappert, es friert.

B.

O, wie das Kaninchen,
Das Hermelinchen
Sich windet, sich ziert!

Amor.

Vergebens wirst du dich erbittern,
Du garstig Fratzenangesicht!
Verlust der Neigung macht mich zittern;
Allein der Haß erschreckt mich nicht.

In den Hintergrund.

B.

Das ist mir wohl ein saubres Hähnchen!

A.

Ein wahres derbes Grobiänchen!

B.

Gewiß ein Schalk wie ich und du.

A.

Komm, sehn wir etwas naher zu!
Wir wollen ihn mit Schmeicheln kirren.

B.

Das kleine Köpfchen leicht verwirren,
So gut als ob's ein Großer wär'!

Beide verneigend

Wo kommt der schöne Herr denn her?
Von Unsersgleichen gibt es hundert,
Nun stehn wir über ihn verwundert.

Amor.

Aus diesen krummgebognen Rucken,
Aus den verdrehten Feuerblicken,
Will immer keine Demut blicken;
Ihr mögt euch winden, mögt euch bücken,
Euch kleidet besser Trotz und Grimm.
Ja, ihr verwunschten Angesichter,
Du erzplutonisches Gelichter,
Das, was du wissen willst, vernimm!

Ich liebe von Parnaſſus Höhen
Zur Pracht des Göttermahls zu gehen;
Dann iſt der Gott zum Gott entzückt.
Apoll verbirgt ſich unter Hirten,
Doch alle müſſen mich bewirthen,
Und Hirt und König iſt beglückt.
Bereit' ich Jammer einem Herzen,
Dem wird das größte Glück zu Theil.
Wer freuet ſich nicht meiner Schmerzen!
Der Schmerz iſt mehr als alles Heil.

A. und B.

Nun iſt's heraus und offenbar;
So kannſt du uns gefallen!
Erlogen iſt das Flügelpaar,
Die Pfeile, die ſind Krallen.
Die Hörnerchen verbirgt der Kranz,
Er iſt ohn' allen Zweifel
Wie alle Götter Griechenlands
Auch ein verkappter Teufel.

Amor.

Ihr zieht mich nicht in eure Schmach!
Ich freue mich am goldnen Pfeil und Bogen,
Und kommt denn auch der Teufel hinten nach,
Bin ich ſchon weit hinweggeflogen.

Register.

S bedeutet Seite, Zahlen ohne Zusatz bezeichnen den Vers.

Napel = Neapel zu 2982.
Nasen abschneiden, das — zu 2319.
Natur, die — zu 454.
neigen — beugen zu 4401.
Nerv und Adern zu 433
Nicolai 4267. 4155. 4144.
Nostradamus zu 418—429.
Nur fort! zu 2752.

Oberon f. zu S. 279.
Objectivität S. XXII.
ohngefähr = ungefähr zu 1405
[on se croiroit presque à Paris]
    zu 2171 f.
Orgelklang u. Chorgesang S. XVII.

Pack zu 1640.
Paracelsus f. Theophrastus ab
    Hohenheim.
Paragraphos wohl einstudirt zu
    1959.
Pergamen zu 1108.
Perlen zu 3673.
Pfifferling zu 2844.
Pfitzer Faustbuch S. XLVII.
Phantome zu 2497.
Phiole 690.
Plan = Tanzboden zu 824.
Principale zu 2485.
Princip alles zu erklaren. S. XXI.
profan zu 2820.
Proktophantasmist zu 4144.
Profascenen zu S. 291.
Puck zu 4235.
Pudels Kern 1323.
Puppen 585.
Pythagoräer, die — zu 2540—2552.

Qualitat zu 2099.
Quellen, die — alles Lebens 456.
quillen zu 1211.
quillend zu 3791.

Rabenstein zu 4399.
Racher zu S 294, 55.
(Radziwill, Furst —, dessen Kom-
    position d. Faust. S. CXI.)
Ragout zu 100   538—545.
Rammelei zu 3659.
Rattenfanger zu 3699.
Realismus des Teufels S. XLIX.

(Recension Goethes vom 1. Sept.
    1772 zu 3188.)
Recepte zu 1040.
Reformator, Faust = S. XXVII
Regenwurmer 605.
Reimlosigkeit zu S. 306 f.
reißen = zerreißen zu 3575.
Requiem zu 2589.
Revier zu 914
Richard III. Shakespeares
    S. XXXIX.
Riegel auf! in stiller Nacht zu
    2105—2107.
[Robinet's J. B. de la gradation
    naturelle S. XL].
Rosenhügel zu 4394.
rothes Mäuslein zu 4187
Ruckzug zu Goethe, Schiller S. VIII.
Ruf, der Seele — zu 490
Ruheplatz zu 2660.
Runda zu 2082
ruschen zu 4016,

Sakontala. S. 11. Anmerkung.
Salamander zu 1273.
Salomonis Schlüssel zu 1258.
Samen zu 377.
Sancta Simplicitas! zu 3037.
Saueret zu 2092—2100.
Schade D. — zu 4611.
schaffen = arbeiten zu 3084.
schaffen = befehlen zu 2518.
Schatten, liebe — 10. 12.
Schatz des großen Sultans zu
    2975.
Schauer, ohnmächtige — 905—
    910.
Schauspiel, ein — nur zu 454.
Schein des Himmelslichts zu 235.
    284.
Schelling. S XI. LXXXII.
Scherben zu 3608
Schierke und Elend. S. 254.
Schiller. S. XVI. XXVI.
Schimpf 2654
schleifen, sich — zu 3092.
Schluß des Fragments zu S. 253.
schmachtig zu 2655.
schmauchen 679.
Schmidt Erich — zu 940. S. XLV.
Schnarcher, die — zu 3876.

Abkürzungen.

Ausg. l. H. Ausgabe letzter Hand.
  Goethes Werke. — Diese Ausgabe erschien in Taschenformat
  und daneben eine Ausg. l. H. in Octav. Sie werden gewöhnlich, auch in der WA., mit C^1 (16°) und C (8°)
  bezeichnet.

Ausg. von Goethes Dramen in 6 Bänden in Kürschners Deutscher
  National-Litteratur, herausgegeben von K. J. Schröer
  1883—1891.

Urfaust: Goethes Faust in ursprünglicher Gestalt nach der Göchhausenschen Abschrift, herausgegeben von Erich Schmidt. Weimar
  bei Hermann Böhlau. 1887.

WA. Weimarausgabe: Goethes Werke. Herausgegeben im Auftrage
  der Großherzogin Sophie von Sachsen-Weimar bei Hermann
  Böhlau. 1887 u. s. f.

  Die übrigen verschiedenen Ausgaben werden mit dem Jahre
ihres Erscheinens angegeben.

Inhaltsverzeichnis.

Der Text nie eine Umarbeitung erfahren, während z. B. die Mitschuldigen von Anfang bis zu Ende umgearbeitet wurden LXV. Einzelne Teile zu verschiedenen Zeiten entstanden und nie eine durchgreifende Revision des Ganzen LXVI. Das Fragment von 1790 LXVIII. Gretchens Gestalt in einzelnen Bildern. — Schreibung des Namens Gretchen im Gegensatze zu Margarete als Kriterium der Abfassungszeit und Zusammengehörigkeit einzelner Scenen LXIX f. Kerkerscene, etwa 1773 entstanden LXXI ff. Weiteres über einzelne Bestandteile. — Übersicht über den Inhalt des Fragmentes von 1790 und der Ausgabe von 1808 ff. und über die Entstehungszeit der einzelnen Scenen LXXVI f. Grund, warum Goethe die Vollendung seines Faust solange hinauszog in seiner eigenen Entwicklung zu suchen LXXVII. Anlässe, die das Leben bot und Analogien zu anderen Dichtungen immer noch die sichersten Anhaltspunkte für die Bestimmung der Entstehungszeit einzelner Partien; ebenso zu berücksichtigen, daß verschiedene Metren oft gleichzeitig nebeneinander. Das Beste des Faust wohl dasjenige, was Goethe schon als Bruchstück von Frankfurt nach Weimar mitbrachte. — Fausts Gestalt nicht so lebendig, individuell war des Dichters Geist wie die Gestalten Mephistopheles', Gretchens u. s. w., weil er im Namen Fausts sein eigenes Innere ausströmte, ohne je sich selbst darstellen zu wollen LXXX. Schelling über Goethes Faust LXXXII. — Vorspiel auf dem Theater LXXXIII. Prolog im Himmel. — Erdgeist. — Gretchens Unschuld, ihr Fehler ein in Bewunderung eines Höheren aufgehendes Selbstvergessen, an dem nichts Gemeines haftet. — Mephistopheles kann nicht siegen, da er Faust nicht begreift, nicht befriedigen kann. — Mit dem Ausgang des ersten Teiles ist ihm Faust ferner gerückt denn je; Notwendigkeit des zweiten Teiles, um die Wette zum Austrag zu bringen.

Exkurse.

CPSIA information can be obtained
at www.ICGtesting.com
Printed in the USA
BVOW08s1045010817

490826BV00011B/158/P